本书得到中国地质大学（武汉）中央高校基本科研业务费专项资金项目与中国地质大学（武汉）马克思主义学院学术著作出版基金资助

社会认识与社会形态研究丛书

欧阳康◎主编

社会认识与中国道路
SOCIAL COGNITION AND CHINA'S ROUTE

▶ 欧阳康／主编

中国社会科学出版社

图书在版编目（CIP）数据

社会认识与中国道路/欧阳康主编.—北京：中国社会科学出版社，2021.12
（社会认识与社会形态研究丛书）
ISBN 978-7-5203-8946-4

Ⅰ.①社… Ⅱ.①欧… Ⅲ.①社会学—认识论—文集②中国特色社会主义—社会主义建设模式—文集 Ⅳ.①C91-02②D616-53

中国版本图书馆 CIP 数据核字（2021）第 162267 号

出 版 人	赵剑英
责任编辑	喻　苗
责任校对	胡新芳
责任印制	王　超

出　　版	中国社会科学出版社
社　　址	北京鼓楼西大街甲 158 号
邮　　编	100720
网　　址	http://www.csspw.cn
发 行 部	010-84083685
门 市 部	010-84029450
经　　销	新华书店及其他书店

印刷装订	三河弘翰印务有限公司
版　　次	2021 年 12 月第 1 版
印　　次	2021 年 12 月第 1 次印刷

开　　本	710×1000　1/16
印　　张	33
字　　数	414 千字
定　　价	169.00 元

凡购买中国社会科学出版社图书，如有质量问题请与本社营销中心联系调换
电话：010-84083683
版权所有　侵权必究

总　序

在大家的共同努力下，"社会认识与社会形态研究丛书"由中国社会科学出版社出版发行了。

自笔者于1986年起在国内哲学界倡导并实际开展社会认识论研究以来，我们关于社会认识论的思考与研究已经走过30多年的学术历程。总体上看，我们这个学术团队对于社会认识论的研究大体可以分为四个阶段。第一阶段的研究以《社会认识论导论》的出版为标志，主要围绕论题确立、学科界说、体系构建、特点探析来展开，这一阶段的研究为社会认识论研究扣清了外围，奠定了基础；第二阶段研究的主要成果是《社会认识方法论》（武汉大学出版社1998年版），主要任务是将研究由理论层面向方法论层面延展，突出社会认识方法论，使社会认识论的理论成果转化为可供实践和操作借鉴的方法论和方法论原则；第三阶段的研究将人文社会科学哲学作为主攻方向，因为人文社会科学是在理论层面上展开的社会认识活动的专门化和典型化形式，社会认识论要在帮助人们更加科学地认识社会和自我方面发挥作用，就必须关注人文社会科学，这一阶段的研究成果集中体现在《人文社会科学哲学》（武汉大学出版社2001年版）这部著作中。第四个阶段是在实践哲学的基点上进一步开展社会形态和认识问题的研究。

立足于一个新的学术和时代高度来看社会认识论的发展,这些年来经历了不断的拓展和深化历程。首先,研究视野不断拓展,由比较狭义的社会认识活动进入到对于社会认识与社会形态及其互动关系问题的广泛关注;其次,研究思路不断更新,由比较单一的认识论研究到与本体论、价值论、评价论、实践论、决策论等研究思路的综合应用;再次,研究方法不断丰富,大量借用哲学和现代科学方法论,并努力综合地运用和解答问题;最后,问题意识更加鲜明,越来越清晰地指向当代人类和中国的重大理论与实践问题,并且力求作出有理论深度和对策论意义上的解读。

社会认识论的研究得以持续发展,一个重要的因素是博士和硕士生们不断地加盟。笔者自1989年开始招收硕士生,1994年开始招收博士生,先后有一百多位博士生和硕士生参加到了社会认识论的研究队伍,形成了一个非常和谐协调的社会认识论研究共同体。研究生们不仅积极参加到社会认识论的课题研究中,也以社会认识论作为学位论文的主攻方向,提出和研究了一系列新问题,推动了社会认识论的研究。不完全统计,先后撰写的比较直接相关的硕士学位论文题目有:《社会认识的评价机制》(乔志勇),《社会认识的预见机制》(何小玲),《社会认识的观测机制》(种海峰),《社会认识的进化机制》(李勇),《社会认识的客观性》(张建华),《简论社会时间》(李学明),《简论社会空间》(王晓华),《简论社会和谐》(田伟宏),《简论社会心态》(胡红生),《简论社会预警》(潘斌),《简论民族精神》(吴兰丽)等。

与此同时,一批博士研究生参与到社会认识论研究,撰写了一批博士学位论文，其中不少论文已经结集出版。例如郑文先的《社会理解论》、刘远传的《社会本体论》、叶泽雄的《社会理想论》、张理海的《社会评价论》和李勇的《社会认识进化论》等已经由武汉大学出版社收入我所主编的"当代人文社会科学哲学研究丛书"出版；吴畏的《实践合理性》、张明仓的《实践意志论》和邹诗鹏的博士后出站报告《实践生存论》由广西人民出版社纳入我所主编的"实践哲学丛书"出版；夏建国的《实践规范论》由中国社会科学出版社出版；孙德忠的《社会记忆论》和董慧的《社会活力论》分别由湖北人民出版社出版；林世选的《国民素质论》由中央编译出版社出版，等等。

本丛书意在进一步推出社会形态与社会认识方面的研究成果，希望它能够成为一个开放的系列，将相关的优秀博士学位论文和研究成果持续纳入其中。本丛书首批著作出版于2009年8月，由七部专著组成。其中《社会认识论导论》是我的博士学位论文，于1990年由中国社会科学出版社纳入胡绳主编的"中国社会科学博士论文文库"出版，迄今已经整整30年了，市面上早已无法购得。蒙出版社领导厚爱，《社会认识论导论》得以修订再版。其余六部著作都是近年来我所指导的博士在各自博士论文的基础上修订完善后首次出版的，有杨国斌博士的《社会阶层论》，胡红生博士的《社会心态论》，潘斌博士的《社会风险论》，谷生然博士的《社会信仰论》，王能东博士的《技术生存论》，谢俊博士的《虚拟自我论》等。从那以来，又有王晓磊的《社会空间论》（2014），邓先奇的《社会幸福论》（2014），宫丽的《精神家园论》（2015）先后纳入本丛书出版。在这个过程中，还有其他许多同学的博士学位论文对社会认识与社会形态的诸多问题分别进行了细致入微的探讨，例如张建华的《实践批判论》，吴兰丽的《社会时间论》，何丹的《认知公正论》，陈仕平的《社会认同论》，杨玲的《文化交往论》，陈祖召的《社会开放论》，张冉的《文化自觉论》，郑剑的《社会资本论》，栗志刚的《民族认同论》，邵南征的《社会道德论》，王景华的《社会真理论》，罗天强的《技术规律论》，张果的《虚拟空间论》，刘玉军的《社会想象论》，刘露晓的《生命价值论》，张登巧的《社会制度论》，朱玲琳的《社会共识论》，刘启航的《生态社会论》，定光莉《城市正义论》，熊治东的《社会信用论》，李春燕的《社会形象论》，熊翔宇的《社会有机论》，姜权权的《认知极限论》，孟小非的《社会预警论》等。目前在研的博士学位论文还有《社会速度论》、《社会危机论》、《道德底线论》、《社会安全论》、《社会情境论》、《生态权益论》、《社会性格论》、《传播正义论》等。它们一道构成了社会认识论的博士学位论文系列。我们衷心感谢同学的热情参与和创造性探索。希望本丛书的出版有助于社会认识论研究的深化和发展，当然也衷心欢迎和希望来自各方面的批评指教。

这些年来中国的社会认识论研究的一个重要进展是中国辩证唯物主义研究会批准成立了社会认识论专业委员会。该专业委员会的成立大会于2019年11月在华中科技大学举办的"社会认识与中国道路"学术研讨会期间举行，我有幸当选会长，感谢各方面的关心支持。来自全国50多个高校的70多位优秀学者参加到社会认识论专业委员会的理事会，每年一度的学术会和理事会将更加有力地推进中国的社会认识论研究。本丛书也将汇聚与会学者的学术成果，记载中国辩证唯物主义研究会社会认识论专业委员会的学术历程。

中国社会科学出版社的领导和各位编审关心学术建设，积极参加本丛书的策划与编审。赵剑英总编从一开始就介入了本丛书的策划并提出了宝贵意见和建议，为本丛书增色添辉。张林主任积极参与本丛书的设计与审校，对本丛书的最终出版付出了大量辛勤的劳动。喻苗主任作为华中科技大学哲学系的首届本科生,长期关心和参与本丛书组稿和编辑。我们对他们的学术气魄和远见卓识表示由衷的敬意和谢忱。

欧阳康
丛书主编
2009 年 8 月(第一版)
2021 年 8 月(修订稿)

序*

非常高兴能够在美丽的华中科技大学校园迎来诸位嘉宾，共同见证中国辩证唯物主义研究会社会认识论专业委员会的成立，尤其是开启我们对于"社会认识与中国道路"这一重大问题的探讨。我的心情非常激动，也非常复杂！首先要感谢这个时代能够给我们提供这样的机会，也要特别感谢在座的诸位学者多年来从各种角度给我们的大力关心与支持！

一 关于社会认识论研究的回顾与感悟

研究社会认识论走到今天，我自己也十分感叹。回想起来，我50年前当知青，40年前上大学，30年前以《社会认识论导论》在中国人民大学获得博士学位，然后就一直在高校当教授，不知不觉几十年过去了。这几十年恰好是中国改革开放，社会急剧、快速、深刻变化的时期，我们用自己的生命来体验了它，还能以学术的方

---

* 本序由欧阳康教授在"社会认识与中国道路"学术研讨会上的开幕式致辞修改而成，谨以此代序。

式来关注它，而且能够做一点相关的研究来推进它，非常荣幸。从中感到，对于我们每一个人来说，他的学术生命只有依托于一个国家的生命、民族的生命、社会发展的生命，才能够真正找到自己施展的舞台。

社会认识论研究有一个比较大的前提性的问题，就是什么叫社会认识。对于这个问题国内有三个不同的理解，一个是社会性的认识，景天魁教授的《社会认识的结构和悖论》基本上就是讲这个方面，他把社会认识分为科学的、艺术的等多种形式来加以探讨。另外一种是以社会为主体的认识，区别于以个体为主体的认识。我们讲的是以社会为对象的认识，直接地区别于以自然为对象的认识。以社会为对象的认识有什么特点和规律？这既包含对社会的理解，也包含如何认识它的特殊性。这里面有许多非常重大的问题。我自己当时以《社会认识论导论》开了一个头，然后转向社会认识方法论，进而转向人文社会科学哲学，最后走上国家治理研究的道路。在这样一个过程中，我们一直努力地将学术研究推进到思想的前沿，同时也争取走到实践的前沿。

要特别感谢社会认识论团队的共同努力。现在看来，一百多名博士生和硕士生的加盟与研究对于社会认识论的推进发挥了非常积极的作用。我从1989年起招收硕士生，指导的硕士生的学位论文选题一般来说比较自由，可以研究著作，可以研究人物，可以研究问题，其中也不乏一些对社会认识中的重要问题的研究。但是从1994年开始招收博士生以来，对于博士学位的论文选题就要求更高，相当多的同学的博士论文选题集中在研究社会认识中的一些重大的问题，通过系列性的博士学位论文撰写，促使社会认识论的研究不断地得以扩展和深化。同时，我们对社会认识的理解也不再仅仅是认识论意义上的，也是价值论意义上、历史观意义上的，甚至关注到整个社会历史发展和人类文明形态进步，等等。目前已经获得博士学位的学位论文和博士后出站报告有《社会本体论》《社会理想论》《社会评价论》《社会认识进化论》《实践意志论》《社会记忆论》《实践合理性》《实践规范论》《社会心态论》《实践批判论》《实践生存论》《社会风险论》《村治的逻辑》《国民素质论》《社会阶层论》《虚拟自我论》《技术生存论》《社会活力论》《社会信仰论》《社会时间论》《认知公正论》《社会认同论》《社会空间论》《文化交往论》《社会开放论》《文化自觉论》《精神家园论》《社会资本论》《民族认同论》《社会道德论》《社会真理论》《技术规律论》《社会幸福论》《信息复杂性》《虚拟空间论》《社会想象论》《生命价值论》《社会制度论》《社会共识论》《社会权力论》《生态社会论》《城市正义论》《社会信用论》《社会形象论》《社会有机论》《社会预警论》《认知极限论》等，目前在研的还有《社会危机论》《道德底线论》《社会安全论》《社会情境论》《社会速度论》《社会性格论》《生态权益论》《传播正义论》《社会冲突论》《神圣空间论》《道德境界论》等，这50多篇博士学位论文和博士后出站报告，把理论与实践结合起来，把社会认识论研究与高端人才培养内在结合起来，深化了对很多重大问题的研究，也让社会认识论可以作为一个特殊的研究领域和分支学科得以确立，为社会认识论专业委员会的建立奠定了必要的学术基础。所以我们要特别感谢我们的这样一个团队，感谢所有的团队成员。

二　关于社会认识论专业委员会的问题

中国辩证唯物主义研究会是我国哲学界最高级别的学会之一，从马克思主义哲学的角度讲它就是我们的最高学会。它的会长一直是我国顶级的哲学家和相关领导，带领中国的辩证唯物主义研究界同仁不断地开拓着中国马克思主义哲学研究的新天地。我自己作为研究会的理事、常务理事已经多年，但是贡献不够，收获很多。这次能够在中国辩证唯物主义研究会的领导下成立社会认识论专业委员会，并让我担任会长，有机会为中国辩证唯物主义研究会更好地开拓新领域做点贡献，我深感荣幸！这既是一种信任与委托，也是一种激励与期盼。

就中国辩证唯物主义研究会社会认识论专业委员会理事会的组建而言，我们的想法就是办成一个规范的全国性和开放性学术机构，吸引尽可能多的学者来参与，以便把社会认识论研究传承下去，并使之得到深化和拓展。所以我们是采取向有关单位公开征集和推荐理事的方式产生理事会，并尽可能考虑到理事和常务理事的覆盖面。目前，社会认识论专业委员会一共6个副会长，来自5个单位；常务理事23名，来自18个单位，基本上都是博士生导师以上，很多也是非常优秀的教授、处级干部；一共70名理事，来自50个单位，具有很强的代表性。我们特别感谢这么多单位的支持。从社会认识论的研究到今天社会认识论专业委员会的建立，表明了时代对我们的呼唤，也是时代给我们的嘱托。

在昨晚召开的中国辩证唯物主义研究会社会认识论专业委员会成立大会上，我们在研究会主要领导的批示和见证下，按照有关规定和程序通过了社会认识论专委会的有关章程，选举产生了社会认识论专业委员会的理事会，进而选举了常务理事和会长、副会长、秘书长、副秘书长等，完成了组织机构组建，初步研讨了近期工作。感谢研究会的信任与嘱托，感谢各方面的关心支持！感谢大家的参与！下一步我们一定要努力把各项工作做好。

三 关于本次会议的主题与未来的研究

本次会议的主题为"社会认识与中国道路",这是一个既有非常丰富的理论内涵,又有非常重要的实践意义的课题,希望大家能够有所探索,有所创新!

一是关于中国道路,这是当前中国共产党人带领中国人民正在走的中国特色社会主义现代化道路,是中华民族近代以来的革命之路、建设之路和改革开放之路,也是中华民族的伟大复兴之路。中国共产党人通过近百年的努力,形成了具有独特意义的道路自信、理论自信、制度自信和文化自信,而当代世界的很多发达国家,则陷入了相当程度的道路困惑,其中比较有代表性的是围绕福山先生所提出的"历史终结论"的讨论。福山先生在东欧剧变后曾经认为世界历史终结在了现代资本主义。但在其后的世界发展进程中,一方面是中国获得了巨大的成功,产生了道路自信,另一方面是西方发达国家遭遇了经济危机,产生了道路困惑。对比之下,福山先生后来承认,中国构成了对"历史的终结"这个观念的最重要的挑战。他甚至说,"如果中国成功化解了各种压力,并且在下一阶段继续保持强大和稳定的状态,那么,我认为中国确实成为自由民主制以外一个真正的替代性选择"。当前世界正面临"百年未有之大变局"。而对于中国来说,就是我们能否真的顶住和化解各种压力,并且继续保持强大和稳定,真正展示出制度优势。这里无疑有太多的理论问题需要探索,太多的实践困惑需要纾解,这都给了理论工作者施展才华以巨大的可能性空间。

二是关于社会认识,在经历了30多年的研究后,如何进一步拓展和深化,这是本次会议的核心理论问题。中国道路的思想探索和实践创新过程，就是一个典型的社会认识过程。我们从提出社会认识论那天起，就同时将其使命定位为"探索人类社会的自我认识之谜"。人们对社会的认识，同时帮助社会实现着自我认识。所以社会认识既是一种对象性认识，也是一种自我认识。中国共产党人带领中国人民认识中国社会和世界，改造中国和世界，同时认识自我，改造自我。在一般的意义上，人是社会的人，社会是人的社会，每一个人都在认识自己生活的社会，而这个社会如果有一个总体，那就是借助于无数人对社会的认识来实现自我认识。现实中没有一个严格意义上的超越个体的社会存在，但是一定的社会组织、一定的社会群体、一定的社会政党，以至于国家都要构建自我的形象，而这个形象要借助于无数人对它的认识，借此而达到一种共同认识。对共同认识可能有认同，也可能有不认同，这就使得社会认识变得非常复杂。社会认识既有它的社会性，又有个体性；既有普遍性，又有特殊性；既有事实性，也有价值性等，并且随着社会文明进步会变得越来越复杂多样，需要我们不断地去探讨。所以围绕社会认识有很多话题可以深度探讨。

三是社会认识论研究的跨学科性质。社会认识问题是综合性的问题，既需要学科化的专业性研究，也需要跨学科的综合性研究。我们的老师来自不同的学科，这是必要的，也是重要的。我们非常鼓励老师尽量依托于自身的专业优势来开展研究，发挥学科专业和特长，但也鼓励老师不局限于自己的学科，而是尝试开展跨学科的研究，促进研究的交叉与融合，使社会认识论的研究能够不断地有所拓展和深化。

欧阳康

2020 年 8 月 1 日

目　录

第一部分　开幕式致辞

华中科技大学党委常委、副校长许晓东教授致辞…………（3）

中国辩证唯物主义研究会常务副会长、中共中央党校
　教授庞元正致辞……………………………………………（5）

中国社会科学出版社党委书记、社长赵剑英教授致辞………（8）

湖北省社科联党组书记、常务副主席喻立平致辞 ……………（11）

华中科技大学人文学院院长董尚文教授致辞 …………………（13）

华中科技大学国家治理研究院院长、哲学研究所所长
　欧阳康教授致辞……………………………………………（16）

第二部分　与会学者发言

社会认识论要引入和重视对创新实践的研究………… 庞元正（25）

国家治理现代化研究要有明确的问题意识…………… 马俊峰（30）

社会认识的实践基础与中国道路的价值逻辑………… 袁祖社（37）

社会认识的历史唯物主义的方法论原则……………… 王福生（45）

认识中国式民主的三个维度…………………………… 虞崇胜（48）

社会认识与中国道路的逻辑和辩证法研究…………… 万小龙（54）

社会认识的本体基础…………………………………… 刘远传（59）

现象学视域中社会认识问题……………………马迎辉（62）
社会认识论视域下的乡村治理…………………张登巧（66）
科技认识与新中国科技发展道路………………罗天强（70）
中国道路是一种鲜活实践………………………杨国斌（78）

第三部分　会议论文

新时代社会认识与国家治理现代化
　　——马克思主义哲学的双重旨趣、演进逻辑及其
　　　当代意义……………………………………欧阳康（85）
社会认识论视域中社会自我批判的真……………陈新汉（100）
在比较中彰显中国道路的优越性…………………刘同舫（119）
马克思的理论创新道路及其当代效应……………张　亮（133）
现代社会中的拜物教现象与社会认识的难题……王晓升（157）
只需坚持马克思主义的社会终极价值……………韩东屏（180）
从马克思主义哲学史角度透视共享发展理念……吴　静（194）
如何正确理解"文化自信"？
　　——兼澄清一些模糊认识………………………程新宇（206）
论中国特色现代文化的基本精神及其规范功能……夏建国（218）
论马克思社会发展道路思想的方法论意蕴………叶泽雄（228）
社会意志的冲突统一与国家治理现代化…………张明仓（241）
重审人工智能与人类解放的辩证法………………潘　斌（252）
习近平谈育人的"三个维度"及当代
　　价值…………………………………………谢　俊　晏　惠（270）
中国社会阶层结构变迁与财富观嬗变的经济
　　哲学分析……………………………………卜祥记　李　娜（284）
马克思早期生活中的宗教信仰观及其局限………谷生然（307）
中国道路的中华优秀传统文化底蕴………………田勤耘（324）

中国哲学史中的社会真理思想及其合理性和局限
　　——基于"道"与"理"的真理观念的
　　　　分析 …………………………… 王景华　韩振丽（336）
对新时代高校"奋斗幸福观"教育的思考 ………… 邓先奇（363）
论"诚信"价值观的传承发展与新时代要求 ……… 宫　丽（376）
证词公正
　　——辩护论以外的规范问题初探 ………………… 何　丹（392）
中国特色社会主义文化道路的生成逻辑与建构
　　方略 ………………………………………………… 刘玉军（406）
差异空间的政治想象
　　——福柯与列斐伏尔的空间观对勘 …………… 王晓磊（424）
从文明自觉论中国道路的意蕴 ……………………… 马军海（445）
重访马克思的东方社会理论 ………………………… 张　炯（461）

附　录

附录Ⅰ　中国辩证唯物主义研究会社会认识论专业
　　　　委员会成立暨"社会认识与中国道路"
　　　　学术研讨会综述 ………………… 张　梦　杨国斌（483）
附录Ⅱ　中国辩证唯物主义研究会社会认识论专业
　　　　委员会首届理事成员名单 ……………………（487）
附录Ⅲ　中国辩证唯物主义研究会社会认识论
　　　　专业委员会成立暨"社会认识与中国道路"
　　　　学术研讨会媒体报道 ……………………………（489）
后　记 …………………………………………………………（509）

第一部分

开幕式致辞

华中科技大学党委常委、副校长许晓东教授致辞

尊敬的喻主席、各位专家，尊敬的庞教授、赵教授、欧阳书记，大家上午好！

中国辩证唯物主义研究会社会认识论专业委员会暨"社会认识与中国道路"学术研讨会在我校隆重召开，我谨代表学校对委员会的成立表示热烈的祝贺，向各位尊敬的来宾表示诚挚的欢迎，向各位领导、专家、朋友，对我校特别是哲学社会科学的支持和帮助表示衷心的感谢！

华中科技大学由原华中理工大学、同济医科大学、武汉城市建设学院于2000年5月组建而成。目前是国家一流大学A类首批建设高校，在"双一流"建设中8个学科入选一流学科建设名单，在教育部第四轮学科评估中14个学科进入A类，其中A+学科4个，在全球主流大学排名体系中居中国内地高校前十位，中国最好大学排名并列第七位。

我校历来重视文科建设，原华中工学院院长朱九思开拓创新，率先在理科大学创办文科，实现了由工科院校向综合性大学转变的战略。原华中理工大学校长杨叔子先生倡导理工科大学生文化素质教育，经过30年的发展，华中科技大学的文科取得了令人瞩目的

成绩，综合实力居于同类高校（工科高校）的前列。现在有三个学科在第四轮评估中进入 A 类，文科全职教师规模接近 800 人，无论是国家社科一般项目、重大项目，还是国内 C 刊、国外 ESI 的统计，排名均在 10—15 名，应该说文科已经初具规模。同时我们率先建立了国家大学生文化素质教育基地，大学生人文素质教育成为我国高等教育的一面旗帜。

我校哲学学院欧阳康教授及其团队在社会认识论领域辛勤耕耘 30 余年，培养了大批从事相关工作的博士、硕士。在跨学科学术研究实践、实践对策应用、国际学术交流和高层次人才培养等方面取得了丰硕成果，形成了颇具规模、充满活力的学术创新团队。最近几年，欧阳康教授带领的团队积极为国家治理建言献策，取得了一批具有重要影响的智库成果。

这次中国辩证唯物主义研究会成立社会认识论专业委员会，并将该专业委员会的秘书处设在我校，这对提升我校哲学学科的学界影响力具有重要意义。感谢中国辩证唯物主义研究会对我校的信任和对我校文科发展的支持，我们期待来自不同领域的专家学者围绕"社会认识与中国道路"这一主题深入研讨，共同为探索更加美好的中国道路而贡献智慧。

最后，预祝本次中国辩证唯物主义研究会社会认识论专业委员会成立大会暨"社会认识与中国道路"学术研讨会圆满成功，祝各位专家、领导身体健康！心情舒畅！万事如意！谢谢大家！

中国辩证唯物主义研究会常务副会长、中共中央党校教授庞元正致辞

尊敬的欧阳康所长，尊敬的各位领导、各位代表，大家早上好！

我受中国辩证唯物主义研究会会长王伟光教授的委托参加今天的会议，让我代表中国辩证唯物主义研究会对社会认识论专业委员会的成立表示热烈的祝贺！

首先，我把中国辩证唯物主义研究会决定设立和成立社会认识论专业委员会的过程做简要说明。今年年初，欧阳康教授向中国辩证唯物主义研究会提出了在中国辩证唯物主义研究会下设立社会认识论专业委员会的建议，今年9月，在中国辩证唯物主义研究会年会上，经过中国辩证唯物主义研究会会长会议的认真讨论，参加会议的会长一致赞同和支持成立中国辩证唯物主义研究会社会认识论专业委员会。我念一下会议纪要：

2019年7月26日，经中国辩证唯物主义研究会会长会议研究，同意成立中国辩证唯物主义研究会社会认识论专业委员会。该专业委员会挂靠在华中科技大学哲学系。特此纪要。

中国辩证唯物主义研究会

2019年9月18日

后来经过中国社会科学院，就是中国辩证唯物主义研究会挂靠单位的审批，正式通知我们可以成立社会认识论专业委员会。

昨天我参加了社会认识论专业委员会的成立大会，参加了社会认识论专业委员会组织机构及其人员的推选过程。整个会议符合程序、符合规范、组织严密。最后推选出了社会认识论专业委员会的领导机构。下面我宣布一下，由代表们推选的社会认识论专业委员会班子成员：会长欧阳康，副会长赵剑英、陈新汉、马俊峰、王晓升、邹诗鹏、吴畏，秘书长吴兰丽，副秘书长潘斌、杨国斌、赵泽林，另外还选出了23名常务理事、70名理事。推选过程严格规范、符合程序，我们向这些成员表示祝贺！

今天，社会认识论专业委员会成立大会暨"社会认识与中国道路"的学术研讨会在这里召开，我也是怀着格外兴奋的心情参加这次会议。我相信，由于我们社会认识论专业委员会的设立，在这个领域内一定会明确目标，凝聚力量，协同攻关，在推进社会认识论的研究、辩证唯物主义的研究、马克思主义哲学的研究方面，一定会不断取得新的成果，为我国哲学事业的发展做出新的贡献。

参加今天的会议我心情格外高兴，为什么呢？透露一个小秘密，因为在37年前，华中科技大学那时候叫华中工学院，华中工学院哲学系招收首批研究生，我虽然不是这里的研究生，但我在这里与首批研究生共同学习了半年，某种意义上我也算华中科技大学哲学系的学生。因为我当时在中国人民大学哲学系读研，我是萧前教授首届导师制研究生，萧前教授非常重视哲学与自然科学的结合，他委派我到华中科技大学学习自然科学，所以非常有幸和华中科技大学结下了这个缘分。所以今天也可以说是重回母校，抚今追昔，"不亦说乎"！

最后，再一次对社会认识论专业会的成立表示祝贺！希望社会认识论专业委员会和以欧阳康教授为代表的学术团队，在社会认识论的研究方面,特别是在社会认识论与国家治理相结合的研究方面,在全国取得更为广泛的影响。我相信,社会认识论专业委员会的成立,一定会在推进社会认识论的研究、国家治理的研究、理论与实际相结合的研究方面取得更大的成绩。谢谢大家!

中国社会科学出版社党委书记、社长赵剑英教授致辞

尊敬的欧阳教授，各位专家、各位朋友，大家早上好！

非常高兴今天受邀出席中国辩证唯物主义研究会社会认识论专业委员会成立和"社会认识与中国道路"学术研讨会，会上见到很多老朋友，非常高兴，非常亲切。首先热烈祝贺中国辩证唯物主义研究会社会认识论专业委员会的成立，我觉得这是一件特别令人高兴的事情，同时也深感荣幸，承蒙欧阳教授的抬举担任副会长，非常高兴。

我想说两点。

第一，今天这个专业委员会的成立，我觉得是恰逢其地。1990年中国社会科学出版社创办博士论文，那时候博士论文的审稿和出版非常严格，当时有欧阳教授、陈来教授等等，其中有两篇是哲学的，一篇是欧阳教授的《社会认识论导论》，一篇是景天魁教授的《社会认识的结构和悖论》，我认为这两本书是社会认识论的开创之作。欧阳教授的《社会认识论导论》更侧重原理、宏观层面。之后的近30年里，欧阳教授一直在这个领域耕耘，所以他不光是奠基者，同时是开拓者。昨天我看会议资料，里面不仅仅对社会认识论有一些体系性的深入思考，同时有那么多的博士生都是围绕社会认

识论，我数了一下，大概有30篇，应该说对社会认识的研究非常深入。欧阳教授对社会认识论的奠基与开拓，对马克思主义认识论，尤其是马克思主义哲学的发展做出了突出的贡献。

20世纪80年代是认识论研究的高潮，或者是为马克思主义哲学新时期的发展做出了特殊的贡献，之后相当长的时间认识论研究处于沉寂的状态，但是欧阳教授及其团队一直在这个领域耕耘。人文社会科学认识的范畴研究，都是这个领域里面，同时又在我们出版社出版了博士论文《社会认识论丛书》，我想这是继他的奠基之后，学派当中优秀的博士论文。欧阳教授是我的老师，也是朋友，我无论在杂志社工作还是出版社工作，都是一个见证者，见证了欧阳教授及其团队对社会认识论研究的开创，对马克思主义认识论研究的贡献。今天成立社会认识论研究会在这个地方是找对地方了，同时今天也有一个特别重要的认识，就是社会认识论研究有个"娘家"了，所以今天是特别值得纪念和高兴的日子，特别是中国辩证唯物主义研究会班子对我们的大力支持、高度重视，特别有见识。30年的积淀到今天，我们才有这样一个分会。

第二，恰逢其时。社会认识论研究在20世纪80年代的时候如火如荼、如日中天，有一段时间我们的研究相对于历史唯物主义论的研究来说比较冷。恰逢其时是随着科学技术的发展，随着全球化趋势的发展，当代人类社会的深刻变革，推动和呼唤社会认识论的研究。大数据的广泛应用、智能人的出现，近两年这方面的讨论多起来了。智能时代的来临、人与社会的关系、人类全球的命运等，是我们研究的新话题，这个话题跟80年代的内涵还是有不一样的。30年的发展，科学技术的迅猛发展和它对人类社会的变革及变革的程度，和以前是没法相比的。所以大家都在考虑，包括生物技术带来的伦理问题等这些问题，都是在重新思考人类社会的前途命运和机器智能的关系问题，这是一个话题。第二个话题是当代社会计算机技术、网络技术发展，社会的信息化、网络化、技术化、公平化，我的概括就是人类社会形态的深刻变化，人类社会运行机制的深刻变化，我想这是80年代、90年代所没有的。现代社会的信息传播、传递风险，我们已经处于信息社会、网络社会、技术社会、风险社会，所以需要对社会加以深刻的认识。认识自己是永恒的话题，认识人类社会未来的变化也是一个永恒的话题。我感觉到这两个需要大家深入思考、研究的话题，进一步唤醒、催生、推动当前的社会认识论研究。所以我觉得我们这个学会成立恰逢其时，体现了问题导向，我认为这是一个很好的时机。我相信我们在学会的召唤之下，对社会认识论新的问题会有新的研究。

最近研究人工智能是一个很热的话题，社会认识论研究可能会展现出一片新的天地，相信欧阳教授会带领我们通过社会认识论研究对马克思主义哲学的发展产生推动作用。历史唯物主义是对历史、对社会结构的一种深刻的科学认识，从某种意义上说，历史唯物主义就是一种社会认识论。我们的研究会面临一个新的机遇。作为一个出版工作者、哲学工作者，我也愿意为推动这个领域研究的发展做出贡献，下一步我们在这个方面也会组织一些会议。

欧阳教授近几年将社会认识论引入国家治理研究，国家治理研究智库是一个非常有影响的智库，它有两套丛书，《国家治理研究丛书》《全球治理研究丛书》，还有一些报告，都产生了很大的影响。下一步我们会积极配合支持欧阳教授智库的工作。同时，我也诚挚地邀请在座的各位朋友，对我们出版社的各项工作给予支持，谢谢大家！

湖北省社科联党组书记、常务副主席喻立平致辞

尊敬的庞会长、赵社长、欧阳教授，各位专家、各位老师，大家上午好！

前天欧阳教授通知我来参加会议，他一通知我就必须要来，他通知我来我想是三个任务。

第一是欢迎，欢迎各个方面的专家、学者到湖北来指导工作，指导社科界的工作，指导我们湖北省哲学社会科学的繁荣发展工作。因为我在社科联，是东道主，来了这么多大咖，必须要来表示一个心意。我们湖北省社科界非常需要、非常欢迎各个方面的专家学者来交流、指导。

第二是来祝贺，这么重要的研究会，这么重要的委员会，放在我们华科大，让欧阳教授担任会长，这是华科大的一个喜事，也是湖北省社科界的一件喜事，必将对我省马克思主义哲学研究的推进产生重要的积极影响。我们很欢迎这样的专委会多在湖北搞几个，我们甚至更期待像这样的研究会放在湖北，这样就更好了。

第三是期待，今天同时还有一个"社会认识与中国道路"的学术研讨会在这里召开，我们很期待通过研讨会推进中国道路的共识。因为中国道路70年走得这么好，取得两大奇迹，即经济快速

发展的奇迹和社会长期稳定的奇迹，我们为什么能够走出一条独具特色的中国道路，很需要通过各个方面，特别是专家学者的努力达成共识。

社会认识论是欧阳教授长期以来主攻的方向，我对这些方面没有很多了解，虽然我也是学哲学的。我粗浅地理解，这个方面跟西方学者的社会认识论有很大的差别甚至是本质的差别，马克思主义的社会认识论第一是建立在对人的整体性认识上，人是社会关系的总和，第二是建立在对人类社会发展规律的认识上，第三是建立在对人类未来、人类解放这样的前途命运的认识上。习近平总书记特别重视共同体，现在已经搞了四个共同体，党的十九届四中全会又提了一个社会共同体，党的十九大是自然生命共同体、中华民族共同体、人类命运共同体，再加上这个，就是人与自然的关系、人与社会的关系，我想我们通过中国特色社会主义道路来实现这些共同体，来实现社会主义的理想和共产主义的理想。很期待这次学术研讨会通过各个方面专家的交流，推进对中国道路的理论共识、价值共识、道路共识、文化共识。谢谢大家！

华中科技大学人文学院院长
董尚文教授致辞

尊敬的庞会长、赵社长、喻主席，各位领导、各位专家来宾，大家早安！

刚才许校长、喻主席已经代表不同层面的东道主对大家做了热情洋溢的欢迎辞，我就不重复了，因为不管我怎么重复也不可能超过校长和省领导的热情。我作为一个主办方来表达一下心意。

今天，我们华科哲学同时在承办两场会议，还有一个湖北省哲学史年会，也是今天在华科哲学系办，撞车了，但是毕竟这个会更重要，有这么多远道而来的专家学者，我们校长和省领导都来这里站台了，我更应该表达这样一个心情。首先要祝贺中国辩证唯物主义研究会社会认识论专业委员会的成立，也祝贺有这样一个机会开"社会认识与中国道路"的学术研究会。

无论是社会认识论专业委员会的成立，还是"社会认识与中国道路"的学术研讨会，不仅仅是对于中国辩证唯物主义的研究有重要的意义，对促进华科哲学发展也具有重要意义。社会认识论专业委员会选择这样一个时间点成立，而且放在华科哲学，首先是对欧阳教授研究成就的认可。欧阳老师是我国社会认识论研究的奠基者之一。从几十年的发展来看，光在我们华科，在我的印象中，我看到社会认识论专业成果丰硕，可以说成立了社会认识论的学派，他一系列的东西摆出来让我惊讶。除了欧阳本人以外，还有欧阳门生的发展，我相信以后也会越来越壮大。这样一个专业委员会选欧阳老师当我们的会长，我觉得是实至名归、理所当然的。

另外，这样一个专业委员会放在华科哲学，也是对我们华科哲学这几年学科发展的信任和认可，我也表示感谢。华科哲学这几年的发展应该说是比较快速的，从历史来讲，华科哲学和其他兄弟院校相比没有那么深厚的历史积淀，20 世纪 70 年代末成立了一个哲学所，从那个时候算起也就几十年，但真正办这些专业是从 2000 年开始，到现在将近 20 年的时间。华科哲学从上一轮评估来看挤入 B+ 的方阵不容易，但是今年恰逢是下一轮评估的收官之年，我看了一下华科哲学未来一次评估的状况，从 2016 年到今年 10 月份为止，我初步估计了一下，在下一轮评估当中华科哲学可以处在一流的水平。从 2016 年到 2019 年 10 月为止，我们发表的教育部认可的论文已经有 280 多篇了，我们华科哲学体量比较小，出版的学术专著 50 部，还有一个标志性的指标，就是这四年来我们拿的包括教育部、国家社科的项目经费已经达到了有史以来的最高峰，突破了千万元。上一轮评估的时候在全国排名第四位，这轮恐怕要排到第一名了。

从这些情况来看，下一轮学科评估状况是逐渐向好的。在这一轮学科评估中，欧阳老师为我们的评估做出了最大的贡献，在华科哲学里面，不管是项目出版的学术成果，还是人才帽子填补的空白，在即将开始的这一轮学科评估中，以前很多短板、空白都补上来了。欧阳老师为华科哲学做出了巨大贡献，确实要表示感谢！

我也相信在欧阳会长的带领下，社会认识论专业委员会将会出越来越丰硕的成果，因为这个专业委员会比较契合华科布局的特点，华科布局除了基础理论研究，最重要的是要切进社会现实，反思时代问题，欧阳老师紧跟社会现实、时代问题，成立了一个智库，基本在一步一步地深化。从这个角度来讲，我们社会认识论专业委员会研究的进步充分体现了时代精神，我相信能够为华科哲学做出更大的贡献。

最后，我想借这个机会祝"社会认识与中国道路"学术研讨会取得圆满成功，祝大家身体健康、心情舒畅。

华中科技大学国家治理研究院院长、哲学研究所所长欧阳康教授致辞

尊敬的庞会长、赵社长、喻主席、董院长，在座的各位嘉宾，大家上午好！

非常高兴也特别感叹，在今天这样一个好日子里，在美丽的华中科技大学校园，能够迎来诸位嘉宾，共同见证中国辩证唯物主义研究会社会认识论专业委员会的成立，尤其是开启我们对于"社会认识与中国道路"这一重大问题的探讨。心情非常激动，也非常复杂，首先还是要感谢这个时代能够给我们提供这样的机会，要感谢在座的诸位多年来从各种角度全力以赴给我们的大力关心与支持！

中国辩证唯物主义研究会是我们哲学界最高的学会之一，从马哲的角度讲它就是我们的最高学会，它的会长一直是我们顶级的哲学家和党政领导，从当年的杨春贵，甚至萧前教授一路走下来，现在是中央委员，原中国社会科学研究院院长王伟光教授，他带领整个中国辩证唯物主义研究会不断地开拓着中国马克思主义哲学研究的新天地。我作为它的理事、常务理事已经多年，但是贡献不够，收获很多。这次有机会在中国辩证唯物主义研究会的领导下成立社会认识论专业委员会，正如刚才庞会长代表王会长谈到的，这是对于中国辩证唯物主义研究会更好地开拓领域做出贡献，我想这既是

一种信任，也是一种期盼。

这一次我特别感谢庞会长专门从北京亲自前来。庞会长是中央党校哲学部的老部长，也是非常有领导能力和学术创新精神，有丰硕的成果。我还真没有想到，我们有这样一位杰出的校友。我也真为我们华科藏龙卧虎而感叹。华科的哲学非常神奇。1977 年招收了哲学师资班，而且当时的哲学研究所会聚了国内几十位顶级学者，像萧前老师等一大批老师都是兼职教授，一大批学者在这个地方耕耘，耕耘了很长时间，其中居然耕耘出了庞教授这样优秀的学者。昨天晚上庞教授对我们的成立大会全程监控、见证、指导，给予我们很大的指导。我们要特别感谢中国辩证唯物主义研究会、中国社会科学研究所，感谢我们的领导同人，在这样一个时刻对社会认识论给予特别的关心。

在此也特别感谢赵剑英教授专门赶到武汉参加会议。刚才赵教授讲了为什么社会认识论能够成长起来。1988 年我以《社会认识论导论》在中国人民大学获得博士学位，得到出版社通知，要把我的博士论文收录《中国社会科学博士论文文库》，当时这套书由胡绳先生主编，可以说当时进入非常之难，能够选进去的非常之少。大家可以想象得到，对我一个初出茅庐、年轻的哲学教师有多么重要的意义。从那以后应该说中国社会科学出版社一直就对我们给予了大力的关心、支持，我们的《社会认识与社会形态研究丛书》收入了社会认识论的一批博士学位论文。我记得还开过一个很隆重的新书出版仪式。当时哲学研究发了好几篇书信，一大批优秀学者进行了点评。

随后在我们不断的转型过程中，我们目前在中国社会科学出版社有三套国家治理研究的丛书，一套是《全球治理研究丛书》，我们国家治理研究院每年开一个全球治理东湖论坛，已经研究了五个问题。第一个问题是全球治理与国家责任，第二个问题是全球治理与绿色发展，第三个问题是全球治理与国际组织，第四个问题是全球治理与人类命运共同体，今年刚刚召开的会议主题为"一带一路"与全球治理，前几本书基本上都已经出版。另外一套丛书是《国家治理研究丛书》，《国家治理研究丛书》是我们每年开一个国内高峰论坛，已经开了6届。我们从国家治理的道与术，包括方法论，包括绿色发展等，一路研究过来，也已经出了好几本书。同时，我们正在策划第三套丛书，那就是《国家治理遗产丛书》，我们希望通过这个系列丛书把国内外各方面的有关国家治理的著作，能够以新的方式汇聚起来。这里除了要特别感谢中国社会科学出版社，还要感谢一位特别的责任编辑喻苗，她是我们哲学系毕业的同学。我要特别感谢这一次赵社长屈尊担任我们的副会长，能够支持我们的工作，非常感谢！

华科在湖北的发展中，学校地位很好，文科地位不够好，我从武大来到华科以后，我一直感觉，我在武大当一个哲学学院的院长、人文学院的院长，我在学校的声音比我在华科任党委副书记的声音大，我在那儿说话管用，在这儿说话没有那么有影响力。我们过来以后努力建设华科的人文社会科学，我记得我过来的时候文科当时只有两个博士，现在是几百个博士。刚才我们许校长谈到七八百个文科教师，文史哲政经法管教全部有流动博士点，我们在努力补短板，补的过程中省委宣传部给予我们极大的关心、支持、帮助，仅从我们的会议来看，喻部长参与了我们的历次会议，现在是社科联的副主席，一直给予我们很大的关心和支持。

前不久"全球治理·东湖论坛"，我们和马来西亚建立战略合作，喻部长也来给我们见证。我们感到一个学校、一个学科、一个学人的发展离不开社会大环境，在此我特别感谢省委宣传部，省委组织部李爱国部长因为工作繁忙不能来，他专门委托高处参会，而且昨天接到通知，省委宣传部直接把一个国家重大委托项目，我作为其中的四个成员之一，一共40万（元）的委托项目，10万元下达到我们国家治理研究院，要求我们开展研究。我们国家治理研究院建立起来以后成为湖北省十大新型智库之一，这是当时喻部长亲自搞出来的。我们省政研室十大改革智库，也是省里的协同创新中心，也是教育厅人文社会科学重点研究基地。今天喻主席代表省里各方面给予我们大力的关心支持，所以我在此对喻主席以及省委省政府表示衷心的感谢！

在此过程中必须谈到我们学院，华中科技大学的哲学历史不太悠久，但是曾经有过自己的辉煌和闪光。为什么我现在还兼着一个哲学研究所的所长？主要缘于对当年的像李其驹先生这样一批老的优秀人士充满着感情。后来曾经有过一段时间的沉寂，因为工科院校有时候一个领导的变化会产生比较大的影响。进入21世纪以来华科哲学不断发展，我们学校党委常委已经通过并且正式下文，决定成立华中科技大学哲学学院。这一件事情还没有来得及揭牌，主要是现在正在进行"不忘初心　牢记使命"教育活动，活动结束才能调整干部。我们原来希望这个会议和哲学学院的揭牌放在一块儿，后来我们等不及了，就先开会了，但是我们也确实感受到华中科技大学的哲学，在它的发展历程中，现在到了一个关键的时期。上一轮评估是B+，能不能继续往前走，一方面我们取得了丰硕的成果，另一方面我也注意到全国高校各个哲学、马克思主义学院都在努力往前奋斗，而且取得了极为丰硕的成果，我们和那些老牌院系相比还有较大的差距。

今天，我们也感谢各位同人的到来，感谢哲学学院、哲学系对我们大力的关心支持，尤其是社会认识论团队，我们学生的招收、培养、答辩都是在人文学院哲学系这样一个框架下进行的，所以我们也对华科的人文社会科学包括哲学表示衷心的感谢。学校也给予我们关心支持，我们的校办、所有校领导全部人员都在忙着两个、三个事情，许校长把他自己主办的会推迟到9点钟，专门到我们这儿来代表学校致辞。我们的党委书记邵新宇教授，也是刚刚当上院士，昨天专门给我打电话对大家的到来表示欢迎，也对他不能亲自出席表示遗憾。总之，对学校各方的关心支持表示感谢，谢谢你们。

社会认识论走到今天，我内心十分感叹，我自己回想了一下，50年前当知青，40年前上大学，30年前在中国人民大学获得博士学位，然后就一直当教授，不知不觉几十年过去了，我想我们在这样一个中国社会急速、快速变化的历程中，我们用自己的生命来体验了它，我觉得比较荣幸的就是我们还能以学术的方式来关注它，而且能够做一点相关的研究。所以我觉得这对于我们一个人来说，他的学术生命其实是依托于一个国家的生命、民族的生命、社会发展的生命，才能够真正找到自己施展的舞台。

这几十年怎么走过来的？我觉得秉持两点，第一，做学术一定要走进学术的前沿，这一点现在看来是一直在坚持。社会认识论有一个比较大的前提性的问题，就是什么叫社会认识，对于这个问题国内有三个不同的理解，一个是社会信任认识，景天魁教授的《社会认识的结构和悖论》基本上就是讲这一问题，他把社会认识分为科学的、艺术的等。另外一种是社会为主体的认识，我们讲的是以社会为对象的认识，以社会为对象怎么去认识它，既包含对社会的理解，也包含如何认识它的特殊性，这里面有许多重大的问题，我自己当时开了一个头，然后逐渐转向方法论，逐渐转向社会科学哲学，最后走上国家治理研究的道路。在这样一条道路中间我们努力地希望学术研究走到思想的前沿，同时走到实践的前沿，这也是我们一直在做的事，特别感谢的是社会认识论团队。在我指导的百余位研究生（博士和硕士）中，硕士生的研究一般来说选题比较自由，可以研究著作，可以研究人物，可以研究问题，其中也不乏对一些重要问题的研究，但是作为博士学位的论文，相当多的同学集中在研究社会认识中间的一些重大问题，这个社会认识就不断地扩展，不仅仅是认识论意义上的，也是整个社会历史发展，如《社会本体论》《社会影响论》《社会评价论》《社会风险论》《社会制度论》《社会权益论》《社会冲突论》等，这几十篇博士学位论文下来，不知不觉大家研究了很多，包括现在看来像社会心态、社会机遇的问题，都产生了很多问题和成果。所以我们要特别感谢这样一个研究团队。

同时，我们也特别感谢全国各个哲学社会科学院系这一次对我们的支持，社会认识论专业委员会的建立，我们把它作为一种非常规范的，面向全国的所有学人和机构的机会，要把它建成一个公众形态。我们是采取向全国最重要的、最主要的近百个哲学系、院所发出征集，作为理事单位的函和征集理事，而且每一个人都有单位的正式代表公章。我就接触到了一些院系的领导，他们非常用心地把自己认为最合适的，包括在座诸位推荐出来，成为我们的理事。所以我也要特别感谢这些院系的领导，特别感谢在座的诸位，屈尊参加我们的社会认识论专业委员会。我觉得从社会认识论的研究到今天专业委员会的建立，表明了时代对我们的呼唤，也表明了时代给我们的嘱托。昨天晚上正式成立以后，我们下一步认真研究如何做好这样一项工作。社会认识论专业委员会是一个平台，所有愿意参加的我们继续征集，第一批理事和常务理事已经产生，这是在有效的时间里面，可能有些单位来不及推敲，甚至有些领导忙没有看到邮件，各单位可以继续推荐。同时我们有一个愿望，即希望把这个平台加以推进。

关于"社会认识与中国道路"的问题我们后面再谈。再次衷心感谢来自社会各界，尤其是在座诸位能够在百忙之中放弃一个浪漫的周末参加本次会议，衷心地向大家表示感谢，我们也会尽最大的努力把这个平台和机会用好。按照昨天庞会长给我们提出的要求，做出实实在在的成绩，谢谢大家。

第二部分

与会学者发言

社会认识论要引入和重视对创新实践的研究

庞元正[*]

认识论问题不是我主要关注和研究的领域，不过从唯物主义思想路线的角度我也经常涉及这些问题的研究。今天这个会议的主题是"社会认识与中国道路"，就此我就想谈谈"社会认识论应当引入和重视对创新实践研究"的问题。什么是社会认识论？欧阳教授是对社会认识论研究起了奠基作用的，他强调社会认识论作为当代认识论的一个分支，以人们对社会的对象性认识和社会总体的自我认识作为自己的研究对象，在认知与评价、说明与理解、回溯与前瞻、批判与建构、客观性与主体性等多方面的统一当中，探索社会认识的科学化进程。这个界定还是比较严谨、全面的。

从对社会认识论的界定当中提出了一个问题，作为区别于社会个体的自我认识，社会总体的自我认识是如何形成和发展的呢？以往认识论关于实践是认识的来源、认识发展的动力、检验认识正确与否的标准，对于社会认识论而言是否还成立呢？我认为回答这些

---

[*] 庞元正，中国辩证唯物主义研究会常务副会长，中共中央党校教授。

问题，必须从社会认识与社会实践的关系谈起，就此而言，不但有必要提出社会总体认识这样一个范畴，而且需要提出社会总体实践这样一个范畴。而对于社会总体实践而言，就很有必要把社会实践区分为创新实践和常规实践，而只有引入创新实践和常规实践这样的概念，我认为才能够更深刻地揭示社会总体认识发展的机制和规律。

什么是常规实践呢？常规实践则是指那些通过对事物已被发现了的规律、属性和关系的运用，按照先前已有的规则和范式进行的实践。常规实践是当前多数人习以为常、作为惯例的实践活动。创新实践是相对常规实践而言的，是通过对事物的属性、关系、规律的新发现新运用，破除和取代既有的旧观念、旧理论、旧模式、旧做法，通过破除人们习以为常的例行做法而能更为有效地认识世界改造世界的实践活动。常规实践在实践的目的、手段、方式、对象方面与先前和当前他人已有的实践具有同质性，按照先前的常规重复进行，其实践的成果与先前的实践相比并不具有质上的新异性。创新实践则在实践的目的、手段、方式、对象等方面，不同于先前和当前他人所遵循的常规，而且能够创造出在质上不同于先前实践的新的成果。创新实践正在成为当代人类的主导实践方式，成为社会历史发展的强大动力。它最常见的方式有技术创新实践、制度创新实践和知识创新实践。简单说就是技术创新、制度创新和知识创新，这是创新实践的主要形式。

当然，我们看到创新实践和常规实践的划分，由于实践总体范围的无限广大，因而它具有一定的相对性。从对创新实践和常规实践的界定来看，这两个范畴都不是主要在个体认识论研究的范围而被言说的，而是与社会认识密切相关的，因为它涉及认识主体、认识对象、认识成果，都是在社会总体认识的范围内被研究、被言说。而当我们把创新实践、常规实践引入社会认识论，我们就会发现这将极大地深化社会认识论以及以往人们所熟知的认识论的一些基本理论。这主要体现在以下三个方面。

第一,将创新实践引入社会认识论就更能够体现人类实践上的能动性和创造性。虽然能动性和创造性是实践的显著特点,但是在常规实践当中,虽然个体也必须发挥自身的能动性和创造性,以便更好地掌握和从事相应的实践活动,但从人类整体来看,常规实践却是一种既成的人类行为方式,由于常规实践是对此前存在的实践模仿、推广和重复进行,因而在实践的目的、实践的方式、实践的手段、实践的对象和实践的效果等方面,与此前存在的实践具有同质性,实践主体的能动性的发挥与实践所表现出的创造性是有限的。而创新实践是实践主体在已有实践基础上开展的自觉的、能动的创新性活动,是对原有实践的破旧立新和推陈出新,实践主体必须充分发挥自身的能动性、创造性,在实践的目的、方式、手段、效果等方面要有所突破,有所创新,这样才能实现对先前实践的质的突破,取得先前实践所未曾有过的效果。例如,在农耕社会,农业的生产实践虽然也有一些小规模的创新,但一直采取刀耕火种的传统耕作方式,这是两千多年来中国封建社会停滞不前的重要原因。但人们一将工业技术革命成果运用于农业生产实践,随着拖拉机、播种机、收割机以及将现代生物学的成果运用于育种,在这些技术创新的推动下,农业生产方式就发生了历史性的变化。所以,创新实践是一种更能体现社会认识和社会实践主体能动性与创造性的实践。

第二,将创新实践引入社会认识论的研究,更能深刻揭示社会总体认识发展的动力和规律。我们常说,实践是认识的源泉,是认识发展的动力。但深入的分析表明,在常规实践中,作为实践主体的个体虽然也能通过实践获得关于客观世界的新知识,通过实践深化对客观对象的认识,但作为人类整体而言,由于常规实践在实践的目的、实践的方式、实践的手段、实践的范围方面，与先前进行的实践具有同质性，因此，常规实践与先前的实践相比，在实践的深度和广度上并无拓展，其所遵循的规律性也是已经为人类所掌握的，或者是已经为人类所揭示和认识的，所以它一般不能提供人类认识客观世界的新信息。创新实践则与此完全不同，创新实践由于是先前和当前所未有过的新的实践活动，或者实践所作用的客体是先前和当前的实践所没有涉及过的，或者实践主体作用于客体的方式是先前和当前的实践所不曾有过的，或者实践所依据的客观规律或者是人类尚未认识到的，或者是虽然认识到了但却没有应用于实践之中的，所以，创新实践开辟了人类实践的新领域，拓展了人类认识世界改造世界的深度和广度，能够不断提供人类认识客观世界的新信息新知识，推动社会总体认识的不断发展。举个例子，在传统通信方式条件下，千里眼、顺风耳只能被人们当作神话，而在现代信息技术条件下，千里眼、顺风耳则成为我们生活中的现实，于是我们得出了现代信息技术改变了我们认识世界的方式的结论。这样的社会认识在以书信或普通电话电报作为通信手段的传统实践中是断然得不出的，只有通过互联网、远程通信、智能手机等信息技术的创新和使用才能得出。再如，我们说改革是一场解放生产力的社会革命，在计划经济的旧体制下我们也无法得出，只有通过改革这场制度创新我们才能得出这样一种新认识。因此，只有引入和重视对创新实践的研究，才能更深刻地揭示社会总统认识发展的动力和规律。

第三，将创新实践引入社会认识论的研究，更能体现和揭示实践改造世界满足人类需要的功能。实践是人类能动地改造客观世界的主观见之于客观的活动，不论是常规实践还是创新实践无疑都具有改造世界、满足人类需要的功能。但进一步的分析表明，由于常规实践与先前进行的实践具有同质性，其所产生的实践成果也是先前实践所业已创造出来的，所以，常规实践只能满足人类需要在量上的扩张，却无法满足人的需要在质上无限发展的需求，它不能创造出既有世界中不存在的东西。但常规实践做不到的，创新实践却可以做得到。"世界不会满足人，人决心以自己的行动来改变世界。"创新实践在实践的目的、实践的方式、实践的手段、实践的对象、实践的效果等方面，实现了对先前实践质上的突破，使得在常规实践中不能得到解决的问题通过创新而得到解决，从而达到更为有效地改造世界的目的。特别是在实践的效果方面，创新实践能够创造出既有世界不存在的东西，像汽车、飞机、宇宙飞船、计算机、移动通信、互联网、物联网、智能机器人，这些世界原本不存在的东西所以能够从无到有，只能是创新实践的产物，而且这些创新成果不但将人的需要从质的方面提升到了新的高度，而且不断开辟着满足人类需要的全新天地。所以，创新实践实现了改造世界的新突破，不仅能够使更多的"自在自然之物"转化为打上人的印记的"人化自然之物"，如把动物驯化为家畜，把野生植物栽培为农作物，而且能够在创造出"自在自然之物"中完全没有其原初形态的"人创自然之物"，如飞机、坦克、导弹、计算机、互联网、智能手机。这种创造既有世界不存在的东西来改造世界、满足人类需要的功能，都是常规实践所不具备而只有创新实践才能实现的。

所以我主张，社会认识论一定要引入和注重对创新实践的研究。

由于时间关系我讲到这里，谢谢大家！

国家治理现代化研究要有
明确的问题意识

马俊峰[*]

谢谢欧阳院长,谢谢主持人,谢谢各位。前面几位的发言都很好,给我很多启示。今天我跟大家报告的题目是《国家治理现代化研究要有明确的问题意识》。在这个题目下,我讲这么几点意见。

第一,充分认识中央提出国家治理现代化的必要性和重要性。

中国特色社会主义建设进入新时代,社会主要矛盾发生了变化,人民日益增长的美好生活需要和不平衡不充分的发展之间的矛盾成为社会主要矛盾。这就是所谓"发展起来后"的问题。围绕主要矛盾发生的变化,具体到国家治理这个维度或这个层面,就表现为,人民群众对美好生活的需要在日益增长日益提高,不仅对物质生活、文化生活提出了更高要求,而且对安全、环境方面也提出了更高的要求,尤其是在民主、法治、公平、正义、人权等方面的要求都在日益提高,由于人民群众的主体意识、权利意识、法治意识觉醒了,各种要求提高了,原来觉得还可以的,现在就觉得不合适

---

[*] 马俊峰,山西大学马克思主义哲学研究所教授,博士生导师,教育部长江学者特聘教授。

了，以前虽觉得不满意但还能忍受的，现在就不能忍受了，过去感到还算满意的，现在就不满意甚至很不满意了。这就对党和政府的工作提出了许多新的要求，如果无视这种新变化，漠视这些新的要求，不能以新的工作方式、工作态度、工作效率来满足这些新的要求，来适应这种新的变化，那就不仅难以解决矛盾还可能会激起新的更大更尖锐的矛盾。必须看到，我们过去的许多价值观念和管理观念，许多工作方式和管理方式，对社会矛盾和社会热点问题的许多应对方式，一些具体的制度体制和机制，在新的形势下相对于这些新要求，都表现出不能很好适应的缺点。其中最突出的一点，就是党和政府的许多领导干部还是沿用"管制型"的思维和观念，习惯于对上负责，对于主体多元化、价值观念多元化的现实，对基于利益诉求冲突和观念冲突而出现的难以协调的矛盾，对于市场经济运行中可能出现的一些不确定性和隐藏的风险，对于新媒体条件下社会热点问题迅速传播蒸发而引发的舆情问题，不能放下身段真诚地平等地与涉事的各方面代表进行讨论，摸清各方面的态度和意见，通过民主协商制定出解决问题的合理方案，而是沿袭既往习惯性做法，采取压制、禁止、封口甚至动辄使用暴力的方式，总害怕一旦退让就没有了权威，就会局面失控酿成大祸。殊不知，这种管制方式越来越不得人心，越来越难以奏效。以我们的维稳为例，稳定当然是非常必要的，维持稳定确实是重要任务，但由于长期采用管制的思维方式来进行维稳，结果就是维稳成本越来越高而效果却越来越差，更为要命的是，激起更多的党群矛盾、干群矛盾，为外部敌对势力挑拨离间、分化利用的破坏图谋提供了机会和条件，积累了极大的社会安全风险。很显然，中央提出国家治理体系和治理能力现代化，就是针对着我们过去的那一套理念和观念、工作体制和机制中的不能适应于新时代的形势和问题的，并将国家治理体系和治理能力现代化作为完善中国特色社会主义的核心内容，一起作为全面深化改革的目标、作为保障国家长治久安的基础性措施而定位的。如果我们不能充分认识到这一点，不能从这种战略定位的高度去理解国家治理现代化的必要性和重要性，还是习惯性地将之当作一种"新提法""新口号"，那就会因缺乏应有的自觉性而贻误各方面的工作，包括理论研究方面的工作。

第二，充分认识到"治理"或者说现代治理与传统的"统治"和"管制"的本质性差别。

国家治理现代化，是国家治理体系和治理能力现代化的简称，是一个整体性的、完整的理念，如果说关键词是"治理"，那么核心导向就是"现代化"，是"治理的现代化"或"现代化意义的治理"。做这个辨析不是咬文嚼字，不是掉书袋，而是有所针对的。我发现，在我们现在的许多文章中，在把"国家治理"解释为"治国理政"缩略语的同时，有意无意地淡化甚至遮蔽其"现代化"的含义，或者换句话说，抹杀现代治理与传统的"统治型""管制型"治国理政的本质性差别。我以为这是很有问题的。如果忽视或抹杀这个区别，国家治理现代化的研究就失去了基本的指向，全面深化改革的目标指向就会被模糊或被遗忘。著名社会学家孙立平先生就曾尖锐地指出，结合我国改革40年的历史，我们现在面临的一个重要问题就是"改革失去了方向感"，人们不知道往哪个方向去改，该改什么不该改什么缺乏了基本指向和标准，至少是指向不明确了。我国著名政治学专家、最早研究外国"治理"和"善治"理论并将之引介到国内的学者俞可平先生也曾指出，国家治理现代化可以看作"第五个现代化"，即与原来我们所提的工业、农业、国防、科技"四个现代化"目标并列的第五个现代化目标，是以政治现代化为实质内容的现代化。我以为，孙先生的这个判断和俞可平先生的这个观点都是值得我们重视的。

从哲学的思维方式和价值观念的层次看，传统的"统治"或

"管制"（管理）建立在管制主体和管制客体二分并对立的基础上，目标是将后者"管住"，即按照前者的意愿和要求来组织和运行社会生活，出问题是因为没"管住"，"管住了"就被当作"管好了"。在企业管理理论中，这种思路和观念视为"过程管理"，泰勒制、科学管理就是过程管理的典型，结果是被管者因受不到尊重便想方设法予以抵制，至少是不配合，消极应付，造成管理成本高企而效益难以提高，效果不佳，后来被"目标管理"所替代。目标管理的要义在于管理者不再将被管理者只当作对象，而是看作平等的合作者，也是有尊严有创造性的主体。在这个前提下，大家相互尊重相互信任，共同商定好工作量指标，共同努力实现这个指标，结果是既降低了管理成本也融洽了人际关系，提高了工作效率，大大增加了企业效益。这种思路和观念后来被推广到社会管理中即"治理"或"善治"。因此，治理或现代治理本质上是民主治理，民主治理的第一要义是消泯传统"管制"的主客二分合并天然对立的预设，是一种建立在主体间关系基础上的通过平等地协商对话共同分析问题共同确立目标共同制定规则并共同努力解决问题实现目标的机制和过程。治理当然需要规矩规则和一定的权威，但这种权威不是来自强力强制，外在监督，而是来自通过协商而确立的规则规矩的公正性，以及多元主体对规矩规则的认可和自觉遵从。

国家治理现代化与依法治国是内在相通互为前提的，法律是全社会最大的规矩，是现代条件下治国理政的基本要件。各个国家尽管各有各的国情，但都有大量的社会问题、社会矛盾，这些问题和矛盾严重时就会导致不同社会主体之间的冲突。其中有不少冲突并非具有必然性，而是因为主体间沟通不够、相互误解和猜忌等形成的，另外一些矛盾无法调和，形成的冲突只能通过法院的判决而强制性解决。通过法治方式解决社会矛盾、社会冲突的过程，既是明确规定各种主体的权利和责任的过程，又是在实践中对于各种不按照法律规定的权利和责任行事从而给他人造成侵害的行为予以惩治和纠正的过程,是维护社会正常秩序的保障。在现代民主法治国家,对于立法都非常重视,立法过程很艰难曲折,所费时间很长,因为不同的社会群体、阶层即不同社会主体都积极参与,争取和维护自己的权利和利益,表达自己的意愿,媒体也大量报道各种批评意见和辩论情况,但正因为经历了多方辩论、争论以及相互妥协的这个过程,所形成和确立的法律也就较好地照顾到了各方面的利益,避免了明显的片面性,容易得到大众认同和形成对法律的尊重,执法过程相对就比较容易一些。在我国,立法过程相对比较简单,各级政府领导根据工作需要和自己的意志制定法律条文和各种管理条例,不需要充分的辩论,甚至也不征求各方面的意见,或者说制定这些法律本来就是为了"管"住群众的,但由于缺乏大众的参与,法律的公正性和尊严就难以得到相应的认同,只能靠强力推行,因此执法过程就很难顺利进行。在这一方面,我们从理论研究到宣传都有大量工作要做,从上到下必须有一个从观念到行动的大的改变才行,否则,依法治国就始终只能停留在原则层面,甚至有沦为口号的危险。从这个意义上说,在我国的社会主义条件下,国家治理现代化的过程就是人民大众参与依法治国的过程,是充分享受当家做主权利、共同创造美好生活的过程。

第三,既要充分看到我国国家制度和体制的优势,也要充分认识到我国当下的国家治理水平离现代化的整体要求还有相当距离,要意识到实现国家治理现代化的困难性和长期性;要以马克思主义哲学方法论为指导,结合各种现代社会科学理论,实事求是地研究各个方面各个领域的具体问题,针对这些具体问题研究如何治理,还需要努力揭示和找出形成这些问题的内在机制和深层次原因,从根本上予以防治。

现代化作为世界性潮流,是从西方国家开始的,但它不是西方国家的专利，现代化不是西方化，将西方发达国家已经实现现代化的国家的发展道路和做法当作现代化的标准肯定是错误的。从唯物史观的高度看，现代化是一种社会的整体转型，即从前现代社会即以小农经济为基础、人的依赖关系为根本特征的社会文明向现代社会即以普遍交往的工商业文明、信息文明的转型。中国作为一个外源型的后发现代化国家，至今仍然属于发展中国家即尚未完全现代化的国家，这个历史定位必须明确，否则就会头脑膨胀，犯超越历史阶段的错误。但同时中国又是一个社会主义国家，一个还处在社会主义初级阶段、努力实现社会主义现代化的国家，这个主体性定位也必须清楚，否则就会失去自我，进退失据。这里我们需要强调一下研究工作和宣传工作的区别，研究必须以问题为中心，从实际出发，说实话、说真话，目的是发现规律发现真理，找到解决问题的办法，来不得半点夸张、粉饰、虚假。宣传工作则是为了凝聚人心、鼓动士气，就需要有技巧的夸张、有目的的剪裁和粉饰，就得允许一定程度的"虚假"，比如说对现实有选择地报道，对于领导人形象的塑造等，这是宣传本身的原则，各国都一样。问题是要处理好宣传和研究的关系。20世纪80年代我们提出"研究无禁区，宣传有纪律"，这是一个很好的原则，我们不能把理论工作者都当作宣传干事来对待，不能以宣传的原则来要求研究工作。具体到国家治理现代化的问题上，宣传层面我们可以把重点放在我国国家制度和体制的优势和优越性方面，但在研究工作中必须是问题导向，必须实事求是地承认我们的国家治理体系和能力离现代化还有距离，需要深化改革努力改进以实现现代化。

中国自秦汉以来一直实行中央集权的郡县制，这对于管理一个广土众民的国家，维护国家统一，是具有历史的大作用的。新中国继承了这个历史传统，也利用这种传统所具有的优势，在共产党领导下，有效地防止和杜绝了国家分裂的危险，率领人民将一个积贫积弱的国家建设成了 GDP 总量居世界第二的国家。新中国成立 70 年，尤其是改革开放 40 多年，我们走过了许多发达国家两百多年走过的发展历程，没有发生大的社会动荡，继续保持着强大的发展势头，这个奇迹是全世界公认的。但是我们也必须看到，中国传统的中央集权制的权力配置结构和运行机制的最大缺陷，一个是最高权力更替过程中的危机，一个是一管就死一放就乱的循环，二者又联系在一起，或者说这是人治方略的死结，其带来的巨大的不利效应，我们今天依然深受其苦。如何从根本上予以克服，值得认真研究。

我们必须承认，当下中国在相当程度上依然受着"官本位""权本位"的价值观念和思维方式的影响，权大于法、公权私用、有权者通吃绝不是个别现象。由于权力过于集中于个别人手中，自然就容易导致政治生活中的"家长制""一言堂""一把手专政"现象，这是大面积腐败的制度性原因。我们国家是中华人民共和国，是人民当家做主的社会主义国家，人民是国家主体，国家一切权力都属于人民，党的领导、人民当家做主、依法治国三位一体相互为用，这些原则都是写入宪法的，是非常好的原则。问题是如何将之落实到国家治理的实践中，贯彻到国家治理现代化的过程中，真实地而不是虚假地解决人民主体缺位、人民民主虚化的问题，切实解决各级政府权力的授受和监督问题，从根子上杜绝普遍存在的各种贪腐现象。

谢谢大家！

社会认识的实践基础与中国道路的价值逻辑

袁祖社[*]

首先对"中国辩证唯物主义研究会社会认识论专业委员会"的成立表示衷心祝贺,同时也由衷感谢欧阳老师的邀请。欧阳老师是我大学和研究生期间的授业老师,30年前欧阳老师博士毕业回到陕西师范大学。我那时正在读研究生,欧阳老师为我们哲学专业研究生开设的前沿课程就是《社会认识论导论》,他思维清晰、逻辑缜密,表达极富感染力,极大地开阔了我们的学术视野和眼界,使我们领略了哲学思维前沿问题所具有的巨大吸引力和魅力。从那个时候起,应该说我们这一代学人,至少我自己是一路读着欧阳老师的论著成长起来的。

我们这一代学人心目中的欧阳老师是谋大事、做大事的人,也是成大事的人。几十年的学术生涯中,永远那么儒雅,那么勤奋,那么睿智、理智、敏锐,敢于且善于表达,永远那么充满英气、锐气和活力,有理论定力,有远见卓识,而且有坚定的自信和不懈的

---

[*] 袁祖社,陕西师范大学哲学与政府管理学院院长,教授、博士生导师。

努力。思想史上的这类学者的一个共同的优异特质就在于，他们不太满意既有的思想表达方式，以及特定思想对于历史、现实等的观照和呈现方式，而是以自己所认定的理念和逻辑，在理论和逻辑、历史和现实等的统一中，领悟"以物观之""以人观之""以道观之"以及"以类观之"辩证融通的真谛，尝试"以自己的方式"，在独立表达中开始思想引领。有了这样的胸襟、情怀和学术气度，欧阳老师的研究很快进入社会历史理论或者人类文化与文明的深处，缔造了一种"致广大而尽精微"的学术气象。得闻以欧阳老师所在的华中科技大学为中心成立社会认识论专业委员会，我的思绪一下就回到了40年前，那是一个令无数学者无比缅怀的时代。不仅有普遍的文化繁荣、思想解放、理论创新，同时更伴随着中国思想界、理论界基于传统与现代之新的碰撞和冲突场域，不断地反省、建构、创新的年代。那个时代诞生了后来引领中国思想学术的一批堪称精英的中国人文、哲学社会科学知识分子，奠定了此后40多年中国思想文化和理论学术的基调和底色。换句话说，改革开放40多年中国学术思想、观点，不过是从不同的角度、侧面，为那个年代已成范式意义的学术思想做注脚而已。

随着历史变迁、制度演进以及文化与价值观的全面、深刻变革，特定时代的学术思想，一定有着自己的逻辑。基于对历史现实和理论现状之批判反思基础上的问题，提出一个新观念、新主张容易，但是在观念长河中，真正经得起历史实践、特定时代的检验而被认为是合理的、恰当的主张，对特定现实有持续的解释力和指导意义的，其实是少之又少。20世纪70年代末以来，40多年社会变革实践的大浪淘沙，当时诸多所谓"前瞻性"的花样翻新的新理念，最终都变成了流俗的"意见"，而很多曾经的新观点、新主张也最终归于"常识"，而很多所谓"反思变革"成果，也被认为观念之中早已有之。

20世纪80年代以欧阳老师等为领军人所开创的具有中国特色、中国风格、中国气派的社会认识学派的形成，一开始就具有鲜明的实践指向和现实关切，基于社会实践本质，坚守社会理想、强化社会认知、探索社会决策、激发社会活力、规范社会角色、澄明社会价值、证成社会正义、致力于社会的治理。为我们这个时代交了一份优秀的答卷，开风气之先，成一家之言，令我们无比地钦佩和敬仰。

　　马克思在《费尔巴哈的提纲》中有一个非常深刻的论断："全部社会生活在本质上是实践的。凡是把理论引向神秘主义的神秘东西，都能在人的实践中以及对这个实践的理解中得到合理的解决。"[①] 这一深刻的论断在不同场合被很多学者所引用，但它的真正的深刻意涵究竟是什么，其实需要进一步探究。我认为这一论断客观上奠定了社会历史文化认识的根基，包含着一种社会知识论的立场以及历史价值论的现实情怀。前一段时间我读美国当代著名法理学家罗纳德·德沃金的《认真对待权利》这本书，感悟颇深。我认为欧阳老师团队四十多年围绕社会认识主题所做的这一浩大的、精深的系统性的理论工作，其鲜明立意，其实就是告诫我们，变革的时代，一代学人的理论自觉的标志，在于"认真对待社会"。因为至少从西方启蒙现代性及其社会现代化历程开启以来，三百多年复杂的社会历史变迁，在文明社会的历史进程中，其核心和主导性的线索，是如何正确对待和处理"共同体""社会"以及"国家"和个人的关系。而作为实体意义上的"社会"的确立过程，就是个人自由、个体自主性的获得过程。所以，"认真对待社会"，其实就是尊重并"认真对待每一个自由、自主的个体的权利"（生存、自由、发展和自我价值实现）。在这个意义上，"权利"和"社会"

---

① 《马克思恩格斯选集》第1卷，人民出版社1995年版，第56页。

在旨趣上内在相通，是价值同义语。以前近代或者近代以前的中国传统社会为例，奉行的是"家国同构"意义上的绝对的皇权专制统治，普通中国民众思想观念中根本不知道有"社会"。虽然在语言和日常生活中，人们会用到"社"这个字，"会"这个字，但是由于国家权力直达底层社会，因此根本也不可能有建制意义上的"社会"存在。或者说，中国人长期生活在一种徒有其表的虚设意义上的制度共同体中而浑然不觉。原因在于，中国人从来没有被当成一个理应享有合法的社会生存权利的鲜活的、真实的生命主体被认真对待。中国人关于"社会"的概念的自觉，有了清晰、明确的有关"社会"的认识，是在1992年以后。从那时起，"国家社会化"与"社会国家化"开始成为中国社会结构转型、阶层分化、利益冲突、个体觉醒、权利自主、价值自觉的良好开端。

所以"认真对待社会"，是现当代中国历史、制度和思想文化，中国社会从而一代中国民众生存与生活方式变革的显性主题。因为千年的超稳定的封建社会中，中国人是"被社会"的，生活在国家本位或者国家和社会完全同质化的制度情境中，制度伦理化和伦理制度的结果，造就的是伦理本位的政治共同体，只知有国家，全然不知社会为何物。所以中国人、中国文化、中国思想关于社会的认知和理解，长期以来一直是"平面化"，其原因就在于，建制意义上的实体形态的社会，没有任何独立性和自主性，完全是依附于、听命、服从于国家的。如此，所谓中国社会发展史，不过是单一的、纯粹的国家发展史、政治发展史而已。

实体意义上社会的缺位，导致中国思想文化理论学术对于社会本身缺少一种系统的研究，缺少关于"社会"的知识的政治，"社会化了的主体"一直没有生成，社会化的生活领域一直也是付之阙如，国家权力一直处于强势的统治的地位。中国的历史大多数，其实是关于精到的国家权谋和娴熟的王道治术，但是关于民众权益及其有效保障有效法典及其贯彻,一直是一个空白,中国人思想文化和生存生活经验没有真切的社会生活情景。

在这个意义上,我们追问以社会为对象也好,以社会为主体也好,或者研究社会本性和价值选择逻辑也好,广义上的社会认识论会提出许多追问,但归根到底,实际上应该是当代中国最基本的现代性问题追问,因为它关涉我们中国人的自我实践、自我生存的合法性和正当性问题。依照德国现代社会学大师斐迪南·滕尼斯在《共同体与社会》中的说法,社会是介于共同体和国家之间,而真正的社会本质是自律、自治、自洽,它是对本质价值实现的展示和尝试。滕尼斯所生活的时代,事实上也是在滕尼斯生前身后的整个"市民社会"时代,人们普遍有一种得自经验与理性的认识,即过去的时代人是以群的状态整体地存在的,而个人——不是肉体意义上的"一个人",而是每个人的自由个性、独立人格与个人权利——只是近代化以后公民社会的产物。马克思的名言"我们越往前追溯历史,个人就越显得不独立,从属于一个较大的整体"是如此,卢梭的名言"臣民关心整体和谐,公民关心个人自由"是如此,而自由主义者把个人本位视为现代社会基本特征的言论,更是不胜枚举。但历史上那种束缚"个人"的"整体"是怎样一种状态?不同时代、不同民族的这种"整体"又有何区别?而所谓现代社会的个人本位当然也不意味着"一盘散沙"(那恰恰是传统时代的特征),比起"鸡犬之声相闻,老死不相往来"的古代,当今社会的人际关系人际交往与社会整合的程度是毋庸置疑的,那么这种"个人的整合"又与传统的整体有何本质区别?应当说,这是一切社会学、社会认识论尤其是社会变迁理论必须回答的。

中国民主什么时候有关于"社会"的真切感受?我认为就是1992年我们实行中国特色社会主义市场经济体制以后。国家经济社会化,国家和经济、社会分开,有了国家、企业、社会多个主体的并生共在和利益博弈，我们真正才有社会的感受，也就是中国特色的现代"社会"，完全市场经济、改革开放的结果，不断向纵深拓展现代化市场经济，向中国历史上前所未有的新的领域"公共领域"和"私人领域"的良性互动格局合理拓展，我认为这是带有最广泛的公共性的社会意义上的新的社会。因为改革开放实践，就是由统一的国家权力本位的政治共同体或者抽象的共同体，向差异化、多元化的社会本位的权利本人的微观共同体转变的历程。所以改革开放实践所产生、所带来的很多问题，其实都是社会层面的问题，体制变革、利益冲突、阶层分化、工农重组，带来的是中国人的角色、权利、意识、定位问题，这是真正意义上社会本位的日常生活化的出场、展开。一旦中国人第一次真正地开始走进、打量、体验社会，获得属于一代中国民众的"社会性"（社会性的本质就是自律或者自治），那么一个公序良俗的善治愿景就不会是一句空话。社会的出场，为中国人提供了一个多样化的可以自主建构的自我感知和自我价值实现的无限的可能性空间。所以现代化、改革开放和市场经济，我认为持续地提出了真正意义上的社会学、社会哲学，深层次的哲学问题，需要我们这一代学人倾情关注、共同面对，需要社会哲学、社会认识论向纵深拓展。但是现实的情形是，新中国成立70年，改革开放40多年，面对错综复杂的社会问题，包括社会学在内的理论研究的回答，照搬西方传统社会学理论者有之，流于经验层面的简单比附者有之，而真正立足唯物史观的历史哲学视野做深度诠释和解析的，则并不多见。

以欧阳老师为领军人物的社会认识论研究，其不懈的学术努力，旨在解蔽迷雾丛生的社会，努力还社会以真面目，这个团队不媚俗、不跟风、坚守初心、有学术定力，始终坚持自己的主张。他带领的团队是挺立潮头，密切关注各种社会问题，辨析中国社会思想理性根由，成就独树一帜的社会认识论中国学派。20多年间，欧阳老师团队所出版的每一本书，如《社会理解论》《社会价值论》《社会本体论》等我都认真拜读了，这为我的科研活动提供了重要的学术资源。社会认识论的理论宗旨，是呼唤中国人在迈向现代化进程中应该拥有清晰的社会理性意识。

就背景来讲，社会认识论是马克思主义哲学或社会历史哲学的理念、主题、形态、范式创新变革的重要的成果，今天上午的谈论引起了很大的反响。同时社会认识论想要重建社会实践的价值理解论，因为中国特色社会主义现代化道路，我认为就是社会本位、社会主体和社会公共价值自觉。20世纪80年代之前中国理论达到的高度一直是国家的政治本位，伴随着改革开放国家社会化的过程，关于社会的思考、诠释和建构，关于中国民众生存信念的思维，如果没有欧阳老师团队的努力则一直是缺位的。我们基于特定实践、历史、文化反思，让社会合法地出场，这是40多年中国特色社会主义现代化发展奇迹、稳定奇迹最重要的密码。重新审视形式上熟悉，实则异常陌生、异常隔膜的社会理论，依照自己的方式，我们对社会变革实践做社会哲学、社会认知阐释，以向人类文明或者转型过程中贡献中国智慧与创见。在这个意义上，社会认识论构成了生存中的中国特色哲学话语、哲学体系、哲学理论创新意义上的应用理论逻辑和价值根据。今天上午的发言中，欧阳老师提出了"复兴社会认识论"的口号。

我认为某种意义上，社会认识论实际上就是中国特色社会主义道路最直接的理论基础。因为在道路问题上我们曾经有过迷茫、困惑，根本原因就在于对改革开放以来中国社会变化的认识不足。最近我们在学习不忘初心、牢记使命主题党课上，我准备的就是总书记关于坚持和发展中国特色社会主义道路，我总结了总书记以往关于什么革命时期、建设时期、改革开放新时期，还有从革命党变为执政党，他把共产党百年，改革开放40多年概括为中国共产党领导的谋求中华文明的伟大复兴，这是一条伟大的社会革命和伟大的自我革命，意味深长。中国特色社会主义现代化道路的主题，经过40年的发展已经比较明晰，即实践自主性、社会公共性、人民主体性、发展正义性、价值共享性，基本上可以表征中国特色社会主义道路的本质内涵。

实践创新性是基础、前提和动力，而人民主体性是最终的目的，还有发展正义性、价值共享性，这是中国特色社会主义独有的东西，是前提和根本性保障，而价值共享是目标，人民主体是目的，这四个方面相互贯穿有机融合，构成总体意义上中国特色社会主义上新的历史逻辑、现实逻辑、政治逻辑和价值逻辑。习近平总书记指出，当前，我国处于近代以来最好的发展时期，世界处于百年未有之大变局，两者同步交织、相互激荡。面对中国所倡导和主导的新全球化，面对波澜壮阔的现代化、改革开放和市场经济，如果站在社会认识的理论范式审视，其意义在于，它把本来属于社会的一切要素、特质和内涵重新赋予、重新给予了社会，诉诸体制机制的变革和制度安排与保障。其中的一个呈现，就是党的十九届四中全会关于中国经济制度的新提法，其客观凸显以总体性理论视野，观照诠释错综复杂的社会的要求，欧阳老师说复兴社会认识论，正逢其时。我们相信以本次专业委员会的成立为契机，一定会产生更加精彩、更加精深的有关社会认识论的力作。

社会认识的历史唯物主义的方法论原则

王福生[*]

首先感谢欧阳老师提供了这样一个机会,向大家做一些交流,把我的一点不成熟的心得向大家做一个汇报。另外非常抱歉,没有能够提交论文。

我报告的题目是临时思考的,要谈的是对社会认识涉及的前提性问题的考虑,主要想说的是对社会的认识要有一定的方法论,而这个方法论就是所谓历史唯物主义或者唯物主义历史观。大家都知道,"历史唯物主义"也好,"唯物主义历史观"也好,这两个词几乎马克思都没用过,但是没办法,大家都这样说。我后来查了一下《德意志意识形态》,甚至"唯物主义历史观"的明确使用都比较少,它是和抽象的经验论者对于历史的研究和一些唯心主义者对历史的研究(相对比)说"我们的"历史观怎么样。

我的想法比较简单,我们简称唯物主义历史观,唯物主义历史观的内容比较简单,方法论的性质也比较清晰。马克思自己的表述大家都比较熟悉,"我所得到的,并且一经得到就用于指导我的研究工作的总的结果可以简要地表述如下……物质生活的生产方式制

---

[*] 王福生,吉林大学哲学社会学院哲学系主任、教授。

约着整个社会生活、政治生活和精神生活的过程"。当然在《德意志意识形态》里面还有具体化的表述，就是称之为经验的观察和对于现实的描述。我要说的是从这样一段话里面，我们更多地关注后面那一句，"物质生活的生产方式决定了社会生活、政治生活、精神生活的过程"，这没有问题，但是很容易忽略前面说的，我认为前面的更重要，因为它规定了唯物主义历史观的理论地位或者理论性质。就是"我所得到的并且一经得到就用于指导我的研究工作的总的结果"，我觉得这至少是马克思自己界定了唯物主义历史观的方法论性质。这就是我要说的第一个，唯物主义历史观是马克思的方法论，而不是马克思的哲学，也不是马克思的新世界观。

历史唯物主义也好，唯物主义历史观也好，都不是马克思的哲学和世界观，当然（马克思的哲学和世界观）也不是辩证唯物主义和历史唯物主义，那么是不是实践唯物主义？我觉得也很难说。我就说一个事，在所有的争论里面焦点是"辩证""历史""实践"，但是实际上最重要的是"唯物主义"；因为马克思（哲学）明显是关乎人的，人就是人的世界，就是国家、社会。马克思最核心的问题肯定是人，而人是和他的实践活动是连在一起的，而这个实践就构成了历史，历史不过是追求人的目的的活动而已。这个历史或者说实践本来就是辩证的，也就是说，在马克思那里，谈历史、谈辩证和谈实践是一回事，而他们的争论是在后面（即"唯物主义"）。马克思在手稿里面也明确讲到过，如果用实践或者历史的观点看人就可以看到，彻底的人道主义或者彻底的自然主义，既不同于唯心主义，也不同于唯物主义，同时又是把二者结合起来的真理。实际上马克思的哲学应该是关于人的一种学说，马克思有自己的说法，叫社会主义。社会主义是人的不以宗教的扬弃，即无神论为中介的，关于人的积极的自我意识，就像现实是不以私有财产的扬弃即共产主义为中介的现实一样，所以基本上是类似这样的。问题是唯物史观是从哪儿来的？是从关于人的基本的哲学理解上衍生出来的，研究人的方法论，而这个人就是人的世界，就是国家、社会。你对这样一个社会，作为对象的社会如何进行研究和认识？就是由物质生活的生产方式决定的，然后具体地对现实的描述。唯物主义历史观不是马克思主义的哲学，它是马克思的认识论，当然是从他特有的哲学衍生出来的认识论。就是说，唯物主义历史观是马克思研究社会、研究历史的方法论，而不是具体的方法。方法论是方法的方法，因此物质生活的生产方式决定整个社会生活、政治生活、精神生活的过程，它说的是一个总的方法论的原则。也就是说的"归根到底是这样"。这就应该能够避免把这样一种理解当作所谓的经济决定论。

其实马克思也是这样做的，马克思研究具体问题的方法，用马克思自己的话来说是按照事物的本来面目及其产生情况来理解事物。所以他对于路易·波拿巴的雾月十八日的分析，他一开始讲路易·波拿巴利用拿破仑这个历史事物，最后才分析法国社会的经济结构、阶级结构。按照通俗的理解，应该先分析经济结构，然后是阶级结构、政治意识形态等，但是马克思自己不是这样。再比如说马克思对于席勒式和莎士比亚式文学的区别，还有对古希腊艺术永恒经典地位的分析，我觉得他并没有完全的，或者说机械地按照物质生活的生活方式决定这个（思路）来的。

所以历史唯物主义或者唯物主义历史观只是一个方法论原则，归根到底应该这样，然后具体到每个事情上按事情本来面目及其产生情况来研究。当然这个落实下来特别难，首先要有理论知识、自觉、勇气和担当，你不把这个当回事，你怎么按照事情的本来面目去研究？面向真实需要勇气，也需要理论自觉。

历史唯物主义不是哲学，历史唯物主义不是方法，而是方法论。谢谢大家！

认识中国式民主的三个维度

虞崇胜[*]

中国式民主（即中国特色社会主义民主），是一个包括民主本质和多种实现形式的有机体系。人民当家做主是中国式民主的本质；人民代表大会制度、共产党领导的多党合作和政治协商制度、民族区域自治制度、基层群众自治制度是实现中国式民主的基本制度；民主选举、民主决策、民主管理、民主监督是中国式民主的基本形式；党的领导、人民当家做主、依法治国的内在统一是中国式民主的特色；选举民主和协商民主的结合是社会主义民主的优势。

从中国式民主的发生和发展逻辑来看，它虽然借鉴了民主的基本概念和基本形式，但中国式民主并没有照搬别国民主模式，它是中国共产党和中国人民自己的独特创造，正因为如此，中国特色社会主义民主才被称为"中国式民主"。从总的方面看，中国式民主并未脱离民主的轨道，而是用中国的形式丰富了民主的内涵，创造了民主的中国样式。从实践过程来看，中国式民主并不是某些人鼓吹或倡导的结果，它其实是改革开放时代中国政治发展的必然逻辑和必然产物，中国式民主的存在本身就体现了民主形式多样性的内

---

[*] 虞崇胜，华中科技大学国家治理研究院特聘研究员、武汉大学教授、博士生导师。

在要求。

长期以来,一些偏爱西式民主的人士对中国式民主存在许多误解、偏见,究其原因在于,他们往往把西式民主模式作为唯一的合法民主形式,并以此评判其他民主范式。必须指出的是,民主从来就具有历史性和民族性,它既是一种价值理想,也是一种社会治理安排。中国式民主植根我国历史文化、符合中国国情,能够有效体现解决中国实际问题。西式民主则是西方社会实践的产物,而且西式民主本身也是多元和复杂的,并非有什么统一的模式,在不同国家有着不同的历史发展过程和不同的发展模式。

根据对改革开放40多年来中国社会主义民主理论和实践发展的观察与思考,笔者以为,科学认识中国式民主发展取得的成就及其存在的问题,应该有三点基本体认,即三个基本维度。

其一,对中国式民主要有自信。

所谓自信,是说对于中国式民主的历史、形式、功能和作用要有足够的认识。中国式民主是中国共产党和中国人民自己的创造,在中国社会主义政治发展实践中发挥着不可替代的作用。改革开放40多年来,中国之所以能够走出一条相对平稳的发展道路,在政治上很重要的一条经验就是,在急剧的社会变革中,没有培育体制性的反对力量,而是借助各种传统的体制、制度和组织资源,不断地建立起各种新兴社会力量与政治体制的制度化联系机制,其中以人民民主化解国家层面的矛盾和冲突、以党内民主化解党内的矛盾和冲突、以协商民主化解党派团体的矛盾和冲突、以基层民主化解社会基层的矛盾和冲突,就成为中国社会一套特殊的政治吸纳和政治稳定机制。在一定意义上完全可以说,正是由于我们有人民民主机制、党内民主机制、协商民主机制和基层民主机制的存在,我们的政治体制才能有效地吸纳各种既有的和新生的多样化社会力量,保证了社会诉求和社会表达的基本畅通,从而有力地促进了社会稳定和政治稳定。

进一步从中国政治文明发展逻辑来看，中国式民主有力地促进了中国政治和社会的发展进步。第一，中国式民主促进了我国基本政治制度的完善和发展。我国是一个幅员辽阔、人口众多的多民族多党派的社会主义国家，社会存在的多样性和差异性比较突出，要实现最广泛的人民民主，就既需要体现区域利益的人大组织和制度，也需要体现界别群体利益的政协组织和制度。因此，将协商民主制度纳入国家基本政治制度范畴，不仅有助于我国基本政治制度的完善和发展，而且有助于更好地保障人民当家做主。第二，中国式民主扩大了公民有序的政治参与。随着改革开放的深入和市场经济的发展，中国社会发展呈现出利益格局多元化、组织形式多样化、阶层结构复杂化的明显特点，人们的政治参与意识空前提高和参与要求空前增长。而通过发展协商民主和基层民主，可以加强沟通协调，广开言路，拓宽利益表达渠道，从而使社会的各种意见和诉求得到有组织有秩序的表达和集中。第三，中国式民主促进了决策科学化、民主化。中国四大民主制度的重要功能就在于能够及时收集、整合社会各方面的意愿，及时回应民众的合理诉求，并通过体制性程序将全社会的智慧和力量凝聚起来，形成统一的意志，从而增强决策的透明度和公民参与度，实现科学民主决策，推动经济社会和谐发展。第四，中国式民主促进了人类政治文明的进步和发展。中国式民主虽然具有明显的中国特色，但是它与人类政治文明发展的总体趋势则是一致的。在中国，依托人大的选举民主和依托人民政协的协商民主，是中国两种主要的民主形式，通过这两种民主形式的衔接和互动，既能够保证国家政权的统一行使，又能够在执政党、国家机关同各民主党派、各团体、各民族、各界代表及人民群众之间形成密切的联系，使公权力的运行不仅受到法律、权力的制约，而且处于人民政协等非权力机关的监督之下。这种合理的政体结构和规范的政治行为，不仅体现了党的领导、人民当家做主、依法治国的有机统一，而且内含了权力分立和相互制约的一般原则和基本精神，为人类政治文明的多样性提供了成功范例。

其二，对中国式民主要有自觉。

所谓自觉，是说对于中国式民主的理论和实践要有理性认识，也就是要准确把握中国式民主的精神实质。必须明确，中国式民主形式与其他国家的民主形式都是人类民主的重要组成部分，都为人类民主发展做出了自己的贡献；中国式民主虽然是中国人自己的创造，但并不是与其他国家的民主相违背的，或者完全不同于其他国家的民主，必须认识到中国式民主与其他国家的民主在基本精神上是一致的，而不是相互冲突的；在民主形式上也是相互叠加的，而不是相互抵牾的；中国式民主发展应该从其他国家的民主中吸取有益的成分，积极借鉴其他国家民主发展的成功经验；同时，中国式民主发展的经验也应该能够走出国门，可以为其他国家民主发展提供有益的借鉴和启发。

人类文明总是在相互砥砺和激荡中发展的。对于其他国家民主的发展，特别是西方国家民主的发展，我们不能简单采取两极对立的思维模式，而应将其他类型的民主视为中国式民主发展的参照物。比如，西方国家坚持以竞争性选举作为民主的基本形式，我们不能以中国的国情不同而否定选举民主对于中国式民主的重要性，进而忽视甚至迟滞选举民主的发展和完善；又如，西方国家在代议民主基础上发展起来的协商民主，与中国式协商民主的确是两种不同的协商民主形态，但两者并非完全对立和不可兼容的，一些具体协商民主形式和技术则是完全可能相通的。

中华民族是一个兼容并蓄、海纳百川的民族，在漫长历史进程中，不断学习他人的好东西，把他人的好东西化成我们自己的东西，这才形成我们的民族特色。对于中国式民主的认识，我们也应该有这样的自觉,既坚定不移地走中国特色社会主义民主发展道路,不照搬别国民主模式,又要通过深化改革,丰富中国式民主的实现形式和实现方式,不断推进中国式民主的发展和完善,进而使之成为人类民主发展史上的一朵奇葩,为人类民主发展做出自己应有的贡献。

其三,对中国式民主要有自省。

所谓自省,是说对于中国式民主发展的不足要有自省。必须明确,中国式民主并非成熟的民主形态,仍然处在探索之中,存在诸多不足和有待提高的地方。对此,我们应该保持清醒的认识,而不能盲目自信,甚至固步自封,以为中国式民主已经完善了,或者说中国式民主不需要发展了。实际上,中国式民主不仅理论上需要进一步提升境界,实践中更是存在着诸多需要创新的空间。

首先,作为体现人民民主本质的人民代表大会制度,在全面改革开放时代如何完善和发展,这是发展中国式民主的首要问题。比如,党的十八届三中全会提出坚持人民主体地位,那么如何通过人民代表大会有效运作以确保人民主体地位?又如,人大作为中国的代议机关,实现着选举民主的基本功能,如何借助人大这个平台将中国选举民主推进到一个新的发展阶段?其次,在中国选举民主不够完善的条件下,如何将协商民主与选举民主结合起来,这是制约中国式民主发展的又一重要问题。比如,党的十八大明确提出健全社会主义协商民主制度,那么,作为制度体系的中国协商民主由哪些部分构成?如何推进协商民主广泛、多层、制度化发展?又如,从政治技术层面看,选举民主与协商民主如何做到既有分工又有合作,共同形成中国社会主义民主的运作体系?人民政协作为协商民主的重要渠道,如何与其他协商民主形式和渠道(党政机关、党派团体、基层社会等渠道)结合起来,形成中国特色的协商民主体系?再次,中国共产党是中国社会主义事业的领导核心,党内民主是中国式民主的重要组成部分。然而，中国式民主的本质是人民民主，那么，如何将人民民主与党内民主统一起来？如何通过发展党内民主来引领社会民主的发展？如何保障党员主体地位，健全党员民主权利保障制度？如何加强民主集中制，完善党内民主制度体系？最后，基层民主是中国式民主最广泛的实践，也是中国人民直接行使民主权利的重要方式。那么，如何通过健全基层自治组织和自治制度，以保障公民民主管理和民主监督的权利？如何通过创新基层民主形式，畅通基层民主渠道，健全基层选举、议事、公开、述职、问责机制？如何通过创新基层民主协商制度和协商形式，促进群众在城乡社区治理、基层公共事务和公益事业中依法自我管理、自我服务、自我教育、自我监督？总之，中国式民主并非成熟的民主形态，存在诸多需要创新的领域和提升的空间，对此我们应有清醒的认识和理性的研判。

当今世界已经进入全球化时代，以全球的视野去审视中华文明、欧洲文明、拉美文明以及其他各种文明，去发现人类不同文明各自的特色和共同的价值点，这是认识和对待人类文明多样性所需要的科学态度。在发展中国社会主义民主（即中国式民主）问题上，我们既不能妄自菲薄，缺乏应有的自信，盲目照搬别国的民主模式，也不能固步自封，妄自尊大，缺乏必要的自觉和自省，排斥别国发展民主的经验和做法，而应始终保持必要的自信、自觉、自省，不断改革和完善社会主义民主制度和民主形式，使之始终充满生机和活力以适应新的时代发展需要。

社会认识与中国道路的逻辑和辩证法研究

万小龙[*]

首先感谢大会的组织者，我是华中科技大学科技哲学与逻辑学科的带头人，读书的时候在武汉大学，欧阳老师是我们老师；后来在华科搞学科建设欧阳老师是我的领导。这么多年欧阳老师给我启发最大的就是他对于哲学本性是研究极致性问题的看法。下面报告的是我最近十年做的研究，虽然我是逻辑科学哲学的学科负责人，也是中央马工程科技哲学的首席专家之一，但是我个人认为在中国做哲学最大的资源就是辩证法，有可能在全世界也是这个样子，为什么会这样想呢？我想有三个方面的原因。

首先，我们今天说的中国道路，应该是把马克思主义的普遍原理和中国人民的具体实际相结合。我记得北京某著名大学前两年开过两次协调创新中心的国际会议，牛津和哈佛教授回去以后都说，中国与会学者对各种马克思主义流派的文本研究非常全面细致；对与中国实际的结合做得也很好，但是原创的基础理论上还有很大的

---

[*] 万小龙，华中科技大学哲学系教授。

上升空间。其实国内有一些学者是有原创基础理论的，但第一是不容易做全，第二是不容易选出来。我们强调中国社会道路，而且现在的国际形势也比较复杂，所以这个时候更要加强执政自信和学术自信，同时让国际学者，不仅仅是马哲理论家也让一般的知识分子了解到，我们在基础学问上有原创性。

其次，20世纪的哲学有一个很大的问题，就是分析性的哲学和思辨性的哲学是分野的。21世纪大家都说要结合，怎么结合？很显然，结合最好的方法就是辩证法的逻辑，辩证法是最能够体现思辨哲学的精髓，而逻辑当然是分析哲学的精髓。

最后，辩证逻辑有一个问题，从辩证法的角度来讲，辩证逻辑最核心的内容是自否定。但是自否定是从事物内生的，而经典逻辑看起来是解决不了这个问题的，但非经典逻辑的特点是在经典逻辑的原始符号体系之外增加新的符号，所以它是外挂，这是一个最关键的问题。一个是外挂的，一个是内生的，看起来是协调不了。如果可以找到一个方法，它既是内生的，又是外挂的，不就解决了吗？当然我们可以这样想，但是怎么解决这个问题？有人做了这个工作。不过一个学问从原创产生到成熟、到普遍的认可会有时间差，个体学问家他学问的高峰到社会评价的高峰也有时间差。我还写过一篇教育方面的文章，就是反驳"钱学森之问"。钱学森当然有很大的贡献，但是他的问题是他忘记了这里面的时间差。

辩证逻辑有很长的历史，相应的报告我今年已经做了六七次，一般来说要两三个小时，仔细说清楚要一天。辩证逻辑还涉及经典逻辑和非经典逻辑，好在辩证逻辑的文章一直没发，老是拒又改。逻辑方面的发了，为什么？我前面已经公开发过的英文和中文文章有9篇了。逻辑的会后即发是因为全国逻辑学会议开完以后就直接上知网了。

辩证法的逻辑的句法不是我做出来的，是现在全国逻辑学会的秘书长杜国平做出来的，他公开发文章是2007年，现在是中国社科院的研究员，当时是南京大学副教授。他作为逻辑学家比较奇怪，他不喜欢辩证逻辑，他就是好玩，纯粹做学问，不是说直接为了解决什么问题。什么意思呢？黑格尔的辩证法逻辑的核心是辩证否定，每一次否定辩证否定都是否定是否定。这怎么理解？前面有很长的历史，包括思辨哲学的形式，我就不讲了，因为发过文章，学生也做过博士论文。

科学的演绎逻辑 A 推出 B 是公理，也就是 B 是 A 的逻辑后成。辩证法的逻辑是什么？A 推出 A 的辩证否定，A 的辩证否定也是 A 的逻辑后成，所以科学性的演绎推理和辩证法的推理是同型的。就是说辩证法是讲道理的。但是它有一个区别在哪里？科学从 A 到 B 只要一步，每一步都是演绎；但是辩证法相当于科学用每一步它用了两步，叫否定之否定。A 到 A 的辩证否定，就是每一次辩证否定是 A 的否定之否定。我的博士导师桂起权教授最先发现否定之否定其中一个是经典否定，另一个是非一个经典否定。但是因为他没有意识到基本的辩证否定是否定之否定，所以很遗憾这个工作没有做好。杜老师发现辩证否定是否定之否定，有且仅有两种组合方式。其中一个组合是先对 A 先进行经典否定，再进行次协调否定，组合起来就是辩证否定，这完全符合黑格尔原意。还有一种组合是先用一种直觉主义否定，再进行一种经典否定，这种组合在黑格尔那里没有直接表述。黑格尔虽然伟大，但是他不知道基本逻辑形式，他再聪明也不可能知道所有的形式可能性。否定之否定就是辩证否定，正好辩证否定最后的结果和科学的演绎是一致的，所以它很讲道理。问题是科学演绎这样很简单，辩证否定为什么要进行两次？因为它正好要周延。经典否定非常极致体现了逻辑的二分本性。辩证法逻辑的第一步是"从 A 到 A 的经典否定"，而不是"从 A 与 A 的经典否定"开始，也不是把"形式逻辑的矛盾表达为不矛盾；或者反之"。邓晓芒老师我很尊敬，他三十多年前对于辩证法的否定说法就有很多很精深的地方，我就不重复了。但是有时候他也会比较有趣，因为他也不了解形式，骨子里是否能够极致又准确理解辩证法。比如说，他最近要建立一个新的哲学理论，既超越逻辑功能，也超越非逻辑功能。我说，逻辑功能多么高大上啊，请您先超越"武汉明天或者下雨或者并非下雨"吧。逻辑的本性（the nature）是二分性，把世界上的万事万物进行二分，它有无数个二分方法，把所有的二分方法都抽象一次，就是真和并非真。杜老师是2007年写的文章，可惜到现在为止只有我一个人引用过，主要是什么原因？有两个原因，广义的原因是世界一流逻辑学家，不管是国内还是国外的，普遍都不相信辩证法是讲道理的；世界一流的思辨学哲学家，觉得它不能够被形式化。

狭义的逻辑上原因：杜老师的"哲思逻辑"2007年写的句法理论，它的句法是对的；2011年又开始重新补语义，语义完全是错的。为什么？他不知道它其实是经典的。他句法用的方法是用世界上非经典逻辑的两个进路之一的模态进路，用得很好。他补语义的时候用另一个非经典逻辑的多值进路，但这两个进路结合不了。大概六七年以前我跟邓老师讨论过，他说杜的方案好像解决了一些问题，但是还不对，我反复想邓老师的说法，他的意思是辩证否定是内生的，而杜这个是外挂的。这样一来我们怎么办呢？我们做研究的时候不是从这个问题开始，一开始经过了很多苦难的思维过程。

我可以举几个简单例子，你还不能光从辩证法的角度，甚至于不能从具体学科甚至具体哲学理论的角度来考虑问题，因为这样很难考虑到极致问题。应该怎么考虑？这是知网上刚出来的问题，你要考虑到更加普遍性问题的同时还能极致化。怎么普遍性？我们现在不管什么学科，不管是哲学还是科学，还是文学，最基础的是什么？总是有最基础的问题，我们总结出来最基础的问题就是辩证性、不确定性和整体性，它是双重缠绕的，每一个学科里面都有非常基础的问题是搞不清楚的。

举两个例子,有一个文学大师说幸福的家庭都相似,不幸福的家庭各有各的不同。我下面说的数学是小高数学,我令幸福的家庭为K,K总是跟自己是相同的,K=K,近似等于K也是相似的,不等于K的才能各不相同。所以托尔斯泰那句话是对的废话。再比如说举一个西马的例子,马尔库塞的《单向度的人》,一个向度有正、反两个方向,所以题目都没有搞清楚就洋洋洒洒写文章。

我们发现最基础的东西是现代数理逻辑,逻辑一方面是通过把数学极致简化体现严密性,同时把哲学极致精细化来体现超越性。所以逻辑的基本问题不可能依赖于高深莫测的数学,如果逻辑学家那样想他就想错了。在这种情况下我们用最简单的逻辑,就是经典命题逻辑,把它的原始记号部分极致简化。但是极致简化以后要同时达到三个要求,一是简化以后尽量少用原始符号,二是简化以后的系统跟原来是等价的,三是还要能够解释辩证法等非经典问题。我们很多年以前不断地探索基础同时不断试错应用。我们主要做了什么,通过简化以后自然产生了非经典性,这个时候模态的和多值的问题就可以解决了,然后我们就可以尝试解决辩证法的问题,这样来体现欧阳老师说的哲学的极致性,不是说我的系统要增加东西,而是要把原来的减少,减少极致的同时自然而然就等值变换也就是内生出非辩证性。直觉上很多人不相信,虽然我们2014年发的英文文章,已经被华沙学派引证过两次四处,当然还有其他许多成果,但过去十年做的时候在数学上发现一些难题,一直到今年国庆,现在这些难题都解决了。所以我现在很自信,这个统一解决各基础领域的更基础问题的基础Ⅲ伦理STRF的基础部分的创新原则上已经完成。辩证法的逻辑只是这个理论的一个二级应用。

总之,中国特色的学术原创之路就是已经培养了能够在不同基础学科的不同哲学思维之间具有贯穿潜力学者的显露。谢谢大家。

社会认识的本体基础

刘远传[*]

各位专家中午好！首先感谢我的导师欧阳康先生，他把我带上了"社会认识论"的研究之路，今天给了我一个机会，让我在这儿能说说我的观点。我刚才听了各位专家的发言，受益良多。感谢各位专家新颖的理论观点。因为这次会议拟了一个议题，即关于社会认识论问题的研究，虽然我已退休，但是研究过一些相关问题，下面我简要介绍下自己的观点。

我对本体基础的研究集中体现在我的博士学位论文《社会本体论》里面，当时确定这个题目有几个方面的原因，首要的是在日常生活中我们可以看到、听到人们在广泛地使用"社会"这一词语，我们使用的时候有很多理论不对、逻辑不通的地方。最典型的例子，有一次我走在学校中，有几个学生在议论，说我们马上要走入社会了，可是还有很多东西没有准备好，诚惶诚恐的感觉。我说你们还没有走向社会？你现在不在社会中？这些孩子一看我的年龄，说老师我哪儿错了吗？我说也没有错，但也不正确。我说是不是你走出华师门外就是社会？在学校里面不是社会？我说你们担心的踏

---

[*] 刘远传，华中师范大学马克思主义学院教授。

入社会，诚惶诚恐怕的是什么？是怕走入广大的、广泛的、复杂的人群当中。社会的空间定位在哪里？我们现在有这么发达的定位技术，社会定位在哪里？

我们可能对毕业生讲过这样的话，说你们马上要踏入社会了，因为我听到过我们书记在毕业报告会、动员会上这样讲。日常语言这么用大家都习以为常。日常语言还包括哪里出了不好的事件，有人就说"你看这个社会"。社会到底是什么？这是需要从我们日常生活层面进行研究的。当然还有各种社会科学，那就是人文科学，这也是对社会某一方面的研究。在那里并没有进行哲学的思考。我们马克思主义的历史唯物主义就是对社会的研究，但是我们这里要承认对马克思主义的历史唯物主义还是需要解释的。也可以这么说，我有时候跟别人辩论说，那是你理解的马克思的历史唯物主义，认识的复杂性中间包含主体本身的介入。

欧阳老师录取我做研究生的时候问我你准备做哪一方面的研究，我说您做了社会认识论的研究，我认为对社会认识论的研究还需要一个本体论基础问题的研究，那时候我胆子很大。当然这个任务是很重的，欧阳老师当时说你的这个任务太重了，可是我认为这方面有值得做的地方。对于社会科学、人们的日常观念，乃至于社会认识论的研究，设立它的本体基础、理论前提是很重要的，后来硬着头皮在欧阳老师的指导下做出来了，不算成功。下面我把主旨思想当中的要点给大家介绍一下，我要谈的问题可能是理论意义上引起争议的一个焦点，理论要点有一点心得，对于社会的理解、社会是什么？我把它总结为三条基本公理：其一，社会是人的社会；其二，社会是人为的社会；其三，社会是为人的社会。就是 What/Why/How。社会是人的社会，就是社会的基本构成，社会是由人构成的，社会的变化和发展是人的活动所引起的。人为的，表示是人的活动所造成，人的活动包括很多，从生命活动到各种各样自觉的实践活动。为人的，这一点当时引起了很大的争议，有同事说统治阶级也是为人的，我说它至少是为自己的。恰恰是因为这一点，我们过去衡量社会、评判社会进步与发展的基本标志，用的是生产力标准。我们知道这好像不够，什么公平与效率之类的，还有事实与价值问题都是悖论问题。我说这不是我错了，我查了之后提出了更重要的标准，那就是为人的问题是为人的质和量的分析，可以看出社会本身进步的状态，为什么人为多少人这是一个问题。

社会到底是什么？马克思认为"社会是人的共同体"，人的共同体是人在现实意义上的共同体。现在习近平总书记提出了人类命运共同体，这是从政治领域、意识形态领域或者实践层面来操作的。

总的来说，社会认识论的本体基础也就是以人为本，由此我们不仅把它作为理论前提，而且还要作为一种方法，我们在研究社会上任何事实的时候，它都有马克思当年说的工业和工业的历史、对象化的成果，"是感性地摆在我们面前的心理学，对这种心理学我们至今没有本质的联系，仅仅是从外在的效应来理解"。我们所研究的社会对象就是物性与人性的统一，是人的活动造成的。

现象学视域中社会认识问题

马迎辉[*]

首先非常感谢会议主办方对我的邀请，因我博士后跟随的是复旦大学的俞吾金教授，所以我最早听俞老师说起欧阳老师的贡献和对社会认识论的研究。我想这里面有一个思想的惯性，现象学里面没有明确谈过社会认识论的问题，我想把我理解的现象学基本原则推到关于社会认识论的讨论上来，是否恰当请大家批评。

如果没有现象学运动的话，西方马克思主义有可能不会呈现出来。我可以举一些例子，阿多诺的观点是通过和胡塞尔、海德格尔激烈的争辩得出来的，他有两本很重要的书，批评的对象分别是胡塞尔和海德格尔。比阿多诺更早的是西方马克思主义学的创始人卢卡奇，卢卡奇在谈到生产者的主体的时候提到一个很有趣的观点，他谈到最高的分离对总体性结构的意义，总体建构就是在物化批判之后，说现象学是对这种方法无法被黑格尔超越的尝试，生产主体是对历史的生产，生产者的生产就是对历史总体的生产问题。这个问题意识讲的是什么？因为社会认识论批判就是主体的自我批判问题。这是西方马克思主义诞生时刻的现象学因素。

---

[*] 马迎辉，浙江大学人文学院哲学系"百人计划"研究员。

再看现象学马克思主义者陈德草。他的工作更直接，就是把超越现象学奠基在辩证唯物主义之上，他提出的一个重要问题是，我们构建世界的时候材料从哪儿来，问题非常简单。他的书上半部分讲胡塞尔的很多东西，下半部分直接说历史活动的所有材料源于人类生产的实践。这本书的翻译很快会出来。

我在了解西马当中的现象学因素以后在想一个问题，为什么现象学会和马克思主义哲学关联在一起，我想大概有这样两点。第一，马克思在其政治经济批判中所揭露的资本主义生产的规律，在现象学诞生的时代，已经是现象学家们共同面对的最基本的社会现实了。而现代西方哲学，现象学也好，心理分析也好，结构主义也好，实际上都是对这个既有的社会现实的思考以及批判性的反思。这是一个基本的内在逻辑转化的可能性问题。第二，我们可以用马克思的语言来说现象学在干什么。马克思曾经说过这样一句话：意识是被意识到了的存在，而人们的存在就是他们的现实生活的过程。前一句话实际上概括了胡塞尔的工作，意识就是被意识到了的存在，胡塞尔探讨的就是意识与存在之间相关性的问题。胡塞尔对生活世界的反思批评，探讨的就是被西方实证科学所统治之下的生活批判。所以我觉得现象学和马克思之间是天然的契合。

接下来我想谈一下我所设想的现象学认识和批判可能性的问题。我尽量避免现象学的一些术语，因为我去开会的时候，特别是给非现象学老师们谈现象学的时候其最怕现象学术语太多。我这里只谈一个术语，现象学还原论。现象学还原是什么？有一个误解，这个误解来自海德格尔的解读，大家会觉得胡塞尔只谈论意识，现象学还原就是还原到意识活动中去。实际上，现象学还原是对我们与之打交道的社会、自然的意识关系的揭示。我们与世界的关联是什么，很难直接呈现出来，在现象学看来，这个呈现是建立在意识与被其意识到的关系之上的。现象学所谓的纯粹意识是与世界原初的关系，现象学家经常会强调这样一句话，说现象学还原没有使我们丧失很多东西，而恰恰是我们与世界、与社会、与历史之间原初的关系显现出来的。

围绕现象学社会认识论批判，我们想现象学可以提供的是，通过现象学还原和反思揭示一种新的主体性与存在的关系，存在不是自然的存在，不是在我们面前存在物的存在，这也是马克思主义者批判的。现象学探讨的是一种新的主体如何在其生活动机当中在世存在，海德格尔讲的生命的动机，更早是胡塞尔明确提出来的，我们与世界的关系不是自然物意义上的、片断的关联，而是基于我们自己的生存动机与世界打交道的状态，这个构想本身可以和马克思对工人阶级作为社会主体的生存关联起来。

海德格尔的此在的本真存在意识在世界中认识自身，其实包含了两层意思：第一个是进入世界，跟世界打交道，进行在世的批判，这偏向于世界维度；第二个是生存于世中对此在自身的批判。

由此，现象学的社会认识批判也可以在两个层次上进行，一个是对世界本身的批评、对我与世界关联的批判；另一个则是对在世界中的自身批判。

最后，简单地总结下，现象学的社会认识论有两个任务，第一个是重建主体与其社会历史的相关性，就是说，编年史与外在社会历史性必须建立在主体与世界的意识以及由之开启的实践活动中。我们去挑选历史素材不是随意的，是建立在意义关系中的，而这个意义关系和当下的生存是紧密相关的，与我们生命的动机关系也是相关的，这是一个内在建构的过程。现象学是对主体及其生活于其中的世界的相关性的揭示，这是原初的，一开始总是被物化意识遮蔽了。在此意义上我想说，现象学方法应该成为社会认识论一种普遍的方法，不还原怎么能消除物化意识，怎么能进入历史关联中去。第二，在此相关性中的自我批判与社会历史批判，在社会历史中主体是能动的、自觉的存在者，主体及其社会历史是交互作用，这就是欧阳老师今天上午讲的最后几个问题当中主体的问题，现象学还原揭示的正是主体如何作为自觉的存在者，作为以善为目标的存在者生存于世的。自我批判在什么场合先于社会历史批判？这是卢卡奇讨论的东西，我们不是被动地进入历史过程的，而是具有前历史的，准确地说，不同于现存历史的目的和动机的，否则，就无须像卢卡奇这样去呼唤阶级意识了，因为卢卡奇面对的是在资本主义发展过程中已经被压抑了阶级意识的无产阶级，所以才需要重新唤醒，怎么去唤醒？就是重建历史过程中的主体自身的生产，所以说是一种先于现存历史的主体的存在，这是卢卡奇的揭示。

主体总是在社会历史过程中实施自我批判的，主体批判的归宿就是社会历史的批判，而社会历史存在提供了自我批判所要的中介和素材，社会历史批判与在社会历史存在中的自我批判实质上是一种交互批判。

谢谢大家。

社会认识论视域下的乡村治理

张登巧[*]

欧阳老师、王老师、陈老师,各位师兄师弟、师姐师妹,到华科参加欧阳老师的会,有时候在称呼上有点尴尬,许多我称为师兄师姐的年纪都比我小,而且小得太多,我辈分上很低,这就是我遇到的困境。

今天会务组也给我布置了任务,说是有一个发言,实在抱歉,我确实没准备好,论文没写完,我是有苦衷的。我发现来参加会议的,我应该算是一个乡下人,我来自乡下。在座的都来自城市,我所在的吉首大学在湘西自治州吉首市,虽然叫吉首市,但是它只有三十多万人,这就是一个乡里小城镇,沈从文说他是乡下人,我今天也是乡里人来参会。

为什么没有准备好发言?我确实感到抱歉。我现在的职务,官方公布的是武陵山区发展研究院院长、校地合作办主任、扶贫办主任,扶贫办现在是什么样子?我们湘西州有7县1市,除了吉首市,7个县现在处在最关键的时候,脱贫验收。当然我是学校的扶贫办,属于协调机构,真正带有政治任务的绝对帮扶是归学校组织

---

[*] 张登巧,吉首大学武陵山区发展研究院院长、教授。

部。我们结队帮扶了湘西州保靖县的一个村子，现在是验收的紧张时刻。我来的前两天还按照要求到我自己的结队帮扶户家，规定30号之前必须去看望帮扶户，而且去帮扶户家吃一餐饭。我实在来不及了，去年一个研究生没有顺利毕业，他29号下午要进行答辩。我们那个学校人数很少，我不参加的话答辩会达不到法定人数。所以29号下午的会我没有赶到。

会务组安排我发言，我想也是有道理的，可能我代表一个方面军，是有理由的。如果我们这次会议都是城市人在开会，代表性方面可能就有缺陷。会议的主题是社会认识，如果我们不认识农村可能就不全面。社会治理如果不谈乡村治理，我们这个治理是有问题的。中国要富农村必须富，中国要美农村必须美，中国要强农村必须强。按照户籍人口统计，现在农村人口仍然占多数。按照常住人口统计，城市人口超过了农村人口。但是两亿多的打工者能算城市人吗？所以农村的治理、乡村治理是我们应该正视和不可回避的。我们的主题是中国道路，我们的道路如果缺少了农村的羊肠小道，中国的道路可能也要打折扣，所以我坦然来参加这个会议。

我的发言题目叫作《社会认识论视域下的乡村治理》，这是基于我生活在农村，也感受到农村。虽然思考得不太成熟，但欧阳老师的社会认识论对我们的影响很大，我觉得要认识乡村，至少要带有一种复杂性的思维。我国地域辽阔，从复杂性思维认识乡村、对待乡村治理，至少有这样几个需要考虑的地方。

一是如何处理好管制和自治的关系。中国的治理比较擅长的是管制，而到了农村，我们从20世纪90年代开始提出村民自治，这一度引起了中外学者的高度关注，当然现在又归于沉寂。我们现在提的都是农村应当怎么样，但是有一个维度我们考虑了没有？那就是乡村治理的主体是农民，村里老百姓是主人，他们究竟怎么看待乡村治理，所以我自己感受到，虽然国家越来越重视"三农"（农业、农村、农民问题），但在具体的乡村治理过程中农民本身的意愿没有得到足够重视。

乡村的管制和自治，怎么样既能管制好，又能和自治结合起来。扶贫我们看到了许多"被扶贫"，吉首大学先后帮扶两个贫困村，我作为干部也先后结队帮扶两个贫困户。第一个贫困户老人家得了癌症，本来那个山区海拔七八百米，让他种这种那，这都不是他自己的意愿。他们现在有劳动力就出去打工，农村的老人就是种点自己吃的菜、种点自己吃的粮食。我前不久去现在的扶贫户家里，说镇政府要他种十亩油茶，他本人对种油茶兴趣不大，存在"被扶贫""被振兴"现象。乡村治理必须正确处理政府主导和充分尊重农民意愿的关系。乡村如何发展？各级政府的主导作用固然重要，但在一些地方存在搞政绩工程和"一刀切"的现象，这些现象应当引起高度重视。

二是如何处理好乡村治理中公平和效率的关系。关于乡村的发展上面的红头文件一个一个地下来，1978年以前是人民公社化，它主要是基于公平的考虑，1978年以后小岗村联产承包是基于效率的考虑，我们现在知道公社化的弊病。现在农村的田地下放，小规模、分散化又有一种问题，所以公平和效益必须兼顾。在国家层面，我们走过了公平优先、效率优先，现在似乎又回到了公平优先，因为现在村里的干部都拿上工资了，他们都要上班，特别是贫困地区，他们已经顾不上自己的生产了，天天要完成扶贫的任务，开玩笑说扶贫队变成了填表队。

三是如何处理好乡村治理模式多样性和统一性的关系。中国东西部的农村有很大的差距，湘西的农村和江浙的农村不一样，现在全国的典范就是浙江安吉县，但是安吉那个地方不让养猪、养鸡，这在湘西肯定行不通。还有一个差距，比如西部地区也好，东部地区也好，中部地区也好，农村之间的差距、城乡之间的差距，具体情况千差万别，乡村治理应当因地制宜，不能"千人一面"。比如长沙县浔龙河村是湖南省乡村治理的典范，湘西农村就没办法模仿和复制。湘西的十八洞村是"精准扶贫"的首倡地，2013年11月3日，习近平总书记视察十八洞村时提出了"精准扶贫"的重要论述，要求脱贫攻坚必须因地制宜。因此，乡村治理需要正确把握多样性和统一性的问题。

四是如何处理好城乡之间的关系。对于城乡之间的关系，过去很长一段时间，我们强调的是城市化、工业化，忽视农村和农业，导致城乡二元结构。几十年来，我们实际上走的是一条先城市后农村，重工业轻农业的路子，农村服从城市，农业服从工业，甚至完全是由工业统筹的，把农村作为牺牲品。城乡之间的统筹，从现在提出以工统农，到城市反哺农村，到现在提出城乡融合，怎么样融合？我们是把农村变成和城市一样，还是遵循农村自身的发展规律。2003年10月，党的十六届三中全会明确提出统筹城乡发展，解决城乡之间发展不平衡、城乡居民享受基本公共服务不均等的问题。2012年11月，党的十八大报告进一步提出"推动城乡发展一体化"，形成以城带乡、城乡一体的新型城乡关系，但重心依然侧重于城市，是以城市带动乡村的发展。党的十九大报告首次强调实施乡村振兴战略，坚持农业农村优先发展，按照"产业兴旺、生态宜居、乡风文明、治理有效、生活富裕"的总要求，建立健全城乡融合发展体制机制和政策体系，加快推进农业农村现代化。这是第一次在国家战略层面把乡村作为与城市具有同等地位的有机整体，农村不再是城市的附庸，表明我国城乡关系发生了历史性变革，城乡发展进入了新的发展阶段。从"统筹城乡发展"到"城乡发展一体化"，再到"城乡融合发展"，既反映了中央政策的一脉相承，又符合新时代的阶段特征和具体要求。

科技认识与新中国科技发展道路

罗天强[*]

科学和技术是既相区别又紧密联系的两个事物，它们在社会发展中发挥着越来越重要的作用。就一个国家而言，在特定的历史时期，如何根据本国的国情选择和探索怎样的科技发展道路，关系到国家的经济社会发展、国家安全、国际地位乃至民族的兴衰，因此认识科学技术的运行规律和社会功能，从而探索适合本国社会发展要求的科技发展道路具有特别重要的意义。新中国成立以来，党和国家基于对科技运行规律和功能的认识，走出了一条"独立自主与对外开放相结合"的发展道路，以下主要从两个方面进行讨论。

一 科技认识问题

（一）科学技术认识是国家科技发展道路自觉的前提

实践需要理论指导，探索选择适合本国发展要求的科技发展道路需要在一定程度上正确认识到宏观整体层面的科技的社会功能、

---

[*] 罗天强，武汉科技大学马克思主义学院教授。

社会运行条件和规律、科学向技术转化的一般途径和机制等。这里需特别强调宏观层面的认识，主要是因为科学技术认识涉及社会需要的不同方面和不同层次。有微观层次的认识，比如科技考古、技术解释、特定科技活动和技术产品的伦理评价等问题；对于科技宏观层面的认识，由于关涉科技发展的基本方向、国家长远规划和战略目标，对探索和选择适合本国国情的科技发展道路具有直接的指导意义，这种认识越深刻越全面，科技发展道路的探索和选择就越正确。当然，科技认识与科技发展道路的探索实践本身是一个互动的过程，一些关于科技活动的规律，即是在科技发展道路的探索性的实践当中形成的。在新中国成立初期，正是毛泽东等党和国家领导人认识到了原子弹的国家安全和政治价值，才有了勒紧裤腰带实施"两弹一星"工程的战略决策，使中国成为不可忽视的国家并获得重要的国际地位。

（二）科技认识的基本内容

主要有三个方面的内容。第一，科学技术社会运行的基础、条件和规律，包括科技人才培养和成长规律、科学研究和技术研发的物质基础、经济制度、产业基础和市场条件及其科技运行规律，以及国际经济、政治、科技等条件的作用。科技发展不是孤立的，是在国内国际各种复杂的社会环境中运行的，受到科技自身发展状态和内在条件的制约，各种社会条件直接或间接地影响到科技发展，并使其表现出不同的发展规律。比如在计划经济条件和市场经济条件下的科技运行规律就是不一样的。

第二，科技的功能，包括科学的解释功能、科学指导实践的功能、科技的文化功能、生产力功能或者经济功能、国防军事功能、政治功能、外交功能等。从而科技创新成为促进我国经济发展、实现国家目标、保障国家安全、维护世界和平、提升国家综合实力和国际竞争力、实现民族伟大复兴的重要基础和途径。

第三，科学与技术的关系，尤其是科学向技术转化的条件、机制。科学与技术既相区别又相联系，它们之间的关系可以用三句话概括：科学技术化、技术科学化、科学技术一体化。科学越来越依赖于技术基础和条件的支撑，技术发展也越来越依赖于科学上的突破；科学上的突破会导致新技术的产生，这里的科学既包括基础自然科学，也包括技术科学和工程科学。在某些领域科学和技术出现了一体化的特征，它既是科学又是技术。正确认识二者的关系具有重要的理论价值，它深刻揭示了加强基础科研设施的建设、加大科研经费的投入和制定科技发展战略的重要性。

二　新中国独立自主与开放相统一的科技发展道路

科技发展道路是通过科技和产业发展政策和体制来体现的，它不仅要实现科技健康发展、推进社会进步，还要应对国际环境中的危机。新中国成立以后，毛泽东等第一代党和国家领导集体以其对科技的基本认识和睿智的哲学智慧，在带领全国人民探索中国科技和社会发展道路的过程中，开辟了独立自主与开放相结合的科技发展道路，并探索出了一些行之有效的推动科技进步的具体措施，为我国的科技发展奠定了重要的基础，此后党和国家的每一代领导集体根据国内国际新情况和新问题实时进行调整，持续地推动我们科技的迅猛发展。下面分别就新中国成立前期、改革开放时期和新时代三个时期进行总结和阐述。

（一）新中国成立前期是中国科技发展道路的开创期

这一时期科技发展道路主要表现为自力更生为主、争取外援为辅的特征，这个时期开创的一系列的措施主要有下面几点。

第一，重视科技发展规划的制定和实施。党和政府不仅开创性地实施五年国民经济发展计划，其中包括科技发展和与之密切相关的产业发展计划，也制定了多个专门的科技发展规划，比如由政府主导战略科学家参与制定的《1956—1967年科学技术发展远景规划纲要》，先后有众多的军事装备研究项目和民用项目立项，并产生了许多世界瞩目的重大科技成果。

第二，重视技术引进。新中国工业基础薄弱，引进技术是迅速提高我国工业基础和生活力水平的捷径。在西方强国严格技术封锁的情况下，党和国家领导人利用一切可能的机会引进技术，加上自己的建设和创造，在改革开放前已经建立起了比较完整的工业技术体系。在"一五"计划期间就利用与苏联的兄弟关系引进156个大型项目，70年代初为了进一步解决全国人民吃饭穿衣的问题，在我国国际环境有所改善的条件下，积极地从日本和西欧引进了26个大型项目。

第三，强化独立自主自力更生的科技发展道路。在体制上建立了各级科研组织和机构，包括高校科研机构。一方面从模仿开始，消化、吸收外国科学技术，在此基础上进行创新和技术扩散。另一方面加强自主研究，科技自主研究不仅表现在外国封锁的军事科技领域，在许多民用领域我国科技工作者都取得了重大的成就，有的还处于世界先进水平。大家耳熟能详的万吨水压机、东风号万吨巨轮、牛胰岛素人工合成、超级计算机、超级杂交水稻、运-10大飞机、屠呦呦研究的青蒿素药物、汉字激光照排系统等，这些都是我们科技工作者发挥自己智慧独立研究研发出来的重大科技成果。

第四，发挥举国体制在科技和工程建设中的强大作用。举国体制是中国的传统优势，在国家战略工程实施中发挥了巨大的作用，强大的组织能力和科技创新能力在社会主义制度下更加高效和强有力地发挥出来。"两弹一星"工程即是最典型的例子，涉及科学和技术的众多领域，需要调动各界科技创新人才、技术工人等各类人马，需要卓越的组织和管理，还需要爱国奉献团结奋斗的精神，不具备这些实力和条件是难以完成的。

第五，重视科技人才。新中国成立之初，科技水平和教育都十分落后，为此，我国不仅通过全民扫盲运动以提高普通劳动者的文化水平，还广泛兴办各类大学和技工学校培养各类各级科技人才，各级科研机构既是科技研究的主战场，也是科技人才培养的主阵地。党和政府对高层次人才十分重视，50年代先后归国的两千多位海外留学归国的科技人员，以及一大批从旧中国留在大陆的知识分子安排进入科研院所和高校，为新中国的科教事业、国防事业和经济社会发展做出了基础的重要的贡献。50年代新中国共评出了两百多位学部委员，包括从事社会科学研究的，之后又开创了院士制度和科技奖励制度，从物质生活和工作条件以及精神上对中国科技人才给予支持，为科技人才培养建立了科学的制度基础。

（二）改革开放时期是中国积极参与全球化进程，科技发展进入广泛技术引进、技术跟踪向全面技术创新过渡的时期

面对世界全球化的趋势，我们自然不能置身事外，而是要积极融入全球化的进程中。无数事实证明，一个民族或国家必须在开放中才能赢得发展。这一时期我国科技发展道路的特点主要表现在以下方面。

第一，广泛地引进技术与合作。同时代的中国百姓都能深刻体会到，彩电、冰箱生产线的广泛引进，许多省市有过合资办厂的历史，汽车合资企业也雨后春笋般地出现。

第二，一系列的科技发展规划颁布实施，国家支持力度已经进一步增大。863 计划、973 计划、科教兴国战略、科技强军战略等，这些计划的进一步实施对于提升我国的自主创新能力发挥了巨大的作用，高铁就是这一时期通过引进、消化和再创新实现的。

第三，科技发展与经济的高度结合。通过科技体制的改革，使科技研究更好地面向市场，面向经济建设和社会发展，促使科技成果迅速向生产力和经济转化，迅速发挥科技的经济效益并参与国际竞争。这是我国经济社会迅速发展的重要原因之一。

由于改革开放是在不断的探索中进行的，因而也出现了一些需要认真总结和吸取的教训，如"以市场换技术"，失去了市场却没有获得预期的技术，汽车工业技术即是如此；有些重视了国际合作，却丧失了自主性，比如一些自主技术创新工程主动中止，造成相关技术基础的丧失和经济的巨大损失，运－10 的下马即是一个典型的事例。科技发展道路的探索中出现失误不可怕，重要的是要积极地从中吸取教训，并及时地调整策略。

（三）新时代走好全面自主创新与开放发展相统一的科技发展道路

随着我国科技的迅猛发展和日益实现中华民族伟大复兴的目标之际，当今世界正经历百年未有之大变局，我国要坚持科技和产业发展的独立自主，同时选择或塑造科学合理的对外开放格局，在科技发展的"独立自主"和"开放发展"之间保持适度的张力。为此，应在如下方面进行深度考量。

第一，开展全面自主创新，坚持走独立自主的科技发展道路。也就是要建立相对独立完整的科技研发和产业体系，以及自主创新的持续发展机制。之所以还要强调独立自主，不仅是新中国建立几十年来的经验教训，还由于当今国际形势更加复杂多变。由于不同国家之间还存在利益竞争，乃至有敌对势力的斗争，以及国际资本的控制等，国家的科技和产业安全没有保障。我国之所以要独立研制自己的北斗导航系统、空间站等，正是因为国际空间站排斥中国，银河号事件、台海危机等，当前美国发起贸易战、科技战争等，已经再一次说明了在当今中国建立独立自主的科技和产业体系对于国家经济、科技安全和国防是多么的重要。国内巨大的市场在很大程度上也能够支撑起相对独立的科技和产业体系，并不断推动我国经济社会发展。

为此，在思想观念上充分认识到相当长的时间内建立独立自主的科技与产业体系的必要性，在人才培养和科技创新实践上要加强科技制度创新。党中央和政府已经充分意识到自主创新的重要性，习总书记在科技三会以及党的十八大报告里面都为我们吹响了向世界科技强国迈进的号角，实施创新驱动战略，制定了一系列具有战略意义的科技发展规划，如《中国制造2025》《国家重大科技基础设施建设中长期规划（2012—2030）》。这些计划的实施有助于获得科技方面的重大突破，从而占领新兴核心技术制高点，同时消除薄弱环节，全面提升科技创新和产业水平。近十年我国取得了许多重要科技成果，自主的5G技术、智能科技、量子通信、天眼等很多大型基础设施建立了起来。

在制度建设和决策上把独立自主作为一种科技和产业发展的目标，发挥国有企业和农村集体经济制度优势，保证核心技术掌握在自己手中，引导民营企业像华为、大疆一样自主开发应用具有自主知识产权的科技成果，并将生产和决策权掌握在自己手上。科技是产业的基础，科技的独立自主要求产业的独立自主，比如在农业生产上，因为世界资本通过技术的渗透控制农作物种子就会直接影响国家的粮食安全，所以在制度设计上需要跟进，否则科技的独立自主会成为空谈，成了我们创造他人收获而失去了应有的意义和价值。

第二，以开放求发展，保持科技发展独立自主与开放发展必要的张力。随着科技的进步，至少因为支撑特定技术的自然资源的分布是不均衡的，这也就决定了任何国家都不可能在封闭的状况下发展。当今世界矛盾错综复杂，出现了逆全球化的倾向。全球化是一个不可逆转的趋势，这也为中国构建新的全球化模式发挥更大作用提供了机会。中国作为一个大国，经过70年的发展，在许多科技和生产领域获得了一定的优势，在经济和相关政策强有力的推动下，必将在各个领域形成优势，从而有能力担当大国责任。

习近平总书记提出的构建人类命运共同体和"一带一路"为我国建立新的开放格局规划了蓝图，也指出了新时代可以实现的道路。独立自主主要是为了保证自身安全和获得比较优势，并在开放当中处于主动地位，为自身发展和担当大国责任铸牢基础。科技成果从"引进来"到"走出去"，科技人才不仅要"走出去"培养，还要大力引进优秀人才。开放是为发展塑造良好的国际环境，将两者有机统一起来，并在独立自主和开放发展之间保持一定张力，即独立是相对的，开放是有限的、有条件的、有指向的，不是盲目的；要预见和规避风险，尤其是在与世界资本合作的时候要注意到风险，吸取经验教训。在独立自主与开放之间找到平衡点，以推动我国科技迅速、健康、安全发展，为民族复兴、国家富强、人民幸福奠定坚实的科技基础。

中国道路是一种鲜活实践

杨国斌[*]

在我们今天倡导四个自信尤其是道路自信时,一定要搞清楚三个问题:第一是深入分析福山的历史终结论的本质;第二是明晰中国特色社会主义道路是对历史终结论的终结;第三是透视中国道路究竟是一种什么样的道路。

福山的"历史终结论"在逻辑上是荒谬的。日裔美国人弗朗西斯·福山在20世纪苏东剧变后提出资本主义制度是人类历史的终结,人类社会终结于美好的资本主义社会,特别是在1992年出版的《历史的终结与最后的人》这本书中他认为,最后的历史是自由民主的历史,在自由民主阶段,人类获得了平等的认可,历史也就终结了。

实际上在人类社会形态发展问题上,马克思主义认为人类社会先后经过原始社会、奴隶社会、封建社会、资本主义社会,最后必然进入共产主义社会(社会主义社会是共产主义社会的第一阶段),这是关于人类社会发展的科学判断。尤其是马克思恩格斯深入细致地解剖了资本主义社会,从商品这个最小的细胞开始,一步一步鞭

---

[*] 杨国斌,华北水利水电大学马克思主义学院教授。

辟入里地揭示了资本主义社会的主要矛盾,即生产社会化和生产资料私人占有制之间不可克服的矛盾,这个主要矛盾每隔一个时期都要爆发一次,对资本主义社会造成了巨大的破坏,最关键的是这个"胎里带"的毛病虽然资本主义社会也竭尽全力想方设法去克服,但几百年来始终没能根本解决,2008年的国际金融危机就是一个最好的印证,因此在《共产党宣言》里,马克思恩格斯庄严地宣告这个主要矛盾决定了资本主义社会必然灭亡和共产主义社会必然到来。至于在具体实践中,二战后苏联和原东欧各国由于各种各样的原因选择了社会主义的"苏联模式","苏联模式"的社会主义是马克思主义在这些国家的一种具体运用。经过几十年的实践,社会主义的"苏联模式"出现了问题,甚至出现苏联解体和东欧剧变,但这些最多只能说明"苏联模式"出了问题(并且原因很复杂),根本不能说明马克思主义关于人类社会发展形态的理论是不科学的,更不能得出所谓的"共产主义失败论"。就好像我们不能由一座或几座建筑出问题了就怀疑牛顿三大定律不科学一样,我们也不能由苏联和东欧国家社会主义"苏联模式"的问题得出马克思主义是不科学的,由此可以看出,福山的所谓的自由民主的资本主义制度是历史终结的这种刻舟求剑式论断的逻辑推理是肤浅的、唯心的,更是十分荒谬的。

中国道路已经毫不留情地终结了所谓的"历史终结论"。"沉舟侧畔千帆过,病树前头万木春。"在探索人类社会发展形态上,中国特色社会主义吸取了前面的教训,开启了中国实践马克思主义科学理论的另一种模式,实践已经并将继续证明,中国特色社会主义的理论、制度、道路是既符合马克思主义又符合中国实际的,尤其是在与时俱进的中国特色社会主义理论指导下,在坚如磐石的中国特色社会主义制度规范中的中国道路,既体现了坚持马克思主义基本原理的原则坚定性,又彰显了关注中国实际的策略灵活性。中国特色社会主义的政治、经济、文化、社会、生态"五位一体"的总体布局和"四个全面"的战略布局构成了中国特色社会主义的丰富内涵，给中国道路规定了明确的方向、宽度和长度。中国道路在中国大地上高高举起了马克思主义的旗帜，开辟了马克思主义的新境界，给世界上那些既希望过上好日子又希望保持自身特色的国家和民族描绘出了清晰的图景。无比广阔、无比明确、无比光辉的中国道路更给以"西方自由民主制度作为人类意识形态发展的终点和人类最后一种统治形式"的"历史终结论"一记响亮的耳光，因为它的始作俑者——福山已经公开表示中国模式引起了他的"深刻反思"。

中国道路是引领我们逐步走向共产主义的一种鲜活实践。新中国成立70多年来特别是中国特色社会主义40多年来，我们积累的不仅仅是大量的楼房、汽车和电脑，更积累了大量的信心、勇气和豪气。我们以无可置疑的成绩用短短的几十年时间走过了西方国家几百年才完成的任务，充分说明我们走的是一条正确、科学的道路，大量的实践更证明了中国共产党确实能、马克思主义确实行、中国特色社会主义确实好。中国道路正是我们脚踏中国大地面向全世界奋勇向前、勇于碾压人类社会发展道路、为人类命运共同体不断找寻光明未来的一种探索，而共产主义就是中国道路的鲜明路标。2015年习近平总书记在中央党校县委书记研修班学员座谈会上的讲话中就说："实现共产主义是我们共产党人的最高理想，而这个最高理想是需要一代又一代人接力奋斗的。如果大家都觉得这是看不见摸不着的东西，没有必要为之奋斗和牺牲，那共产主义就真的永远实现不了了。我们现在坚持和发展中国特色社会主义，就是向着最高理想所进行的实实在在努力。"在2016年全国高校思想政治工作会议上，习近平总书记说：共产主义作为一种运动，是在现实实践中不断向前发展的，我们今天建设中国特色社会主义就是共产主义实践。2018年1月5日，习近平总书记在新进中央委员会的委员、候补委员和省部级主要领导干部学习贯彻习近平新时代中国特色社会主义思想和党的十九大精神研讨班上讲话中说："我国是世界上最大的社会主义国家，当我国建成社会主义现代化强国、成为世界上第一个不是走资本主义道路而是走社会主义道路成功建成现代化强国时，我们党领导人民在中国进行的伟大社会革命将更加充分地展示出其历史意义。"在2018年4月23日主持中共十九届中央政治局第五次集体学习时的讲话中，习近平总书记指出："只要我们掌握了马克思主义基本原理，就能够深刻认识到实现共产主义是由一个一个阶段性目标逐步达成的漫长历史过程。""我们要把共产主义远大理想同中国特色社会主义共同理想统一起来、同我们正在做的事情统一起来。"在2019年《关于坚持和发展中国特色社会主义的几个问题》中，习近平总书记更是明确指出：必须认识到，我们现在的努力以及将来多少代人的持续努力，都是朝着最终实现共产主义这个大目标前进的……我们既要坚定走中国特色社会主义道路的信念，也要胸怀共产主义的崇高理想。人类历史不是任人打扮的小姑娘，更不可能被什么终结论随意终结，沧海横流方显英雄本色，中国道路正是引领我们逐步走向共产主义的一种鲜活实践。

第三部分

会议论文

新时代社会认识与国家治理现代化[*]

——马克思主义哲学的双重旨趣、演进逻辑及其当代意义

欧阳康[**]

摘 要：本文立足重要时间节点，探析马克思主义哲学的本真精神，探寻其帮助人们更加科学地认识世界和合理地改变世界的双重旨趣，梳理马克思主义哲学与人类命运同频共振的演进逻辑，探讨新时代社会认识所面临的机遇与挑战，探索新时代国家治理现代化实现途径，强化中国特色社会主义制度的比较优势。

关键词：新时代 社会认识 国家治理 本真精神 双重旨趣 全球治理 比较优势

2018 年注定是一个很不平凡的年份，我们迎来了马克思诞辰

---

[*] 基金项目：本文系欧阳康教授主持的国家教育部重大课题攻关项目"推进国家治理体系和治理能力现代化若干重大问题研究"[项目批准号：教社科司函（2014）177 号]的成果之一；国家社科规划办重大委托项目"十八大以来党中央治国理政新理念新思想新战略的哲学基础"（项目编号：16ZZD046）的成果之一；教育部社科司 2018 年"党的十九大精神研究专题项目"的成果之一。

[**] 作者简介：欧阳康，华中科技大学国家治理研究院院长，哲学研究所所长，哲学系教授。

200周年,《共产党宣言》发表170周年和改革开放40周年！世界和中国正在进入一个新时代！立足于当今这个特殊时间节点来回顾、反思与展望人类文明发展史、国际共产主义运动史、中华民族发展史、中国共产党的革命和建设史，有许多历史经验需要科学总结，有许多时代问题需要深层透析，有许多未来挑战需要合理前瞻。哲学研究只有自觉站在历史、现实与未来的交汇点上才能更好地把握新时代精神的精华！也正是在这个特殊的时刻，中国社会科学杂志社主办的中国马克思主义哲学高端学术平台，第十八届"马克思哲学论坛"来到湖北武汉，由华中科技大学哲学系、哲学所承办，我们深感荣幸！这里就本次会议的主题"新时代社会认识与国家治理"谈点我们的认识与理解，向识者讨教。

一　本真精神：马克思墓志铭揭示真谛

伟大的时代需要伟大的思想，也需要伟大的哲学！从方法论上来看，也许我们需要更加自觉地立足于新时代，深刻领会马克思的墓志铭指出的"哲学家们只是以不同的方式解释世界，而问题在于改变世界"所具有的特殊启示！

我们一直强调坚持和发展马克思主义哲学，那么，坚持什么？发展什么？回答是，坚持马克思主义哲学的本真精神，并使其在新的时代条件下得到运用与发挥，促使其发展与升华。那么，何谓马克思主义的本真精神？对此人们可能会有不尽相同的解读。在我看来，就是要回到马克思主义哲学的双重旨趣：科学地认识世界和合理地改变世界，并在二者的良性健康互动中促进人的自由解放和全面发展。

为此我们有必要重温马克思的墓志铭，回到马克思在《关于费尔巴哈的提纲》第 11 条："哲学家们只是用不同的方式解释世界，而问题在于改变世界。"无论是从《关于费尔巴哈的提纲》在马克思思想转型和哲学革命中的地位，还是体会恩格斯将其置于马克思墓志铭地位的考量，都不难看出这段话所具有的意义。可以说，它帮助我们更好理解马克思哲学革命的实质和马克思主义哲学本真精神的意义。在马克思看来，古往今来的哲学家们重在以不同的方式解释世界，这是必要的，但还是不够的！我们不能仅仅局限于解释世界！因为"问题在于改变世界"！

在《关于费尔巴哈的提纲》中，马克思立足于对实践的科学理解，来理解人及其本质，理解人与世界关系，来批判费尔巴哈的直观的唯物主义，来阐发自己的新唯物主义。在马克思看来，人的本质，在其现实性上是一切社会关系的总和，而社会生活在本质上是实践的，因此，环境的改变和人的活动的一致，只能被看作并合理地理解为革命的实践。只有从实践的角度，才能真正理解人，而这正是费尔巴哈哲学的根本缺陷和失足之点。马克思认为，从前的一切唯物主义，包括费尔巴哈的唯物主义在内，其主要缺点，就是只从客观的或者直观的形式去理解事物、现实和感性，而不是也从主观方面，即从人的感性活动方面，从人的实践方面去理解。因此他们最多也只能做到对于市民社会的单个人的直观。马克思高度强调革命的实践批判活动的意义；强调在实践中证明思维的真理性，消除各种形式的神秘主义。他尤其明确地把自己的新唯物主义奠基于人类社会或社会化的人类的坚实基地之上，明确提出："哲学家们只是用不同的方式解释世界，而问题在于改变世界。"这就为他后来进一步将自己的哲学规定为"实践的唯物主义"做了准备。

认识世界和改造世界是人与世界的两种最根本和最基础关系，也是人自觉有效地处理人与世界关系的两个最广泛和最重要方面。它根源于人类社会产生和发展所造成的物质世界与精神世界的二元分化，要求人们在思想上和行动中将这两个世界内在地统一起来。人对世界的超越性并没有改变人对世界的依赖，但人对世界的依赖却必须通过人对世界的掌握来实现。人对世界的掌握包含着观念的掌握和实践的掌握这两个基本的方面。人对世界的观念掌握是要在不改变事物的现实存在状态的情况下使之成为人的思想观念的内容，以思想观念的方式掌握世界。这就产生了人对世界的认识和解释，形成了认识活动和真理性追求。人对世界的实践掌握就是要通过对事物的改变来使之成为人的现实生活的组成部分，以实际的方式掌握世界，构成了人对世界的价值性追求。

正是以实践为基础将认识世界与改造世界的双重价值的整体统摄起来，马克思主义哲学展示出对于传统哲学的超越性，并获得了独特的革命性质和意义。第一，马克思并没有否认和低估认识世界的重要性，因为，如果没有对世界的认识就不可能有人在实践中的自觉性。第二，马克思并不停留于和局限于认识世界，而是在此基础上突出强调对世界的变革与改造，因为一方面人们只能在实践中获得对于世界的认识并使其得到运用和检验，促使其发展，另一方面人们只有通过实践才能不仅在观念中也在实际中改变实践并创造出更加美好的世界。第三，马克思在新的思想高度上对认识世界与改变世界提出功能要求，一方面立足于能动的实践基础而谋求对世界的科学性认识，要求人们尽可能客观真实和科学地认识和解释世界，另一方面依据于科学认识和正确价值取向而谋求对于世界的合理性改造，要求人们尽可能合理适度有效地改造和变革世界。正是在这样的双重思想高度和功能上形成马克思主义哲学的双重旨趣：客观科学地认识世界与合理有效地改变世界，凸显了马克思主义哲学的双重追求，真理性追求和价值性追求，形成了马克思主义哲学的双重原则：真理性原则和价值性原则，并要求我们把二者内在有机结合起来。

认识世界和改变世界是人与世界的双重关系，科学地认识世界和合理地改变世界是人处理与世界关系中的双重价值，帮助人们更加科学地认识世界和更加合理地改变世界是哲学所具有的双重使命，社会认识论与社会实践论由此应运而生，马克思主义哲学正是因此而更加清晰地展示出自己所特有的理论品格和实践品格！

二　演进逻辑：马克思主义哲学与人类命运同频共振

马克思主义哲学既是一种思想理论，也是一种价值体系，还是一种方法论原则！运用这种科学的思想理论、价值体系和方法论原则来帮助人们更好地认识世界和改造世界，催生了人类文明发展史上从思想到运动到制度的全新变革。自马克思诞生以来，尤其是《共产党宣言》发表以来，马克思主义的哲学变革先是促成了社会主义从空想到科学的转变，进而引发了无产阶级革命运动，继而开启了对于社会主义制度的探索，开创了对社会主义现代化道路的全新追求。正是在这个不断拓展和深化的历史进程中，马克思主义哲学通过不同国家的理论探索与实践创新，形成科学社会主义理论，指导无产阶级的革命与解放事业，与社会主义制度和社会主义现代化道路逐步全面融合，为人类文明进步提供全新的思想、运动、道路、制度，引领人类文明发展新的方向。马克思主义哲学的发展逻辑正是在与各国革命与建设的实践逻辑交互作用中展现出来，并与人类命运同频共振，不断获得发展。

在马克思主义的原创阶段，马克思和恩格斯的主要进展和主要贡献在于：第一，通过不断的理论批判和理论创新，将马克思主义作为一种科学的理论完整地创立起来。通过对于黑格尔唯心主义和费尔巴哈唯物主义的批判，以实践哲学为基础将唯物主义与辩证法内在结合起来，将对自然的唯物主义解释与对社会历史的唯物主义解释内在结合起来，建立起辩证的、历史的、人道的、实践的唯物主义，构建起原初形态的马克思主义哲学。通过对于古典政治经济学的批判而在剩余价值学说的基础上建立马克思主义的政治经济学。通过科学实践观而促使社会主义由空想到科学的转变，创立科学社会主义。在此基础上构建起马克思主义的完整理论体系。第二，运用马克思主义的理论与方法，全方位展开对于资本主义的资本主义私有制和剥削制度的批判，提升无产阶级的阶级意识，发起无产阶级的革命运动，推进无产阶级的阶级解放，并在此基础上探寻人类解放道路。第三，提出构建新社会的基本原则，尝试建立无产阶级专政的社会制度，并建立起巴黎公社。巴黎公社存在的时间尽管非常有限，但作为人类文明史上的第一个无产阶级政权，其意义不可低估。马克思和恩格斯为人类勾勒出替代资本主义的未来理想社会雏形，指出人类文明的发展方向，那就是自由人的联合体，并把每个人的自由发展设定为一切人自由发展的条件。

列宁主义是马克思主义与俄国革命相结合的产物，是马克思主义的派生形态。苏联时期的主要进展与主要贡献在于，第一，将马克思主义运用于认识俄国社会，大力推进理论创新，在与俄国内部各种复杂思想的激烈斗争中坚持和发展了马克思主义，创立了列宁主义。第二，依托于俄国的实际科学认识，运用马克思列宁主义探索俄国革命道路。这里最重要的是超越第二国际修正主义的"议会道路"与"和平过渡"思想，坚持马克思恩格斯设想的暴力革命道路，成功地在农奴制和半农奴制的俄国发动了无产阶级革命，推翻了沙皇政府，在人类文明史上第一次建立了无产阶级政权。第三，使社会主义思想在人类文明史上第一次变成了一种国家制度，在社会主义制度的大格局中建设和发展苏联。第四，在一个落后的农奴制和半农奴制国家建立和发展一个社会主义强国，为第二次世界大战胜利做出了非凡的贡献。战后继续探索社会主义现代化，在一定时期展示了社会主义制度的优越性。第五，将马列主义思想和社会主义制度传播到中国和东欧国家，促使一大批国家走上了社会主义道路，构建起具有巨大版图、强大实力和重要世界影响的社会主义阵营，使之成为抗衡资本主义的重要力量，并在20世纪中叶与资本主义两个阵营殊死抗争。当然，众所周知，在这个过程中，由于国际国内形势的复杂演变，尤其苏共在思想理论上失误与价值观的分化，苏联东欧社会主义解体，成为我们需要深入研究反思的特殊历史教材！

马克思主义在20世纪初期通过俄国走进中国，与中国共产党和中国人民的革命与建设实践相结合，不仅开启了中国社会发展的全新时代，也使马克思主义开启了全新发展阶段，具有特别重要的世界意义。百年来马克思主义与中国社会的共同进步与特殊贡献在于：第一，马克思列宁主义在中国的革命和建设实践中发挥积极指导作用，并不断得到传承与创新，先后产生了毛泽东思想、邓小平理论、"三个代表"重要思想、科学发展观和习近平新时代中国特色社会主义思想，使马克思列宁主义在当代中国获得了前所未有的丰富与发展，也使中国站在了马克思主义当代发展的制高点。第二，指引中国共产党成功地领导中国的无产阶级革命，取得土地革命战争、抗日战争和解放战争的伟大胜利，不仅为人类反法西斯战争做出重大贡献，也使占世界人口四分之一的中国人民获得了伟大解放。第三，以三大改造的完成为标志在中国建立起社会主义制度，使中国政治制度由半殖民地半封建社会实现了向社会主义制度的根本性革命，使世界上占人口四分之一的中国人民走上社会主义道路。第四，在中国化马克思主义指导下，中国共产党不仅在新中国成立以来努力坚持和发展社会主义，而且在改革开放以来开启了中国特色社会主义现代化道路，使社会主义在道路、理论、制度和文化等多方面得到了极大丰富和发展。第五，在中国化马克思主义指导下，中国共产党人将社会主义与现代化、中国优秀传统文化与西方先进文化、市场经济与现代科学技术、中国共产党领导与民主法制等当代人类文明先进元素，创造性融入中国特色社会主义现代化进程，整合成为内涵极为丰富的中国特色社会主义现代化道路，加速了中华民族伟大复兴的进程。第六，中国的发展和成功不仅解决了中国自身的问题，也给世界上那些既希望加快发展又希望保持自身独立性的国家和民族提供了全新选择，并将在一定意义上引领人类文明的发展方向！

三　视域扩展：当代社会认识的机遇与挑战

1978年关于"实践是检验真理唯一标准"的大讨论，恢复了一个马克思主义哲学的基本观点，引发了中国社会的巨大思想政治变革和改革开放进程，展示了哲学对于中华民族伟大复兴所具有的特殊指导意义。40年来，中国经济政治社会文化生态建设取得了举世瞩目的成就，发生了历史性的变化，中华民族迎来了从站起来、富起来到强起来的伟大飞跃，中国特色社会主义进入了新时代。新时代依托于中国新的社会主要矛盾，这就是人民日益增长的美好生活需要和不平衡不充分的发展之间的矛盾；新时代孕育了新思想，这就是习近平新时代中国特色社会主义思想；新时代开启了新征程，这就是通过两个阶段在2050年建成富强民主文明和谐美丽的社会主义现代化强国；新时代承载着新使命，这就是中华民族的伟大复兴！中国国家治理现代化面临着前所未有的机遇与挑战，也为社会认识论研究提供了特别的机遇与挑战。

1988年1月笔者在中国人民大学哲学系获得博士学位，博士学位论文《社会认识论导论》由中国社会科学出版社收入胡绳主编的《中国社会科学博士论文文库》于1990年出版，开启社会认识论研究。30年来，随着硕士生、博士生与博士后等不断加入，逐步形成社会认识论研究团队，就社会认识与社会形态变迁中的诸多重大问题持续开展系列研究，先后撰写了诸多相关专题系列学术论文：《社会本体论》《社会理解论》《社会理想论》《社会评价论》《社会认识进化论》《实践意志论》《社会记忆论》《实践合理性》《实践规范论》《社会心态论》《实践批判论》《实践生存论》《社会风险论》《村治的逻辑》《国民素质论》《社会阶层论》《虚拟自我论》《技术生存论》《社会活力论》《社会信仰论》《社会时间论》《认知公正论》《社会认同论》《社会空间论》《文化交往论》《社会开放论》《文化自觉论》《精神家园论》《社会资本论》《民族认同论》《社会道德论》《社会真理论》《技术规律论》《社会幸福论》《信息复杂性》《虚拟空间论》《社会想象论》《生命价值论》《社会制度论》《社会共识论》《社会权力论》《社会危机论》《神圣空间论》《道德境界论》《社会符号论》《生态社会论》《城市正义论》《社会信用论》《社会形象论》《社会有机论》《社会预警论》《认知极限论》等博士学位论文或博士后出站报告，目前在研的还有《道德底线论》《社会情境论》《社会速度论》等。

随着世界和中国的深刻变化，新时代社会认识也面临着全新的机遇与挑战。

第一，社会的自然基础正在极大拓展，一个大自然与大社会深刻融汇互动的自然生态—人—社会大系统正在形成。现代科学技术的广泛运用随着生态文明建设的确立与扩展，人们对生存的自然环境的要求越来越高，自然界在越来越大的范围内和越来越深刻的程度上成为人类社会生活的内在组成部分，资源、能源和环境等成为极为严肃与紧迫的社会问题和政治问题。

第二，社会的空间内涵正在极大拓宽，一种既有民族特色又有国际风范的多元文化大社会正在形成。随着经济全球化，各个国家与民族中的社会文化问题前所未有地受到国际文化的影响，原来局限于国度内的小社会，越来越深刻地与全球经济和世界格局融为一体，成为与全人类命运紧密相连的大社会。

第三，社会的组织结构与运行方式正在极大改变，一种以新型信息系统为纽带的新的社会组织形式和社会运行方式正在形成。高新信息科学技术的广泛应用，社会高度信息化，不仅改变着社会的生产方式、生活方式和交往方式，也改变着社会的宏观结构和组织方式，造成社会运行模式的极大改变。

第四，社会的发展速度和运行节奏正在发生着极大变化，一个以加速度运行作为常态的新社会运动正在形成。现代化、市场化、信息化等几乎所有的社会要素都推动着社会生产和社会生活的加速发展，社会运行的节奏加快，周期缩短，运行加速，未来的震荡变得更加鲜明与突出，很多预计未来才会发生的事情提前到来，让人们难以预见，手忙脚乱，束手无策，社会发展中的"钟慢尺缩"与"钟快尺长"不时交错发生，极大地增加了社会发展中的不确定性与风险。

如何更好地认识极度复杂的新时代新世界新社会？要自觉学习运用复杂性的思维和方法，充分认识新时代社会认识系统中主客体之间通过现代中介而构成的自我相关与自相缠绕，充分认识社会利益纠葛与价值取向分化对于主体认识活动的多维牵引作用，充分认识社会信息的不确定性和不均衡性与对于认知正义的可能影响，努力探索社会认识的科学化发展道路。

四　强化优势：推进中国国家治理现代化

自党的十八届三中全会首次提出推进国家治理体系和治理能力现代化，中国共产党治国理政进入新境界。社会认识与国家治理之间处于极为密切的互动关系中，认识的正确性与科学性决定着国家治理的合理性和有效性。改革开放40年来，在探索中国特色社会主义道路的艰难历程中，我们从"摸着石头过河"到高度自觉顶层设计，形成"五位一体"总体布局和"四个全面"战略布局，经历了高度自觉的认识发展历程和实践探索历程。党的十九大和全国人民代表大会通过的党和国家机构改革方案，标志着中国共产党治国理政体系的整体升级与全新构建。这是新中国成立以来党和国家机构改革重组新建力度最大的改革方案！其全面性在于覆盖了中国党政军民学所有领域所有机构，其主导性在于以全面加强党的领导为中心重构中国国家治理体系，其新颖性在于以强化中国国家治理的功能和绩效方面来考虑体系和布局，其深刻性在于触及当前从中央到地方诸多机构设置和干部命运，其复杂性在于打破中国体制机制运作几十年的惯性而开启全新的组织和运行方式，其前瞻性在于为未来相当时间提供全新国家治理构架！

2014年2月，响应党的十八届三中全会提出的"推进国家治理体系和治理能力现代化"的时代任务，按照湖北省委的要求，华中科技大学成立国家治理研究院，聘请我担任院长。近6年来我们先后获批国家社科基金重大攻关项目"大数据驱动地方治理现代化综合研究"，国家教育部人文社会科学重大攻关项目"推进国家治理体系和治理能力现代化若干重大问题研究"，承接了湖北省委重大委托项目"推进省级治理现代化研究"，承担了国家社科规划办的重大委托项目"党的十八大以来党中央治国理政新思想新理念新战略的哲学基础研究"等，创办国家治理年度峰会和全球治理东湖论坛国际峰会，积极开展学术研究和决策咨询。我们设计了全球治理、国家治理、省级治理、县域治理和乡村治理五个层次，关注政府治理、企业治理、市场治理等不同方面，并对生态治理投入特别关注，先后发布了《中国绿色GDP绩效评估报告》2016年湖北卷、2017年湖北卷和2017年全国卷等。在我们看来，当前中国国家治理的核心任务是在习近平新时代中国特色社会主义思想指引下，强化当代中国国家治理体系的比较优势。

首先，要深刻认识全球治理变局及其对中国的影响，探索人类文明发展大道及其对中国未来发展所提供的机遇与挑战。当代世界处于快速演进和深度转型之中，经济全球化和世界多极化同步展开，各种思潮风云激荡，二战以来的世界格局面临深刻挑战，全球治理变局日趋明显，意识形态的冲突并未根本消除，文明的冲突日益展现，道路选择面临困惑，人类命运共同体在多重意义上凸显。如何更加合理地改造世界促进新时代社会进步和人的全面发展？推进全球善治与国家治理体系与治理能力现代化在其中发挥着非常重要的作用。要深入研究新时代人类文明发展道路和各国的自主选择机制，研究全球治理变局及其演进趋势，善于统筹国际国内两个大局，大力推进全球善治，努力构建当代人类命运共同体。

其次，要深度关注当代中国社会价值多样化发展并做出合理性评估，深入探讨社会主要矛盾变化对新时代国家治理所提供的机遇与挑战，大力探索良法善治的理论体系和实现途径，推进新时代中国特色社会主义现代化道路。改革开放以来中国社会发展的最大进步之一是允许并鼓励社会价值的多样化发展，极大努力走出封闭僵化和单一模式，走向多元性与多样化的发展进程。中国社会的多样化价值格局得到极大拓展，价值复杂性状态前所未有地凸显了出来：所有制形式多样化，生产方式多样化、分配方式多样化，生活方式多样化，社会价值多样化，思想观念多样化，等等。这种价值多样性与中国的巨量人口、辽阔国土和多元民族等相交织而得到强化和放大。当前的中国已经成为世界上最为多元多样的国家。就其本质而言，多样化是天下大势、中国大势，是中国社会的巨大进步，给了中国经济更多发展空间，给了社会更多发展天地，给了人们更多可能选择，给各方面以更大动力，给社会以巨大活力。社会价值利益的复杂性和多样化要求与之相适应的思想观念和制度体系等，这就造成了体系内部的思想理念和制度性冲突，呈现为发展而又尖锐的社会矛盾与冲突，要求体制性解决。在价值多元背景下，实现"善治"目标，必须强化国家治理研究中的价值自觉与善治导向。要认真分析当前中国多元价值的状态：一是定性分析，即在多元价值中哪些是合理的，哪些是不合理的，原因何在，我们如何选择等；二是定量分析，即不同的元在中国占多大比例是合适的，价值各元在中国各有多大的生存空间；三是定时研究（或历时性研究），即在多元价值中，哪些代表着过去，哪些代表着现在，哪些代表着将来；四是相关性研究（或共时性研究），即在不同元之间，哪些是可以并列共存的，哪些是矛盾冲突的；五是代表性问题研究，即多元价值各代表哪些阶层（或群体）的诉求，要让每一个群体在价值选择中各居其位，各得其所；六是在多元价值背景下如何建构核心价值或主流价值的问题。

最后，要认真研究如何在中国共产党领导下，更好坚持人民主体地位，坚持依法治国，彰显中国特色社会主义的制度优势。从总体上看，中国的政治制度是从新中国成立起便由毛泽东等第一代领导人建立的。中国的根本制度是人民代表大会制度，基本制度有民族区域自治制度、基层群众自治制度、中国共产党领导的多党合作和政治协商制度。新中国成立近70年来，尤其是改革开放以来，我们按照邓小平提出的"一个中心、两个基本点"要求，以经济建设为中心，坚持四项基本原则，坚持改革开放，在坚持这些根本制度和基本制度的前提下，不断深化改革，扩大开放，推进体制机制创新，为国民经济快速发展和社会文明健康发展提供了制度保障。中国特色社会主义政治制度最重要政治智慧和最成功秘诀在于，第一，高度自觉和毫不动摇地坚持"以人民为中心"，把人民利益放在心中的最高位置，坚持全心全意为人民服务，确保人民当家做主，实行最广泛的人民民主。中国共产党作为最广大人民群众及其根本利益的最大代表，得到人民群众的拥戴，获得了最为广泛和坚实的群众基础。第二，通过统一战线和政治协商制度，与中国的各民主党派和无党派人士积极开展政治合作，汇聚当代中国各种政治力量参政议政，民主监督，积极推进协商民主。协商民主包含着立法协商、行政协商、民主协商、参政协商、社会协商等多种形式，是我国社会主义民主政治的特有形式和独特优势，是中国共产党的群众路线在政治领域的重要体现，应当也有可能运用于中国社会政治生活的几乎所有领域。通过推进协商民主广泛多层制度化发展，有助于构建程序合理、环节完整的协商民主体系，拓宽国家政权机关、政协组织、党派团体、基层组织、社会组织的协商渠道，使中国的民主政治建设进入极为广泛的领域，获得最为丰富的形式，发挥出极为重要的功能。第三，全面依法治国，把权力关进法律的笼子里，依法执政，依法行政，努力建设法治国家，法治政府，法治社会，把依法治国和以德治国内在结合起来，把依法治国和依规治党结合起来，努力提高全民族的法治素养和道德素养，把中国共产党的领导贯彻落实到依法治国全过程和各方面，坚定不移走中国特色社会主义法治道路。第四，坚定不移全面从严治党，在思想建党和制度建党两个方面同时发力，抓住"关键少数"，强化"以上率下"，净化党内政治生态，严厉整治腐败，大力促进中国共产党的自我净化，自我完善，自我革新，自我提高能力，保持党与人民的血肉联系。

中国特色社会主义的道路、理论、制度和文化优势是在历史中生成的，已经彰显出巨大伟力，我们对其有着充分的道路自信、理论自信、制度自信和文化自信。同时我们也应当看到，制度是否具有优势和优势程度大小多少，主要是以发展需求作为参照系的，过去有优势的不一定永远是优势，在一些领域的优势也可能在别的语境中会转化为劣势，只有国家治理体系永远适度超前于需求才能更好地引领发展，创造出优势。国际国内形势的变化和中国发展目标的提升，对我们的制度建设提出了更高的要求，要求国家治理体系的升级换代，要求国家治理能力的提升。

马克思主义哲学作为时代精神的精华，激励并指引着我们不断深化改革，扩大开放，加速发展，现实中华民族伟大复兴的中国梦。我们相信，对于以上诸多问题的多维透视与开放式探讨既将促使马克思主义哲学更加深入地走进当代世界和中国，把握时代精神，更好发挥指导作用，也将促进马克思主义哲学自身在新时代的新发展。

后记：本文为作者于2018年为纪念马克思诞辰200周年所作，在华中科技大学哲学系承办的第十八届"马克思哲学论坛"上做过交流，刊发于《哲学研究》2018年第10期。该文探析了对马克思主义本真精神的理解，回顾了马克思主义哲学与人类命运的同频共振历程，梳理了社会认识论的发展历程和学术团队取得的部分成果，报告了在国家治理现代化领域的积极探索，有助于了解笔者这些年的学术探索和心路历程，故不揣浅陋，特别作为资料提供给"社会认识与中国道路"学术研讨会！本次会议我将集中思考社会复杂性与当代人类自我认识问题。感谢大家多年的关心支持！敬请大家批判指教！谢谢！

社会认识论视域中社会自我批判的真[*]

陈新汉[**]

摘 要：真包括认识论意蕴的真和本体论意蕴的真，后者更为根本。作为社会自我批判两个环节的"批判的武器"和"武器的批判"分别与这两种意蕴的真相联系。前一环节意味着，社会主体通过"自上而下"和"自下而上"相结合的批判，能在对社会现象否定意义的反思中达到与人文精神时代特征相联系的彻底性，以形成认识论意蕴的真。后一环节意味着，社会主体通过意志的中介，使体现为理想蓝图的社会价值观念在"自上而下"和"自下而上"的相互作用中，形成以部分社会基本制度变革为成果的客观实在，以形成本体论意蕴的真。社会自我批判的两个环节之间既是因果关系，又是手段的目的关系，同时两个环节的发展不平衡，这就决定了两种意蕴的真之间的相互作用。黑格尔把真与美联结起来。美是内蕴由认识论意蕴的真转化为本体论意蕴的真的客观实在在表象中的感性显现。社会自我批判既是追求真的过程，又是创造美的过程，从而璀璨夺目。

---

[*] 基金项目：本文系国家社会科学基金项目"评价论视域中的社会自我批判研究"（项目编号：14BZX007）的结题成果之一。

[**] 作者简介：陈新汉，上海大学哲学系教授，研究方向：价值论。

关键词： 认识论意蕴的真　本体论意蕴的真　批判的武器　武器的批判　美

马克思把"人体解剖"与"很少而且只是在特定条件下"才进行的"社会自我批判"联系起来，① 并把这一思想归属于"一生的黄金时代的研究成果"② 之一。我在《"人体解剖"的意蕴及当代启示》③ 等文章中，把"人体解剖"理解为社会处于非崩溃时期且具有某种特殊条件时对自身所进行的社会自我批判，从而对理解和改造社会具有深刻意义。通观人类历史，"恐事之不终"所开创的"文景之治"、由天皇和幕府二元政体导出的"明治维新"和以"欧化"和"野蛮"为特征的"彼得一世改革"等社会变革都体现了这种类型的社会自我批判，我国目前所进行的社会主义改革开放更是体现了这种类型的社会自我批判。我分别撰文对社会自我批判中的实践意志和忧患意识等范畴进行了分析。④ 本文拟对作为社会自我批判中又一个重要范畴的"真"予以分析。

一　哲学视域中"真"的双重意蕴

人们在日常生活世界中经常使用"真"，它常与其他字组成词组，如真理、真知灼见、真迹、真英雄等。然而生活常识告诉我们，熟知与真知不是一回事。"一个词的意义在于它在语言中的用

---

① 《马克思恩格斯选集》第 2 卷，人民出版社 1995 年版，第 24 页。
② 《马克思恩格斯文集》第 10 卷，人民出版社 2009 年版，第 168 页。
③ 陈新汉：《"人体解剖"命题的意蕴及当代启示》，《学术界》2017 年第 8 期。
④ 参见《论社会自我批判中的实践意志》（《学术界》2019 年第 4 期）和《论社会自我批判中的忧患意识》（《江汉论坛》2019 年第 9 期）。

法",语词本身的意义就是语词在日常生活的使用中所表达的"含义","语词表达之外并不同时有'含义'向我浮现",因此,"我们要把词从它们的形而上学用法带回到它们的日常用法上来"。① 尽管在《现代汉语词典》中的"真"有7种含义,② 然而在日常生活中,人们通常在两种"含义"上来使用"真":当孩子向父亲描述在晴空中看到彩虹里有一幢房子时,父亲往往会反问:"这是真的吗?"这里的"真"就是指描述内容与所描述对象相一致的正确认识,与之相对应的是"谬"。真理、真知灼见等词语中的"真"所表达的就是这种含义。当某人在地摊上看到一幅齐白石的画时,往往会对摊主追问:"这是真的吗?"这里的"真"就是指一物品符合大家普遍认同的称之为某一物品的一些规定,与之相对应的就是"赝"。"真金不怕火炼"中的"真",所表达的就是这种含义。

黑格尔从哲学认识论和本体论两种意蕴对日常生活世界用法中关于"真"的两种含义进行了深刻的分析。在认识论意蕴上,真就是"概念与其对象的一致,这是一目了然的"③。这种一致既可以在本质层面上体现出来,也可以在表象层面上体现出来;但只要体现了"概念与其对象的一致",那么我们关于这一层面上的认识就是真的。正是在真的认识论意蕴上,才构成了真理的问题。本体论意蕴上的真是指,"这些对象是真的,如果它们是它们所应是的那样,即它们的实在性符合于它们的概念"④。在黑格尔的视域中,真就是特定的客观实存的事物所包含的内容与社会关于此特定事物的相关规范相一致,而相关规范则是从客观唯心主义体系中的"绝对

---

① [德]维特根斯坦:《哲学研究》,陈嘉映译,上海人民出版社2001年版,第163页。
② 中国社会科学院语言研究所词典编辑室:《现代汉语词典》第6版,商务印书馆2012年版,第1652页。
③ [德]黑格尔:《逻辑学》下,杨一之译,商务印书馆1976年版,第261页。
④ [德]黑格尔:《小逻辑》,贺麟译,商务印书馆1980年版,第399页。

观念"演绎而来。特定事物是否具有该事物所具有的规范,确实构成了该事物是否"真实"存在的问题。就此而言,黑格尔的思考是深刻的。当然,相关规范不是源自"绝对观念",而是源自社会。

人们生活在社会中,社会是个体存在的普遍形式。个体在认识活动中所获得的真的内容——由于认识包括认知和评价,因此这个"真的内容"就既包括与客体事实相一致的内容也包括与价值事实相一致的内容——必然会通过符号体系凝结在物质载体上,于是就离开了个体意识,外化为社会化了的观念存在物。外化与对象化不同,是指认识论意蕴的真的内容通过一定的符号体系,凝结在一定的物质载体上,从而离开人脑,存在于社会之中,它仍然属于意识范畴;而对象化则是指意识的内容通过实践转化为物质的存在物,它就属于物质范畴了。这些离开具体的个体意识的社会观念存在物就是波普所说,除了物质世界、意识世界而外的第三世界,它"实际上是人类精神产物的世界"[①]。马克思说的"最蹩脚的建筑师"在房子尚未建成时已经"在自己的头脑中把它建成了",[②] 凝结在图纸上的建筑蓝图就是这种社会观念存在物。以规范形式存在着的社会观念存在物,积淀着认识论意蕴的真,一般为人们所认可,具有一定的普遍意义。

建成的建筑物与建筑蓝图相符合就是本体论意蕴的真,也就是形成的存在物与社会观念相符合,如果不相符合,那就是"不真"。对此,列宁赞成黑格尔并在《哲学笔记》中评注道:"人给自己构成世界的客观图画,他的活动改变外部现实,消灭它的规定性(等于变更它的这些或那些方面、质),这样,也就去掉了它的假象、外在性和虚无性的特点,使它成为自在自为地存在着的(等于客观

[①] [英]波普:《科学知识进化论》,生活·读书·新知三联书店1987年版,第399—410页。
[②] 《马克思恩格斯选集》第2卷,人民出版社1995年版,第178页。

真实的）现实。"① 以建筑蓝图形式呈现的社会观念体现着外化了的认识论意蕴的真，本体论意蕴的真就是所构建的外在于主体的客观的实存与认识论意蕴的真的社会规范相一致。如果说，认识论意蕴的"真"是观念与实存的一致；那么本体论意蕴的"真"，即认识论意蕴的真的对象化，就是实存与观念的一致。

建筑物不可能自动形成，必须通过实践活动。作为蓝图的社会规范不仅是标准，更是内蕴于社会主体中的以目的和方法发生作用的社会力量。"现实本身应当力求趋向思想"②，这里的"力求"体现的是社会主体的意志。在价值形态世界中，任何一个价值存在物都体现着社会主体通过实践使包含着认识论意蕴的真转化为本体论意蕴的真所进行的奋斗。这就是人类创造价值形态世界的能动性。

关于本体论意蕴的真，黑格尔进一步认为："人们最初把真理了解为，我知道某物是如何存在的。不过这只是与意识相联系的真理，或者只是形式的真理，只是'不错'罢了。按照较深的意义来说，真理就在于客观性和概念的同一"；"照这样看来，所谓不真的东西也就是在另外情况下叫做坏的东西。坏人就是不真的人，就是其行为与他的概念或他的使命不相符合的人"。③ 在黑格尔看来，认识论意蕴的真与本体论意蕴的真相比较，后者比前者对于人而言更为根本，这是因为，使观念与实存相符合的目的就在于要使实存与观念相符合。这里的"与"是有方向性的介词，而不是无方向性的连词；在真的认识论意蕴和真的本体论意蕴上，"与"把"观念"和"实存"联结起来的方向正好相反。只有使实存与观念相符合而不是相反，才能体现改造世界的能动性。黑格尔的思考相当深刻！

在实践与理论的关系上，我们要坚持实践第一性，理论第二

---

① 《列宁全集》第 55 卷，人民出版社 1990 年版，第 187 页。
② 《马克思恩格斯选集》第 1 卷，人民出版社 1995 年版，第 11 页。
③ ［德］黑格尔：《小逻辑》，贺麟译，商务印书馆 1980 年版，第 399 页。

性，这是历史唯物主义的基本原则；然而这并不意味着在任何时候都必须使理论跟着实践走；相反，在很多情况下，要坚持理论对于实践的指导和批判，努力改造现实，使改造了的社会存在与理论相符合，从而使包含着认识论意蕴上的真转化为本体论意蕴上的真。这正是我们研究认识论意蕴的真和本体论意蕴的真的现实意义。

马克思在《〈黑格尔法哲学批判〉导言》中指出了"批判的武器"和"武器的批判"，前者的"主要工作是揭露"，是理论的批判，属于意识范畴；后者"不是头脑的激情"而"是激情的头脑"，是实践的批判，属于物质范畴。社会自我批判就是由"批判的武器"和"武器的批判"两个环节组成。在这两个环节中贯穿着以"自上而下"态势呈现的国家权威批判活动和以"自下而上"态势呈现的社会民众批判活动及其相互作用，以期在"批判的武器"环节中获得认识论意蕴的真以及在"武器的批判"环节中获得本体论意蕴的真。

二 "批判的武器"环节中认识论意蕴的真

评价内蕴着主客体结构，主体和客体是评价活动的两极，主体指向客体，评价就是主体从自身需要出发，反映客体属性对于主体所具有的意义，从而形成价值意识。主体和客体是认识关系中的两极，认识活动就是在实践基础上主体于主客体关系中对于现实世界的观念反映。"认识活动包括认知和评价，二者不能分割，但可以区别。"作为认识的对象与作为与主体共同构成认识活动两极的客体不是同一个概念。在认知活动中，主体以客体为对象，客体与对象同一，在本质层面或现象层面追求"概念与其对象的一致"，以实现认识论意蕴的真。在评价活动中，主体以主客体之间的价值关系为对象，客体与对象不同一，在本质层面或现象层面追求"概念与其对象的一致"，以实现认识论意蕴的真。

作为"主要的工作是揭露"的"批判的武器"环节中的批判同样内蕴着主客体结构，主体和客体是批判活动的两极，主体指向客体，批判就是反映客体属性对于主体所具有的否定意义，并对此否定性的意义予以反思。因此，批判属于评价活动的范畴。在"批判的武器"环节中，社会主体通过"自上而下"态势和"自下而上"态势的国家权威批判活动和社会民众批判活动及其相互作用以社会运动、事件和问题所呈现的社会现象为客体，揭示社会现象对于社会主体所具有的否定意义，并予以反思。由此，"批判的武器"环节就与认识论意蕴的真联系在一起。

在社会批判的"批判的武器"环节中，我们可以从三个方面来理解"概念与其对象的一致"的认识论意蕴的真。其一，社会主体能通过批判正确地对社会进行评价，能正确地对作为社会现象的社会运动、事件和问题与社会主体需要之间的价值关系予以反映。这就要求，社会主体能正确把握处于批判两端的客体和主体，这意味着能正确地把握社会运动、事件和问题，能正确地把握社会主体的需要并进一步把握社会主体众多需要中的优势需要，能正确地对作为社会现象的社会运动、事件和问题与社会主体之间的价值关系中的价值信息予以整合，由此达到"概念与其对象的一致"。在这里，真主要是就评价活动意蕴的真而言的，然而必然地内含了认知活动意蕴的真。

其二，社会主体能通过批判揭示社会运动、事件和问题等社会现象中所内蕴的对于社会主体所具有的否定意义。批判不是歌功颂德，总是在揭示事物否定环节中使作为客体的"现实黯然失色"①。"如果我们仅仅停留在肯定的东西上,这就是说,如果我们死抱住纯善","那么,这就是理智的空虚规定";②"辩证法在对现存事物的肯定的理解中包含对现存事物否定的理解,即对现存事物的必然灭亡的理解"③,而这个灭亡因素是与生俱来的,从而就能更深刻地揭示事物的本质。在社会基本矛盾运动激烈从而使社会进入社会自我批判时,这种否定不能停留在对社会中某些问题的否定,而是通过对这些问题的否定达到一定程度上的对社会中产生这些问题的"现代国家的隐蔽的缺陷"④即某些基本制度的否定。

其三,社会主体能通过批判社会运动、事件和问题的否定意予以反思使之达到一定程度的彻底。"反思以思想的本身为内容,力求思想自觉其为思想","批判即需要一种普遍意义的反思"。⑤这就是说,在"批判的武器"环节中,主体不仅要在揭示主客体之间的否定价值关系中经历从感性到理性的历程,而且要把所赋予的否定意义本身作为内容予以反思,没有反思,必然"对于它所包含的固定的前提也缺乏怀疑的能力"⑥。反思需要达到彻底,马克思十分强调理论的彻底性,而"所谓彻底,就是抓住事物的根本"⑦。根据"整个所谓世界历史不外是人通过人的劳动而诞生的过程"⑧的思想,我们可以说,这个"根本"就是人及其活动。在"批判的武器"环节中所揭示的"现代国家的隐蔽的缺陷"在本质上与生产关系成为生产力发展的桎梏是联系在一起的,而这桎梏从根本上说就是对人的压抑、对人的自由发展的压抑,从而就与作为对

---

① [捷克]布罗日克:《价值与评价》,李志林、盛宗范译,知识出版社1988年版,第111页。
② [德]黑格尔:《法哲学原理》,商务印书馆1961年版,第145页。
③ 《马克思恩格斯全集》第44卷,商务印书馆2001年版,第22页。
④ 《马克思恩格斯选集》第1卷,人民出版社1995年版,第5页。
⑤ [德]黑格尔:《小逻辑》,贺麟译,商务印书馆1980年版,第39、7页。
⑥ 同上书,第7页。
⑦ 《马克思恩格斯选集》第1卷,人民出版社1995年版,第9页。
⑧ 《马克思恩格斯全集》第3卷,人民出版社2002年版,第310页。

"人类在构建价值世界的'类活动'中所积淀的贯穿于人类历史始终的追求自由的主体意识"①的人文精神的压抑联系在一起。社会自我批判中"批判的武器"的深刻性就在于在归根结底的意义上总是与特定时代相联系的人文精神的时代特性联系在一起,这种联系必然自觉或不自觉地体现在以"自上而下"态势呈现的国家权威批判活动和以"自下而上"态势呈现的社会民众批判活动及两者之间的相互作用的过程中。

在"批判的武器"环节中,经过"自上而下"的国家权威批判活动和"自下而上"的社会民众批判活动及其相互作用,在正确地把握以社会运动、事件和问题呈现的社会现象与社会主体需要之间价值关系的基础上,凸显其所揭示的社会现象对于社会主体所具有的否定意义,在对否定意义予以反思的过程中必然与人文精神的时代特征相联系。于是,社会主体创造历史的能动性必然会形成以"理想蓝图"形式呈现的社会价值观念,以消除"现代国家的隐蔽的缺陷"。这个以理想蓝图形式呈现的社会价值观念就成为"批判的武器"环节中"概念与其对象一致"体现认识论意蕴真的最高形态。

三 "武器的批判"环节中本体论意蕴的真

以"理想蓝图"形式呈现的社会价值观念就是黑格尔所谓的作为概念发展最高阶段的世界精神性本原的理念,"亦即曾经实现其自身于它的客观性内的概念,亦即具有内在的目的性和本质的主观

---

① 陈新汉:《论价值世界构建活动中的人文精神》,《天津社会科学》2019年第4期。

性的客体"①，理念是对象化为客体的思维，是思维实现了的客体。因此，"理念就是实践的理念，即行动"。以"理想蓝图"形式呈现的认识论意蕴的真作为客观化自身的"批判的武器"环节中最高阶段的理念，必然使"批判的武器"环节转化为"武器的批判"环节，以在"现实本身应当力求趋向思想"②的过程中实现"客观性和概念的同一"，即体现的不是观念对于客观实存的一致而是客观实存对于观念的一致的本体论意蕴的真。

"批判的武器"环节必然会转化为"武器的批判"环节，然而前者属于意识范畴，后者属于实践范畴，由此就需要有一个由前者向后者转化的中介。这个中介就是意志。黑格尔在他的客观唯心主义体系中把意志理解为"目的和目的的实现"③，"目的"属于意识范畴，"目的的实现"属于物质范畴，从而意志就具有既属于意识范畴又属于物质范畴的双重性，就能成为"批判的武器"环节和"武器的批判"环节之间的桥梁。意志之能成为前者向后者转化的中介，就在于意志具有目的和方法，前者规定了"武器的批判"进展的方向，后者体现了"武器的批判"过程中行为的合目的性调节；意志还具有使"目的客观化自身的冲动"，④能使主体的"自然力——臂和腿、头和手运动起来"⑤，于是就能实现从意识到物质的飞跃。我在《论社会自我批判中的实践意志》⑥中把意志中三要素即"目的""方法"和"决定"的形成与作为概念发展最高阶段的以"理想蓝图"形式呈现的社会价值观念的确立联系在一起，对此做了较为详细的论述，这里就不再赘述。

---

① ［德］黑格尔：《小逻辑》，贺麟译，商务印书馆1980年版，第402页。
② 《马克思恩格斯选集》第1卷，人民出版社1995年版，第11页。
③ ［德］黑格尔：《法哲学批判》，范扬、张企泰译，商务印书馆1982年版，第20页。
④ ［德］黑格尔：《法哲学原理》，范扬、张企泰译，商务印书馆1982年版，第264页。
⑤ 《马克思恩格斯选集》第2卷，人民出版社1995年版，第177页。
⑥ 陈新汉：《论社会自我批判中的实践意志》，《学术界》2019年第4期。

在"批判的武器"环节基础上形成的体现着认识论意蕴真的社会价值观念,在意志中成为"要把自己变为定在的那种思维"①,这就要求使"现实本身应当力求趋向思想"②,由此就必然得出"改变世界"③的结论,于是"武器的批判"就在"自上而下"的国家权威批判活动和"自下而上"社会民众批判活动及其相互作用中展开。由于社会自我批判处在社会的"非崩溃时期","武器的批判"不能理解为大规模的革命战争,尽管并不排除社会上层中朝廷与地方之间、地方割据之间的小规模武装斗争以及规模不等的社会骚乱等,而主要是指制度层面的社会改革。社会基本矛盾运动的否定方面主要体现为生产关系在一定程度上成为生产力发展的"桎梏",于是"武器的批判"就在于改革成为"桎梏"的生产关系所涉及的经济制度和与此相关联的政治制度,制度变迁"是理解历史变迁的关键"。④ 在"武器的批判"环节中所发生的制度变迁,"一般是对构成制度框架的规则、准则和实施组合的边际调整",既不同于"完全非连贯性变迁",又不同于"渐进的,而不连续的"变迁,⑤ 从而体现为"总的量变过程中的部分质变"⑥。这是由社会自我批判的特质所决定,因而在分析"武器的批判"环节时需要指出的。

在"武器的批判"中,以贯穿其中的"自上而下"和"自下而上"及其相互作用为基础,具有现实性的国家权威机构通过"自为的神经系统"形成"主体在这里进而为自身主张客观性的权利"

---

① [德]黑格尔:《法哲学原理》,范扬、张企泰译,商务印书馆1982年版,第12页。
② 《马克思恩格斯选集》第1卷,人民出版社1995年版,第11页。
③ 同上书,第55页。
④ [美]道格拉斯·C.诺斯:《制度、制度变迁与经济绩效》,杭行译,上海三联书店1994年版,第6页。
⑤ [美]道格拉斯·C.诺斯:《制度、制度变迁与经济绩效》,刘守英译,生活·读书·新知三联书店1994年版,第6—7页。
⑥ 冯契主编:《哲学大辞典》,上海辞书出版社2001年版,第854页。

所内蕴的包含着目的、方法和决定的意志,① 以有机和自觉的方式"自上而下"地推动"武器的批判"展开,并在展开过程中运用所掌握的国家机器实施"赏罚二柄"(《韩非子·二柄》)和利用宣传舆论,把民众的活动协调起来,把国家权威批判结论予以贯彻,以努力使体现为理想蓝图的社会价值观念在社会中以客观实存的形式体现出来。离开了国家权威批判活动所体现的"自上而下"态势,"武器的批判"环节就不能发动,更谈不上持续。

在"武器的批判"中,生活在社会中的广大民众不会仅仅停留在对损害自己切身利益的否定因素的纷纷议论上,而必然要"自下而上"地以无机和自发的方式来推动制度改革的实践活动。尽管社会民众批判活动的自发性使得其所体现的目的和方法具有朦胧性,然而由于与切身利益休戚相关,与参与"生产物质生活本身"所获得的直接体验直接相关以及其"总是一支巨大的力量",② 使得其在推动"武器的批判"环节中具有更大的作用;尤其是在"武器的批判"遭遇困难使得国家权威批判活动在改革中产生"'知其当行却未行'或'知其当止而未止'"③的意志薄弱时,社会民众批判活动的作用就更显得强大。

在"武器的批判"环节中"自上而下"与"自下而上"贯穿始终并且相互作用。前者对于后者予以指导、协调,后者对于前者予以推动和坚持。两者的相互作用过程,体现了有机与无机、自觉与自发的统一,从而就形成使现实"力求趋向思想"的物质力量。由此就能使作为"批判的武器"环节最高阶段的理念即以理想蓝图形式体现的社会价值观念通过意志中介,在"武器的批判"环节中转化为现实,从而使认识论意蕴的真转化为本体论意蕴的真。

---

① [德]黑格尔:《逻辑学》下卷,杨一之译,商务印书馆1982年版,第523页。
② [德]黑格尔:《法哲学原理》,范扬、张企泰译,商务印书馆1982年版,第332页。
③ 杨国荣:《论意志软弱》,《哲学研究》2012年第8期。

"武器的批判"通过制度变革所体现的本体论意蕴的真在直接性上与认识论意蕴的真所形成的社会价值观念联系在一起,而作为"理想蓝图"的具有认识论意蕴真的社会价值观念不能离开历史的发展来予以抽象地理解。"历史是社会发展的过程。当社会处在自己发展过程中的时候,促进这个过程的一切对它都是有利的,而延缓这个过程的一切都是有害的","这个毫无疑问的情况就给了我们一个客观标准,来判断互相争论的两个派别中哪一个错误较小或根本没有错误"。[①] 同理,这就为我们评价在"武器的批判"环节中所形成的制度变革能否在根本上体现本体论意蕴的真提供了一个客观标准。一进入历史领域,"人的根本就是人本身"就是繁芜丛杂社会现象后面的本质,在一定历史时期的"武器的批判"环节中所形成的制度变革总在一定程度上与体现"人的根本就是人本身"的人文精神相一致,因而总在一定程度上体现着本体论意蕴的真。由此我们就可以理解,历史中的社会自我批判运动尤其是作为其不可缺少一切的"武器的批判"过程,正是人文精神大为弘扬的时期。

四 "批判的武器"和"武器的批判"之间的关系与真

认识论意蕴的真与本体论意蕴的真在"批判的武器"环节与"武器的批判"环节的相互作用中发展。在社会自我批判中,"批判的武器"是原因,"武器的批判"是结果。时间的一维性决定了处在时间前面的原因决定了处在时间后面的结果,而不能倒过来。

[①] [苏]普列汉诺夫:《普列汉诺夫哲学著作选集》第 3 卷,生活·读书·新知三联书店 1962 年版,第 576—577 页。

在社会自我批判中，要变革社会的一些基本制度，必须通过"批判的武器"，深刻揭示社会基本矛盾运动的辩证关系并对所揭示的社会否定因素予以反思，以形成认识论意蕴的真；否则，"武器的批判"就不能发生，就不可能变革社会某些基本制度，从而也就不能形成本体论意蕴的真。

"武器的批判"环节中本体论意蕴的真和"批判的武器"环节中认识论意蕴的真处于不同的时间。在自然时间维度中，处在自然时间后面的本体论意蕴的真确实不能对处在自然时间前面的认识论意蕴的真发生作用；然而在社会时间维度中，处在本体论意蕴的真却能对认识论意蕴的真发生作用。这可以从两个方面来予以理解。

其一，从作为目的的"武器的批判"环节中获得本体论意蕴的真对作为手段的"批判的武器"环节中取得认识论意蕴的真的作用方面来予以理解。"批判的武器"和"武器的批判"之间不仅是原因与结果的关系，而且是手段与目的的关系。在因果关系中，原因决定结果；然而，在手段与目的的关系中，目的决定手段。对于后者，马克思说，作为劳动的目的"在这个过程开始时就已经在劳动者的想象中存在着"，"是作为规律决定着他的活动的方式和方法的，他必须使他的意志服从这个目的"。[①] 在"批判的武器"环节中获取认识论意蕴的真，归根到底是为了在"武器的批判"环节中获取本体论意蕴的真；正是为了在"武器的批判"中获取本体论意蕴的真决定了"批判的武器"的方向和动力。没有了本体论意蕴的真的存在，思想层面上的"批判的武器"即使展开也不能得到巩固和积淀。

其二，"批判的武器"环节和"武器的批判"环节进展的不平衡使得处于不同时间上的本体论意蕴的真能对认识论意蕴的真发生

[①] 《马克思恩格斯选集》第 2 卷，人民出版社 1995 年版，第 178 页。

作用。尽管在社会自我批判的总体结构中，作为原因的"批判的武器"环节在先，作为结果的"武器的批判"环节在后；然而就社会自我批判整体展开的空间而言，其中"批判的武器"环节和"武器的批判"环节的进展都是不平衡的。在空间上，作为社会自我批判之环节的"批判的武器"在某些领域或某些方面发展得快一些；相应地，在时间上，作为社会自我批判之环节的"武器的批判"在某些领域或某些方面的展开就会比在另一些领域或另一些方面的展开领先一些。作为"物质广延性和伸张性"的空间是"一切物质系统中各个要素的共存和相互作用"场所，[①] 在"批判的武器"环节以及"武器的批判"环节的各自进展过程中，作为结果的"武器的批判"在某些方面就会与作为原因的"批判的武器"在另一些方面，由于处在同一个空间中，于是两者就会相互发生作用。这就决定了"武器的批判"环节中的本体论意蕴的真就会与"批判的武器"环节中的认识论意蕴的真相互发生作用。

综上观之，在纵向上，不仅作为原因的"批判的武器"环节中认识论意蕴的真在进程中会对作为结果的"武器的批判"环节中本体论意蕴的真发生作用，而且作为目的的"武器的批判"环节中的本体论意蕴的真会对作为手段的"批判的武器"环节中的认识论意蕴的真发生作用；在横向上，"武器的批判"中的本体论意蕴的真与"批判的武器"中的认识论意蕴的真由于各自进展的不平衡也会在同一空间中发生相互作用。在现实的社会自我批判中，"批判的武器"与"武器的批判"的深刻不是一次完成的，认识论意蕴的真和本体论意蕴的真就在"批判的武器"环节和"武器的批判"环节的相互作用中互为前提、相互渗透，从而使"批判的武器"和"武器的批判"在不断相互作用中趋向深刻。

---

① 冯契主编：《哲学大辞典》，上海辞书出版社2001年版，第760页。

"'真理'一词往往具有一种崇高的、熠熠生辉的性质,它用在'为真理而献身'、'毕生追求真理'这样的语境中。"① 其实,这里的"真理"不能仅仅理解为认识论意蕴的真,而更应该理解为本体论意蕴的真。后者是"为真理而献身"和"毕生追求真理"的更为深刻的含义。黑格尔把认识论意蕴的真称为"形式的真",而把本体论意蕴的真称为"较深的意义"②的真。黑格尔是深刻的。人类历史的发展就在于通过主体能动性的发挥,不断地把认识论意蕴的真转化为本体论意蕴的真,这一过程在社会自我批判中体现得尤为明显,从而使人类历史成为一个不断地创造美的过程,亦即是一个不断地从必然王国向自由王国转化的过程。

五 由"真"引出的美及之于社会自我批判

怎样理解美及其与真的关系?黑格尔说:"真,就它是真来说,也存在着。当真在它的这种外在存在中直接呈现于意识,而且它的概念是直接和它的外在现象处于统一体时,理念就不仅是真,而且是美的了。"③ 在黑格尔体系中,作为普遍概念的理念,相对于具有感性形式的外在存在而言,是一种真实的存在。当这种真实存在的普遍概念直接以其外在实在的感性形式呈现在主体的意识中时,就形成美。"美因此可以这样下定义:理念的感性显现"④,美是理念

---

① 徐友渔:《"哥白尼"式的革命——哲学中的语言学转向》,生活·读书·新知三联书店1994年版,第286页。
② [德]黑格尔:《小逻辑》,贺麟译,商务印书馆1980年版,第399页。
③ [德]黑格尔:《美学》第1卷,商务印书馆1979年版,第142页。
④ 同上。

的感性显现。美的根据不是理念的以感性外在形式呈现在意识中的实在本身,而是这种实在所内蕴的具有普遍性特征的概念;然而,如果没有这种客观实在所具有的感性形式,那么具有普遍性特征的概念就不能在属于意识范畴的表象中形成美感,从而美就不能产生。不能把美与美感区分开来,"表现为外在于主体的客观现象域为'美',表现为内在于主体的主观现象域为'美感',不存在超美感的美"①。

就我们的议题而言,黑格尔的具有普遍性特征的理念就是以理想蓝图形式呈现的体现着认识论意蕴真的社会观念,当它"直接和它的外在现象处于统一体"时,就意味着认识论意蕴的真转化为具有外在实在形式的本体论意蕴的真,当内蕴有本体论意蕴真的外在实在以其感性形式呈现在属于意识范畴的表象时,就形成美感,于是美就产生了。我们由此可以说:美就是内蕴由认识论意蕴的真转化为本体论意蕴的真的客观实在在表象中的感性显现。由此,美就与认识论意蕴的真和本体论意蕴的真联系了起来。

对于由认识论意蕴的真转化为本体论意蕴的真所体现的外在实在的感性形式在意识中的呈现为什么就能使主体产生美感的问题,黑格尔实际上并没有回答这个问题。马克思对这个问题从实践唯物论的劳动角度做了回答,这可以从本体论和认识论两个方面来予以分析。

其一,从本体论方面来理解。马克思说:在劳动过程中,"动物只是按照它所属的那个种的尺度和需要来建造,而人懂得按照任何一个种的尺度来进行生产,并且懂得处处都把内在的尺度运用于对象;因此,人也按照美的规律来构造"②。"任何一个种的尺度"

---

① 高尔太:《美是象征》,人民出版社1986年版,第185页。
② 《马克思恩格斯选集》第1卷,人民出版社1995年版,第47页。

即关于外在必然性的正确认识,主体的"内在尺度"即关于内在必然性的正确认识,两者的统一正体现着认识论意蕴的真;人在劳动中把这两个尺度统一的过程,在本质上是内蕴着认识论意蕴真的观念通过劳动,从而对象化为体现本体论意蕴真的客观实在的过程,从而也就是"按照美的规律来建造"的过程。作为劳动结果的外在于主体的客观实在以静态形式凝结着劳动中人的本质力量对象化的动态过程。人的本质力量及其对象化是美的本体论根据。

其二,从认识论方面来理解。马克思说:"劳动的对象是人的类生活的对象化:人不仅像在意识中那样理智地复现自己,而且能动地、现实地复现自己,从而在他所创造的世界中直观自身。"[1] 主体在体现着本体论意蕴真的客观实在中"现实地复现自己",当这种体现着本体论意蕴真的客观实在在表象中以感性形式显现时,主体就能"直观自身",感受到对象化了的主体本质力量与存在于主体内的本质力量之间关系所体现的和谐和融洽,就会感受到情感上的愉悦,从而形成美感。这是美认识论的根据。

在社会自我批判中,社会主体通过"批判的武器"环节追求认识论意蕴的真,通过"武器的批判"环节追求本体论意蕴的真。在"武器的批判"中,社会主体把用"批判的武器"中所转化而来的体现为认识论意蕴真的社会价值观念,形成"要把自己变为定在的那种思维",通过社会变革,使所变革的某些社会基本制度体现"现实本身应当力求趋向思想",从而使社会主体在"直观自身"中感受到"主客体之间的融洽和和谐",产生情感上的愉悦,形成美感。因此社会自我批判既是一个追求真的过程,又是一个创造美的过程。

黑格尔说:"惟有概念才是世界上的事物之所以保持其存在的

---

[1] 《马克思恩格斯全集》第42卷,人民出版社1979年版,第97页。

原则，或者用宗教上的语言来说，事物之所以是事物仅由于内在于事物的神圣的思想，因而亦即创造的思想有以使然。"① 尽管黑格尔本人不是一个有神论者，但他把宗教的神圣光环与内蕴有理念的事物，即内蕴由认识论意蕴的真转化为本体论意蕴的真的事物联系起来，这个观点相当深刻。恩格斯曾讴歌在社会自我批判时期，"启发过人们头脑的那些伟大人物"，"不承认任何外界的权威，不管这种权威是什么样的"，包括"宗教、自然观、社会、国家制度"等在世人眼中崇高的东西，"一切都必须在理性的法庭面前为自己的存在作辩护或者放弃存在的权利"，② 就是为了在"批判的武器"环节和"武器的批判"环节中追求真所体现的"神圣的思想"。于是，与真相联系的闪烁着"神圣的思想"光芒的美就成为社会自我批判时代最显著的特征。我们仔细地分析一下人类历史上处于社会自我批判时代的"文景之治""明治维新"和"彼得一世改革"，就会发现它们都在历史的长河中熠熠生辉。

在社会中，丑总是与不真联系在一起，当然不真不一定就是丑。在人类生活的大千世界中，既然存在着真和美，也就必然存在着假和丑。这就使得追求真和创造美的过程变得相当艰苦，即必须与假和丑做斗争。这种斗争在社会自我批判中体现得尤其尖锐和激烈。这是因为，真和美与假和丑都与人们的切身利益密切地联系在一起。这就告诉我们，社会自我批判时期又是一个痛苦的时代。在那个时代，这就使作为享受美的社会自我批判时代又成为一个痛苦的时代。值得提出的是，正是这种激烈的较量和斗争使处于社会自我批判时代的美在历史的长河中更加璀璨夺目，这就是历史的辩证法。

---

① ［德］黑格尔：《小逻辑》，贺麟译，商务印书馆1980年版，第399页。
② 《马克思恩格斯选集》第3卷，人民出版社1995年版，第719页。

在比较中彰显中国道路的优越性

刘同舫[*]

摘　要：澄明中国特色社会主义道路的优越性是树立道路自信的理论前提。只有将中国特色社会主义道路置于不同的参照系中进行共时态和历时态的比较，才能全面彰显这种优越性，愈加坚定不移地沿着这一道路阔步前行。中国特色社会主义道路的优越性体现在：与资本主义国家相比较，坚持人民主体地位对资本主义制度的超越性；与其他社会主义国家相比较，将马克思主义普遍真理与中国实际国情相结合的创造性；与近代积贫积弱的旧中国相比较，以改革开放为动力开辟中国特色社会主义发展道路的变革性。中国特色社会主义道路将为家国梦圆、实现中华民族伟大复兴提供强有力的路径支撑。

关键词：社会主义　中国特色　优越性

习近平同志在庆祝新中国成立70周年的讲话中指出，"前进征程上，我们要坚持中国共产党领导，坚持人民主体地位，坚持中国

---

[*] 作者简介：刘同舫，教育部长江学者特聘教授，浙江大学马克思主义学院院长，教授、博士生导师。

特色社会主义道路"。党的领导、人民主体地位与中国特色社会主义道路是过去 70 年新中国实现跨越式发展的秘诀所在。中国特色社会主义道路的优越性在中国人民 70 年砥砺奋进的历史征程中日益凸显。中国特色社会主义道路究竟"好"在哪里？这关涉一种事物好坏判断标准的比较性命题，仅凭主观臆断无法给出一个令人信服的答案，只有将其置于一定的参照系中，才能准确分析和正确判断其优劣或曲直。中国特色社会主义道路作为中国开辟的社会主义发展道路，具有两层含义：第一，它是一种社会主义道路；第二，它是一种具有中国特色的社会主义道路。因而，回答中国特色社会主义道路的优越性问题，既要从共时态上，与非社会主义国家和其他社会主义国家的发展道路相比较，又要从历时态上与积贫积弱的旧中国比较，才能从中挖掘和彰显中国特色社会主义道路的正确性、必然性以及优越性。具体而言，中国特色社会主义道路的优越性体现为：在与资本主义国这的比较中，中国特色社会主义的人民主体地位越发彰显；在与其他社会主义国家的比较中，马克思主义普遍真理与中国实际相结合的成效愈加彰显；在与积贫积弱的旧中国的比较中，当代中国在经济与思想观念层面实现的质的飞跃愈益彰显。

一 道路的超越性：人民主体地位的彰显

资本主义国家与社会主义国家的本质区别在于生产资料的所有制形式，前者实行生产资料私有制，生产资料归资本家个人所有；后者实行生产资料的社会主义公有制，生产资料归全民和劳动群众集体所有。唯物史观认为，经济基础决定上层建筑，资本主义与社会主义在生产资料所有制形式上的根本区别决定了它们在国家权力分配、权利归属以及运转方式上的差异,进而规定了两种不同类型的国家建构方式与发展道路。我国的国家性质是人民民主专政的社会主义国家,其本质特征是人民当家做主。因而,同资本主义国家相比,中国特色社会主义道路的优越性体现为其对人民主体地位的充分保障,将人民的选择、人民的判断、人民的追求置于首位。正如习近平同志深刻指出的,"中国特色社会主义是不是好,要看事实,要看中国人民的判断,而不是看那些戴着有色眼镜的人的主观臆断。中国共产党人和中国人民完全有信心为人类对更好社会制度的探索提供中国方案"[①]。关于人民主体地位问题,学者们主要从两个方面进行阐释:一是指明中国特色社会主义理论体系中的人民主体思想同马克思主义的内在关联;[②] 二是揭示人民主体同人民群众、共产党与社会主义国家的内在关联。[③] 笔者认为,在以资本主义为参照系的比较中,中国特色社会主义作为一种社会主义的具体形态,其人民主体地位的彰显必然依赖于现实国家的建构,体现在国家建构的全过程之中。

首先,从国家建构的出发点来看,社会主义国家始终致力于保障人民的最根本权益。资产阶级绝不可能出让自身的主导地位以保障人民的基本权利,因为主导地位的出让意味着财富分配权力的丧失,这与资本追求财富最大化的本性不相符合,"人格化"的资本只会采取不同的方式不断地巩固自身的统治地位,以便更好地掠夺社会财富。资产阶级对财富积累的渴望,使得社会财富必然逐渐聚集到少数人手中,而大多数人民群众将不可避免地沦为资本家获取利润的工具。马克思曾从生产方式的角度对资本主义具有迷惑性的

[①] 《习近平谈治国理政》第 2 卷,外文出版社 2017 年版,第 37 页。
[②] 蒋菊琴等:《中国特色社会主义理论体系的人民主体思想研究》,《当代世界与社会主义》2009 年第 5 期。
[③] 罗文东:《人民主体观与中国特色社会主义》,《江汉论坛》2011 年第 5 期。

统治方式进行了深刻揭露，撕下了笼罩在资本食利本性之下的神秘面纱。德国学者于尔根·科卡曾说，马克思较少使用"资本主义"一词，"但他对资本主义生产方式的论述非常详尽、有力，他对资本主义的解读极大地影响了后世，令其他学者望尘莫及"。①马克思对资本主义发展一般规律的揭示，为后世洞悉资本主义的统治方式提供了思想武器以及批判利刃。在他看来，资本主义的统治无法保障人民的基本权利，人民处于被剥削的地位。马克思在《资本论》中引用《评论家季刊》的一段话来说明资本对利润的渴求是疯狂的，"如果有10%的利润，它就保证到处被使用；有20%的利润，它就活跃起来；有50%的利润，它就铤而走险；为了100%的利润，它就敢践踏一切人间法律；有300%的利润，它就敢犯任何罪行，甚至冒绞首的危险"②。正是受资本贪婪本性的驱使，资本主义国家不可能将守护和捍卫人民权利置于第一优先的地位，资本永无止境的扩张欲望以及永不满足的获利欲求甚至使其将贫苦大众的生存权利置若罔闻。而社会主义国家建立的初衷就是为广大无产阶级求解放，为人类求自由，因而人民的利益必然构成其存续的出发点，也是其发展的内原动力以及生命活力之所在。同资产阶级占统治地位的资本主义国家不同，中国开辟的社会主义道路致力于保障最广大人民的根本权益，视广大人民为国家主人，行使国家权力、管理社会事务，坚信人民是维护整个社会主义国家稳固的根基，是社会持续稳定健康发展的主导力量，是历史的创造者。

其次，从国家建构的过程来看，人民不是社会发展的被动接受者而是主动参与者。在资本主义国家，人民群众也会参与社会的建设与发展，从根本上来说也构成推动社会发展的动力，但其参与社

---

① ［德］于尔根·科卡：《资本主义简史》，徐庆译，文汇出版社2017年版，第8页。
② 《马克思恩格斯文集》第5卷，人民出版社2009年版，第871页。

会发展的过程并非主动选择的结果，而是出于维持基本生存的需要。当自给自足的小农经济瓦解之后，他们被迫走进工厂，成为机器的附庸，沦为整个资本主义大厦的一块垫脚石。资本主义国家在资本逻辑的主导下，将资本的"吸血鬼"本性发挥到极致，使占人口大多数的人民群众处于少数资本家的统治与奴役之下。在社会主义国家，人民是社会主义的建设者，他们不是被历史的车轮裹挟着向前，而是主导着自己的命运与未来。他们能够充分发挥自身的能动性、创造性，积极参与社会主义建设和改革的实践活动，为改变社会面貌做出积极贡献。毛泽东曾说，"中国的命运一经操在人民自己的手里，中国就将如太阳升起在东方那样，以自己的辉煌的光焰普照大地"[1]。中国人民在推翻三座大山、实现民族独立和人民解放的革命过程中发挥了关键作用，他们使积贫积弱的旧中国站了起来，并积极融入改革开放的历史洪流继续用自己勤劳的双手和蓬勃的智慧绘就中国社会主义发展的蓝图和前景。正是在践行中国特色社会主义道路的过程中，人民获得了社会建设的参与感，在目睹社会发展成就的过程中收获了幸福感。

最后，从国家建构的最终结果来看，人民是社会主义国家发展的直接受惠者。社会财富在资本主义国家最终都将汇聚于资本家的私囊，从而导致严重的社会两极分化，即大部分的社会财富被少数人占有，社会贫富分化不断加剧，影响国家的整体稳定。在社会主义国家，人民不是创造财富的工具，无须在资本逻辑的主导下服从于工具理性的控制，也从未被隔离于社会总体劳动成果的分配体系之外。相反，人民能否从社会发展中获得实质性的实惠是检验整个国家机构运转是否成功的标尺。习近平同志曾指出，"检验我们一切工作的成效，最终都要看人民是否真正得到了实惠，人民生活是

---

[1] 《毛泽东选集》第4卷，人民出版社1991年版，第1467页。

否真正得到了改善，人民权益是否真正得到了保障"[①]。在社会主义的中国，人民是国家发展成果的直接受惠者，能够真正共享社会的发展成果。而所谓"共享"，就是在秉持公平正义原则的基础上保障人民的合理、合法权益，让社会发展的成果不被少数人垄断或占有，而是惠及最大多数人民群众。虽然在具体执行的过程中，由于社会构成的复杂性，很难同时兼顾不同阶层、利益主体的多元诉求，但将占人口绝大多数的人民的合理、合法权益置于首位，不遗余力地维护人民群众的利益诉求始终构成中国特色社会主义道路践行的首要准则和根本落脚点。

在以资本主义国家为参照系的比较中，最凸显的是中国特色社会主义道路对人民主体地位的坚守，这一道路真正践行了"发展为了人民、发展成果由人民共享"的国家建构原则。而对人民主体地位的坚守是中国作为社会主义国家能够不断取得跨越式发展的制胜法宝，也是中国特色社会主义道路能够焕发无限生命力的关键所在。

二 道路的创造性：真理与具体实际的结合

苏东剧变之后，西方社会响起了一片唱衰社会主义之声。有学者宣称社会主义已然终结，世界历史已进入"后社会主义"[②] 阶

[①] 《十八大以来重要文献选编》上，中央文献出版社2014年版，第698页。
[②] "后社会主义"这一概念最初由法国左翼学者阿兰·杜汉纳提出，用来指称社会主义消亡、工人运动衰退的历史阶段，后逐渐演化成两种截然相反的定义：一种是将"后社会主义"视为社会主义的终结；另一种观点则认为，"后社会主义指这样一个历史阶段，在这个历史阶段中，社会主义已经成为一种政治思想以及在这种思想鼓舞下有阶级基础的政治运动，它提供了一种可以取代资本主义的选择"。（[美] 阿里夫·德里克：《后社会主义？——反思"有中国特色的社会主义"》，尔东编译，载于苑洁主编《后社会主义》，中央编译出版社2007年版，第37页。）虽然德里克认为社会主义与中国民族特色的结合破坏了社会主义理论阐述的整体性，但这种结合使其理论具有了全新的历史形态。

段；日裔美籍学者弗朗西斯·福山更是直言随着社会主义的灾难性崩溃，"自由民主制"将再无对手。苏联的地缘性政治灾难重创了世界社会主义事业，致使国际共产主义运动陷入低潮。但是，苏联的社会主义模式并非社会主义发展的唯一形态，苏联模式的失败决不代表社会主义制度的失败。正如英国学者托尼·赖特所说，社会主义具有多元性，这种多元性构成理解社会主义的重要线索，它"是一个似伞般包罗万象的词，它的朋友寻求躲在伞下（每一方都试图抓住伞把，用伞尖互相刺戳），而其敌人则不分青红皂白地挥舞它以尽可能多地打中对手的头"①。从历时态的角度来看，"社会主义"从最初的一种社会思潮演变成现实的运动，就其理论形态而言就存在着诸多不同的形态，如马克思、恩格斯曾经批判过的资产阶级或小资产阶级的社会主义、散文或诗歌中的社会主义、反动的社会主义、封建的社会主义以及冒牌的社会主义等。当社会主义由一种思潮进阶为民族实践之后，又会适应具体的社会历史环境而产生彼此相异的社会主义道路，如马克思、恩格斯曾经提及的英国的社会主义、德国的社会主义等。从共时态的角度出发，当今世界的社会主义形态②依然千差万别，有欠发达国家的社会主义、较发达国家的社会主义等，而中国特色社会主义只是诸多形态中的一种实例。

中国开辟的特色社会主义道路与他国的社会主义道路相比较而言究竟"好"在哪里？回顾中国特色社会主义道路探索发展 40 余年的实践，其成功的关键在于实现了马克思主义基本原理与中国具

---

① ［英］托尼·赖特：《新旧社会主义》，褚松燕等译，新华出版社 2000 年版，"第一版序言（1986 年）"第 5 页。
② 需要说明的是，这些不同的社会主义形态秉持的核心主张并无质的区别，它们均或多或少地受到马克思主义对社会主义理论及其实践构想的影响，虽然形态各异，但其运动旨归均指向人类解放，都渴望通过现实的运动打破资本主义生产方式的禁锢，挣脱资本主义意识形态的枷锁，从而最终实现人的自由全面发展。

体实际的有机结合。

　　苏联模式曾是社会主义最成功的发展模式，并深刻地影响了同时代的诸多社会主义国家。这些社会主义国家在"依葫芦画瓢"机械地照搬苏联模式的过程中，忽视了本国的社会历史境况，最终为本国经济社会发展带来严重损失。如匈牙利走上社会主义道路，是在拉克西·马加什的领导下建立起的过度集权的社会主义模式。这一模式在国内实行专制统治，其后发生的政治动乱以及连带的经济损失给匈牙利人民留下了长期的心理阴影。直到20世纪50年代末至80年代末掀起的三次改革大浪潮，才促使匈牙利着手改革，社会主义建设道路才逐步步入正轨并取得了显著成效。[1] 当今世界很多社会主义国家的道路探索都诉诸马克思、恩格斯科学社会主义理论的指导，但不同国家的领导人对这一理论的内涵及本质的认知各不相同。邓小平同志曾经说过，"绝不能要求马克思为解决他去世之后上百年、几百年所产生的问题提供现成答案……真正的马克思列宁主义者必须根据现在的情况，认识、继承和发展马克思列宁主义"[2]。这是因为马克思、恩格斯生活在资本主义发展的上升期，当时的社会主义运动处于初步探索阶段，他们针对资本主义国家开出的"治疗"方案显然无法直接适用于其他国家的发展"病症"。任何教条地、机械地依据马克思、恩格斯对西欧资本主义国家革命、建设的道路设想来构筑自身社会主义道路的努力，难免会出现真理与客观实际"水土不服"的现象，进而直接影响到本国社会主义建设的成效与社会变革的信心。20世纪50年代世界上很多社会主义国家遭遇重大挫折，甚至最终改旗易帜屈服于资本主义的统治，很重要的原因就在于其盲目地硬搬、效仿他国社会主义发展模式，而

---

[1] 蒲国良主编：《世界社会主义运动概论》，中国人民大学出版社2006年版，第191—192页。
[2] 《邓小平文选》第3卷，人民出版社1993年版，第291页。

不是根据本国实际选择适合本国国情的发展道路。

中国的社会主义建设道路在发展初期,也曾因为照搬苏联模式走过弯路、历经挫折。习近平同志曾说:"过去,我们照搬过本本,也模仿过别人,有过迷茫,也有过挫折,一次次碰壁、一次次觉醒,一次次实践、一次次突破,最终走出了一条中国特色社会主义成功之路。"① 党的十一届三中全会的召开,宣告着中国共产党将马克思主义的普遍真理再次同我国的具体实际相结合,开辟了具有中国特色的社会主义建设和改革的道路。正是在对这一道路的坚守与发展中,具有中国特色的社会主义发展道路的独特性和优越性不断得以彰显,并渗透在中国特色社会主义经济制度改革、政治文明、文化自信、生态建设以及社会治理等方方面面。中国特色社会主义道路之所以独树一帜且根深叶茂,归根结底在于始终坚持马克思主义的指导地位,结合中国实际循序渐进推动中国的建设、改革和发展。这条道路在守正创新中蓬勃发展,主要得益于对以下两个方面的长期贯彻。

第一,始终坚持马克思主义的指导地位。马克思主义在剖析资本主义社会发展症结的过程中,揭示了人类社会的发展规律,并提纲挈领式地勾勒出了人类社会的未来发展图景。马克思通过深入人类生活世界,洞悉了资本主义奴役世界的秘密,发现了推翻资产阶级统治的现实力量,创立了历史唯物主义,从而为人们解剖现实世界、构筑未来图景指明方向。正如美国著名经济学家海尔布隆纳所说,"当今世界已发生了翻天覆地的变化,但我们仍要求助马克思来洞察当今时事"②。马克思主义为致力于救亡图存的中国人民指明

---

① 习近平:《发展中国稳定中国的必由之路——关于坚持和发展中国特色社会主义》,《人民日报》2014年7月2日。
② [美]罗伯特·L.海尔布隆纳:《马克思主义:赞成与反对》,马林梅译,东方出版社2016年版,第1页。

了前进的方向，为饱受剥削和压迫的中国人民点燃了实现民族独立和解放希望的火种。苏联共产党人放弃马克思主义指导地位而引发的灾难性后果是其他社会主义国家必须吸取的教训。在我国社会主义建设与改革的过程中，中国共产党人始终将马克思主义作为指导思想，从容应对各种社会思潮的挑战，不断推动马克思主义的创新发展、与时俱进，并以中国化的马克思主义作为破解社会发展难题的理论钥匙。

第二，选择循序渐进的方式推动社会全面改革。社会的发展与进步是一个循序渐进的过程，任何试图一蹴而就、一劳永逸解决问题的尝试都将不可避免地遭遇挫折或失败。从打开国门实行改革开放，到新时代全面深化改革，中国特色社会主义道路在有条不紊的改革步伐中稳步前进，逐渐挣脱了过去贫弱交加的社会面貌，中国成为世界第二大经济体。在持续性的经济、政治、文化和社会改革中，社会主义的根本方向从未动摇，而"中国特色"则不断强化，即让社会主义深深地扎根于中国的现实土壤之中，从而开辟出社会主义建设的新局面。邓小平同志曾指出，中国的改革是一种国际范围内的试验，其成功将为其他社会主义国家提供经验借鉴，而其核心原则就在于"把马克思主义同中国的实践相结合，走中国自己的道路，我们叫建设有中国特色的社会主义"[①]。改革是社会焕发活力之源，是为中国特色社会主义道路保驾护航的重要法宝。中国的改革开放之所以能够成功打破社会发展的体制性障碍，不断推陈出新，关键在于它将马克思主义的客观真理与中国的实际结合起来，在充分发挥人民主体性的基础上，不断探索、勇于试错和自我纠错，即坚持"摸着石头过河"由点及面的渐进式改革，又更加注重与"顶层设计"相结合，在保证中国发展的持续性和稳

---

① 《邓小平文选》第3卷，人民出版社1993年版，第135页。

定性中推动旧中国的落后面貌焕然一新。马克思主义不仅为中国特色的社会主义道路建设提供了方向指引，还为其改革的纵深发展提供了方法指导，并在不断地与中国实际相结合的过程中获得了新的生命力。正是这种理论与实践的双向互动与有机结合，使得中国的社会主义道路能够有效化解前进道路中的各种风险与危机并得以不断发展壮大，与其他社会主义国家的发展道路相比展现出自身的优越性。

马克思主义与中国实际相结合是中国特色社会主义道路一往无前的关键，也是中国特色社会主义道路在众多社会主义发展模式中脱颖而出的根本原因，并将成为未来中国特色社会主义接续发展的必然遵循。

三 道路的变革性：现实对"中国梦"的构筑

与资本主义国家和其他社会主义国家进行比较，是以外在参照物为依据来判定中国特色社会主义道路的优越性，而以中国自身历史发展变化的前后对比为依据，能够更加直观地感受到中国特色社会主义道路为中国本身带来的深刻变革，从而凸显这一道路具备的实践变革性。

近代中国曾经沉溺于天朝上国的迷梦之中，直至西方的坚船利炮攻破旧中国闭关锁国的虚弱堡垒，国人救亡图存、自强不息的抗争精神开始被唤醒，并在中国共产党的带领之下转化为蓬勃的革命力量。新中国成立之初，半殖民地半封建社会的历史遗留问题和长时间的战争消耗，使得我国的社会主义道路建设曾经历过一段举步维艰、苦苦探索的时期，处于贫弱交加的历史状态。这种历史状态,一是体现在经济方面遭遇的极端困难。经济上理应百废待兴,但实则"通货膨胀完全失控;洪水影响了30%—40%的耕地;工业产量和食品产量分别骤减到战前最高点的56%和70%—75%"①,出现了生产力水平低、工业发展迟缓等问题。二是潜藏在思想观念深处的落后意识。尽管新中国的成立让翻身做主人的民众体会到了社会主义主人翁意识,但相当一部分的民众仍然没有摆脱封建迷信的影响,并不具备适应现代化发展的真正的主体性和主动性。直至中国特色社会主义道路确立,伟大的历史转折深刻影响了生产关系和上层建筑,国家的经济制度与民众的思想观念突破重重禁锢、实现了质的飞跃,我国的社会面貌发生了翻天覆地的变化,在经济、政治、文化、社会和生态等方面取得了突破性发展,广大人民群众的精神面貌和观念意识日益呈现出积极进取、奋发有为的总体性特征,为构筑中华民族伟大复兴的"中国梦"提供了坚实的物质基础和精神支撑。

在经济方面,"建设有中国特色的社会主义"命题提出和社会主义现代化道路确立之后,我国的经济状况实现了长时段的稳定和快速发展。改革开放之前,中国现代化的起点是"底子薄;人口多、耕地少",我国人均GDP增速仅为2.1%,处于发展中国家的最低水平;重工业投资的比重过大致使经济结构失衡,人们并未很好地享受经济发展成果。②根据世界银行统计,1978年我国有"81%的人口生活在农村,84%的人口生活在每天1.25美元的国际

---

① [美]徐中约:《中国近代史:1600—2000,中国的奋斗》,计秋枫等译,世界图书出版公司北京公司2012年版,第500—501页。
② 李媛等:《改革开放前中国经济社会发展绩效评价》,《经济学家》2015年第1期。虽然由于我国人口基数过大,人均GDP增速会相对偏低,无法完全用其衡量我国改革开放前的经济发展水平,但它从一个侧面反映了我国经济发展速度缓慢。因为人口因素固然会拉低GDP增长的平均数值,但同时也应考虑到经济发展成果也是由庞大的人口总量共享的客观事实。

贫困线之下"①，出口产品大多为农产品或农业加工品。自给自足的小农经济成为阻碍社会走向工业化的桎梏，生产力低下造成的国力孱弱使得中国在被迫卷入世界历史的过程中处于被动适应的落后地位。在改革开放的历史进程中，我国人均GDP增长了近20倍，城乡居民消费水平提高了16倍，人民生活水平在各个层面得到显著提升。产业结构不断优化升级，经济发展方式实现了从粗放型到绿色可持续型的转化，并在发展生产力的基础上即将实现全面建成小康社会的宏伟目标。我国的经济发展领域日益实现从国内向国际的拓展，通过国际合作与对外贸易推动了世界经济的发展，为金融危机之后复苏乏力的世界经济注入强劲动力，凸显了中国经济发展的国际效应。

在思想观念层面，逐渐确立具有中国特色的价值理念，并从思想的被动输入转为理念的主动输出。面对鸦片战争以来西方国家的侵略掠夺，中国人民将备受欺凌的原因归结于器物上、制度上的落后。曾经长时段的闭关锁国使得人们思想上处于封建主义、保守主义的统治之下，而1919年爆发的五四运动拉开了思想革命的序幕，马克思主义以及西方文艺复兴时期形成完整体系的"科学""民主"等新思想、新知识得到了广泛传播，人们开始解放思想、打破传统禁锢并最终找到了改变这种落后状态的锁钥——马克思主义。马克思主义在思维方式上引发的深刻变革，使中国社会逐渐凝练了符合时代特征的价值共识，并在综合国力不断提升的基础上逐渐输出建构国际新秩序的中国理念。在改革开放循序渐进的伟大历程中，各种社会思潮争辩激荡，从保守主义、实用主义到自由主义再到所谓的"普世价值"，我们在对西方价值理念和中国传统文化基本精髓的不断扬弃中，逐渐形成了既体现社会主义本质要求又蕴含

---

① 蔡昉等：《改革开放40年与中国经济发展》，《经济学动态》2018年第8期。

时代要求的价值规范——社会主义核心价值体系，并用这一观念体系作为当代中国精神的体现，凝结着新时代中国人民共同的价值追求，是中国特色社会主义的价值表达。在国际秩序的理念构建方面，中国应对国际性风险与挑战的能力不断增强，在世界舞台上发出中国声音的必要性和重要性越发凸显，构建人类命运共同体的伟大倡议就是新时代的中国特色社会主义推动世界发展的理念贡献。尽管由西方国家确立的国际秩序和个别国家的强权政治仍然占据主导地位，但当今的世界潮流是习近平同志所判定的"无法再倒退至自我封闭的孤岛"，因而"要各国人民同心协力，构建人类命运共同体，建设持久和平、普遍安全、共同繁荣、开放包容、清洁美丽的世界"。[①] 构建人类命运共同体这个伟大构想已经向世界展示出中国作为负责任大国对世界未来发展蓝图的责任担当与智慧贡献，为世界谋划了一条不同于资本主义国家以霸权、强权、零和博弈思维逻辑所主宰的和平发展道路。

中国特色社会主义道路的确立、发展和推进，是人民的选择，是真理的指引，是历史发展的必然。深刻认识中国特色社会主义道路的优越性，有利于在新的时代条件下继续坚持中国特色社会主义道路，有利于增强我们实现中华民族伟大复兴"中国梦"的信心，有利于在总结过去发展优势的基础上进一步推动中国特色社会主义建设，使中国道路为人类社会发展贡献理论智慧与实践范例。

[①] 习近平：《决胜全面建成小康社会 夺取新时代中国特色社会主义伟大胜利——在中国共产党第十九次全国代表大会上的报告》，人民出版社2017年版，第58页。

马克思的理论创新道路及其当代效应[*]

张 亮[**]

摘 要：在揭示资本主义生产方式运动规律及历史命运的过程中，马克思开辟了一条独特的理论创新道路，霍克海默后来称之为"哲学与社会科学的联盟"。在当代西方，法兰克福学派、"英国马克思主义"以及20世纪后期的西方主流社会理论家，以各自不同的方式继承或者借鉴马克思的理论创新道路，将之与资本主义发展新阶段的实际、具体民族国家的思想文化传统有效结合，使之获得生机勃勃的当代转化，产生出丰硕而影响深远的创新成果。对马克思的理论创新道路及其当代西方效应进行深入分析，有助于我们探索建立符合新时代中国国情的理论创新道路。

关键词：马克思 理论创新 "哲学与社会科学的联盟"

理论创新是当前中国哲学社会科学工作者亟待完成的一项历史使命。怎样才能创作出不负时代要求和人民期待的理论创新成果？21世纪初以来，哲学社会科学工作者围绕这个课题上下求索，付

---

[*] 基金项目：本文系国家社科基金重大项目"西方'马克思学'形成和发展、意识形态本质及其当代走向研究"（项目编号：13&ZD070）的阶段性成果。
[**] 作者简介：张亮，南京大学马克思主义社会理论研究中心暨哲学系教授。

出很多努力,但取得的成效却并不如人意。这表明我们的创新道路选择或许存在问题。毛泽东说:"如果有问题,就要从个别中看出普遍性。不要把所有的麻雀统统捉来解剖,然后才证明'麻雀虽小,肝胆俱全'。从来的科学家都不是这么干的。"① 如果我们能够找到一个理论创新的典型,对他的创新活动进行"解剖麻雀"式的深入分析,将有利于我们破解当前面临的创新困局。在这个方面,马克思无疑是我们的最佳选择之一。一方面,这是因为马克思发现了"人类历史的发展规律"以及"现代资本主义生产方式和它所产生的资产阶级社会的特殊的运动规律",② 使我们对整个人类历史特别是现代资本主义社会的科学理解成为可能。另一方面,这是因为在20世纪西方,许多理论家——既有马克思主义者也有非马克思主义者——以不同的方式"拜"马克思为"师",像马克思那样进行理论创新,在各自领域内取得巨大成功,深刻影响了当代西方理论的基本面貌。因此,探寻马克思的理论创新道路,解析当代西方理论家以马克思为"师"的借鉴方式,对我们探索符合中国国情的理论创新道路大有裨益。

一 马克思的理论创新道路与资本主义生产方式批判

历史已经证明,马克思最伟大的理论创新就在于发现资本主义生产方式并科学揭示了它的运动规律及历史命运。"就像牛顿发现了看不见的力即万有引力定律、弗洛伊德发现了看不见的现象即潜

---

① 《农业合作化的全面规划和加强领导问题》(一九五五年四月十一日),载《毛泽东文集》第6卷,人民出版社1999年版,第478页。
② 《马克思恩格斯选集》第3卷,人民出版社1995年版,第776页。

意识的工作机制一样,马克思揭示了我们日常生活中一个难以察觉的实体,那就是资本主义生产方式。"① 基于对资本主义认识史的严肃反思,当代西方主流学术界承认:"对于任何试图理解18世纪以来横扫整个世界的大规模变迁的人来说,马克思有关资本主义生产方式的分析仍然是一个必要的核心。"② 那么,马克思是如何发现资本主义生产方式这个"难以察觉的实体",进而科学揭示了它的运动规律及历史命运呢?

首先,马克思直面现实,发现了无产阶级的历史解放这个"时代的迫切问题"。③ 发现真正的问题是理论创新的前提。问题越重大,理论创新成果的价值就越高,影响也就越广泛、越深远。一般说来,重大的问题往往存在于人类社会新旧发展阶段、历史时代、社会形态的转折时期。在这种转折时期,答案已经开始孕育,而问题也将被提出。"所以人类始终只提出自己能够解决的任务,因为只要仔细考察就可以发现,任务本身,只有在解决它的物质条件已经存在或者至少是在生成过程中的时候,才会产生。"④ 问题的存在是必然的,但是,它们被何人、以何种方式提出,则是偶然的。这种偶然性对理论创新本身具有直接的影响。19世纪40年代初,马克思以革命的民主主义者身份走上德国思想舞台,鼓吹鲍威尔的自我意识哲学,期待通过哲学批判推进资产阶级政治理想的实现,因为他坚信"世界的哲学化同时也就是哲学的世界化,哲学的实现同时也就是它的丧失,哲学在外部所反对的东西就是它自己内在的缺点,正是在斗争中它本身陷入了它所反对的缺陷之中,而且只有当

---

① Terry Eagleton, *Why Marx was right*, New Haven & London: Yale University Press, p. xi.
② 吉登斯:《历史唯物主义的当代批判》,郭忠华译,上海译文出版社2010年版,第1页。
③ 《马克思恩格斯全集》第1卷,人民出版社1995年版,第203页。
④ 《马克思恩格斯选集》第2卷,人民出版社1995年版,第33页。

它陷入这些缺陷之中时，它才消除这些缺陷"①。与一味强调自我意识的鲍威尔不同，马克思不仅尊重现实的权威，而且渴望通过实际的行动去改变现实，因为"在自身中变得自由的理论精神成为实践力量，作为意志走出阿门塞斯冥国，面向那存在于理论精神之外的尘世的现实，——这是一条心理学规律"②。在这种观念的内在作用下，马克思迅速意识到自己与鲍威尔的理论分歧，与之疏远并最终决裂，转而投身《莱茵报》，开始直接接触现实。《莱茵报》时期，马克思"第一次遇到要对所谓物质利益发表意见的难事"，在与统治集团的论战中认识了严酷的社会现实，了解了社会主义和共产主义思潮的存在，终在被迫"退回书房"后，开始基于现实清算自己原有的哲学思想和政治理想，③ 提出德国的当务之急是无产阶级的历史解放："彻底的德国不从根本上进行革命，就不可能完成革命。德国人的解放就是人的解放。这个解放的头脑是哲学，它的心脏是无产阶级。哲学不消灭无产阶级，就不能成为现实；无产阶级不把哲学变成现实，就不可能消灭自身。"④ 当1843年马克思提出无产阶级的历史解放这个命题时，德国的工人阶级正处于萌芽状态。在鲍威尔等人看来，德国工人阶级连自我意识都尚未达到，何谈其历史使命？但马克思却于无声处听惊雷，站在人类历史发展的高度，哲学地提出并论证了无产阶级的历史解放是"时代的迫切问题"。尽管马克思当时的哲学论证还不是马克思主义的，但他却通过提出这个问题，推动了同时代人对这个问题的理解和解答，从而对当时正在展开的现代世界历史进程发挥了微妙的然而却又是实实在在的影响。

其次，马克思发动哲学革命，确立了科学地批判地认识社会历

---

① 《马克思恩格斯全集》第1卷，人民出版社1995年版，第76页。
② 同上书，第75页。
③ 《马克思恩格斯选集》第2卷，人民出版社1995年版，第31—32页。
④ 《马克思恩格斯选集》第1卷，人民出版社1995年版，第16页。

史的方法指南，使生产方式这种"难以察觉的实体"及其归根到底的决定作用清晰地呈现了出来。生产方式是一种客观的社会存在，无论是否被意识到，都客观地存在着并客观地发挥着自己的归根到底的决定作用。它之所以"难以察觉"，一方面是因为它存在于社会历史的深处，通过复杂的中介环节发挥作用，另一方面是因为人们长期受唯心主义历史观的影响，无法科学地认识它，就像人们受"地心说"的影响无法科学认识是太阳系的中心一样。工业革命之后，资本主义生产获得了巨大发展，"资产阶级在它的不到一百年的阶级统治中所创造的生产力，比过去一切世代创造的全部生产力还要多，还要大"①。生产方式及其对社会历史进程的归根结底的决定作用也由此展现在人们眼前。尽管古典政治经济学家没有从根本上摆脱唯心主义历史观的束缚，但他们率先在理论上描述资本主义生产方式的本质及其运动，其认识达到了那个时代的最高水平。在转向共产主义后，研究、批判维护私有制的政治经济学成为马克思思想发展的内在需要。1844 年初至 1845 年春，马克思对政治经济学进行了第一次系统的学习、研究和批判。② 他对政治经济学的理解由此发生了根本性的改变。第一，政治经济学不是脱离现实的想象，而是关于现实的实证科学研究，它的形成与发展"是同社会的现实运动联系在一起的，或者仅仅是这种运动在理论上的表现"③，只有通过并超越政治经济学，才可能对资本主义生产方式的本质及其发展规律获得更高水平的科学认识。第二，"市民社会"或资产阶级社会是政治经济学的"实际出发点""实际学派"，④ 因此，它

---

① 《马克思恩格斯选集》第 1 卷，人民出版社 1995 年版，第 277 页。
② 参见张一兵《回到马克思——经济学语境中的哲学话语》，江苏人民出版社 1999 年版，特别是第一章至第四章。
③ 《马克思恩格斯全集》第 42 卷，人民出版社 1979 年版，第 242 页。
④ 同上书，第 249 页。

无法理解、构想超越现存工业社会制度的、非资本主义的替代选择,这是它所有幻象和谎言的根源。第三,之所以德国的哲学、法国的政治学、英国的政治经济学会殊途同归,或起源于谎言,或终结于谎言,是因为它们既是民族的,更是世界的,"是为全世界制定的",具有"世界历史意义",① 即是以不同的方式表达了资产阶级社会的时代精神,就此而言,从哪一点出发,都可以构成对资产阶级意识形态的颠覆。基于上述认识,马克思迅即发动哲学革命,创立历史唯物主义。历史唯物主义的创立是哥白尼式的革命,就像"日心说"的提出一样,让人们得以观察并认识到生产方式这种"难以察觉的实体"及其归根到底的决定作用:"一定的生产方式或一定的工业阶段始终是与一定的共同活动方式或一定的社会阶段联系着的,……人类所达到的生产力的总和决定着社会状况,因而,始终必须把'人类历史'同工业和交换的历史联系起来研究和探讨",② 从而为人们科学地批判地认识社会历史提供了一种方法指南,为历史资料的整理及其中规律的发现提供了"某些方便"。③

最后,马克思开辟"哲学和社会科学的联盟"创新道路,在历史唯物主义的指导下进行政治经济学批判,令人信服地揭示了资本主义生产方式的运动规律及历史命运。在历史唯物主义创立之初,马克思就已经在哲学上证明:"共产主义对我们来说不是应当确立的状况,不是现实应当与之相适应的理想。我们称为共产主义的是那种消灭现存状况的现实的运动。这个运动的条件是由现有的前提产生的。"④ 但是,作为旨在"改变世界"的新哲学家,马克思还期待自己的学说能让尽可能多的人掌握:"理论一经掌握群众,也

---

① 《马克思恩格斯全集》第42卷,人民出版社1979年版,第257页。
② 《马克思恩格斯选集》第1卷,人民出版社1995年版,第80页。
③ 同上书,第74页。
④ 同上书,第87页。

会变成物质力量。理论只要说服人，就能掌握群众；而理论只要彻底，就能说服人。所谓彻底，就是抓住事物的根本。"① 对于共产主义而言，这个根本就是资本主义生产方式的运动规律及历史命运。历史唯物主义创立之后，马克思很快就意识到，"亚当·斯密和李嘉图这样的经济学家是这一时代的历史学家"②，他们已经以非批判的方式把握到了资本主义的经济规律，不过是"看作永恒的规律，而不是看作历史性的规律——只是适用于一定的历史发展阶段、一定的生产力发展阶段的规律"③，因此，只有以政治经济学的方式超越古典政治经济学，共产主义的"根本"才能确立起来。所以，19世纪五六十年代，马克思致力于在历史唯物主义的指导下进行政治经济学研究，走出了政治经济学批判这一条新的创新道路，最终超越大卫·李嘉图这个古典政治经济学"不可逾越的界限"，④ 创作出《资本论》第1卷，以"官方的经济学家甚至不敢试图驳倒"的方式，⑤ 证明西方社会已经进入资本主义社会这个全新的社会形态，同时第一次科学地揭示了现代资本主义社会制度的本质及其历史发展趋势，使共产主义真正成为一门科学。

二　法兰克福学派对马克思理论创新道路的当代继承

法兰克福学派是20世纪西方影响最大的马克思主义理论流派。

---

① 《马克思恩格斯选集》第1卷，人民出版社1995年版，第9页。
② 同上书，第154页。
③ 《马克思恩格斯选集》第4卷，人民出版社1995年版，第536—537页。
④ 《马克思恩格斯全集》第44卷，人民出版社2001年版，第16页。
⑤ 《马克思恩格斯选集》第2卷，人民出版社1995年版，第586页。

20世纪三四十年代,该学派以马克思主义哲学为指导,兼容并蓄同时代西方各种思想文化资源及其成果,对现代资本主义社会开展批判的跨学科研究,创立"批判理论",从而使得人们对现代资本主义的社会性质、文化特征、精神特质等的系统深刻的批判性认识成为可能。50年代初,流亡多年的法兰克福学派重返德国。时过境迁,该学派实际上并不希望世人知道"批判理论",但真正的创新成果是无法被压制的。"批判理论"最终从法兰克福大学社会研究所上锁的地下室破门而出,迅速走向欧美左派理论界,对国外马克思主义的当代发展产生广泛而深远的影响,进而溢出马克思主义的边界,对欧美当代理论的发展也产生了极其深刻的影响。1978年,在谈及"批判理论"时,福柯曾非常感慨地说:"如果能早些读到这些著作,我就能节约很多宝贵时间。想来,有些东西我就不会写,有些错误我也就不会犯了。"[1] 历史地看,"批判理论"已经确立自己在20世纪西方思想史上的经典地位,成为当代理论家建构现代资本主义批判理论时一座无法绕越的"纪念碑"。法兰克福学派的理论创新何以可能?说到底,就在于霍克海默领导下的法兰克福学派继承并发展了马克思的理论创新道路,[2] 沿着马克思开辟的创新道路对现代资本主义社会进行了成果丰硕的创造性探索。

自觉坚持以马克思主义哲学为指导开展学术研究,是法兰克福学派理论创新的思想前提。19世纪90年代中期以后,恩格斯亲自指导创立的第二国际在政治上获得巨大发展,在马克思主义的传播与普及方面也取得很大成绩,但其理论成就明显成色不足:19世纪末20世纪初是西方现代社会科学大发展大繁荣的黄金时代,除了列宁、罗莎·卢森堡等极个别理论家外,第二国际主流根本没有

---

[1] Michel Foucault, *Remarks on Marx: Conversations with Duccio Trombadori*, translated by R. James Goldstein and James Cascaito, New York: Semiotext (e), 1991, p. 119.
[2] 张亮:《霍克海默与法兰克福学派的理论创新道路》,《学术月刊》2016年第5期。

能够创造出可以超越马克思主义阵营、对现代人文社会科学发展具有持久影响力的理论成果。割断了与马克思主义哲学的血脉联系，沦为资产阶级新兴实证主义哲学意识形态的盲目追随者，是第二国际在理论创新上乏善可陈、政治路线上最终背离马克思主义立场的根本原因。柯尔施曾尖锐地指出："无论马克思主义理论和资产阶级理论在所有其他方面有着多大的矛盾，这两个极端在这一点上却有着明显的一致之处。资产阶级的哲学教授们一再互相担保，马克思主义没有任何它自己的哲学内容，并认为他们说的是很重要的不利于马克思主义的东西。正统的马克思主义者也一再互相担保，马克思主义从其本性上来讲与哲学没有任何关系，并认为他们说的是很重要的有利于马克思主义的东西。"① 既然在最根本的哲学路线上对资产阶级意识形态亦步亦趋，那第二国际又怎么可能超越资产阶级学术界进行真正的理论创新呢？与第二国际主流不同，霍克海默、阿多诺、马尔库塞、本雅明等法兰克福学派早期核心成员都出身当时德国资产阶级哲学主流。20世纪20年代中后期，他们先后在卢卡奇和柯尔施的开创性工作影响下，克服第二国际的思想束缚，重建与马克思主义哲学的血脉联系，随后，他们在霍克海默的领导下基于马克思主义哲学完成对资产阶级学术研究的哲学基础——实证主义——的批判超越。通过这种双重批判超越，他们得以按照马克思主义的方式倾听变化了的时代声音，在把握到新的时代精神的同时，让马克思主义哲学也获得了新的理论形态。就这样，他们在哲学上超越同时代的资产阶级学术界，来到时代的最前沿。

以马克思主义的方式发现并提出新的"时代的迫切问题"，是法兰克福学派理论创新的现实起点。与法兰克福学派同时代的西欧

---

① 柯尔施：《马克思主义和哲学》，王南湜、荣新海译，重庆出版社1989年版，第4页。

活跃着相当数量的共产党理论家。他们不仅同样坚决反对第二国际的错误认识，强调马克思主义哲学的存在及其重要性，而且从苏联马克思主义那里接受了非常系统的马克思主义哲学理论体系，但也没有完成有重要影响的创新成果。何也？根本原因就在于他们不是像马克思恩格斯所要求的那样，在马克思主义哲学的指引下研究变化了的现实，而是把马克思主义哲学当作永恒不变的教条并一味强调对这种教条的固守。然而，任何"以学理主义和教条主义的态度"对待马克思主义哲学的做法恰恰都是背离其本性的！[①] 法兰克福学派则不然。他们认为，马克思主义哲学的核心任务就是要去探寻变化了的现代资本主义社会本质，用霍尔海默非常学院化、非常隐晦的表述方式来说，就是探索"社会经济生活、个人的心理发展以及狭义的文化领域的变迁之间的联系"[②]。霍克海默出任社会研究所所长之后发起的第一个集体攻关项目为什么是"权威和家庭研究"。这是因为他们希望接着卢卡奇的《历史与阶级意识》继续深入，探索现代资本主义社会工人阶级革命性衰弱的社会—心理机制。为什么随后会转向国家社会主义研究？这是因为纳粹上台后国家社会主义取得了极为惊人的暂时胜利并引发巨大的认识混乱和争论，迫使马克思主义者必须对国家社会主义的本质、起源和命运做出自己的回答。纳粹为什么能够非常有效地实现对工人阶级等中下阶层民众的社会动员，广播、电影等新兴大众传媒在此过程中究竟发挥了怎样的作用，其作用机制又是如何？这些又推动法兰克福学派去研究大众文化问题。总之，直面现代资本主义社会现实，以马克思主义的方式倾听变化了的时代声音，抓住社会突出矛盾、提出"时代的迫切问题"，这是法兰克福学派理论创新的现实起点。

---

① 《马克思恩格斯选集》第 4 卷，人民出版社 1995 年版，第 677 页。
② Max Horkheimer, *Between Philosophy and Social Science: Selected Early Writings*, Cambridge: The MIT Press, 1993, p. 11.

坚定地以"哲学与社会科学的联盟"为原则开展跨学科研究，是法兰克福学派理论创新的基本路径。正在形成中的法兰克福学派必须走"哲学与社会科学的联盟"之路，这是霍克海默出任所长时就确定的方针。他说："当前的问题是把当代哲学问题所提出的那些研究系统地整合起来。哲学家、社会学家、经济学家、历史学家以及精神分析学家因为这些哲学问题而集合为一个永远的合作团队，以共同着手解决这些问题。"① 对于法兰克福学派来说，首先，"哲学与社会科学的联盟"意味着坚定不移地推进跨学科的协同攻关，以开放的心态对待新兴社会科学。从权威研究、纳粹研究到辩证法项目、大众文化研究，法兰克福学派早期那些影响巨大的创新成果都是以跨学科集体协同攻关方式取得的。在组织跨学科研究的过程中，法兰克福学派始终能够以开放的心态对待精神分析学、实证社会学研究等一些新兴社科学派，努力探索它们能为马克思主义所用的可能方式和界限。② 其次，意味着坚决捍卫马克思主义哲学的思想领导地位，反对单一社会科学的僭越。法兰克福学派大力推进跨学科研究有一个底线，就是必须坚持马克思主义哲学的思想领导地位，防范、反对单一社会科学凌驾于马克思主义哲学之上的僭越企图。30 年代末 40 年代初，弗洛姆表现出越来越强烈的把文化、社会心理学化的倾向，甚至达到挑战、取代马克思主义哲学的地步。在这种情况下，原本大力支持弗洛姆的霍克海默断然出手，先是限制弗洛姆在学派中的影响，最终断绝与弗洛姆的学术联系，并

---

① Max Horkheimer, *Between Philosophy and Social Science: Selected Early Writings*, Cambridge: The MIT Press, 1993, p. 9.

② Martin Jay, *Dialectical Imagination: A History of the Frankfurt School and the Institute of Social Research*, 1923 – 1950, Oakland: University of California Press, 1996, pp. 86 – 112; Rolf Wiggershaus, *The Frankfurt School: Its History, Theories, and Political Significance*, Cambridge: The MITT Press, 1995, pp. 239 – 246.

发动学派核心成员对他进行批判。[1] 最后，意味着始终重视政治经济学批判的理论奠基作用。人们通常会为"批判理论"辉煌的创新成果赞叹不已，却没有发觉"批判理论""是以马克思的政治经济学批判为基础"的。[2] 事实上，法兰克福学派始终把对当代资本主义的政治经济学批判作为跨学科研究的基础，亨里克·格罗斯曼和弗雷德里希·波洛克这两位经济学家先后为"批判理论"的创新成果提供了关键而坚实的经济学理论支撑。[3]

创新话语体系是法兰克福学派理论创新的重要经验。法兰克福学派的话语体系一开始就别具一格，既不同于苏联马克思主义，也有别于第二国际传统。这是因为法兰克福学派寄生于资产阶级学院主流，一方面要尽可能降低资产阶级学院对马克思主义的排斥、敌视，另一方面还要努力适应、融入资产阶级学院体制。法兰克福学派早期用社会哲学来指代马克思主义哲学，就非常具有代表性。30年代中期以后，随着研究的不断深入，法兰克福学派日益察觉既有马克思主义话语体系不足以准确表达其理论创新，从而开始进行自觉的话语体系创新。以1937年"批判理论"概念的提出为起点，法兰克福学派陆续推出一系列新术语、新表达，后在以《启蒙辩证法》为代表的40年代早中期系列著作中集中使用，结果大获成功，不仅使马克思主义成功地进入资产阶级学院体制，在现代人文社会科学话语体系中留下了极为深刻的印记，而且逐渐走进西方社会，对日常大众话语也产生了影响。

---

[1] Martin Jay, *Dialectical Imagination: A History of the Frankfurt School and the Institute of Social Research*, 1923 – 1950, Oakland: University of California Press, 1996, pp. 101 – 102.

[2] Max Horkheimer, *Critical Theory: Selected Essays*, New York: The Continuum Publishing Company, 2002, p. 241.

[3] 张亮:《法兰克福学派的批判理论与政治经济学》,《天津社会科学》2009年第4期。

三 "英国马克思主义"对马克思创新道路的本土化继承

20世纪70年代以后，经典意义上的"西方马克思主义"趋于终结。在"西方马克思主义"解体的基础上，多元多样的国外马克思主义新思潮、新流派次第涌现、杂然纷呈。若以在西方主流学术界的思想影响计，"英国马克思主义"毫无疑问是其中影响最广泛、最深入因而也最成功的一个流派。1956年新左派运动兴起后，主要出身历史学、文学、政治学等人文社会科学学科的两代英国左派知识分子，在着力解决英国本土问题的过程中，批判苏联教条主义马克思主义，反思继承英国本土以及欧洲大陆以"西方马克思主义"为代表的各种马克思主义资源，创立"英国马克思主义"，形成一批具有世界性影响的学术著作，极大提升了马克思主义在当代世界学术界的理论声誉和影响力，同时也深刻改变当代国外马克思主义理论图景，使英国一跃成为可以和德国法国相抗衡的马克思主义创新理论输出地。那么，"英国马克思主义"的理论创新是何以实现的呢？仔细分析，我们发现，"英国马克思主义"理论家走的依旧是马克思开辟的"哲学和社会科学的联盟"道路，要害在于他们成功地将这一道路运用于英国问题的解决，使之充分英国本土化了。

自觉寻求马克思主义哲学基本原理和基本方法的思想指引，是"英国马克思主义"理论创新的真正"秘密"。与法兰克福学派迥然不同的是，雷蒙·威廉斯、爱德华·汤普森、艾瑞克·霍布斯鲍姆、斯图亚特·霍尔、佩里·安德森等有重要影响的"英国马克思主义"者都出身非哲学，他们的著作具有极强的英国在地性，通常显得非常具体实证，"理论"性不强。但令人惊讶的是，这些看似非"理论"的著作却超越英国乃至英语世界的边界,在全球范围内产生了广泛而深刻的学术影响和理论效应,其中的"秘密"就在于这些"英国马克思主义"者自觉坚持以马克思主义哲学基本原理和基本方法为指引研究实证的具体问题,反过来又用成功的实证研究成果验证了马克思主义哲学原理的科学性。受苏联马克思主义的影响,第一代英国新左派实际上都肯定,马克思主义哲学是实证的社会科学研究需要遵循的科学世界观和方法论。正因为如此,"共产党历史学家小组"(1946—1956)才会在专业的历史学研讨之余组织对马克思恩格斯经典哲学著作的研读研讨。在随后反思批判苏联马克思主义的过程中,第一代新左派更是聚焦经济基础和上层建筑学说进行再阐释,[1] 从而为他们后来的学术创新和理论创新提供了必需的哲学基础。相比较而言,第二代英国新左派更加重视马克思主义哲学的思想指引。70年代初,斯图亚特·霍尔积极推动马克思《1857—1858年经济学手稿》的英译和研究,进而完成并发表《马克思论方法:读1857年〈导言〉》一文,[2] 对《1857—1858年经济学手稿》的《导言》进行创造性的解读,他的这种解读为伯明翰学派文化研究随后的理论井喷提供了极其重要的方法论支撑。佩里·安德森明确指出,作为其历史学家奠基之作的《从古代到封建主义的过渡》《绝对主义国家的系谱》两书所进行的讨论"主要是在历史唯物主义的领域之内的",[3] 两者都力图基于史实对生产方式的决定作用进行更辩证的阐明。对马克思主义哲学基本原理和基本方法的类似深入思考,在特里·伊格尔顿、厄尼斯特·拉克劳、

---

[1] 张亮:《英国马克思主义的"经济基础和上层建筑"学说》,《哲学动态》2014年第9期。

[2] [英]斯图亚特·霍尔:《马克思论方法:读1857年〈导言〉》,《山东社会科学》2016年第7期。

[3] [英]佩里·安德森:《从古代到封建主义的过渡》,郭方等译,上海人民出版社2001年版,第3页。

鲍勃·雅索普等的论著中都有清晰的呈现。

　　发现、凝练具有世界历史意义的英国问题，是"英国马克思主义"理论创新的"制胜要诀"。作为世界上第一个完成资本主义工业化的国家，英国近现代历史与现实具有典型性和代表性。在英国，民族的就是世界的，仿佛具有一种不证自明性。"英国马克思主义"者深知这一点，努力发现、解决真正的英国问题。"居高声自远，非是借秋风。"随着这些真正英国问题的提出和创新解决，他们的著作自然具有了世界历史意义，从而迅速传播到英国之外的国家和地区并产生理论影响。20 世纪 50 年代，在英国是否具有社会主义未来这个重大现实争论中，理查德·霍加特、雷蒙·威廉斯、爱德华·汤普森敏锐地察觉到，英国工人阶级是否具有主体性已经成为解决问题的关键所在。于是，他们不约而同地转向英国工人阶级的历史文化研究，努力从历史的灰烬中扇出未来的革命火焰，从以不同的方式证明英国工人阶级不仅有文化主体性，而且有能力通过这种主体性自己创造自己："工人阶级并不像太阳那样在预定的时间升起，它出现在它自身的形成中。"[1] 他们——尤其是汤普森——发现并解决的这个英国问题是如此具有世界历史的普遍性，以至于连反对者都不得不指出，"《英国工人阶级的形成》为整整一代工人运动史学家设定了议程"[2]。在这个方面，"英国马克思主义"最著名的范例当数伯明翰学派"文化研究"的开创。20 世纪 60 年代后期以后，霍尔领导下的伯明翰学派聚焦与当代英国工人阶级息息相关的大众文化现象，努力发现其中的资本权力运行

---

[1] [英]爱德华·汤普森:《英国工人阶级的形成》，钱乘旦等译，译林出版社 2001 年版，第 1 页。

[2] Williams H. Sewell, Jr, "How Classes are Made: Critical Reflections on E. P. Thompson's Theory of Working-class Formation", in Harvey J. Kaye and Keith McClelland, ed., *E. P. Thompson: Critical Perspectives*, Kaye Harvey J. and McClelland Keith, eds., Thompson E. P.: Critical Perspectives, Philadelphia: Temple University Press, 1990, p.50.

机制、工人阶级抵抗的可能性及其机制，在传播批判理论、青年亚文化、学校教育的意识形态机制、性别问题等领域提出全新的问题并给出创新性的解答，创立独具英国特色的"文化研究"。客观地讲，"文化研究"的代表性成果具有高度的在地性，非英国本土的学者往往会被那些底层英国民众的生活细节、日常习语乃至方言、"黑话"搞得云里雾里，但这绝没有影响到它们的世界历史价值：80年代以后，"文化研究"由美国、澳大利亚、加拿大等英语国家而至日本、韩国、中国，获得极为广泛的传播，最终成为一门世界性的"显学"。

驾轻就熟地开展跨学科研究，是"英国马克思主义"理论创新的"看家本领"。与同时代其他欧美国家的马克思主义流派相比，"英国马克思主义"几乎很少受凝固化的学科壁垒观念束缚，能够自由而熟练地根据研究主题需要开展跨学科研究。这主要因为大多数"英国马克思主义"者都继承了19世纪英国社会主义介入现实的传统，积极参与各种社会运动，不追求象牙塔中的所谓"纯学术"，而是崇尚学以致用、理论与实践的统一。即便是后来陆续回归学院体系，他们也没有被学院体制捆住手脚，成为某一"学科规范"的囚徒，而是根据研究主题的需要自由地开展跨学科研究：50年代末期以后，艾瑞克·霍布斯鲍姆、爱德华·汤普森、佩里·安德森等历史学家在阶级和社会形态研究中自觉向社会学、政治学、民族学渗透，推动了历史社会学这一新兴交叉学科在英国的大发展；英国"文化研究"说到底就是文学与社会学、传播学、符号学、民族学乃至政治经济学等不断交叉融合的创新产物；70年代末期以后，斯图亚特·霍尔、鲍勃·雅索普等人从"文化研究"出发批判"撒切尔主义"，继续与社会学、政治学、经济学等深度融合，促进了当代西方马克思主义国家理论的发展……就此而言，跨学科研究可谓"英国马克思主义"与生俱来的一项"看家本领"。

注重理论表达的本土化，是"英国马克思主义"理论创新不可忽视的一个经验。众所周知，1849年以后，马克思长期居留英国，马克思主义是在英国走向成熟的。然而，在"英国马克思主义"兴起之前，与英国固有思想文化传统的巨大差异，在客观上严重抑制了马克思主义在英国的有效传播和发展。对此，"英国马克思主义"者有着高度的自觉，努力让马克思主义说好"英语"，用符合英国思想传统和语言习惯的方式来表述自己的理论创新：一是摒弃抽象的理论演绎，在生动的经验研究中展现创新理论的鲜活力量；二是回避苏联教条主义马克思主义的概念术语体系，从英国既有思想文化传统和新传入英国的当代欧洲思潮中汲取资源，建构新的话语体系；三是用英国主流的分析哲学范式对马克思主义的概念、原理和方法进行本土化阐释，促进马克思主义与英国文化传统的深入融合。就这样，"英国马克思主义"用本土化的方式成功讲述了自己的理论创新，有力推动了马克思主义在英国学院体系乃至知识大众中的有效传播。

四 当代西方社会理论家对马克思创新道路的借鉴

1998年，英国剑桥大学学者帕特里克·贝尔特出版《20世纪的社会理论》一书，用不算大的篇幅对西方社会理论的百年发展进行了全面的、综合性的考察。[1] 该书已经成为本领域的经典或标准参考书。透过该书，我们不难发现：20世纪60年代末70年代初以

---

[1] ［英］帕特里克·贝尔特：《20世纪的社会理论》，瞿铁鹏译，上海译文出版社2002年版。

后，马克思对当代西方社会理论的影响与日俱增，除了理论选择理论外，福柯、哈贝马斯、布尔迪厄、吉登斯等当代最有影响力的社会理论家都深受马克思的影响。他们从马克思那里得到的，有具体的理论启示，更重要的是对创新道路的借鉴。

首先，他们都重视哲学的批判功能，努力聚合新的理论资源完善自身的哲学武器。福柯出身哲学专业，在巴黎高等师范学院学习期间接受过有关德国古典哲学、现象学以及科学哲学的系统训练，曾短暂加入法国共产党，对马克思主义哲学也有深入的了解，大学毕业后还曾系统研究过心理学和精神分析学。这种包容并蓄的哲学修养使得福柯最终超越法国当时的结构主义主流，先后提出考古学和系谱学方法，实现对权力与知识关系的创造性揭示，为当代社会理论开辟了新的维度和新的方向。早年的哈贝马斯是法兰克福学派的继承人和第二代的理论旗手。60年代末期以后，他逐渐远离法兰克福学派的立场，进行新的理论探索，在此过程中，他对德国观念论哲学传统、美国实用主义哲学以及语用学哲学进行新的聚合，建立了自己的交往行为理论体系，从而据此发展出具有其鲜明理论个性的社会理论体系。布尔迪厄与福柯同属"结构主义的一代人"，早期也研究哲学，受到萨特的存在主义、法国共产党的马克思主义以及莱维-斯特劳斯的结构主义人类学的影响，在走出结构主义、超越主观主义与客观主义对立的过程中，他也聚合了马克思哲学、海德格尔存在哲学、胡塞尔和舒茨的现象学、维特根斯坦和奥斯汀的语言哲学等诸多新的理论资源。客观地讲，福柯、哈贝马斯和布尔迪厄既是当代最有影响力的社会理论家，也都厕身当代最重要的哲学家之列。较之于他们，吉登斯的哲学背景要逊色得多，即便如此，在超越社会科学中的实证主义的过程中，他也高度重视哲学的批判功能，通过整合海德格尔的存在哲学、伽达默尔的解释学、舒茨的现象学、加芬克尔的常人方法学、福柯和德里达的解构主义，实现了方法论的升华。

其次，他们都努力提出并解答具有时代典型性的真问题。尽管都承认社会理论的批判潜能，但归根结底，这四位社会理论家进行理论创新的目的不是像马克思主义那样科学地"改变世界"，而只是更合理地"解释世界"。怎样才能更合理地"解释世界"呢？他们都不约而同地努力基于各自的经历，倾听时代声音，寻找并提出某一个具有时代典型性的真问题。由于个人的私生活选择，处于法国学院体制内的福柯实际上受到法国社会文化生活的大量侵害，从而促使他更愿意生活在法国之外的"自由"地带，即便是回到巴黎从事学术研究，也更愿意研究癫狂、监狱、性等不被学院体制主流关注的边缘课题。这种不同寻常的经历让福柯得以从一个全新的视角审视以法国为代表的现代资本主义社会，发现权力不是派生的，而是一种普遍存在的力量关系："我们必须首先把权力理解为多种多样的内在力量关系，它们内在于它们运作的领域之中，构成了它们的组织。……权力无所不在……权力到处都有……权力不是一种制度，不是一个结构，也不是某些人天生就有的某种力量，它是大家在既定社会中给与一个复杂的策略性处境的名称。"[①] 随着福柯权力批判理论的不断发展成熟，西方思想界、学术界乃至知识界很快就认识到，权力的存在、生产和运行机制是理解现代西方社会无法回避的一个重大问题。布尔迪厄肯定，他的社会理论实践"在某种程度上就是有关我的社会经验的社会学的产物。我从未停止过把自己作为一个对象来看待，这不是指在自恋意义上的对象，而是作为一个种类的代表"[②]。什么是布尔迪厄的"社会经验"或代表的

---

① ［法］米歇尔·福柯：《性经验史》，佘碧平译，上海人民出版社2002年版，第68—69页。
② 包亚明编译：《文化资本与生活炼金术：布尔迪厄访谈录》，上海人民出版社1997年版，第44页。

"种类"呢？简单地讲，就是处于法国学术界边缘的外省知识分子是如何实现社会转换走进学术场域中心的。布尔迪厄由此把当代西方资产阶级社会（文化）不平等的建构与固化这个人们往往选择回避的问题摆在了桌面上，并通过习性、资本、场域等一系列核心概念的提出给出了自己的系统解答。从学术代际上讲，哈贝马斯是比吉登斯长一辈的学者。但就标志性社会理论的建构而言，他们却差不多是同时代人：20 世纪 70 年代中期以后，他们先后察觉到现代资本主义正在发生重大变化，经济危机依然存在，但这种危机不再导致政治危机，资本主义似乎进入了更加稳定的新阶段。当代资本主义是否已经发生实质性改变？历史唯物主义是否还能有效分析当代资本主义？怎样理解当代资本主义的新机制？对于当时欧洲资产阶级学术界乃至一般知识界而言，这些都是期待得到解答的重大问题。哈贝马斯和吉登斯正是通过解答这些问题，分别创立交往行动理论和结构化理论，确立了自己在 20 世纪社会理论中的历史地位。

最后，他们都积极践行跨学科研究。这四位社会理论家都是通过自由的跨学科研究取得重大理论突破进而生产广泛的跨学科影响的：福柯的权力批判理论涉及哲学、历史学、心理学、精神分析、文学、政治学等，影响则远波哲学、社会学和社会理论、文学批评、历史学、科学史、教育学等；哈贝马斯的交往行动理论涉及哲学、语言学、心理学、历史学、经济学等，在哲学、政治学、社会学、国际关系学等领域都产生了影响；布尔迪厄则具有现时代罕见的百科全书式风格，研究触及从人类学、社会学、教育学到历史学、语言学、政治学、哲学、艺术学、文学等广大领域，且在相关领域都产生了一定影响；吉登斯的思想影响相对集中于社会理论和政治学，但其跨学科视野同样惊人，事实上，他在宏观与微观统一的框架内，沿着历史的、人类学的和批判的三个维度，对 19 世纪以来西方社会科学相关学科领域的成果都进行了一定程度的整合。

那么，他们的这种跨学科研究是否就来自马克思的影响呢？福柯和布尔迪厄都没有对此做出明确的说明。在与马克思和马克思主义的关系问题上，对于他们这些"结构主义的一代人"来说，不明说并不代表没有影响。事实上，透过他们的理论实践，我们能够清晰地察觉到他们对马克思那种反哲学的"历史科学"①的深刻认同，而"哲学与社会科学的联盟"正是这种"历史科学"的内在要求。与福柯和布尔迪厄不同，早在1971年的《资本主义与现代社会理论》中，吉登斯就提出，马克思成功的关键在于他以一种开放的心态，对同时代西欧的思想文化成果进行了"强有力的综合"，"从而以一种连贯的方式将英、法、德三国的不同经验和认识结合在了一起，同时，又为从理论上解释这些国家在社会、经济和政治结构上的差异提供了基础"。②这大约是现代西方社会理论家对马克思理论创新道路的第一次明确指认。70年代末以后，吉登斯一边沿着马克思的理论创新道路前进，一边与马克思展开理论对话，最终完成了自己的理论建构。80年代中期，创立了交往行动理论的哈贝马斯也明确指出，自己是法兰克福学派早期跨学科研究纲领的继承人，并提出由霍克海默确立的这个纲领实际上接续了马克思所开辟的反哲学的研究道路，③从而间接肯定了马克思的创新道路对自己的内在影响。

---

① 《马克思恩格斯选集》第1卷，人民出版社1995年版，第66页。
② [英]吉登斯：《资本主义与现代社会理论》，潘华凌等译，上海译文出版社2007年版，第4页。
③ Jürgen Habermas, "Remarks on the Development of Horkheimer's Work", in Seyla Benhabib, Wolfgang Bonß, and John McCole, ed., *On Max Horkheimer: New Perspectives*, Cambridge: The MIT Press, 1993, pp. 49–50.

五 结束语：探寻符合中国国情的理论创新道路

通过上述回顾，我们不难发现：马克思在19世纪开辟的理论创新道路在当代西方依然具有普遍效力，只要它能够与资本主义发展新阶段的实际、具体民族国家的思想文化传统有效结合，就能获得生机勃勃的当代转化，产生丰硕而影响深远的创新成果。当前，中国已经进入中国特色社会主义新时代。这是一个需要理论而且一定能够产生理论的时代，这是一个需要思想而且一定能够产生思想的时代。只要我们能够与时俱进，坚持与中国国情、思想文化传统结合，在当代西方取得实效的马克思理论创新道路就一定能够在新时代中国扎下根，结出不辜负时代的创新硕果。在探寻符合中国国情的理论创新道路的过程中，我们需要做好以下五点。

第一，坚持为人民做学问。现实中不存在所谓绝对价值中立的哲学社会科学研究。观察渗透理论，立场决定图景。面对由人的行为创造出来的社会现象，哲学社会科学工作者必须做出立场选择，而这一选择也将内在决定其理论研究的格局、高度和价值。中国知识分子自古就有"为天地立心，为生民立命，为往圣继绝学，为万世开太平"的志向和传统。"马克思主义博大精深，归根到底就是一句话，为人类求解放。……马克思主义之所以具有跨越国度、跨越时代的影响力，就是因为它植根人民之中，指明了依靠人民推动历史前进的人间正道。"① 为人民做学问,是这两种传统共同的要求。站在新时代的起点上,哲学社会科学工作者必须始终不忘初心和使命,坚持为人民和党做学问、创新理论,为实现"两个一百年"奋斗目标、实现中华民族伟大复兴的中国梦,做出自己应有的理论贡献。

第二,坚持用发展的马克思主义哲学指导理论创新。坚持以马克思主义为指导,是当代中国哲学社会科学区别于其他哲学社会科学的根本标志。坚持以马克思主义为指导的核心与精髓是坚持以马克思主义哲学为世界观方法论指南。马克思主义哲学是马克思恩格斯在充分继承19世纪欧洲优秀思想文化成果基础上创立的,它本身不是停滞的而是发展的,不是封闭的而是开放的。站在新时代的起点上,我们必须能够按照马克思主义哲学本性的要求,对马克思主义哲学创立以来人类优秀思想文化成果以及中华民族历史上的优秀思想文化成果进行创造性的继承转化,完成马克思主义哲学的当代中国发展,进而以这种与时俱进的马克思主义哲学为指导进行理论创新。

第三,坚持面向新时代发现并解答重大理论问题和现实问题。人类社会的历史发展具有客观规律性。但历史规律的表现形式总是依社会历史条件而变化的。这就决定了当代中国的历史发展既是普遍的又是个别的:"当代中国的伟大社会变革,不是简单延续我国历史文化的母版,不是简单套用马克思主义经典作家设想的模板,不是其他国家社会主义实践的再版,也不是国外现代化发展的翻版,不可能找到现成的教科书。"因此,"我国哲学社会科学应该以我们正在做的事情为中心,从我国改革发展的实践中挖掘新材料、

---

① 习近平:《在纪念马克思诞辰200周年大会上的讲话》,《人民日报》2018年5月5日第2版。

发现新问题、提出新观点、构建新理论，提炼出有学理性的新理论，概括出有规律性的新实践"。①

第四，坚持以"哲学和社会科学的联盟"为指引推进跨学科研究。教育崇尚因材施教，根据对象的不同确定不同的教育方式方法。理论研究同样如此：简单的问题用简单的方法解决，复杂的问题则用与之相匹配的复杂方法解决。进入现代社会后，社会现象日益复杂，已不再能够依靠单一学科单打独斗所能解决，而必须走跨学科的协同创新道路。马克思理论创新道路的世界历史意义就在于此。站在新时代的起点上，我们必须能够深刻领会"哲学和社会科学的联盟"道路对于当代中国理论研究的必要性和重要性，在推动各领域社会科学繁荣发展的基础上，以跨学科研究的方式推进重大理论问题和现实问题的创新解决。

第五，坚持让创新成果说好"中国话"。与自然科学不同，哲学社会科学越是民族的就越是世界的。依靠邯郸学步不可能实现真正的理论创新。站在新时代的起点上，哲学社会科学工作者必须有说好"中国话"的自觉：首先，要在洋为中用、古为今用的基础上建构中国学术话语体系，确立自己的概念、范畴、逻辑和理论体系；其次，要在创造性地解决中国问题的过程中深化对各种历史规律的认识，确立自己的哲学社会科学体系；最后，要走群众路线，找到符合人民需要、能够打动人民心灵的表达形式。只有这样，我们才能真正完成拿得出手、说得出口的创新成果，并使之入脑入心入行。

---

① 习近平：《在哲学社会科学工作座谈会上的讲话》，《人民日报》2016年5月19日第2版。

现代社会中的拜物教现象与社会认识的难题*

王晓升**

摘　要：按照马克思商品拜物教批判的理论，在市场交换的社会中，商品获得了一种新的性质，即具有交换价值的性质。当代社会出现了一种新的拜物教现象，这就是使用价值延伸基础上的拜物教。这种拜物教的核心特点是，把真和假结合在一起。这种真假结合在一起的现象可以被称为"超级真实"。而这种超级真实现象表明，在我们的社会中没有一个可以用来辨别真假的标准。在假的现象背后不存在真实。这是一种后形而上学时代的特点。这样一种超级真实的状况，对社会认识论造成了困难：消除虚假的同时，真实也不存在了。西方许多学者看到了这种现象对社会认识所造成的难题。马尔库塞关于发达工业社会意识形态的思想认为资本主义社会是一个肯定的总体，但他也认为，否定了这个肯定的总体就可以把握本真的社会。这是海德格尔存在论的一种表现，海德格尔试图按照现象学的方法悬置真假不分的日常世界，让本真的状态显现出

---

* 基金项目：国家社会科学基金项目（项目编号：19AZX002）阶段性成果。
** 作者简介：王晓升，华中科技大学哲学系教授，研究方向：国外马克思主义。

来。这里包含了一种实证主义的思维方法。本雅明和阿多诺则放弃了寻找本真的意图，他们试图在否定现存世界的基础上找到解决现代社会问题困境的方法。这种后形而上学的社会认识论表明，社会认识不是要找到社会的真理，而是要找到走出社会困境的路径。

关键词： 社会认识论　拜物教　超级真实　海德格尔　阿多诺

拜物教现象自古就有，但是现代社会的拜物教现象显示出一种全新的特点。这种新的特点，给社会认识活动提出了挑战。这一挑战的核心是，在当代，社会认识的活动是不是有可能像传统认识论认为的那样，可以找到社会中的真理？面对着这种全新的挑战不同的思想家提出了自己的看法。那么这些不同的看法是否能够有效地解决现代社会中所出现的社会认识的难题？在这里我们首先要弄清现代社会中的拜物教的独特性质，并根据这些独特性质简略地分析和评判西方学者们所提出的一些方法是否能够解决这里出现的认识论难题。这有助于我们对社会认识的目标有一个全新的理解。

一　现代社会中的拜物教现象

按照马克思对商品拜物教的分析[①]，本来一般的物品只有使用价值，而在商品社会中，商品具有了交换价值。这种交换价值是在一定的社会条件下产生的，是在确立了资本主义社会关系的基础上产生的。交换价值显然不是商品本身所固有的。但是在资本主义社会，商品具有交换价值，这似乎是一种必然的性质。在商品交换的社会背景下，一切东西都有了交换价值。于是，商品具有交换价值

---

① 《马克思恩格斯全集》第23卷，人民出版社1972年版，第88—89页。

成为一种必然现象，好像商品所固有的性质，好像商品的"自然"性质。这种自然性质被理解成"第二自然"。这就是说，商品的使用价值是商品的自然性质，这是商品的第一自然性质，而商品的交换价值是在现代社会中"第二自然"的性质。对于商品的生产者和销售者来说，最重要的不是商品的使用价值，而是交换价值。于是第二自然取代了第一自然，成为商品的"固有性质"。在这里一种商品拜物教的现象出现了。

拜物教现象不是现代社会才有的。自古以来人们就有一种拜物教的意识。摆在我们面前的神像是人制造出来的，其神圣性是人赋予的。但是，一旦神像被创造出来，人们就以为，神像具有神圣性，且是神像固有的性质。在古代社会，这种以宗教模式所出现的拜物教现象还是较为普遍的。这表明，拜物教思维模式在人的意识中是根深蒂固的。但古代社会中的拜物教与现代社会中的拜物教是有根本性差别的，最根本地表现在古代社会中的拜物教是赋予事物以一种精神的特性，而现代社会中的拜物教却相反，它把精神性的现象变成物质性的现象。商品中的交换价值是一种精神现象，但这种精神现象是以物质的形式（商品之间的交换关系的形式）出现的。因此，在古代社会，物质形象的背后有一个精神的本质；而在现代社会，这种精神的本质直接以物质的形象出现了（物化）。这种变化对于我们的社会认识来说具有至关重要的意义。它告诉人们，物化现象背后不存在某种精神本质。如果按照传统的本质和现象区分的思路来认识物化现象，试图在物化现象背后找到某种精神本质，那么这将是徒劳的。卢卡奇按照马克思对于商品拜物教的批判，把社会生活中的拜物教现象称为"物化"。按照卢卡奇的分析，这种物化现象在当代社会已经普及了，成为社会生活中的一种普遍现象（虽然传统社会也有商品交换，但是商品拜物教现象却只有在资本主义社会才普及开来），即在政治、经济、文化等一切领域中都出现了物化现象。

卢卡奇所分析的物化现象还是局限在资本主义社会的最初模式上，今天西方发达国家已经进入了后工业社会（发达工业社会），其基本特点是生产过剩。人们不仅关心产品原来具有的使用价值，而且还会使使用价值进一步延伸。比如房子是用来住的，居住是房子的基本功能，但是更加舒服、愉悦，这就是房子延伸出来的功能。人们会发现，这种延伸的功能没有确定的标准。究竟什么样的房子能够让人愉悦、舒服呢？这属于个人的判断。然而当代资本主义社会的奇特之处就在于，它把这样一种主观的东西，物化为一种客观现象。当一种物品在满足了我们的基本需求之后，我们就开始追求其额外的功能，甚至额外的功能成为物品的最基本功能。今天，在生活中，人们注重的不是衣服的基本功能，而是延伸出来的功能：如它是不是形式上更有档次等。这个延伸出来的功能在很大程度上已经取代了基本功能，成为人们生活中关注的重点。这就如同资本家在商品生产中关注的重点是交换价值，而不是使用价值。在这里，一种新的拜物教现象出现了：一种以使用价值延伸为基本特征的拜物教。如果说使用价值延伸出交换价值，是资本主义社会初期的拜物教，那么使用价值延伸出新的使用价值（包括象征价值），这是后工业社会中的拜物教。就衣服来说，穿衣服的人更注重的是衣服的式样，而不是它的使用价值（保暖或遮丑），这就是使用价值的延伸，它有了区分性别、收入的功能。我们设想，在生产力非常有限的情况下，人类只能保证衣服的基本功能。随着生产能力的提高，衣服的区分性功能与保暖、遮丑的功能一样，成为一种基本功能。于是，区分性功能对于衣服来说是它本来就应该有的性质。区分的性质成为衣服的基本性质。在传统社会，生产能力毕竟有限，能够让基本功能加以延伸的条件也有限，以使用价值延伸的形式出现的拜物教毕竟是有限度的。但是，随着工业化的批量、大规模的生产的出现，随着产能过剩情况的出现，这种使用价值的延伸成为社会生活中的普遍现象。正如商品拜物教一样，它渗透到我们社会生活的一切领域。我们不仅关注商品的交换价值，而且关注商品所延伸出来的使用价值。生活中的任何一种东西都借助于其延伸出来的使用价值而在社会生活中普遍流行起来。从饮用水到住房、汽车，无不如此。比如，我们饮用水是软的还是硬的（我们姑且说，这是水的式样）、汽车延伸出来的功能，等等。从这个角度来说，我们所有的人都是"衣服式样"的拜物教徒，我们所有人都是"时装模特儿"。

在使用价值的基础上会产生交换价值，在交换价值的基础上还会产生象征价值。比如汽车，它有使用价值，也有交换价值，更有象征价值。人们在购买汽车的时候，不仅注重它的使用价值和交换价值，而且也关注它的象征价值，少数人购买汽车注重的不是它的使用价值，而是它的象征价值。而这种象征价值恰恰是在使用价值延伸的基础上出现的。

这种拜物教无处不在，甚至深入渗透到我们的思维形式和精神中。我们在思想中有一种摆脱不了的拜物教精神。在这里，我从两个方面加以论述。第一个方面就是概念拜物教。按照阿多诺和霍克海默在《启蒙辩证法》中的分析，在文明史上，人对于自己所面对的陌生事物会产生一种恐惧，使人发出惊异的叫声，这种惊异的叫声就成为这个让人恐惧的东西的名称。[①] 从这个角度来说，人类最初对事物命名的时候，名词的意思是非常复杂的，是与具体事物联系在一起的。可是随着人类认识活动的发展，这些名称越来越抽象，越来越代表更多的事物。事物的共性被抽象出来，最初的名称

---

① [德]霍克海默、阿多诺：《启蒙辩证法》，渠敬东、曹卫东译，上海人民出版社2006年版，第12页。

逐步演变成一种抽象的概念。概念是名词所获得的一种普遍的、唯一的意思。人们认为，这个唯一的意思是概念本来所固有的。这就是概念拜物教。[①] 第二个方面就是实证主义思维方式拜物教。在这个世界上一切社会现象都物化了，只有按照物化的思维方式来认识这个社会才是正确的。既然世界上的所有东西都具有第二自然的性质，那么我们理所当然地应该按照把握自然的方式来把握这个世界。于是，人们把实证主义的思维方式当作认识世界唯一正确的方式。人们对这个世界采取观察、统计、计算的方法来把握这个世界。人们以为自己真正地认识了世界，其实这就是按照世界要求的方法来认识这个世界。他们与其说是认识世界，不如说是通过这个世界来确证自己的思维方式。这两种都是拜物教，人们崇拜他们自己所确立起来的"神"，即被物化的世界以及这个世界的第二自然的特征。实证主义方法被用来确证，现实的生活方式是唯一正确的生活方式。

正是在这样一种物化社会背景中，在这样一种拜物教的思维方式中，人们认为，社会中的任何一种现象都具有自然规律的特点，他们可以像认识自然那样认识社会。于是社会以前所未有的方式获得了一种自然的特性。一切被延伸出来的使用价值是那样自然而然，人们从不怀疑。

二　拜物教现象所导致的社会认识难题

当我们生活于其中的社会成为第二自然的时候，这个第二自然对于我们究竟会呈现出怎样的一种状态呢？当我们听到孩子哭，我

[①] 王晓升：《概念拜物教批判》，《湖南社会科学》2019年第4期。

们就认为，孩子不舒服了，只要这个孩子还没有失去其自然的天性。而在成年人之中，我们就不会轻易得出类似的结论，因为，他会假装。可是，当一个社会成为第二自然的时候，所有成年人的行动都会像孩子一样，都是天然的、真实的。在这里，我们没有区分真假的标准。我们没有一个标准来判断成年人是不是在假装。这是为什么呢？

按照传统形而上学观念，人们认为，在社会生活的背后隐藏着真实。用通常的哲学术语来说，就是社会的现象背后存在着社会的真实，只要把社会现象背后的东西揭示出来，那么社会的真实就表现出来了。这种思路背后存在一种预设，即在社会生活中，人都是有意识假装如此这般行动的。在这种假装的行动背后才有真实的动机和目的。于是，人们就可以按照一种传统的形而上学思路，在一切表现出来的现象背后找到一个不变的本质。社会的认识就要把握这种最终的本质。然而，许多哲学家强调，现代社会已经进入了一个后形而上学的时代。在这个后形而上学时代，真和假不是二元对立的，不存在所谓的假象背后的本质。如果我们把现象剔除出去，那么我们在现象背后就什么也找不到。拜物教现象已经初步表明了这一点。后工业社会把这种拜物教现象推向极端。这个后形而上学时代的社会基础就是后工业社会。接下来我将通过后工业社会中的拜物教现象来分析这里的情况。

如前所述，商品的交换价值和商品的使用价值是密切联系在一起的。尽管交换价值好像也是商品的固有价值，但是没有使用价值，商品的交换价值也没有基础。交换价值不能从根本上替代使用价值。同理，在使用价值的延伸中，使用价值是基础，而使用价值的延伸不过是在此基础上的拓展。使用价值和使用价值的延伸是结合在一起的。在现代社会的拜物教中，人们发生了一种颠倒。他们用延伸的使用价值拓展了使用价值，但是基本的使用价值并没有被取缔。这两种价值混合在一起,难分难解。比如,我们前面所说的汽车的象征价值和汽车的使用价值就难分难解。

在这里,人们会问,这两者的结合与真假有什么关系呢?当使用价值的延伸和使用价值结合在一起的时候,我们无法区分真正的使用价值和虚假的使用价值。在我们的社会中,衣服的遮丑、保暖功能与衣服的区分功能是如此密切地结合在一起,我们不能说,区分功能不是衣服的基本功能。这就是说,第一自然和第二自然密切结合在一起,第二自然变得如此之自然,以至于人们理所当然地认为,第二自然的东西也是真实的。而拜物教其实就是把第二自然的东西当作理所当然的东西,当作事物本身具有的性质。而这种性质实际上是在一定的社会关系中被附加到事物之上的。从这个角度来说,它是假的。但是,这个假的东西如此之真实,我们无法说它是假的。商品具有交换价值,被我们看作理所当然。这实际上是错误的,是假的。但是,这个假的东西却变成了真的。

对我们来说,问题的核心在于第一自然和第二自然无法区分,真和假无法区分。这种真假无法区分的状况在现代社会的一切领域都出现了。从经济领域来看,由于出现生产过剩,为避免经济危机,人们需要刺激需求。当需求被刺激起来的时候,人们就会购买各种对于自己来说并不十分需要的东西。比如,对于一个有许多衣服的人来说,社会通过新形式的衣服来刺激他购买衣服的需要。对于购买衣服的人来说,重要的不是衣服的基本功能,而是衣服的形式。他花了许多钱购买衣服的"形式"。从这个角度来说,他对于衣服的需要不是真正的需要,而是被刺激起来的需要。当然,我们也不能说他的需要是虚假的需要。他的这种需要是在社会的大环境下产生的。从这个角度来说,我们无法区分他的需要究竟是真实的还是虚假的。同理,有许多衣服的人所购买的新衣服,一方面是有使用价值的,另一方面又是没有使用价值的(他几乎很少穿,甚至没有穿过）。它究竟有没有使用价值，没有严格的区分标准。当然即使对于原始社会来说，人们也没有这样一种严格的标准（如前所述，原始社会也有拜物教）。不过，在一个生产过剩的社会中，这种情况更加突出了。本来生产的目的是满足人对于物质生活的需要，但当机器大生产出现的时候，许多物质生活条件可以通过机器大规模批量地生产出来。大规模批量地生产出来的东西已经足以满足人的需要了。在这样的背景下，通过产业升级来刺激人们的需求，生产的目的发生了一个重要的变化，其目的不是要满足人的需要，而是要满足"再生产"的需要。这就是说，社会要通过刺激需求而维持生产系统的运行。从这个角度来说，社会的生产究竟是真生产还是假生产已经无法区分。[①] 如果按照拜物教批判的模式来分析的话，那么现在所发生的生产是在机器大工业基础上的生产（以满足需要为目的的生产）的延伸，可以被称为"再生产"。正如交换价值是使用价值的延伸一样，再生产获得了第二自然的特性。人们把再生产当作一种自然而然的现象，而从来不怀疑这种现象。于是，我们可以说，现代社会中的生产既是"假"的，又是"真"的。

如果说经济领域如此，那么政治生活的领域也是如此。在资本主义社会的初期，资本家靠剥削工人来生存，存在着明显的阶级斗争。可是当机器大生产取代了工人的劳动之后，社会生产力极大提高，工人投入较少的劳动也能生产大量商品，也能获得较高的收入。在这样的社会中，有没有阶级差别呢？我们不能说在发达工业社会中完全没有阶级差别了，但却不能严格按照传统的阶级剥削模式来理解这里的阶级关系。从这个角度来看，我们既可以说，这个社会有阶级斗争，也可以说，这个社会没有阶级斗争。强调阶级斗

[①] ［法］鲍德里亚：《象征交换与死亡》，车槿山译，译林出版社2012年版，第8—22页。

争和否定阶级斗争的人都抓住了现代社会中的某个方面，夸大其中的一个方面，而忽视其他的方面。一些人可以为了自己的利益，夸大差别，而挑起"阶级斗争"，推动各种形式的工人运动。比如现代西方社会中所出现的新社会运动。人们为了环境、为了保护堕胎的权利而展开各种形式的斗争。本来阶级斗争都是要有斗争对象的，可是，在这些为了生态环境的斗争，为了堕胎权利的斗争中，斗争的对象是谁呢？我们已经不清楚了。我们不能说，这种斗争就是阶级斗争。但是，我们是不是可以说，这些斗争与阶级斗争毫无关系呢？一些社会底层的人可能恰恰借助这些斗争表达自己对社会结构的不满。显然我们不能说，这个社会中不存在真正的阶级斗争，我们也不能说这个社会中到处都是阶级斗争。我们无法区分和判断，在这里所出现的阶级斗争究竟是真的还是假的。如果传统意义上的阶级斗争不存在了，那么建立在阶级斗争基础上的政治架构也不存在了。我们不能按照传统的工人阶级政党和资产阶级政党的标准来判断西方社会中的各种政党。这些政党都要成为"全民党"。这些党派之间的斗争不再是传统意义上的阶级斗争了，而是各个党派纯粹为了权力而展开的斗争，是为了政治而展开的政治斗争。我们无法区分，这里的政治斗争究竟是真的还是假的。尤其值得注意的是，现代社会政治斗争都是在大众传媒的配合下展开的。正如一个人在镜头前要注意自己的形象一样，政治家要在大众传媒中确立自己的各种形象。这种形象是真的还是假的呢？我们无法判断。

在社会文化领域，情况也同样是如此。在文化领域，生产过剩的情况最容易出现，真假莫辨的情况在这里也最明显。一般来说，过去大众传媒致力于传播真实的信息。这是因为传播信息的渠道是有限的。人们把是否传播真实信息作为评判传播媒介的标准。然而，在当代社会，传播媒介如此之多，不同传媒之间展开了激烈的竞争，众多传媒为了生存不得不展开激烈竞争。为了争取更多的读者和观众，他们不得不夸大其词，吸引读者。这些大众传媒所传播的内容就真假难辨了，这就是鲍德里亚的"媒介就是信息"①。这种情况的出现还与社会历史进程有关。在历史上，我们曾经有过确定的标准，并根据这个标准来判断哪一种行为是正确的，哪一种行为是错误的。比如，中世纪社会以"上帝的命令"为判断标准，人们根据这种信仰来判断行为是否正确。中世纪后，人们确立了理性的标准，试图通过理性找到真理，根据理性确立社会共同的价值标准。现代社会没有上帝命令这样的标准，我们仍然可以找到这样的标准。然而，理性在其发展过程中却动摇了自身的基础。当启蒙运动确立理性标准的时候，它强调理性可以怀疑一切，而只有它的怀疑是不可怀疑的，这似乎找到了理性最终的根基。但当我们说一切都可以怀疑和否定的时候，我们一定确立了一个不可怀疑的东西，如果没有不可怀疑的东西，那么怀疑也就无法判定了。这个不可怀疑的东西就是先验的"我"。所有的东西都可以怀疑，而"我"的存在不可怀疑。恰恰就是这个"我"最终动摇了最根本的理性原则。因为这个对于所有人都有效的普遍的"我"是不存在的，怀疑一切的"我"自身也被怀疑了。每个人都是经验的我，而每个人都有自己的看法，每个人都可以根据自己的看法来否定一切。因为我们不能找到一个普遍真理，世界上没有最终确定的东西。正是在这样一种社会背景下，尼采喊出"上帝死了"的口号，认为每一个人都有自己的是非标准。

从表面上看，这是一种思想自由，而这种思想自由恰恰是最大的不自由。在这里我们还是回到商品拜物教。在商品交换的社会中所有的人都是自由的，都根据自己的标准判断自己究竟需要

---

① [法]鲍德里亚：《象征交换与死亡》，车槿山译，译林出版社2012年版，第84页，此处"中介"改为"媒介"。

什么。可以说，这些人都是自由的"单子"。但是，这些自由的"单子"却都是前定和谐的。这是因为，在现代资本主义社会中，他们都按照市场交换的规律来行动。他们似乎都可以自由思考，但实际上他们都是按照市场交换的规则来思考，就其实质，自由思考都是按照流行的观念进行思考。前面我们已经说过，在现代拜物教的条件下，一切被延伸出来的使用价值、被延伸出来的现象都具有第二自然的特点。这种第二自然是那么自然而然，人们都自觉不自觉地接受了这种自然的观念。在这里，人们非常自由，而自由在这里变得非常强制。这就如同人们在市场经济中进行商品交换那样，所有人都自然而然地接受交换价值，把交换价值当作商品的固有性质。在这里，一切成年人的行动都有了第二自然的特点，因此，他的行动像孩子一样是天然的、真实的。

三　超级真实与当代社会中的意识形态

过去有判定真假的参考标准，这个标准是在社会生活之外的，是先验的绝对的标准，比如上帝所确立的标准。现代社会由于理性原则的确立，真假的标准是由我们自己来确立的。我们可以通过理性的研究和讨论找到一个绝对可靠的标准。在当代社会，这个绝对可靠的标准就是第二自然确立的标准。第二自然如同第一自然那样自然而然，以至于人们毫不怀疑它的可靠性。它被人们不假思索地采纳为客观可靠的标准。在这里，拜物教的思维模式发挥了作用。

拜物教（fetishism）被人们翻译为一种"宗教"，其实它不是宗教，而是一种生活方式。在宗教中，我们有一个外在于生活的神，我们崇拜这个外在的神，这个神就是我们判断是非的标准。而拜物教不是这样，它没有外在的神。拜物教者有自己的"神"，就是第二自然。这个第二自然就是他们自己的生活，拜物教所崇拜的神就是他们自己的生活。我们可以用一种比喻说明现象。比如，我们是一群看戏的人，知道舞台上表演的是假的，从来不会把它们当作真的。在这里，我们有区别的标准：舞台之外的生活。可是，如果我们设想，一个非常奇特的剧院，这个剧院中没有舞台和观众的区分，如果有一个人非常好奇，他偷偷地溜进这个剧院，躲在剧院的房顶上，它根据剧院外生活的情况来判定，这个剧院的人都在演戏。这个剧院的人自己当然不知道自己在演戏。他们无法区分戏剧与生活。只有那个躲在房顶上有外在参考的人，才有外在标准，才能够做出判断。我们进一步设想，整个社会就是这样一个剧院，在我们的社会中，没有一个人在剧院的房顶上，也没有可以参考的外在标准，我们只是根据自己的生活来判定我们的生活。就不知道我们究竟是在演戏还是在生活。而在第二自然的作用下，我们都认为，我们是在切实地生活，演戏就是我们生活的必然现象。因此，我们再也无法区分真与假。鲍德里亚把这样一种社会现象称为"超级真实"[1]。所谓超级真实，就是虚假和真实无法区分。我们没有一个把真实和虚假区分开来的外在标准。人们也许会质问，难道这个社会中就没有虚假的吗？当然有，每个人都会根据自己的标准来判断真假。然而，由于我们没有真实生活的外在标准，因此一切都可以是真实的（或假的）。如果有人认为，整天西装笔挺的人生活得特别假，是装阔，那么不穿西装，穿牛仔裤，甚至带洞的牛仔裤就是真实生活了吗？穿西装的人会认为，这个人装酷。我们在这里无法区分真假。既然我们没有区分真假的标准，我们可以说它们都是假的，也可以说它们都是真的。那么为什么我们不能说，它们是超

---

[1] [法]鲍德里亚：《象征交换与死亡》，车槿山译，译林出版社2012年版，第98页。中文本翻译为"超真实"即"hyperreal"，因其无法与"surreal"区分开来，所以改为"超级真实"。

级虚假呢？从使用价值的延伸到角度来说，它们都是真实的生活。这就如同我们生活在商品社会中那样，使用价值和交换价值如此密切地结合在一起，交换价值和使用价值一样成为商品的天然属性，都是商品的真实属性。

在这个社会中，大多数人都不会质疑商品天然地具有交换价值。这不是因为大多数人都很愚蠢，而是因为，这是他们自然而然的生活方式。这就是说，拜物教其实不仅仅是一种观念，而且是一种生活方式。我们在生活中到商店付钱买东西，从来不会质疑商品是否具有交换价值。这是我们不可避免的生活方式。如果有人去商店不付钱就拿东西，如果有人否定这种交换价值，那么这个人或者是罪犯，或者是疯子。我们的社会不允许这样的事情发生。在这种社会生活方式中拜物教的观念就存在于其中。本来拜物教的观念是一种观念意识形态，但是在现实中，这种意识形态不是以观念的形式出现的。不会有人强调商品的交换价值是商品所天然具有的这一观念，我们就是这样生活于其中，即意识形态是一种生活方式。我们把以生活方式形式体现出来的意识形态称为物化的意识形态，以区别于观念的意识形态。[①] 这种拜物教之所以能够发挥意识形态的功能，就是因为它让人处于一种真假不分的状态。如果真假完全可以区分，如果意识形态一看就是假的，那么这种意识形态就不能发挥作用。

从这里，我们可以看出，现代社会的意识形态是一种超级真实的现实。在这里，假的可能性被排除了。一切都是真实的，而一切又都是意识形态。其实这些无法区分的状况表明，它们都是超级真实的状况。在现代社会中，谁会怀疑一个人购买时装，谁会说这种

---

① 王晓升：《意识形态的"物"化与"物"的意识形态化》，《哲学动态》2016 年第 12 期。

时装没有用？谁会说，现代社会的生产是再生产，而不是真实的生产，是为了生产而生产？这些现象中都包含了虚假的东西。只是因为在这里虚假和真实无法区分，所以它们才是超级真实的。马尔库塞在分析发达工业社会意识形态的时候其实已经在一定程度上触及这一点。不过，他的思想还停留在对于本真的幻象之中。

四 本真的幻象与社会认识的新尝试

马尔库塞的《单向度的人——发达工业社会意识形态研究》虽然不是一本社会认识论的著作，但是他的思想中还是包含了社会认识论的一些值得重视的思想。对他来说，发达工业社会陷入了一种拜物教的思维框架之中。这个社会中的人们失去了批判的向度。他们对这个社会采取了一种实证主义的立场，即简单地肯定他们所面对的现状。虽然马尔库塞没有从拜物教批判的角度来说明，这个社会把人为产生的现象当作必然的现象，但是，拜物教的意识已经包含在其中。在他看来，当代资本主义社会已经消除了对立面，变成一个同一性的总体。[①] 这种同一性的总体表现为，发达工业社会模糊了虚假需要和真实需要。它引诱人们生产各种非必需的物品，提供此类物品，从而把人们束缚在资本主义生产体系中。这个社会越来越多地生产那种由使用价值延伸出的可有可无的现代时尚品。人们错误地认为，这是社会的必然。这个社会中的人们把维持资本主义制度所需要的东西，当作社会中自然而然的东西。这种状况不仅仅局限在经济领域，而且进一步扩展到政治、文化领域。于是，在

---

① ［美］马尔库塞：《单向度的人——发达工业社会意识形态研究》，刘继译，上海人民出版社2006年版，第5—6页。

马尔库塞看来，这个社会变成了一个肯定性的总体。人们把这个肯定的总体当作理所当然的东西加以接受。从这个角度来看，他也是从拜物教批判的思路来认识当代社会。

然而，他在理论上仍然没有摆脱传统形而上学。马尔库塞虽然也看到了这个社会变成了一个肯定性的总体，但是他却不能再向前一步。既然这个社会是一个肯定性的总体，那么这就意味着这个社会中大多数人对这个社会的总体持一种肯定的态度，他们不会认为，社会所呈现出来的现象是虚假的，是应该被否定的。这就意味着，他们已经承认了这个社会是一个超级真实的社会，那么就不可能在这个社会中区分出真需求和假需求。在马尔库塞看来，资本主义社会正是把真需求和假需求混淆起来作为一种意识形态策略来消除人们对社会的否定态度。应该说，他从这个意识形态策略中，也看到了被人们认作真实的东西实际上是虚假的，是一种意识形态策略的后果。这是一种发达工业社会的意识形态。但是，在马尔库塞的理论中，他预设了真实的需求和虚假的需求能够被区分开来的必然性。也就是说，马尔库塞与传统形而上学一样，预设了在这个社会中存在着真实的需求，存在着一种未被发现的真实状况。那么如何才能发现这个社会中的真实现象呢？他所提出的方法就是大拒绝，即从总体上否定资本主义社会，对这个社会采取一种全面否定的态度。因为这个社会从总体上是按照资本主义社会的意识形态策略建构起来的。显然，在马尔库塞的思路中存在着一个他本人所没有意识到的问题：如果在这个社会中，真实的需求和虚假需求是结合在一起的，如果这个社会是一个超级真实的状况，或者说，如果这个社会所呈现出来的是真假结合在一起的社会，那么彻底否定这个社会，也就意味着把真假一起否定了。如果真假被一起否定了，那么如何在这之后找到真实呢？他之所以相信能够找到真实，相信真实的需求存在，是因为他还有一个无法割舍的形而上学情结。从马尔库塞关于创造性的爱和劳动的设想中，我们可以看到这一点。

马尔库塞的形而上学情结是与他的老师海德格尔的存在论密切相关的。这就是说，在对发达工业社会认识的问题上，他将海德格尔存在论模式用于分析发达工业社会。如果海德格尔的存在论是分析一般社会形式的，那么马尔库塞则把这种分析局限于发达工业社会。按照海德格尔存在论的观点，我们生活的世界是一种日常的世界，在这个日常的世界中，人沉迷在自己所面对的东西之中，无法认清本真自己，即人只看到存在者，而看不到存在。如果按照拜物教批判的模式，我们把日常世界错误地当作真实的世界。那么是不是在日常世界之外还有一个真实的世界呢？海德格尔否定了这一点。他所理解的真实世界，被称为"世界性"（Weltlichkeit，中文译本把这个词翻译为"世界之为世界"）。但是，这个世界之为世界不是在日常世界之外，而是在日常世界之中。如果我们按照前面的分析模式，这就意味着在日常世界中真实与虚假是不可分割地联系在一起的。尽管真实和虚假是联系在一起的，但是海德格尔还是相信有一个本真的东西存在着，他要把握这个本真的东西。因此，在他论述真理的时候，他强调真理是存在的，不过是被日常世界遮蔽了。对他来说，真理是被设定为前提的。他强调，"我们""在真理中"。[①] 这就是说，我们源始地就生活在真理之中，只是由于我们沉迷于日常生活，我们才无法让真理显现出来。于是，把握真理的方法就是让真理自身显现。如果还是按照拜物教的批判模式来看他的理论，那么我们可以说，虽然他不是在传统的现象与本质对立的基础上承认真理、本质的存在，而是承认真和假不可分割地结合

---

① ［德］海德格尔：《存在与时间》，陈嘉映、王庆节译，商务印书馆2016年版，第315页。

在一起，但是他还是预设了一种本真现象的存在。

那么我们究竟如何才能把握这个本真呢？海德格尔在这里采用了一种现象学的思路。这就是说，如果我们把摆在面前的存在者悬置起来，那么就可以直观本质了。换句话说，如果我们把日常生活状态悬置起来，那么真理就会显现出来。可是，日常生活如何能够被悬置呢？难道要人不吃不喝吗？人当然不能这样做，但是人可以在自己的意向中"向死而在"。通过这样一种"向死而在"，本真的状态就会显现出来。这种"向死而在"大概就是马尔库塞的"大拒绝"的思想原型。一个人要想活着就不能真正地大拒绝，而只能在思想上、在意向上去拒绝。不过这种"向死而在"只是宏观上说的，具体落实到生活的细节中，海德格尔也告诉我们把握本真的一些具体方法。他通过对于"上手性"和"现成在手"状态的分析来说明这种现象学方法。我们知道，在日常生活中，我们用锤子来敲打钉子的时候，是不会思考锤子与手的关系的，只会专心致志地考虑如何用锤子敲击钉子。之所以不考虑锤子和手之间的关系，是因为锤子对于我们来说是上手的，锤子似乎成为我们手的必然延伸。对我们来说，这个锤子用起来非常顺手。可是当锤子不好用了的时候，我们就需要去找新的锤子。在找新锤子的时候，我们预先有了锤子的上手性的观念。如果没有上手性的观念，我们怎么知道哪一把锤子是我们需要的呢？哪一把锤子对我们来说是上手的锤子呢？这表明，在锤子不好用的时候，锤子的"上手性"就显现出来了。如果更广泛地说，当生活中出现问题的时候，生活中本真的东西就显现出来了。生活中所出现的问题实际上就起到把生活悬置起来的作用。正是通过这种悬置，真理才会显现。

传统上的实证主义关注直接给予的东西，因此它注重眼前的现实，而现象学虽然否定了这个眼前给予的东西，但是在思想方法上却没有超越直观，它试图从观念上直观本质。与实证主义不同的是，它不是简单地接受直接给予的现实。这种直接给予的东西具有拜物教的特点，现象学避免了这种拜物教的做法。无论是马尔库塞还是海德格尔，从表面上来看，都摆脱了实证主义的基本思路。然而他们不过是用一种摆脱实证主义的方法回到实证主义（本质直观）。正如我们前面所指出的，实证主义是一种拜物教的思维方式。因此，他们表面上摆脱拜物教实际上仍然是拜物教。在《否定的辩证法》中阿多诺就以大量的篇幅说明了海德格尔虽然要摆脱物化，但是在思想方法上仍然回到了物化（拜物教）。

当然，阿多诺在批判海德格尔的时候却有意无意地忽视了海德格尔思想中的一个重要方法，即解释学方法。应该说，海德格尔在《存在与时间》中吸收了解释学方法，而这种解释学的方法在一定程度上超出了现象学的直观。如果本质能够被直观地把握了，那么我们就不需要解释学的循环了。但是海德格尔在《存在与时间》的一开始就看到，存在之领会之中有一种不可避免的循环。这种循环是，我们必须根据存在者（此在）的存在来规定存在者，可是，我们又必须通过此在这个存在者才能提出存在的问题。[1] 究竟是存在规定存在者还是存在者规定存在呢？这里存在着一种循环。应该说，在这种解释学的循环中包含了辩证法的要素。当然，这个辩证法的要素在整个现象学的框架中发挥的作用仍然是有限度的。而当他用解释学方法来设定先有、先见和先行掌握的时候，现象学上的先行概念却最终在这里发挥了主导作用。[2] 它们最终被归结到对此在、存在的源始理解上。从这个角度来看，实证主义和实证主义的变种都无法真正地把握社会中的真实。

---

[1] ［德］海德格尔：《存在与时间》，陈嘉映、王庆节译，商务印书馆2016年版，第12页。
[2] 同上书，第52—54页。

五　社会认识目标的重新定位

从这里可以看出，海德格尔没有从根本上摆脱形而上学，而只不过是建立了一种新的形而上学。这种新的形而上学在一定程度上也预设了一种本真的存在。许多学者在研究社会现象的时候大体上也采用了此类变种的形而上学。比如，人们喜欢用异化现象来分析资本主义社会。人们认为，资本主义社会中普遍存在着异化现象。此类解释实际上也就是要说，现代社会中呈现出来的现象是一种扭曲了的现象（异化），在扭曲的现象之中或者背后存在着一种没有扭曲的本来现象。社会的批判就是要发现这种扭曲现象背后的本来现象，或者恢复这种本来现象。虽然这表面上看起来具有辩证法的思路，但是，这种辩证法却没有切中当代社会中一个无法回避的现实：真和假无法区分。而这种所谓的辩证法却认为，在这种社会中存在着一个独立于虚假（异化）的本真的东西存在着。实际上，这仍然是以形而上学的思路来解决后形而上学时代的问题。

如果这种辩证法不行，那么是不是还有其他可行的方法呢？本雅明提出了一种方法，这种方法具有艺术的特性。按照本雅明对于经验的分析，我们的生活中有两种经验：一种是通过记忆而形成的经验，我们在生活中经验到某种东西，我们用概念把它记忆下来；另外一种经验是无意识的经验。这就如同我们从小就吃妈妈做的饭菜，我们从来不主动地去记忆这种饭菜的味道。[①] 但是，这种饭菜的味道在我们的无意识中却留下深刻的印记。按照本雅明的分析，

---

① 王晓升：《经验的贫乏与家园的失落——本雅明的经验概念分析》，《江海学刊》2019年第4期。

现代社会出现了一种情况，这就是，社会发展太快，各种东西的变动加快，这些快速变动的东西对人产生了一种强刺激，如城市街道上飞速奔驰的汽车、闪烁的霓虹灯，等等。按照弗洛伊德的理论，在面对这些强刺激的时候，人们产生一种抵抗机制，防止这种刺激直接到达无意识的层面。一旦这种刺激到达无意识的层面，它会使人产生精神分裂。于是，在这个世界中人们大多只会获得意识中的经验和记忆中的经验，而无法获得无意识的经验。只是由于偶然的机会，这种无意识的经验才会在我们的意识中出现。如果我们把这种经验分析的方法用来说明社会认识现象，那么我们就会看到，现代社会为了刺激人们的需求，就会对各种东西不断翻新。这些东西让人眼花缭乱，目不暇接。人们在这里所得到的是一种记忆中的经验。当然，人们会认为，这种记忆中的经验也就是对社会的一种认识。但是，正如我们前面所指出的那样，这种经验实际上就简单地接受了放在我们眼前的世界。正如我们前面所指出的，这个世界是一个物化的世界，虚假的世界。我们不能简单地接受这个世界，而要对这个世界采取一种批判的态度。本雅明对这个世界所采取的态度就是把这个世界当作一片废墟。这就是说，他要把这个虚假的世界否定掉。对于本雅明来说，否定这个世界不是目的，他要从被他否定的世界中找到拯救的希望，或者说，他要从这片废墟中找到未来社会的出路。

可以说，本雅明转变了社会认识的方向。他不再预设一个本真的世界，在现代社会的废墟中找不到本真的世界。他有一种乌托邦的精神，把人从现代社会的废墟中拯救出来。那么，如何才能拯救人类呢？这就要把那个受现代记忆中的经验所压抑了的无意识经验解放出来。那么，如何才能把这种经验解放出来呢？对于本雅明来说，通过类似于鉴赏艺术作品的方法把被压抑的经验释放出来。我们在鉴赏一个艺术作品，比如绘画作品的时候，当一幅画作被放在我们面前的时候，它不过是一堆油墨。但是，这一堆油墨之中包含了灵韵。这就如同真和假结合在一起那样。你去掉了油墨，也就去掉了画作。你不能去掉油墨，但是你得从油墨中看到灵韵。当然一般的人看不到。这只有艺术的脑子才能做到。本雅明不是要彻底废掉这个废墟，而是要保留这个废墟。他要从废墟中看到希望，就如同从油墨中看到灵韵一样。在本雅明看来，艺术作品有一个重要功能，就是把人的被压抑的无意识经验释放出来。这种被释放出来的无意识经验就可以帮助人们摆脱意识经验的束缚，从而找到拯救的希望。但是，他的这种在艺术中顿悟的方法缺乏辩证法。

除了本雅明的艺术的方法之外，解释学方法也是认识社会的一个重要方法。当然，这种方法存在着一种解释学循环，我们的观念是在社会中发展起来的，我们又用这个观念来解释这个社会。如果这样，那么这不就是要简单地认同社会吗？如果经济基础决定上层建筑的思想被绝对化，那么，我们的观念只能简单地认同这个社会。然而思想在一定程度上还是能够超越这个社会的。

在这里人们自然而然地提出一个问题：在资本主义社会中，人们不是一直在批判这个社会吗？西方社会中的各种左派和右派不是一直都批判这个社会吗？马尔库塞为何说资本主义社会失去了否定性的向度？阿多诺、马尔库塞这些人都不会看不到这一点。但是在他们看来，这些批判还是在同一性逻辑基础上的批判。这就是说，这些批判都没有从根本上颠覆拜物教。那么阿多诺是不是提出了一个彻底颠覆拜物教的方法呢？他提出了一种非同一性的方法。从社会认识的角度来说，所谓非同一性，就是要看到我们认识社会的概念和社会的差别，而不能简单地用社会中所产生的概念来认识这个社会。比如，如果我们用美国社会所产生的民主概念来认识美国民主，那么美国社会就是民主社会。如果我们用美国社会中产生的民主概念，我们就必须认识到，这个概念中一定包含了不民主。比如，民主选举的方式实际上也就是确认了总统使用权力的合法性。凡是权力就一定包含了一种强制，这种强制其实也是不民主的。因此民主概念就需要不断否定它自身。当我们用一个否定自身的民主概念来看待美国社会的时候，那么我们就会破除对美国民主的一种拜物教式的看法。因此，对阿多诺来说，我们认识社会不是要找到社会中的本真状况，那种致力于找到本真状况的哲学不过是形而上学的翻版。我们所能够做的不过是用非同一性的方法不断地否定现实，从而实现社会的乌托邦。从这个角度来说，否定辩证法既是一种社会认识论，这种认识论只有消极的意义，它只是要发现社会的不真实状况。它通过对概念的非同一性的确认而发现社会的虚假性；同时它又不是一种认识论，因为它不致力于发现社会真理，而是要找到社会解放的方法。而否定辩证法的这两个方面是与马克思的《资本论》有一定的相似之处。马克思在《资本论》中批判了拜物教，但是却没有给我们提供一个非拜物教的本真社会，他所使用的辩证法也是批判性的，即揭示资本主义社会中的剥削方式。马克思的《资本论》又是革命性的，他要向人们揭示未来社会的可能性。在马克思那里，共产主义也不是隐藏在拜物教社会背后的真理，而是指引人们社会革命的理想图景。如果我们仍然要按照马克思《资本论》中的思想方法来进行社会认识，那么我认为，社会认识不是要揭示社会背后的真理，而是要找到走出现代社会困境的出路。这是因为，在后工业社会，真和假是结合在一起的，彻底否定了虚假，揭示了虚假之后，我们也不能在虚假的背后找到真实。

只需坚持马克思主义的社会终极价值

韩东屏[*]

摘　要：就马克思主义而言，真正需要我们始终坚持的东西其实只有一个，这就是马克思主义的社会终极价值。这种新的解释不会像传统解释那样，既不易说清，也无从把握。马克思主义的社会终极价值就是人的全面自由发展。这一指认有理论与现实方面的依据。人的全面自由发展可由健寿、富裕、和谐、自由这四大社会终极价值目标标示。有了它们，如何发展社会的问题立刻就会变得简明起来，这就是采用唯好主义的方式：怎么有利于社会终极价值目标的实现，我们就怎么干；怎么有利于社会终极价值目标的实现，我们就怎么改。

关键词：立场　观点　方法　社会终极价值　社会终极价值目标　唯好主义

将"坚持马克思主义"说成"坚持马克思主义的立场、观点、方法"，这在我国是个已成定式的解释。但若再问：马克思主义的立场、观点和方法又是什么？又该如何坚持？人们的回答就不一样

---

[*] 作者简介：韩东屏，华中科技大学哲学系教授。

了。虽有长期讨论，但迄今仍无共识。

为何会这样？

我认为，与其说是由于问题本身的复杂艰深，不如说是由于形成问题的前提性命题不够恰当。其实，就马克思主义而言，真正需要我们始终坚持的东西只有一个，这就是马克思主义的社会终极价值。

一 为何只需坚持马克思主义的社会终极价值？

为何说只需要坚持马克思主义的社会终极价值即可？这要从坚持马克思主义的目的说起。显然，我们坚持马克思主义，从根本上说，不是为了供奉，也不是为了重申和宣讲，而是为了我们的实践。

应该承认，认为"坚持马克思主义就是坚持马克思主义的立场、观点、方法"这个传统解释，在历史上起过积极作用，是对"如何坚持马克思主义"这个问题的一个巨大理论推进。它第一次用简明的语言将抽象的命题具体化了，使那个让众人长期犯难的疑问——"如何将内容庞大、内涵丰富的马克思主义用于我们当下的实践？"——变得清晰起来。根据这种解释，坚持马克思主义，既不是指用马克思主义的全部理论指导我们的每一种实践，也不是指用其中的只言片语指导我们的每一种实践，而是要用马克思主义的立场、观点和方法指导我们的每一种实践。

不过若再进一步深究就会发现，传统的解释虽然解惑了最初的疑问，但同时也引出了新的疑问。

我们知道，"坚持马克思主义的立场"，就是坚持无产阶级的立场，或人民大众的立场、或全人类的立场。之所以将无产阶级的立场与人民的立场或人类的立场等量齐观，这是因为在马克思看来，无产阶级代表整个人类进步的方向，无产阶级只有解放全人类才能最后解放自己。[①] 因此，在存在无产阶级与资产阶级激烈对抗的无产阶级革命时代，需提坚持无产阶级立场；而在无产阶级革命胜利后消除了阶级对抗的国家，则可以直接提坚持人民的立场或人类的立场。

"坚持人民的立场"，就是在看待和解决我们实践中所遇到的各种问题时，要以人民的立场为视角或出发点。但是无数经验和常识告诉我们，即便以同样的视角看问题，也会得出不同的结论；即便从同一个出发点出发，也会走向四面八方。如是，当我们面对这种很容易出现的局面时，我们又该听从谁的意见？走向何方？或有人说，坚持人民的立场，是指从人民的利益出发，以人民的利益为取向，这样就不会出现意见不一、方向不一的问题了。或者即使出现，也能最终按人民的利益得到统一。但人民的利益也是一个抽象的总体性概念，实际包含众多的内容与指标，若不能从中给出一个明确所指，就仍会有对人民利益的不同认定，于是，即便"以人民利益为视角，从人民利益出发"，仍然既难避免不同意见与不同走向的出现，又难将它们统一。当然，若能够对人民利益给出一个明确所指，则不会导致不同意见与不同走向的出现，或者即使出现了也能将它们统一。不过这时我们就该直接提"坚持人民的某某利益"了，而不必绕着弯子提"坚持人民的立场"。

再看"坚持马克思主义的观点"这个要求。我们知道，仅马克思个人著述中的理论观点就极其众多，整个马克思主义所蕴含的观点之多就更不用说了。据此可以肯定，"坚持马克思主义的观点"

[①] 《马克思恩格斯选集》第1卷，人民出版社1995年版，第15页。

显然不是指坚持马克思主义的所有观点。这不仅在具体实践中根本无法做到，而且也实在没有必要。可谁又能分辨得清楚，在马克思主义的众多理论观点中，哪些观点是该坚持的，哪些不是？有人解释需要坚持的只是马克思主义的基本观点或具有普遍意义的观点。可马克思主义的基本观点或普遍观点又该由谁认定？又该如何认定？同样不是一个容易说得清楚的问题。

"理论是灰色的，生活之树常青。"退一步讲，即便有人能说清楚什么是马克思主义的基本观点，那"坚持马克思主义的基本观点"的要求，是否将意味着马克思主义从此不再需要发展新的基本观点？如果不是这个意思，那何必非要坚持马克思主义那些已有的基本观点？显然，"基本观点"不应是一个无限增多的序列，否则难称"基本"。相反，如果该说法确实是有"马克思主义从此不再需要发展新的基本观点"的意思，那马克思主义也从此只会有对基本观点的应用而难有本身的大发展。而这显然有违马克思主义创始人的告诫："我们的理论是发展的理论，而不是必须背得烂熟并机械地加以重复的教条。"[①]

与之同理，"坚持马克思主义的方法"这个要求也存在类似的问题。由于任何方法都要由理论表述或表述成理论，而任何理论也都是解决某种问题的方法，这就可以说，方法就是理论，理论就是方法。因而如果我们承认马克思主义的理论观点极其多，那就也得承认马克思主义的方法也极其多。于是这里又会出现"如何分辨哪些马克思主义的方法才是需要我们坚持的方法"这种令人为难的问题。于是，即便我们将"坚持马克思主义的方法"解释为"坚持马克思主义的基本方法"，并确实能令人信服地归结出什么才是马克思主义的基本方法，我们仍然无法回应"这是否意味着马克思主

---

① 《马克思恩格斯选集》第4卷，人民出版社1995年版，第681页。

义从此不再需要发展新的基本方法"的诘问。

其实，不论观点还是方法，都是为一定的目的服务的，都是实现目的的手段或工具。而马克思主义的观点与方法，也就是在实现马克思主义的目的之过程中为解决所遇问题而发明并使用的工具。既然如此，我们在不提"坚持马克思主义的目的"的情况下去提"坚持马克思主义的观点、方法"，就等于是将马克思主义的工具变成了马克思主义的目的。这种将工具目的化的本末倒置，不仅已使马克思主义的目的遭受忽视，而且也会大大影响我们的实践。

因为"坚持马克思主义的观点、方法"的要求，意味着我们只能从马克思主义的既有观点和方法中选择解决实践问题的理论工具。这样一来，非但马克思主义的新理论工具不可能被我们创造发明，而且所有非马克思主义的人类理论工具也将一概遭到我们的拒斥。实际上，每种具体的观点或方法作为工具，其功能都只会是有限的而不会是万能的，就像锤子不能当剪子用，剪子也不能当锤子用一样。这就说明，解决不同的问题，要选用不同的工具；可选用的工具越多，才越有利于我们解决各种不同的问题。可"坚持马克思主义观点、方法"的要求，却作茧自缚，在客观上大大缩小了我们选用工具的范围。不仅如此，即便只在马克思主义的理论工具范围内选择工具，这个要求对我们的实践也会形同虚设，于事无补。因为从这个要求中，我们并不能明确知晓：面对不同的实践问题，我们究竟如何才能从库藏丰富的马克思主义工具库中找到那个最好用、最合适该问题的工具。

以上是理论上的说明，而事实和我们的实践也证实了将工具目的化会造成作茧自缚的困境及其弊端。反思我国40多年的改革历程，为何有关所有制、经济机制和分配制度等问题的改革会异常艰难？往往非要通过一次次的自上而下的思想解放运动方能有所推进？就是因为，新中国成立后形成的一大二公的公有制，高度统一的计划经济和单一的按劳分配，均是我们按马克思主义经典作家有关社会主义社会的基本观点构建的，而其他所有类型或形式的所有制、经济机制和分配制度则均不属于马克思主义，所以前者就需要被坚持、固守，哪怕已经导致生产效率低下、人民普遍贫穷也不能动摇；后者则不能被采用而只能被拒斥，否则就是对马克思主义的背叛。于是，即便我们终于有一天想到要改的是它们而不是在它们内部的修修补补，也就只能先用一场自上而下的思想解放运动来开路。

但是，"坚持马克思主义的社会终极价值"的命题，就不会导致上述那些无法解惑的问题与实践困境。

所谓"终极价值"，就是至好，就是纯粹的目的、最高的目的、最终的目的。而所谓"马克思主义的社会终极价值"，就是被马克思主义认定的人类社会的至好，它是社会性的纯粹目的，亦即社会的最高目的与最终目的。

不论是个人性的至好还是社会性的至好，都不会多，而只会是一个。既然如此，坚持马克思主义的社会终极价值就不会是一个内容多得解释不清的问题。又由于社会终极价值就是没有任何手段色彩的社会纯粹目的、最高目的与最终目的，这就意味着，对马克思主义的社会终极价值，无论怎么强调、怎么坚持，也永远不会导致忽略目的，却将工具当目的的倾向。

还有，由于坚持马克思主义的社会终极价值就是坚持马克思主义的最高目的，这就使马克思主义的最高目的得到澄明。而马克思主义的最高目的就是无产阶级和全人类的最终价值取向，于是只要我们盯住这个目的，也就自然永远不会偏离人民的立场。尽管在如何走向这个目的的进程中，仍会有不同主张和不同进路的提出，但共同的目的最终也能使这些不同的主张和进路得到统一。因为工具总是为目的服务的，目的也就成了选择工具的标准。这就是说，在我们的所有社会实践中坚持马克思主义的社会终极价值，就是坚持以其为标准。而坚持这个标准，不仅能使我们从不同的主张和进路中分辨出何者是最好的主张与进路，而且也能使我们从马克思主义的众多观点、方法中，分辨出哪个对当下实践来说是最为好用的理论工具。

至此可知，只有在坚持马克思主义的社会终极价值的前提下，马克思主义的立场、观点、方法才能得到合理而清晰的解释与运用。只有在坚持马克思主义的社会终极价值的前提下，我们才不会陷入作茧自缚的实践困境。

至此亦可知，在马克思主义中最值得我们一成不变地始终不渝地坚持的，并不是它的立场、观点、方法，而只是它的社会终极价值，这是一万年也变不了的。

二　马克思主义的社会终极价值是什么？

就像提"坚持马克思主义的立场、观点、方法"，就必须接着回答什么是马克思主义的立场、观点、方法一样，现在需要回答：什么是马克思主义的社会终极价值？

虽然马克思主义创始人及其所有主要后继者都没有使用过"社会终极价值"的概念，但这不等于说马克思主义中不存在这个东西。

我认为，这个东西在马克思主义创始人那里就已存在，它就是马克思所说的"每个人的全面而自由的发展"①。将马克思主义的社会终极价值指认为"每个人的全面而自由的发展"并非牵强附

---

① 《马克思恩格斯全集》第23卷，人民出版社1979年版，第649页。

会，而是基于以下几个方面的考量与依据。

首先，这个解释符合马克思主义创始人的一贯思想及价值诉求。众所周知，马克思、恩格斯的社会理想是共产主义，并将共产主义看作一场"现实的运动"，即"共产主义是用实际手段来追求实际目的的最实际的运动"。①而"每个人的全面而自由的发展"，正是共产主义社会或共产主义运动所实际内含的最高目的或终极价值。所以，马克思在《1844年经济学—哲学手稿》中说："共产主义是私有财产即人的自我异化的积极的扬弃，因而也是通过人并且为了人而对人的本质的真正占有；因此，它是向作为社会的人即合乎人的本性的人的自身复归"②；在《德意志意识形态》中说，共产主义社会是"个人的独特的和自由的发展不再是一句空话的唯一社会"③；在《资本论》中又进一步明确告诉我们：消除了资本主义剥削制度的未来社会是一个"以每个人的全面而自由的发展为基本原则的社会形式"④。恩格斯也说过类似的话，他在1847年回答"共产主义者的目的是什么"这一问题时直言："把社会组织成这样：使社会的每一个成员都能完全自由地发展和发挥他的全部才能和力量"；⑤在《共产主义原理》中他指出，未来的共产主义社会是"结束牺牲一些人的利益来满足另一些人的需要的情况"，使"所有人共同享受大家创造出来的福利"，"使社会全体成员的才能得到全面的发展"的社会。⑥

其次，在我国，经过新中国成立以来正、反两方面经验的证明而业已深入人心并得到普遍赞同的"三个有利于"和"以人为本"

---

① 《马克思恩格斯全集》第3卷，人民出版社1960年版，第236页。
② [德]马克思：《1844年经济学—哲学手稿》，人民出版社1979年版，第73页。
③ 《马克思恩格斯全集》第3卷，人民出版社1979年版，第516页。
④ 《马克思恩格斯全集》第23卷，人民出版社1979年版，第649页。
⑤ 《马克思恩格斯全集》第42卷，人民出版社1979年版，第373页。
⑥ 《马克思恩格斯选集》第1卷，人民出版社1995年版，第243页。

的理念，实质上就是对马克思关于人的全面自由发展思想的具体体现和时代性表述。如以人为本的理念，说的就是要以人的全面发展为本。而由邓小平提出的"三个有利于"，即有利于发展生产力，有利于增强综合国力，有利于提高人民的生活水平，① 也与人的全面自由发展命题同义。在"三个有利于"中，发展生产力和增强综合国力之所以值得追求，是因为这二者都是提高人民生活水平的先决条件，而提高人民生活水平则不再是任何其他好东西的先决条件，因而三者中其实只有提高人民生活水平才真正称得上是至好。人民生活水平的提高应表现在各个方面而不是某一个方面。因此，"提高人民生活水平"与"每个人的全面而自由的发展"，不过是对同一种至好追求的两种表述而已。

最后，更为重要的是，将马克思主义的社会终极价值指认为每个人的全面自由发展，在理论上也最具说服力。

我认为，一种被称为社会终极价值的东西，作为社会的最高目的或最终目的，理应具备以下四个条件。

其一是要具有普适性。它是指追求这种社会终极价值，可以给所有人而不仅仅是大多数人带来好处。换言之，追求该社会终极价值所产生的社会效用将不会因个人情况的不同而有所差异。如果不是这样，它作为社会终极价值就缺乏公正性，并不能得到最广泛的认同。

其二是要具有综合性。它是指被认作社会终极价值的东西，能够涵括各种各样的具体价值，是一种最综合的好。因而对它的追求，就是对所有具体之好的追求。如果不是这样，它就只是一种片面之好。而任何片面之好，都不可能是有最多包容性的至好。

其三是要具有可行性。它是指被确定的社会终极性价值能够被

---

① 《邓小平文选》第3卷，人民出版社1993年版，第372页。

人们在实践中不断地趋近、实现。如果不是这样，它就是一个可望而不可即的幻想或空想，完全没有现实意义。

其四是要具有无限性。它是指被确定为社会终极价值的东西，不是人类社会的阶段性追求，而是人类社会的永久性追求或永无止境的追求。虽然它能在现实中被不断推进、实现，却不能被推进到头、彻底实现。否则它就称不上是人类社会的最终目的。

而将个人全面自由发展作为社会终极价值，恰好均能满足以上条件。具体说来，理据如下。

理据之一是，将社会建成有利于个人全面而自由发展的环境，不仅是每个人的幸事，也是有着不同人生追求乃至不同宗教信仰的人都能普遍接受并互不妨碍的状况。由于谁也无由反对这个对自己的个性、自己的人生选择同样给予自由和尊重的社会状况，所以它是一种最普遍的善，能被所有的人认可的善。

理据之二是，个人的全面自由发展也是最综合的好，亦即包容了最多具体之好的好，这从它的含义可以看出。参照马克思的见解，人的"全面"发展，是让自然历史进程赋予人的生理素质、心理素质、文化素质获得全面均衡的发展，是让人的本质和创造特性在对象性、社会性关系中全面生成。同时，它意味着对人的各层次需求的满足。从人类个体内在心理体验的角度说，这些满足涵括了人在各个方面的快乐。而人的"自由"发展，则指个人充分享有发展自己天赋潜能的各种机会与有利条件，能够最大限度地做自己想做的事，能够自由地形成自己的个性和选择自己的生活方式。

理据之三是，个人自由而全面的发展作为个人企盼的生存发展境况，通过社会生产力的发展和社会制度的改善，在历史进程中可以被不断提高却不能被提高到头，可以被逐渐实现却不能被实现完满，这就使它既具有了社会终极性价值追求所必须具备的可行性特点，又具有了社会终极价值追求所必须具备的永久性特点。这就是说，人的自由全面发展作为社会终极价值，乃是理想与现实的统一、结果与过程的统一、绝对与相对的统一。

三 怎样坚持马克思主义的社会终极价值？

社会终极价值作为社会的最高、最终目的，也就是社会发展的方向与最高评价标准。但"每个人的全面而自由的发展"这个命题作为社会终极价值，是抽象思维的产物，是包含了所有具体之好的最综合的好，这种"综合之好"的特点，使得它无论是作为社会发展的方向还是作为社会的最高评价标准都还显得有些笼统，难以直接运用，因而我们有对其再做适当分解的必要，以使之有明确所指，并变得在实践中易于把握，便于操作。

人的全面自由发展作为最综合的好，在现实社会的进程中，意味着人的需求被满足程度的不断提高。人的需求多种多样，所指向的外在价值目标或价值之物自然也多种多样。但这些不计其数的价值目标，最终全都可以被健寿、富裕、和谐、自由这四种价值目标所统摄。

其中，健寿是远离疾病、有病能医、有疾能愈、身心健全、健康长寿等价值目标序列的统领，对它的趋近，意味着让人们延年益寿，始终健康地活着，以满足人的持续存在或长期生存的需求。

富裕是生产力发展、经济增长、财富增加、物品丰富、效率提高、效益变大等价值目标序列的统领，对它的趋近，意味着能给人们提供日益增多的物质产品和文化产品，以满足人的吃、穿、住、行、学、娱等物质生活和文化生活的需求。

和谐是平等、公平、公正、正义、安全、归宿、仁爱、尊严、诚信等价值目标序列的统领，对它的趋近，意味着能给人们提供各种越来越融洽协调的人际关系及天人关系（天人关系的实质也是人人关系），以满足人的情感需求和交往需求。

自由是自主、自立、自决、自治，自由发挥、自由创造、自由进取乃至经济自由、政治民主、文化多元等价值目标序列的统领，对它的趋近，意味着能给人们提供越来越多的发展可能性及生活样式，以满足人充分发挥自身潜能天赋、形成独特个性的自我实现需求。

统领以上四种不同价值序列的健寿、富裕、和谐、自由，虽然存在相互促进的可能，但再也不能进一步相互归并，也不能相互通约、相互替代。因为现实中我们对其中任何一项的兑现，都不等于对另外三项的兑现。如让人拥有健寿，不等于同时让人拥有富裕、和谐、自由；让人拥有富裕，不等于同时让人拥有健寿、和谐、自由；让人拥有和谐，不等于同时让人拥有健寿、富裕、自由；让人拥有自由，不等于同时让人拥有健寿、富裕、和谐。既然健寿、富裕、和谐、自由是不可通约的价值目标，又分别统领着不同的价值序列，那它们就是从人的全面自由发展这个社会终极价值中分解出来的"四大社会终极价值目标"。它们既是衡量一个社会是否得到发展及发展水平如何的最高价值指标，也是判断各种具体社会主张与社会实践之是非对错的最高评价标准。

有了这种价值指标和评价标准，如何改造世界和发展社会的问题立刻就会变得清晰、简明起来，这就是：怎么有利于社会终极价值目标的实现，我们就怎么干；怎么有利于社会终极价值目标的实现，我们就怎么改。

这是一种唯好主义的态度，即唯社会终极价值目标马首是瞻的态度，它告诉我们：所有与改造世界、发展社会相关的事物，不论是什么样的理论、观点、方法、原则，还是什么样的实践方案、发展道路、社会模式、制度安排、文化类型等，也不管它们是出自何方、由谁提出,在社会终极价值目标面前,全都不再是神圣而不可改变的,它们不过是实现健寿、富裕、和谐、自由的工具,是否合适可取,是保留还是革除,统统要用社会终极价值目标加以评判。凡是有利于四大社会终极价值目标的实现的,就是好的、可用的、或应予保留的;凡是不利于其实现的,就是不好的、不可用的、或需要革除的。如果同一类型的可用事物不止一种,那么其中最有效的那一种可称为"优",最值得我们选择,其余的则或者为"次优",或者为"差",或者为"劣"。

这样一来,在我们的社会实践中,就再也不会有任何的迷信与迷惘、束缚与畏缩。因为按唯好主义的态度对不同主张的社会发展方案进行筛选,或对社会理论、社会制度、道德规范、文化样式进行选择,已不再是事关政治信仰的主义之争,而只是关于工具的好坏优劣判断。并且,只要这种判断和选择确实是按前述步骤合乎标准、合乎逻辑地推出的,那么其结论就是合理的,其效果就是对整个社会都普遍有益的。

同时,我们的所有社会实践或我们所致力的共产主义运动,也就再也不会误入以往那种遗忘人从而也被人遗忘的歧途,更不会再犯为了坚持固守某种工具而牺牲人的发展或现世幸福这种本末倒置的错误,并且也从此不再需要通过发动一次次的思想解放运动来艰难地推动社会的改革与发展。

这就是说,在唯好主义的实践中,除了社会终极价值的诉求不可移易之外,再没有什么东西是不可变更的。如果通向健寿、富裕、和谐、自由的道路不止一条,我们就不必一条道走到黑,哪怕走不通也不回头。就像我们业已经验并觉识到的那样,如果用市场经济的方式组织社会生产,比用计划经济的方式组织社会生产更有利于整体资源的优化配置,更有利于国富民强,并能给人们提供更多的自由,我们为什么非要抱住计划经济体制不放?如果多元所有制比一元公有制更有利于提高社会生产效率、更能增加社会税收和社会财富，并且通过制定劳动保护法和最低工资标准等措施又能防止剥削的发生，我们为什么非要固守一元公有制？如果按生产要素分配比单一的按劳分配更能体现公平，更有利于社会的和谐与活力，我们为什么还非要只认按劳分配？依此类推，只要我们总是这样坚持马克思主义的社会终极价值，就总能准确而及时地发现其他所有的当改之事，使今后的改革少走弯路，少付代价。

从马克思主义哲学史角度
透视共享发展理念[*]

吴 静[**]

摘 要：中国特色社会主义共享发展理念作为一种新的发展观核心，体现了历史规律认知的深化结果。它同根源于儒家文化的天道大同理想有着一些本质方面的区别。这就需要理论工作者能够从马克思主义哲学史的角度对这一概念的内涵从以下三个维度进行准确的定位：个人组成共同体的前提和基础；马克思政治经济学批判维度；实现终极发展目标的价值诉求。这样不仅有助于我们在脱离抽象的实践层面上来理解共享的意义，也才能正确面对现代性发展中的诸多问题。

关键词：共享发展 规律 现代性 共同体

自古以来，对于理想社会的构想诉诸了一切可能的方式。不管这些方式所提供的空间是怎样一个外在的形式和平台，内里所表达

---

[*] 基金项目：本文系 2015 年江苏省社科基金重大项目 "中国特色社会主义发展理念研究"（项目编号：15ZD001）和国家社科基金青年项目 "德勒兹与鲍德里亚现代性批判比较研究"（项目编号：13CKS032）的阶段性成果。

[**] 作者简介：吴静，南京师范大学哲学系教授。

的仍然是人类长久以来的社会目标。创新、协调、绿色、开放、共享，正是对这一整体性目标的全面概括和总结。而其中的共享发展理念，从来都是目标理想的核心之一。

尽管从中国传统文化语境来看，以滥觞于《礼记·礼运》的"大同思想"所建构出来的乌托邦社会构型中就已经有了"共享发展"的雏形，但这种根源于儒家文化的天道大同理想与今天所提倡的新发展观前提下的"共享发展"理念依然有着一些本质方面的区别。这就需要理论工作者能够从马克思主义哲学史的角度对这一概念的内涵进行准确的定位。它不仅有助于我们在脱离抽象的实践层面上来理解共享的意义，更加是时代精神的体现。

中国特色社会主义共享发展理念作为一种新的发展观核心，体现了历史规律认知的深化结果。应该承认，从马克思所处的时代发展到今天，从经济生产方式到社会结构都已经发生了巨大的变化，相应地，随之而来要面对和解决的问题自然也完全不同。这就决定了作为社会发展指导方向的核心价值也会发生变化。就当代而言，随着转型社会的多维度推进和社会经济发展的不均衡态势的进一步加强，全球化经济现实前提下的阶层群体和地域空间的非均衡差异凸显，如何恢复甚至扩大被不断地层级化所挤压的社会公共空间、实现和保障公共产品和公共服务的有效供应、维护社会的公平正义以及促进社会的整体和谐进步是当前以及今后相当长一段时间内需要解决的问题。因此，对于执政的中国共产党来说，如果不能从改革与发展的目的性层面进行中国经验的深刻反思与系统总结，就不可能正确认识和把握全面深化改革的根本方向和突破口。也就是说，正是发展中诸多问题的客观存在，构成了共享发展理念提出的现实背景和根本原因。这也意味着，包含共享发展在内的五大新发展理念的提出，并非一种纯理论层面的探讨，它有着深厚的现实基础和逻辑合理性作为支撑，同时也延续了马克思主义理论中对现实的观照情怀，体现了中国特色社会主义发展之路在理论和实践两方面从抽象到具体的发展之路，是对当下社会发展的问题意识的明确。这一点，可以从以下三个方面来理解。

一 共享发展是个人组成共同体的前提和基础

在很多的解读文章中，共享发展理念经常被理解为和谐社会的价值诉求。这当然没错，但却包含了一定的局限性。追根溯源，在《礼记·礼运》篇中就说："大道之行也，天下为公，选贤与能，讲信修睦，故人不独亲其亲，不独子其子，使老有所终，壮有所用，幼有所长，鳏寡孤独废疾者皆有所养；男有分，女有归，货恶其弃于地也不必藏于己，力恶其不出于身也不必为己，是故谋闭而不兴，盗窃乱贼而不作，故外户而不闭，是谓大同。"这里包含了两个方面：以儒家的"大道"为准则的社会组织方式和价值需求。尽管此时的"大同理想"更多的是对原始公有制的思乡式恋慕，但却已脱离纯粹伦理层面的呼吁。因为社会组织方式本身恰恰是价值需求得以实现的基础和保证。到了近代康有为的《大同书》，更是明确提出了建立以生产资料公有制为基础，破除国、级、种、形、家、产、乱、类、苦九界的理想社会。

从这里不难看出，即便从历史上而言，共享发展也已经并不单纯地是对乌托邦社会的价值要求，而是本身就以物质生产资料的共有（共享）作为基础。人类社会从本质上发端于共享和协作。无论是从对自然资源和社会资源的使用方面，还是在经验分享与关系建构方面，在不同阶段都呈现出不同程度的共享特征。换言之，只有以此为前提，由个体形成的共同体才能实现共同（共享）发展的目标。但不可否认的是,中国传统文献中对这种共享基础的肯定仍然停留在"有饭同食、有衣同穿、有钱同使"的简单认识上,这表面上看起来与党的十八届五中全会所强调的"人人参与、人人尽力、人人享有"的要求有很大的相似之处,但实际上这种原始的"大同思想"与在现代性条件下考量共同性的可能性问题并不能同日而语。这是我们在解读共享发展原则时必须找准的时代脉搏。

在流动的现代性条件下,与土地和宗法解除了束缚关系的现代人陷入了一个外在强制被消解、多元差异被承认、竞争无所不在,以及遍布不确定性、流动性和不可预料性的世界,由对资源的排他性占有而引起的焦虑和不安使得经济个体承受着空前巨大的压力。为了寻求安全感,人们期盼重建共同体。如果说工业社会前期的私有制发展历程彰显了"经济人"的"自利"原则,那么,在当代语境中,在从自然意志主导的礼俗社会到理性意志主导的法理社会的转换中,"经济人"的动机已经呈现出多样化的态势,"自利"并不是唯一的行为驱动力,这就使得社会的经济组织结构和运作方式都呈现出前工业社会所不能比拟的复杂性,从而也为一定程度的发展共同性奠定了可能。20世纪60年代,人类学开始关注互惠理论。古德纳(Alvin Gouldner)在1960年提出了"广泛道德交换模型"理论,认为互惠起源于"如果你想得到他人帮助,就必须帮助他人"的变量交换。这种理论模型脱离了对行为的泛伦理化考量,以经济学的交换原则来解释了交换的本质:赠予和接受都是共同体关系赋予的义务,同时也是群体间特殊的分配方式,其目的是在维护自身利益的同时,促进团体之间的和谐与发展。在古德纳主张对互惠进行量化分析的基础上,美国人类学家马歇尔·萨林斯(Marshall Salins)提出了对不同类型的互惠形式进行区分的学说。

近年来,互惠理论的研究更是超越了对礼物的经济学分析,开始考量非亲缘关系为纽带的大规模共同体中协同合作的可能性,强互惠理论应运而生。该理论认为,"人类之所以能维持比其他物种更高度的合作关系,在于许多人都具有这样一种行为倾向:在团体中与别人合作,并不惜花费个人成本去惩罚那些破坏群体规范的人,即使这些成本并不能被预期得到补偿。强互惠能抑制团体中的背叛、逃避责任和"搭便车"行为,从而有效提高团体成员的福利水平,但实施这种行为需要个人承担成本。之所以将这种行为命名为强互惠(strong reciprocity),是为了区别一些直接互惠、间接互惠等弱互惠行为。强互惠与利他、弱互惠的区别在于:利他行为是无条件仁慈的,善意不依赖于对方的行为;弱互惠行为要依赖于别人的行为,弱互惠者愿意支付短期成本来帮助别人仅仅是因为可以从中获取长期或间接利益;而强互惠行为则是在目前和未来都不能期望得到收益的情况下支付成本来奖励公平和惩罚不公平的行为"[1]。简言之,强互惠模型所解析的正是20世纪60年代以来一般经济学和政治学关注的公共政策的行为基础。在这个前提下,如果把共享发展当作共同体发展的目的的话,使得社会协作能够推进的共享(包括生产资料、公共服务、公共空间)就必须成为它的基础。

获得1998年诺贝尔经济学奖的阿马蒂亚·森所提出的"宽泛理性观",不仅成功地挑战了个人自利主义的理性观,而且在更大程度上肯定了个体的主观能动性。他认为,人类的动机呈现出难以想象的多样化形态,换言之,人类的实践理性本身不是单纯利益指向的,而是表现为自由而开放的趋势。人们既可能出于自利的目的而做出选择,也完全可能形成超越自我利益的选择(道德、伦理、宗教等原因),甚至可能做出完全利他的行为。因此,经济学单纯以自利性作为判断个体行为的评判标准是片面而不准确的,理性本

---

[1] 韦倩:《强互惠理论:起源、现状与未来》,《光明日报》2010年8月3日。

身应当被宽泛地理解为个体"合理的自我省察"。阿马蒂亚·森的动机多样性理论实际上是对社会结构内所容纳的人与人关系的丰富性的确认，它可以被理解为共享理论系统推进的元理论。

从这个意义上来看党的十八届五中全会所提出的"增加公共服务供给，从解决人民最关心最直接最现实的利益问题入手，提高公共服务共建能力和共享水平"等一系列现实举措，恰恰是对马克思主义理论的基本原则的贯彻。因为历史唯物主义的根本指向，即马克思和恩格斯在《共产党宣言》中所说的"代替那存在着阶级和阶级对立的资产阶级旧社会的，将是这样一个联合体，在那里，每个人的自由发展是一切人的自由发展的条件"。在这里，个人的"自由和全面"的发展不但获得了其正当性，而且被明确肯定为整个社会自由发展的前提条件，是共享现实观照的目标。而"一切人的自由"本身能够被实现必须是建立在以社会管理共同财产基础上的公有制条件。这是在今天的社会主义制度之下确定共享发展目标的历史根基。从互惠利他到共享发展，现代性条件下的共同体的可能性从经济学、文化学、心理学以及行为组织学各方面都得到了历史性的确认。它是符合历史认知规律的创举，是全面建成小康社会的理论支点。共享发展的实现，也必将如《宣言》所肯定的，是将社会主义或共产主义与其他一切以私有制为基础的社会制度根本性区分开来的标准之一，是社会主义优越性的体现。

二 共享发展是马克思政治经济学批判的延续

前面我已经谈到，共享发展理念之所以与中国传统文化中的"大同"思想有所区别，在于它的内涵所指与时代性两方面。在前面就它的内涵已经有所讨论之后，我们需要更加关注它的时代性。而对时代性的剖析，当然必须从历史条件入手。这一历史条件即现代性语境之下的全球化经济。值得注意的是，全球化本身并非一种中性的描述，它暗含了一个经济现实的前提条件，即资本主义经济生产方式的全球化——彻底的私有化。

早在《1844年经济学哲学手稿》中，马克思就从对异化劳动的分析逐步透视到了造成这一现象的现实根源——私有制。尽管对于工人在雇佣劳动中被异化的情境抱有极大的同情，马克思却并没有以伦理的谴责来简单对待。他这样写道："共产主义是私有财产即人的自我异化的积极的扬弃"，私有制的产生有着"历史必然性"，"从现实的发展进程中必然产生出资本家对土地所有者的胜利，即发达的私有财产对不发达的、不完全的私有财产的胜利"，"资本必然要在它的世界发展过程中达到它的抽象的即纯粹的表现"，它必然要发展到"全部私有财产关系的顶点、最高阶段和灭亡"。从这里可以看出，财产私有化是以对抗性作为其根本原则的。在这样的社会中，以劳动为中轴，少数人（资本家）和多数人（无产阶级）产生不可调和的对抗性矛盾，而这矛盾的根源则在于对"资本"的占有与否。"古典经济学之父"亚当·斯密将"资本"粗略地定义为"商业运营的成本"。即使这种界定到了李嘉图那里有了巨大的飞跃（从一般性商业运营具体到生产领域），也不过是"国家财富用于生产的部分，包括实现劳动所必需的食物、衣服、工具、原料、机器等"。这种看似客观的描述使得原本具有特定立场的"资本"变成了一种中性化的劳动积累（"国家财富"或一般性的社会共有财富），它恰恰遮蔽了资本主义生产过程中所发生的剥削的本质。对抗性的矛盾被隐藏起来。古典政治经济学对资本主义合法性和正当性的论证也有相当一部分是建立在此基础上。这样一来，很明显可以看出，马克思对"资本"的界定直接瞄准的是资本主义社会结构的本质核心,即构成资本主义生产过程的最主要的秘密所在。

事实上,资本主义生产中的雇佣劳动过程并不是一般性的抽象化劳动,它具有其特定的情境。简言之,就是少数人(资本家)对人类历史以各种方式——无论是通过人口的自然增长、还是通过科学技术的进步——积累起来的财富,以及其他非物质性财产进行无偿地占有,并用以剥削劳动者(无产阶级),从而形成对抗性的矛盾。这种因对财产的占有权力的私有化而产生的对抗性是资本主义自身无法解决的矛盾。由它所引发的或和缓或激烈的矛盾冲突必然伴随着资本主义生产方式的全球化而存在。因为私有制既不只是一种简单的关系,也绝不是什么抽象概念或原理,而是资产阶级生产关系的总和(不是指从属性的、趋于没落的生产方式,而是指现存的资产阶级私有制),它是整个社会活动的产物。并且,与"资本"真正相关的并不是中性的生产,更不是一切社会条件下的生产过程,而是产生出了剩余价值的资本主义生产过程本身。它特有的生产方式所造成的对立阶级之间的对抗性矛盾是该过程、该生产方式自身无法解决的。在这种对抗性的阶级矛盾之外,资本主义全球化所造成的地理发展不平衡现象也加剧了发达地区与欠发达地区之间的对抗性。即使在一个国家内部,由于资源分布不均和历史成因而造成的区域之间的差距,以及职业、阶层分化也使得社会结构内部之间的对抗性日益显露。而共享发展理念正是从理论高度对这一问题意识毫不回避的确认,它的现实指向在于破解社会经济发展中的固有难题,厚植发展优势,是对于发展中问题的深度具体化。

马克思以商品作为自己批判资本主义的入口。他通过对商品中所凝聚的剩余价值的分析揭露了资本主义社会中资本的运作方式以及在这个过程中作为必然结果出现的、因对生产资料的占有状况不同而导致的阶级对抗性。这是经济发展中撕裂社会的顽疾所在。因此，社会主义要在现代性条件下发展，就必须直面和试图解决资本主义生产方式所内生的这种对抗性，也就必须解决社会财富越来越巨大的部分作为异己的和统治的权力与劳动之间产生的对立。这也正是共享发展理念的现实针对性所在。它所要解决的行业收入差距显著、社会财富两极分化、社会保障不够健全、教育资源不公以及公共服务总量不足且配置不够合理等问题都是延续了马克思政治经济学批判的最终目的——对人的生存情境的关注。这实际上是对发展如何展开进行具体思考的范畴，是对社会主义条件下发展自身所逐渐呈现出来的客观逻辑的领悟和理解。弗里德里克·詹姆逊认为，对于一个理论本身意义和与马克思主义的关系的认定，不仅仅是判断它是否仍忠实于马克思主义，或在多大程度上受到了马克思的影响，而是判断在何种程度上该理论的思想在哪一疑难问题中展开并认可马克思的思考；或者，反过来，在何种程度上该理论所试图解决的疑难问题包含着马克思主义的疑难问题，且把马克思主义的难题和疑问当作自身探究领域内的紧迫问题来对待。事实上，当众多的经济发展理论越来越致力于肯定新自由主义所倡导的以全面私有化、市场开放和经济自由化为核心的发展思路时，新发展理念所涵盖的包括经济增长、环境保护、全民发展在内的丰富内容已经由单纯重视经济总量的增长转变为"以人为中心"的发展，它既是对马克思在政治经济学批判中所提出的难题进行回答的努力，也是对中国特色社会主义本质的肯定，是对社会整体利益的确认。发展归根到底是人的发展，包括共享发展在内的新发展观的提出不是目的，只是手段，真正的目的在于实现全社会对健康美好生活的愿望。

值得注意的是，新发展观中的共享发展是现代性条件下的全民共享，它本身不但正视了现代社会中人类行为动机的多样性，也肯定了多样态的现实合理性，是社会宽容和理性的高度发展。邓小平理论对社会主义本质的认识，是对传统所有制框架的突破，而从"共同富裕"走向"共享发展"，则是中国特色社会主义历史逻辑的必然进步。

三　共享发展是发展的终极目标

作为五大发展理念之一的共享发展与社会主义本质之间存在着天然亲近，它不但是社会全面健康和谐发展的手段之一，同时也是发展的终极目标，是共同体所诉求的社会价值要求。共享发展既是在共享的基础上实现和完成发展，也是在发展的条件下实现和满足共享。个人主体的全面自由发展不但不应当被集体价值所排斥，甚至成为社会发展的最终目标之一。这也正是党的十八届五中全会把"坚持人民主体地位"放在如期实现全面建成小康社会奋斗目标所必须遵循的六大原则的首位的原因。

对这一核心原则的理解，必须要回到马克思对个人主体的平等内涵的理解上来。在《哥达纲领批判》中，马克思扬弃了自洛克至康德以来甚被推崇的"平等权利"说，认为这种从自然权利出发的平等观的内在缺陷在于无视个体差别，将鲜活异质的主体同质化。"权利，就它的本性来讲，只在于使用同一尺度；但是不同等的个人（而如果他们不是不同等的，他们就不成其为不同的个人）要用同一尺度去计量，就只有从同一个角度去看待他们，从一个特定的方面去对待他们，例如在现在所讲的这个场合，把他们只当作劳动者，再不把他们看作别的什么，把其他一切都撇开了。"[1]虽然马克思承认，这些有问题的、衡量平等的标准"在经过长久阵痛刚刚从

---

[1] 《马克思恩格斯选集》第3卷，人民出版社1995年版，第305页。

资本主义社会产生出来的共产主义社会第一阶段（即社会主义社会——本文作者注），是不可避免的"，因为"权利绝不能超出社会的经济结构以及由经济结构制约的社会的文化发展"；[①] 但要真正直面主体的多角度和多样性的权利，"就不应当社会平等的，而应当是不平等的"[②]。

这种不平等的平等才是"十三五"所力图实现的蕴含着个人主体的个性发展的平等！因为"在共产主义社会高级阶段上，在迫使人们奴隶般地服从分工的情形已经消失，从而脑力劳动和体力劳动的对立也随之消失之后；在劳动已不仅仅是谋生的手段，而且本身成了生活的第一需要之后；在随着个人的全面发展生产力也增长起来，而集体财富的一切源泉都充分涌流之后，只有在那个时候，才能完全超出资产阶级法权的狭隘眼界"[③]。换言之，在社会生产力高度发达、社会财富丰富基础上要实现的共享条件下的主体性自由，不是抽象的、被市场的等价交换原则原子化和均一化的刑事法权的平等自由，而是承认个体差异和多样性的、面向开放和丰富性的个性的全面发展条件下的平等。它是共享前提下的"人的全面解放"。

也就是说，从长远看，真正的共享理念是在生产资料公有前提下、由主体性自由支撑起来的社会共享，也只有如此才能实现个人关系与个人能力的"普遍性和全面性"。它是具体的历史条件下，处于共同体中的个人主体自我实现的途径。而《哥达纲领批判》在这个方面做出的理念界划正是社会共同体终极发展目标所需要的价值指向和路径引导，它要求在个人权利方面的发展能够同时重视当下性与可持续性，阶段性与可持续性，目标性与过程性，与我党所强调的"发展为了人民、发展依靠人民、发展成果与人民共享"的

[①] 《马克思恩格斯选集》第3卷，人民出版社1995年版，第305页。
[②] 同上。
[③] 同上。

执政理念相互应和。

  新的科学发展观的提出毫无疑问是又一个重大的理论飞跃，是对发展规律认识的深化，也是今后的发展实践所必须遵从的导向。新发展观所包含的五个方面在理论上是一个整体，它们相互联系，形成支撑。因此，共享发展本身是在创新、协调、绿色、开放的大环境中进行的。它所要完成的目标并不局限于社会结构中的伦理价值关系建构，而是涉及各个方面的现实利益关系。需要指出的是，这五大发展理念之所以被明确地提炼出来，是根源于对发展现阶段的矛盾与问题的认识与正视。当代条件下，中国特色社会主义道路的探索不得不面临众多方面的多样性挑战，因而其在实践上所可能遭遇的复杂性也是前所未有。而这其中最主要的难题就是寻找到如何立足于共享发展理念去促进和完善改革的切入点。因此，必须坚持批判性的思维，坚持"全民共享、全面共享"的准则去发现和分析重要的现实问题、掌握共享实现的机制，实现世界性与中国性、一般性与特色性的结合，完成建设中国特色社会主义道路的当代发展目标。

如何正确理解"文化自信"?[*]

——兼澄清一些模糊认识

程新宇[**]

摘 要：党的十八大以来，习总书记在国内外活动和讲话中反复提及"文化自信"，强调"高度的文化自信"是中华民族伟大复兴的必要条件！然而，学术界和理论界关于什么是文化自信还存在着一些模糊认识和争议。基于"文化"和"自信"的含义，从历史上和逻辑上讲，习总书记关于文化自信的思想有一个发展过程，是逐渐明晰，日益丰满的。"文化自信"思想的理论内涵包括：第一，"中华优秀传统文化""革命文化""社会主义先进文化""中国特色社会主义文化"这几种文化之间是一脉相承、继承发展的关系。第二，文化自信是中华民族伟大复兴的必要条件。第三，从"四个自信"之间的关系来看，文化自信是其他三个自信的基础和总纲。"文化自信"思想的实践指向包括：首先，文化自信不仅仅是指心理上思想上认同和讴歌中国传统文化，更重要的是在行动上

---

[*] 基金项目：本文系中央高校基本科研业务费专项资助成果（项目编号：2020WKZDJC008）。

[**] 作者简介：程新宇，华中科技大学哲学系教授。

实践中推动社会主义文化繁荣兴盛。其次，文化自信既反对崇洋媚外，也反对夜郎自大。最后，文化自信建立在对中华文化的正确认识之基础上，意味着当今时代要发展中国特色社会主义文化。

关键词： 文化自信　理论内涵　实践指向

党的十八大以来，习总书记在国内外活动和讲话中在不同的场合反复提及"文化自信"①，已经将文化自信提升到了前所未有的高度。他指出，文化自信非同小可，"高度的文化自信"是中华民族伟大复兴的必要条件！既然如此，正确理解"文化自信"就很有必要！那么，到底什么是文化自信呢？怎样做才算是坚定文化自信呢？在一些理论学习场合，在一些党的十九大报告宣讲会上，存在着多种解读，其中包括一些模糊认识，也包括关于文化自信的一些争论。例如，有的专家说，从理论上讲，文化自信包含"四个自信"中的前面三个自信。有的专家在谈到文化自信时就只谈中国历史，他们说中国是文明古国，有五千年文化，有四大发明，中国人怎么可能没有文化自信？有的新儒家学者听不得批评中国传统文化

---

① 例如，在2014年10月15日的《在文艺工作座谈会上的讲话》中他谈到"增强文化自觉和文化自信"；在2015年5月4日的与北大学子座谈时他多次提到"文化自信"；在2016年5月17日的《在哲学社会科学座谈会上的讲话》中他强调要"坚定文化自信"；在2016年7月1日的《在庆祝中国共产党成立九十五周年大会上的讲话》中他指出要坚持中国特色的社会主义"文化自信"；2016年11月30日《在中国文联十大、中国作协九大开幕式上的讲话》中他反复强调"坚定文化自信""中华民族素有文化自信的气度"；2017年1月6日《在十八届中央纪律检查委员会第七次全体会议上的讲话》中他指出"领导干部要不忘初心、坚持正道，必须坚定文化自信"；2017年4月19日在广西考察工作时的讲话他也谈到要"增加文化自信"；2017年10月18日中国共产党第十九次全国代表大会上的报告《决胜全面建成小康社会　夺取新时代中国特色社会主义伟大胜利》中更是多次强调"增强文化自信""坚定文化自信"。例如，报告的第二部分"新时代中国共产党的历史使命"中他说："全党要更加自觉地增强道路自信、理论自信、制度自信、文化自信"；在报告的第三部分"新时代中国特色社会主义思想和基本方略"中他说："强调坚定道路自信、理论自信、制度自信、文化自信"；报告的第七部分更是以"坚定文化自信，推动社会主义文化繁荣兴盛"为标题。更重要的是，在第七部分的开首段习总书记即明确指出"没有高度的文化自信，没有文化的繁荣兴盛，就没有中华民族的伟大复兴"。参见中共中央编译室《习近平关于社会主义文化建设论述摘编》，中央文献出版社2017年版。

的声音，认为只要批评中国文化就是不自信的表现，甚至将其等同于自由主义或全盘细化。在国内领先的科学媒体平台"知识分子"上，主编们甚至激烈辩论"发表英文期刊论文是失掉文化自信吗？""论文发表在中文杂志是自信还是狭隘民族主义？"等等。由此可见，学术界理论界关于文化自信还研究得不够，阐释得不透。有鉴于此，笔者通过反复学习中央文件精神，拟就如何理解"文化自信"从历史和逻辑上做一点阐释。

一 "文化""自信"释义

"文化自信"是由"文化"和"自信"两个词组成的一个合成词。要理解什么是"文化自信"，让我们先分开来理解"文化"和"自信"这两个词语。

"文化"是一个多义词。各种汉语词典对"文化"的解释归纳起来大致有四个义项，分别是：（1）[culture]：考古学上指同一历史时期的遗迹、遗物的综合体。同样的工具、用具、制造技术等是同一种文化的特征，如，仰韶文化、龙山文化。（2）[civilization]：人类所创造的财富的总和，特指精神财富，如文学、艺术、教育、科学，如，中国文化。（3）[literacy]：运用文字的能力及具有的书本知识，如，文化水平、学习文化。（4）文治教化。如，刘向《说苑·指武》："凡武之兴，为不服也，文化不改，然后加诛。"束皙《补亡诗·由仪》："文化内辑，武功外悠。"杜光庭《贺鹤鸣化枯树再生表》："修文化而服遐荒，耀武威而平九有。"

其中，第二个义项又有广义和狭义之分。广义的文化指人类在社会历史实践中所创造的物质财富和精神财富的总和。狭义的文化是指社会的意识形态以及与之相适应的制度和组织机构。文化作为意识形态，是一定社会的政治和经济的反映，又反作用于一定社会的政治和经济。随着民族的产生和发展，文化具有民族性。每一种社会形态都有与其相适应的文化，每一种文化都随着社会物质生产的发展而发展。社会物质生产发展的连续性，决定文化的发展也具有连续性和历史继承性。

"自信"则是一个单义词，《汉语词典》对"自信"的解释非常简单，就是六个字"自己相信自己"。与此相关的一个词是"自信心"，汉语词典对"自信心"解释是："相信自己有能力实现一定愿望的心理状态。必须建立在对自己和对事物的正确认识的基础上。缺乏自信使人畏缩不前，过于自信或盲目自信，则会使人骄傲自满或陷于盲动。正确的自信心能使人意志坚定，不怕困难。"[①] 这个解释比较具体，指出了自信心是相信自己的能力；指出了自信心的前提是建立在对事物的正确认识基础上，否则就是盲目自信；指出了自信的积极作用，缺乏自信的消极作用，以及过于自信和盲目自信的不良后果。这对我们正确理解文化自信有所帮助。

将以上两个词合起来就得到一个词组"文化自信"。习总书记的文化自信思想正是具有以上两个词组合起来所具有的丰富的内涵。他说，"文化自信是一个民族、一个国家以及一个政党对自身文化价值的充分肯定和积极践行，并对其文化的生命力持有的坚定信心"。

要正确理解习总书记的文化自信思想，首先我们要认清自信的是什么文化？然后我们要明确怎样做才算文化自信？这也就是文化自信的理论内涵和文化自信的实践指向问题。

---

① 《汉语词典》网络版（http：//cidian.xpcha.com/d6d64ngqo31.html），最后访问时间2020年12月8日。

二 文化自信的理论内涵

我们自信的是什么文化？习总书记在谈文化自信时谈到这样几个术语："中华文化""博大精深的中华文化""社会主义先进文化""中国特色社会主义文化""中华优秀传统文化""革命文化""社会主义先进文化"。

我们不禁会思考：习总书记为什么在不同时期和场合会有不同的提法？这些不同的提法之间是什么关系？

仔细研读这些文献，可以得出四点结论。

（一）习总书记关于文化自信的思想有一个发展过程，是逐渐明晰，日益丰满的

我们排列比较一下这些提法的时间顺序就会发现这一规律。

"中华文化"（见2013年11月24日在山东考察时的讲话。）

"博大精深的中华文化"（2014年10月15日《在文艺工作座谈会上的讲话》。）

"社会主义先进文化"（2016年1月18日《在省部级主要领导干部学习贯彻党的十八届五中全会精神专题研讨班上的讲话》。）

"中国特色社会主义文化"（2016年10月21日《在纪念红军长征胜利八十周年大会上的讲话》。）

"中华优秀传统文化""革命文化""社会主义先进文化"（2016年11月30日《在全国文联十大中国作协九大开幕式上的讲话》，2017年1月6日《在第十八届中央纪律检查委员会第七次全体会议上的讲话》。）

"中国特色社会主义文化"（2017年10月18日《决胜全面建成小康社会　夺取新时代中国特色社会主义胜利——在中国共产党第十九次全国代表大会上的报告》。）①

从以上提法的时间顺序可以看出，习总书记的文化自信有一个发展过程，文化自信思想是逐渐明晰，日益走向丰满。我们看到，随着时间的推移，开始是用宽泛的提法"中华文化"，然后是比较具体的提法"中华优秀传统文化"，再然后提"社会主义先进文化"，最后提"中国特色社会主义文化"。并且，在党的十九大报告中将以上几种文化之间的关系做了清楚的定位。

（二）"中华优秀传统文化""革命文化""社会主义先进文化""中国特色社会主义文化"这几种文化之间是一脉相承、继承发展的关系

我们知道，文化是在社会历史中、在社会实践中发展出来的。也就是说，狭义的文化作为上层建筑，是一定政治经济的反映。文化具有民族性和时代性。那么以上几种文化之间是什么关系呢？习总书记是在党的十九大报告中将以上几种文化之间的关系定位清楚地表达出来。这种关系是一脉相承、继承发展的关系。具体说来就是：中华五千年文明孕育了"中华优秀传统文化"，党领导人民在革命、建设、改革中创造了"革命文化"和"社会主义先进文化"，中国特色社会主义伟大实践造就了"中国特色社会主义文化"，而中国特色社会主义文化正在不断发展之中。而每一种后继的文化都从前一种文化中吸取养分，并不断得到创新。

---

① 中共中央编译室：《习近平关于社会主义文化建设论述摘编》，中央文献出版社2017年版。

（三）文化自信是中华民族伟大复兴的必要条件

习总书记对文化在中华民族的伟大复兴中的作用做了高度评价。他指出，文化是一个民族生存和发展的重要力量。思想文化是一个国家、一个民族的灵魂。在历史上，博大精深的中华文化帮助中华民族挺过了无数的艰难困苦，为中华民族克服困难、生生不息提供了强大的精神支撑。在今天，中华民族的伟大复兴同样也以中华文化的发展繁荣为必要的前提条件。在党的十九大报告中习总书记明确指出，[①] 文化兴国运兴，文化强民族强。文化自信是一个国家、一个民族发展中更基本、更深沉、更持久的力量。没有高度的文化自信，没有文化的繁荣兴盛，就没有中华民族的伟大复兴。他表明文化自信是中华民族伟大复兴的必要条件。

（四）从"四个自信"之间的关系来看，文化自信是其他三个自信的基础和总纲

在 2014 年 10 月 15 日的《在文艺工作座谈会上的讲话》中，习总书记说，"增强文化自觉和文化自信，是坚定道路自信、理论自信、制度自信的题中应有之义"。在 2016 年 5 月 17 日的《在哲学社会科学工作座谈会上的讲话》中，他说，"我们说要坚定中国特色的道路自信、理论自信、制度自信，说到底是要坚定文化自信。文化自信是更基本、更深沉、更持久的力量"。在 2016 年 7 月 1 日的《在庆祝中国共产党成立九十五周年大会上的讲话》中，他

[①] 习近平：《决胜全面建成小康社会 夺取新时代中国特色社会主义伟大胜利——在中国共产党第十九次全国代表大会上的报告》，载《党的十九大文件汇编》，党建读物出版社2017年版。

说,"文化自信是更基础、更广泛、更深厚的自信"。习总书记在以上这些讲话中并没有把文化自信和其他三个自信并列起来,而总是强调文化自信的特别重要地位。是在党的十九大报告中将四个自信并列起来的,但是对文化自信的特别强调已然融进了这一思想。所以,正如有研究者所说的那样,文化自信包含前面三个自信,或者说文化自信是三个自信的"坚固底色"。[①] 我们可以说,文化自信是其他三个自信的基础和总纲。

三 文化自信的实践指向

怎样做才算有坚定的文化自信呢?或者说,坚定的文化自信如何体现出来呢?有人认为,有坚定的文化自信就是相信中华文化是优秀的,有优越性的,从而表现出自豪感。有人甚至认为,恢复国学,或者说,国学热就是文化自信的表现,批评中华传统文化就是文化不自信的表现。这种想法过于简单,值得商榷。

(一)文化自信不仅仅是指心理上思想上认同和讴歌中国传统文化,更重要的是在行动上实践中推动社会主义文化繁荣兴盛

文化自信固然内含着从心理上思想上认同和讴歌优秀传统文化的意思。从党的十八大以来,习总书记就在多个场合谈论中国优秀传统文化,并且表达了自己对中国优秀传统文化的认同与尊崇。

但是,习总书记强调文化自信,总是和推动文化的繁荣和发

---

① 李捷:《文化自信是"三个自信"的坚固底色》,http://theory.people.com.cn/n/2015/1208/c49157-27898635.html,最后访问时间2020年12月8日。

展,提高国家文化软实力,建设社会主义文化强国紧密联系在一起的。在党的十九大报告中,他在谈到坚定文化自信时,指出了文化创新和建设社会主义文化强国的理论指导、路线方针、主要内容和方法手段。"发展中国特色社会主义文化,就是以马克思主义为指导,坚守中华文化立场,立足当代中国现实,结合当今时代条件,发展面向现代化、面向世界、面向未来的、民族的科学的大众的社会主义文化。推动社会主义精神文明和物质文明协调发展。"(这是文化建设的理论指导)要"坚持为人民服务、为社会主义服务"(这是文化建设路线方针),坚持百花齐放、百家争鸣(这是文化建设的方法手段),坚持创造性转化,创新性发展(这是文化建设的重点内容),不断铸就中华文化新辉煌。并且,他提出了五个要点:

(1)牢牢掌握意识形态工作领导权;

(2)培育和践行社会主义核心价值观;

(3)加强思想道德建设;

(4)繁荣发展社会主义文艺;

(5)推动文化事业和文化产业发展。

(二)文化自信反对崇洋媚外,也反对夜郎自大

崇洋媚外显然是不自信的表现。习总书记说,以洋为尊、以洋为美、唯洋是从、东施效颦、去思想化、去价值化、去历史化、去主流化都是文化不自信的表现,都是没有前途的。

同时,文化自信也不是文化自负,不是刚愎自用,闭关锁国,而是要有海纳百川开放的勇气。海纳百川有容乃大。文化自信并不反对文化交流合作,追求合作共赢。

例如,回到本文开篇提到的关于文化自信的模糊认识和争论,

即，科研论文发表在英文期刊上是不是丧失文化自信这个话题上来。一方面，有人认为，我们现在的科研评价体系偏重在英文期刊发表科研成果，这是文化不自信的表现，是放弃学术领域的话语权。另一方面，有人则认为，将研究成果发表在英文期刊上与文化自信和争夺话语权没有什么关系，而是日益频繁的国际科学交流和科学发展知识共享的需要，不影响科研成果的所有权，也不影响研究者在某个领域的话语权。谁领先谁才有话语权。如果某人做出的是落后的科研，任凭他说再多也没有人听，他所谓的话语权也只能是强权。

其实，无论是发表在英文期刊上还是发表在中期刊上，语言只是个载体，是个媒介。科研成果、深邃思想，才是你的文化自信的根源。*Nature*、*Science* 这些刊物也是因其质量上乘才被选为评价标准，而不是因其是英文期刊而成为评价标准。

自信不是故步自封，而是有开放的勇气。习总书记在哲学社会科学工作座谈会上的讲话也明确指出，要鼓励哲学社会科学机构参与和设立国际性学术组织。"要加强优秀外文学术网站和学术期刊建设，扶持面向国外推介高水平研究成果。对学者参加国际学术会议、发表学术文章，要给予支持。"[1]

（三）文化自信建立在对中华文化的正确认识之基础上

正如一个人的自信心来自过去获得了很多成功的经验，并且人的这种自信心会让他学习经验、吸取教训，继承发展、继往开来一样，文化自信也是基于对文化的正确认识，并且这种自信会对历史

---

[1] 中共中央编译室：《习近平关于社会主义文化建设论述摘编》，中央文献出版社 2017 年版。

上的中国文化批判地继承，创造性地发展。所以，习总书记说，我们要有文化自信，既不走封闭僵化的老路，也不走改旗易帜的邪路。

在历史上，中华文化有同化外来文化的能力，也有师夷长技以制夷的先例。近现代以来，中华文化受外来文化影响比较大。但是，我们反对全盘西化，并不反对学习西方科技来发展自己。我们对中华文化的历史与现代、传承与更新问题要有正确评价和积极应对，这是文化自信的题中应有之义。

所以对中国传统文化的自信，古为今用，也应该是批判地继承，而不是食古不化。那种不敢对传统儒家文化进行批评和自我批评的做法，反而是不自信的表现。

（四）文化自信意味着去努力发展中国特色社会主义文化

文化自信不仅仅是在心理上认同和维护中国形象，弘扬中华优秀文化，而且更重要的是，应该在行动上投身到中国特色社会主义文化建设中去。习总书记在讲增强文化自信时，也总是带有传承中华优秀传统文化和发展先进文化的题中应有之义。

在探讨当前我国文化建设时，有人认为它包含文化自信、文化自省、文化自觉三个相互联系的维度。主张"文化自信是对自身文化的充分肯定、一种发自内心的信奉、珍视和坚守；文化自省是深刻反思自身文化，区分精华与糟粕。文化自信和文化自省是一体两面，是相互依存的。文化自觉是对文化自信和文化自省的辩证综合，是对自身文化的'否定之否定'。须用理性、历史、系统的眼光看待文化发展，全面、客观把握文化发展规律，主动担当文化发展责任,兼容并蓄,取长补短,改革创新,实现文化的超越发展。"① 这是有道理的。习总书记的文化自信思想从总体上来理解,就包含文化坚守、自省、自觉。

关于文化建设的具体做法,习总书记在许多讲话中都有论述。在坚定文化自信,建设社会主义文化强国的总纲下,具体包括:第一,坚持马克思主义为指导,牢牢掌握意识形态工作的领导权、管理权、话语权。第二,高度重视理论建设,加快构建中国特色哲学社会科学。第三,培养和践行社会主义核心价值观。第四,提高全民族思想道德水平。第五,坚持以人民为中心的创造导向。第六,推动文化事业全面繁荣和文化产业快速发展。第七,提高国家文化软实力,讲好中国故事。提出主要从以上七个方面着力。而对于每一个方面,习总书记又都有进一步的具体论述。比如,指出对国家发展而言,自然科学和社会科学同样重要。指出新形势下坚持马克思主义,不能采取教条主义态度,也不能采取实用主义的态度,最重要的是坚持马克思主义的精髓和活的灵魂,即马克思主义基本原理和贯穿其中的立场、观点、方法。指出我国哲学社会科学的发展要按照"立足中国、借鉴国外、挖掘历史、把握当代、关怀人类、面向未来"这一思路。要坚持古为今用、洋为中用;既要立足本国实际,又要开门搞研究。要有主体性和原创性。要正确区分学术问题和政治问题。等等。本文限于篇幅,暂不赘述。

综上所述,习总书记的文化自信思想是逐渐发展明晰、不断丰满的。文化自信思想既具有丰富的理论内涵,又具有明确的实践指向。文化自信思想全面而深刻地把握了中华文化的历史和发展,既有广阔的视野又有深刻的洞察,既有历史感又有时代感,既有理论高度又有实践可操作性,值得认真学习、深入领会、身体力行。

---

① 查建友:《文化自信、文化自省、文化自觉》,《理论视野》2017 年第 6 期。

论中国特色现代文化的基本精神及其规范功能

夏建国[*]

摘　要：现代化是在现代文化指导下进行的自觉行为及其文明成果。现代文化精神的基本意蕴不可能自发生成，有待人们自觉建构。中国特色社会主义现代化实践及其过程蕴含着富强、民主、文明、正义、和谐等文化精神。这些文化精神对中国特色社会主义现代化有不可或缺的重要规范功能。新时代中国特色社会主义改革开放事业，要求进一步推进中国特色现代文化建设。

关键词：中国特色社会主义现代化　现代文化　文化精神　实践规范

中国特色社会主义现代化是经济、政治、文化、社会以及生态文明"五位一体"的现代化。我国社会主义现代化是一个整体协调发展的过程。在社会经济基础业已确立、经济政治取得重大成果的基础上，文化现代化是中国特色社会主义现代化最根本、最广泛、

---

[*] 作者简介：夏建国，武汉大学马克思主义学院教授，博士生导师。

最深厚的现代化。因为，现代文化是社会现代化的价值奠基、观念先导和智力动能，直接关乎人（社会主体）的现代化，在一定条件下对经济、政治、社会及生态文明现代化起决定性的反作用。现代文化需要自觉建设。那么，什么是现代文化？中国特色现代文化有哪些基本精神？对中国特色社会主义现代化有怎样的规范功能？如何进一步推进中国特色现代文化建设？

一　中国特色现代文化的基本精神

中国特色现代文化是一种具有中国特色的社会主义现代文化，其文化精神是由现代化的文化精神与中国特色社会主义现代化实践的基本特征共同决定的。

第一，现代化的文化精神。中国特色现代文化是一种现代文化，具有现代文化的基本精神。所谓现代文化，即反映现代化实践的文化形态。现代文化是现代化实践的产物。直观地看，现代化就是"化""现代"，即"现代"所蕴含的思想观念、文化精神的现实化。一般认为，"现代"是工业化发展的时代，是世界历史的开端及延展。就具体内容而言，世界历史中各国的"现代"，是指从农业社会向工业社会转型的历史时期。一方面，随着现代经济形态的形成和发展，现代政治形态即民主法制国家亦将构建。随着现代经济形态和政治形态的形成和发展，现代文化形态亦必然形成。另一方面，作为社会的观念形态，现代文化必将对现代经济和政治发挥能动的反作用，为社会的现代化提供思想保证和精神动力。由此观之，所谓"现代化"，即是在现代文化和现代社会制度的奠基、驱动和牵引下，"化"育生成现代社会、形成"现代社会"的过程及其结果。现代化是个"实力"概念。现代化不是看拥有多少财富，而是看用什么方式创造财富。现代化的核心和实质是人的实践方式及行为方式、存在价值的现代化，是人们对现代化的态度及实现现代化方式的选择和运用。因此，衡量现代化有物和人的双重标准，但根本标准是人而不是物。现代化的根本标志是文化现代化。

人是文化的主体，人的现代化和文化现代化是现代化的灵魂。文化现代化即是培育现代文化精神，建构现代文化。那么，现代化蕴含着哪些基本的文化精神？社会存在决定社会意识。现代化的文化精神生成于现代化的实践活动及其过程。例如，工业、制造业的生产方式，促使社会成员生成主客二分的思维方式，生成理性、主体、自我、个性、标准、规范等意识，促进科学昌盛、技术进步、标准通行；商业、市场遵循价值规律，实行等价交换，生成效益、竞争、契约、诚信等理念。工业和商业要求集中统一，必然推进城市规模的扩大及功能的完善，促进民主、法制等理念的生成及社会管理模式的规范化。总之，现代化实践及其过程蕴含着自我观念、独立性、主体性，开放意识、竞争意识、市场观念、融合精神、变革意识、效率观念，民主思想、自由精神、法制观念、规则意识、平等观念、统一意识，理性（普遍性、必然性、规律性）等文化精神，促使科学技术快速发展，并促进"世界文学"（这里泛指科学、艺术、哲学、政治等方面的著作——原注）即世界文化的形成。

第二，中国现代文化的特殊性。中国特色现代文化是一种具有中国特色的现代文化，其文化精神既反映了现代文化的基本精神，又与中国特色社会主义现代化实践密切相关。由于经济政治形态特别是所有制性质不同，现代文化的文化精神在不同所有制社会里有不同的基本内容，具有不同的特色。因此，中国特色现代文化建设，一方面，要积极吸收历史上现代文化的一般意蕴。现代文化的一般意蕴是由工业化决定的，其特殊意蕴则是由经济基础决定的。

工业化等要素决定了科学技术、市场规则等文化形态具有普遍性，普遍适用于工业和市场；同时决定了现代文化的一般意蕴，如，自由精神、民主意识、法律观念、主体性、独立性等。与此同时，在资本主义私有制或社会主义公有制基础上形成的现代文化，则有其特定的意识形态属性。因此，自由精神、民主意识、法律观念、主体性、独立性等现代文化还有其特殊意蕴的一面。对现代文化的一般意蕴和特殊意蕴应该区别对待，善于甄别，而不能不分青红皂白地囫囵吞枣，简单移植。以此观之，所谓现代化进程中的文化焦虑和信仰危机，并不是由现代文化的一般意蕴引发的，而是由其特殊意蕴引发的。因此，医治现代文化病，走出文化焦虑和信仰危机的根本出路，在于否定其生成的经济基础，建构适应现代文化一般意蕴的经济基础。从这个意义上讲，发展中国特色社会主义现代文化是消弭文化焦虑和信仰危机的基本途径。

另一方面，中国特色社会主义现代化实践使得现代化进程中的中国现代文化深深地具有了中国特色。中国特色社会主义现代化侧重于工业现代化、农业现代化、国防现代化、科学技术现代化、国家治理体系和治理能力现代化。这五个现代化，体现了经济、政治、文化和社会、生态文明现代化的统一，也生成了中国特色现代文化应有的文化精神。

第三，中国特色现代文化本质上是一种社会主义先进文化。社会主义先进文化即中国特色社会主义文化，也就是以马克思主义为指导，以培育有理想、有道德、有文化、有纪律的"四有"公民为目标，发展面现代化面向世界面向未来的、民族的科学的大众的社会主义文化。一方面，在社会主义基本经济制度基础、政治制度基础和马克思主义指导思想等方面的一致性，决定了中国特色现代文化的社会主义本质属性和先进性，决定了中国特色现代文化与社会主义先进文化本质上的一致性，从而决定了价值取向的一致性、目的的一致性和功能的一致性。因此，中国特色现代文化本质上是社会主义先进文化的重要组成部分，是值得我们自信的文化形态。另一方面，在文化品质和文化范围方面，两者略有差异。中国特色现代文化不只是社会主义先进文化，还包括一些与现代化相适应的、社会主义先进文化所容许的、或不具有阶级属性（所谓中性的）文化内容，如先进的科学技术、现代语言文字及其表述方式、现代教育理念及模式、现代管理理念及模式等。

二　中国特色现代文化的核心意蕴及其信仰规范功能

在中国特色社会主义现代化实践中，中国特色现代文化是社会主义先进文化的重要组成部分，其文化精神有层次差异、相互衔接的基本意蕴。

中国特色现代文化的核心意蕴是富强、民主、文明、正义、和谐。这些核心意蕴对于实现中国特色社会主义现代化具有信仰规范功能。中国特色现代文化的核心意蕴是中国特色现代文化最普遍、最大共识、全社会意愿和要求最大公约数。这部分内容是现代文化的核心意蕴与中国特色社会主义本质属性共同决定的。现代文化的根本标志是人的现代化，其核心意蕴是对现代化的本质属性的揭示，如理性、普遍性、必然性、规律性、主体性、统一性、规范性，等等。在中国特色现代文化中，主体性表现为人民主体性。以民为本是中国特色社会主义现代化实践的目的。因此，理性、普遍性层次的人民主体性，必然体现为人民主体的现代化，由此亦规定了与人民主体密切关联的富强、民主、文明、正义、和谐等根本内容。与此同时，社会主义的本质属性亦决定了中国特色现代文化精神的核心意蕴。社会主义的本质是解放生产力，发展生产力，消灭剥削，消除两极分化，最终达到共同富裕；社会和谐亦是中国特色社会主义的本质属性。富强、民主、文明、正义、和谐是社会主义经济现代化、政治现代化、文化现代化、社会现代化和生态文明现代化的具体目标，共同构成了"五位一体"的社会主义现代化的总体目标。在"富强民主文明正义和谐"总体目标之中，经济富强是现代化最基本的物质保障；政治民主是现代化的制度保障；文化文明是现代化的精神支柱、精神纽带和精神动力；社会正义是现代化的价值奠基；生态文明和谐是现代化的内在灵魂。因此，和谐不只是生态文明现代化的内核，同时也是内在于经济现代化、政治现代化、文化现代化、社会现代化的根本精神。这即是说，"五位一体"的社会主义现代化的目标都必须遵循和谐精神，实现生态平衡。总之，到21世纪中叶我国要建成的是经济富强、政治民主、文化文明、社会正义、生态文明和谐的社会主义现代化国家。由此可见，富强、民主、文明、正义、和谐也构成了社会主义核心价值的基本内容，成为实现中华民族伟大复兴中国梦的信仰规范。

习近平总书记指出，人民有信仰，民族有希望，国家有力量。实现中华民族伟大复兴的中国梦，物质财富要极大丰富，精神财富也要极大丰富。我们要继续锲而不舍、一以贯之抓好社会主义精神文明建设，为全国各族人民不断前进提供坚强的思想保证、强大的精神力量、丰润的道德滋养。把精神文明建设贯穿改革开放和现代化全过程、渗透社会生活各方面，紧密结合培育和践行社会主义核心价值观，大力倡导共产党人的世界观、人生观、价值观，坚守共产党人的精神家园。

信仰是实践主体对某种价值目标极度信服、尊崇和遵从，并以之为一种行动准则即实践规范的精神活动。它表现为人们对其认定的、体现着最高生存价值的某种对象的由衷信赖和执着追求。中国特色现代文化的信仰规范与共产主义信仰、中国特色社会主义信仰是紧密相连的。如果说共产主义信仰与党的最高纲领具有一致性的话，那么，中国特色现代文化所提供的信仰规范可以视为党的最低纲领的时代内容。如果每个人、每个单位和集体都确立了中国特色现代文化的信仰规范，那么就会形成"百花齐放""百舸争流"的壮阔局面，形成建设中国特色社会主义现代化的巨大洪流，为实现中华民族伟大复兴的中国梦提供持久强劲的精神动力。

三 中国特色现代文化的基本意蕴及其实践规范功能

中国特色现代文化的基本意蕴是其核心意蕴的辐射和体现，是社会从业者普遍遵循的、具有实践规范功能的内容。这是由现代化的行为规范及我国现代化的基本内容共同决定的。例如，工业、制造业的生产方式，商业及市场的行为规则，规范化、法制化的社会管理模式等，要求从业者必须敬重客体、崇尚科学，敬畏职责、依规行事，尊重他人、协调合作，爱岗敬业、知行合一，讲究诚信、自我规范，坚持标准、遵从契约，追求效率、注重创新，依法治国、依规治理。这些现代化的基本精神构成为中国特色社会主义现代化从业者的精神禀赋、自觉意识及实践规范，体现在工业现代化、农业现代化、国防现代化、科学技术现代化、国家治理体系和治理能力现代化的实践活动之中，具体表现为科教兴国、人才强国、和谐发展、自主创新、创新发展、协调发展、绿色发展、开放发展、共享发展、科技惠民、创新驱动、规范化、法治化、民主化、效率化和协调性等现代化的实践理念。这些实践理念是人类现代文明的有机构成部分，是中国走向现代世界的精神桥梁。

民族复兴是中华民族的具体实践行动创造出来的。中国特色现代文化的基本意蕴为中国社会主义现代化、实现民族复兴给出了切实可行的具体实践规范。

四 进一步推进中国特色现代文化建设

新时代中国特色社会主义改革开放事业,进入了"船到中流浪更急、人到半山路更陡的时候"。这是一个"愈进愈难、愈进愈险而又不进则退、非进不可的时候"。此时此刻,更加需要动员社会,协调步伐,形成更加凝聚宏大的整体力量;更加需要全体人民不忘初心、牢记使命、奋发有为,努力创造属于新时代的光辉业绩;更加需要现代文化的价值奠基、观念先导和智力动能,不断推进新时代民族复兴和社会主义现代化事业走向未来。那么,如何在既有建设成果的基础上,进一步推进中国特色现代文化的建设?

第一,制约资本对现代文化的负面影响。一是要制约资本对科学技术的负面影响,防止和克服科学技术的片面发展和异化使用。科学既是一种文化形态,亦是一种精神状态。就其文化形态而言,历史上的资本主导型现代文化和政府主导型现代文化都存在科学技术被片面使用的弊端。科学技术的片面使用,或者导致了人与自然物质变换方式的非科学化及人存在价值的失落,或者导致社会经济、政治的畸形发展。依据科学技术发展的内在逻辑及服务宗旨,科学技术既有自身发展的逻辑规律,又应与经济现代化、政治现代化、社会现代化相协调;既要促进自身的现代化,更要服务经济、政治和社会的现代化。这一主旨和目的彰显着科学技术的社会功能。在改革开放的历史时期,我国社会主义现代化进程主要是政府主导与资本主导两种动力机制的双重驱动。因此,科学技术现代化,既要促进工业现代化、农业现代化、国防现代化、国家治理体系和治理能力现代化,推进社会整体现代化;又要制约资本对科学技术的片面异化使用。二是要制约资本对先进文化的负面影响,防止先进文化以大众化形式走向"庸俗化"。

第二,现代文化建设需要人民主体"合唱",需要自觉而全面地建设。历史启示我们,现代文化贵在凝聚民心,重在自觉全面建设。现代文化既不能脱离民众"独唱"、躲避现实"绝唱",更不能与执政党和政府相对立"反唱"。现代文化重在人民主体"合唱"。这是坚持人民主体、凝聚民心、克服片面建设的必要方法,也是消除盲动否定力量的重要手段。与此同时,现代文化重在自觉建设,即建设的"现代人"要有主体性和独立性,应运用民主、法律等手段,规范现代文化建设,解决建设进程中的问题或分歧;文化创新权与世俗行政权应保持一定的距离和张力。现代文化重在全面建设。全面建设的内在逻辑是遵循现代文化的一般意蕴,全面倡导现代文化的基本精神,全面建设和创新科学技术、市场规则等文化形态;全面建设与经济基础相适应的法律法规、哲学社会科学、人文科学等文化形态,全面协调和规范社会关系,促进社会整体发展和全面进步。

第三,现代文化的显在标志是人的现代化,现代文化建设必须充分发挥哲学在民族精神信仰领域的独特作用。反思历史,许多国家或地区(特别是资本主导的国家或地区)一定历史时期的现代化将人给放逐了,特别是将人的精神世界物欲化了,哲学智慧之光被世俗的物欲遮蔽了。现代化归根到底是人的现代化,现代文化归根到底是为人的现代化服务的,而人之为人的根本则是人的生存意义及精神信仰。现代文化亦有其层次性,如相对具体层次的各门自然科学、技术、法律法规、商品市场经济理论、军事理论、文学艺术等;一般层次的历史学、经济学、政治学、法学、社会学、民族学、新闻学、人口学、宗教学、心理学、生态学、物理学、化学等；最抽象层次的哲学和数学。因此，哲学是现代文化建设的最高层次之一。哲学是时代精神的精华，如精神天空的普照光，将智慧之光普照大地，催生万物。哲学智慧之光不仅滋润人的心灵，使人产生惬意的满足感和愉悦感，提升生存意义和价值；更为重要的是，哲学建构起理性的信仰体系，能够为人的精神世界提供科学的、健康的信仰之家，安顿人的灵魂。因此，我国社会主义现代文化建设，必须大力发展马克思主义哲学，使马克思主义哲学从少数人的精神大餐变为全民的日常精神食粮，回归实践，走向社会，走进生活，成为人们须臾不可或缺的空气和阳光。

论马克思社会发展道路思想的方法论意蕴*

叶泽雄**

摘　要：随着世界多极化、经济全球化、社会信息化和文化多样化的深入发展，世界各国各民族在日益成为相互依存、休戚与共的"命运共同体"的同时，又共同面临着诸多新情况新问题。如何应对这种新的"挑战"，走出一条适合自己的发展之路，就成为世界各国各民族普遍关注的重大问题。在这一时代背景下，深入挖掘马克思社会发展道路思想尤其方法论意蕴，对于世界各国尤其发展中国家选择以及如何选择适合自己的发展道路，从而走出人类生存和发展的困境，无疑具有非常重要的指导意义。

关键词：马克思　社会发展道路　思想　方法论意蕴

探寻社会发展道路是马克思创立唯物史观过程中极为关注的重要问题。马克思以历史观和价值观相统一的辩证眼光，通过对西方

---

* 基金项目：国家社科基金项目"恩格斯历史合力论思想及当代价值研究"（项目编号：17BZX122）阶段性成果。

** 作者简介：叶泽雄，华中师范大学马克思主义学院教授，博士生导师，研究方向：唯物史观研究。

资本主义发展道路的研究，揭示了资本主义产生的必然性与局限性。晚年马克思又把重点转向中国、印度、俄国等东方落后国家，致力于探索一条既能避免西方资本主义发展代价，又能走向社会主义的可能道路。今天，结合时代变化的实际，深入挖掘马克思社会发展道路思想的方法论意蕴，对于世界各国各民族如何选择适合自己的发展道路，具有十分重要的指导意义。

一 社会发展道路探寻与"民族独特个性"

在唯物史观的视野里，社会形态的更替是一个有着规律可循的从低级向高级、由简单到复杂的演进过程。在这一过程中，无论是世界史意义上的统一性、顺序性演进，还是民族史意义上的多样性、跨越式发展，社会发展的一般规律都是通过不同国家或民族的具体道路表现出来的。在这里，我们不要简单地将社会发展规律与社会发展道路这两个概念混为一谈。规律只是构成道路选择的本质依据，道路则是规律借以实现自己的具体方式。所谓"民族独特个性"，意思是说，每个国家或民族对自己发展道路的探寻必须从自己的基本国情与民情出发。不同的国情与民情往往给各自的道路选择烙上了独特的个性特质，体现出自己民族的独有特点。换句话说，不同的国家和民族因其社会制度、经济发展水平、文化传统、价值观念等的区别或差异，决定了各自发展道路选择必然具有其"特殊性和差异性"。早年马克思以资本主义这一特殊社会形态为对象，具体而细微地剖析了西方几个典型资本主义国家的发展道路。这就是后来被列宁称为的"英国式"道路、"普鲁士"道路和"美国式"道路。马克思认为，英国、德国和美国都是通过农业变革的方式走上资本主义道路的，但其农业变革的方式则不尽相同，因而道路选择亦各具特色。作为最早开启资本主义先河的国家，英国资本主义制度的确立得益于农业革命。这种农业革命是通过铲除自给自足的自然经济，强行剥夺农民土地的"圈地运动"实现的。可以说，英国式道路是资产阶级化的新贵族为维护自身经济利益自上而下、通过暴力方式剥夺农民生存环境和条件，进而通过大工业改造农业而实现的血腥之路。与英国式道路不同，普鲁士道路是一条由贵族地主阶级进行的、通过自上而下方式实现的农业改革道路。也就是说，它是在保留封建土地所有制的条件下，依靠容克地主的支持，在农业中用资本主义经营方式逐渐取代封建主义经营方式，用资本主义剥削逐渐代替农奴制剥削的改良道路。与英国、德国发展道路都不相同，美国道路是在地主阶级已不存在，资产阶级革命彻底废除封建制的条件下，农业中占主导地位的小农经济自由分化、自由发展逐渐转化为资本主义大农场经济。美国式道路的独特性在于"它是沿着纯粹资产阶级的道路发展起来的，没有任何封建的旧东西"[①]。

马克思通过对西方不同国家农业资本主义道路的考察，一方面充分肯定了资本主义的兴起相对封建主义的巨大历史进步性，另一方面又深刻洞悉到资本主义发展所带来的巨大历史代价。所以，到了晚年，马克思以深切的人文关怀又把目光转向俄国、中国、印度等东方落后国家，致力于探索一条既不能走西方资本主义的老路，又能避免资本主义"苦难"的独特发展道路。在这一探索过程中，马克思又进一步深化着对规律与道路关系的辩证理解。此时的马克思与他在50年代的观点有较大不同。那时他曾经认为，"工业较发达的国家向工业较不发达的国家所显示的，只是后者未来的景

[①]《马克思恩格斯全集》第36卷，人民出版社1975年版，第522页。

象"①。后来，马克思通过考察中国、印度尤其深入思考俄国公社的未来命运时发现，原来对西方资本主义发展所做的剖析对俄国和其他东方国家不一定适用，原因在于它们的历史和现实的诸多具体条件已发生很大改变。这就是说，一个国家或民族应如何选择自己的发展道路，除了在"归根到底"的意义上受社会发展一般规律制约之外，在很大程度上受到自身所处的社会历史条件的制约和影响。

强调不同国家和民族的道路选择有其特殊性，表面看来似乎并不费解或存有异议，但理论上的清醒认知并不必然导致实践上的合理行为。我们注意到，在西方走向现代化的进程中，西方人一直认为，西方发达国家的先行之路理应成为后进国家选择和重演的模式或模板。诚然，西方现代化过程是一个理性为"世界祛除巫魅"的过程，我们承认这一抽象普遍性模式对于人类历史进步的积极意义。因为它使人类走出了传统的蒙昧性和封闭性的文化困境，解放了生产力，解放了人，极大地提升了人类文明的整体水平。然而，这种把社会发展的统一性、普遍性与道路选择的多样性、特殊性绝对对立或割裂开来的致思取向，不仅在理论上是错误的，而且在实践上也是有害的。我们注意到，进入20世纪五六十年代以来，一些发展中国家如拉美国家纷纷效仿西方模式来赶超发达国家，对其抱有不切实际的浪漫主义期待。但这种模仿战略并没有引领拉美国家改变落后现状，反而带来通货膨胀、社会动荡、贫富不均、生态失衡等一系列严重的社会问题。原因很简单：时代发展到今天，发达国家在实现现代化之初所面临的特定历史环境和条件已经不复存在，由此决定后进国家已不可能拥有同样的初始环境和条件去重演发达国家的发展道路。近代以来，中国人试图以西学为本来改变落后面貌，结果证明也是不成功的。新中国成立之后，我们照抄照搬

---

① 《马克思恩格斯选集》第2卷，人民出版社2012年版，第82页。

苏联模式，实行闭关锁国，拒绝借鉴和吸纳别国的成功经验和方法，导致国民经济的发展几乎走到了全面崩溃的边缘。对此，邓小平同志总结得非常好：各个国家和民族要走向现代化，必须从自己的实际出发。"无论是革命还是建设，都要注意学习和借鉴外国经验。但是，照抄照搬别国经验、别国模式，从来不能得到成功。"①

二 社会发展道路选择与"世界历史视野"

实际上，不仅不同的国家或民族发展道路选择有其特殊性，即便是处在大致相同的发展阶段和水平的国家或民族，其发展道路的选择亦非整齐划一，同样存在着一定的差异性。然而这种"特殊性"和"差异性"的获得与规定，绝非游离于世界文明发展大道之外的自发产物。对此，马克思又进一步运用"世界历史"观点对东方落后国家尤其"俄国问题"展开的分析，给我们以深刻的方法论启示。

马克思、恩格斯早在《共产党宣言》等著作中就指出，资产阶级首次开创了"世界历史"，它开拓的世界市场把一切民族都卷到文明中来，使得一切国家的生产和消费都成为世界性的。在这一时代潮流的引领下，任何国家和民族要求得自身的发展，就不能不把自己纳入世界历史的进程中加以考察和定位，即确定自己在世界历史发展中的位置，昭示与世界文明发展脉搏相契合的自己"特殊道路"的规定性。晚年马克思和恩格斯关于俄国农村公社未来命运的设想，尽管在当时未能实施和实现，但却在其方法论上为我们提供了很好的阐释与说明，并在后来的俄国十月革命和中国的新民主主

---

① 《邓小平文选》第3卷，人民出版社1993年版，第2页。

义革命中得到了理论和实践的双重验证。其一，马克思、恩格斯在具体分析俄国问题时，始终是从世界历史的角度，强调不能离开世界发展来孤立地谈论俄国问题。他们认为，在"历史向世界历史的转变"过程中，资本主义生产方式以其强劲的势头，将它的触角伸到世界的每一个角落，这必然会对落后国家的历史进程产生影响。尽管这种影响并不必然导致落后国家必须重走发达国家的发展道路，亦不必然成为落后国家探索新式道路，实现跨越式发展的前进障碍；但漠视或忽视这种影响显然也是不明智和不合时宜的。正是站在世界历史发展的整体高度，从整体与部分、世界与俄国的相互制约中寻找俄国发展的机遇和方向，马克思和恩格斯先后提出了关于俄国社会发展道路的"超越论"和"缩短论"构想。其二，马克思、恩格斯在预测俄国农村公社未来前途时，始终从历史视野与价值视野辩证统一的角度，强调俄国的非资本主义发展道路只是一种可能，而非必然。至于这种可能能否转化为现实，"一切都取决于它所处的历史环境"[①]。当然，出于对东方落后国家的关注与同情，马克思期望俄国农村公社能够跨越资本主义的"卡夫丁峡谷"，走上社会主义道路。要实现这一设想，马克思强调，除了具备农村公社免遭破坏、东西方革命相互支持、相互呼应等必要条件外，更重要的是：必须以世界生产力发展的整体水平为依托，"把资本主义制度所创造的一切积极的成果用到公社中来"[②]，即"可以不必接受资本主义的活动方式而占有它的各种成果"对"农村公社的古老形式"予以改造方有可能。[③] 马克思逝世后，恩格斯继续深化着马克思的这一思想。鉴于当时俄国的实际情况，恩格斯认为，原先他和马克思共同设想的拯救俄国"可以不经受资本主义制度的一切

[①] 《马克思恩格斯全集》第25卷，人民出版社2001年版，第461页。
[②] 同上书，第461—462页。
[③] 同上书，第462页。

苦难"①的机遇已经不复存在。"俄国的公社存在了几百年，在它内部从来没有出现过要把它自己发展成高级的公有制形式的促进因素。"②因此，俄国除了走向资本主义别无他途。即便如此，但仍有可能"缩短"它必然要经过的资本主义阶段的行程。不过，这种缩短行程的条件不可能来自内部，只能依靠"外部的推动"，即"西欧无产阶级对资产阶级的胜利以及与之俱来的以公共管理的生产代替资本主义生产"。③显然，恩格斯强调的是，俄国只有实现资本主义一定程度的发展，才有可能形成资本主义体系之网上的矛盾集合点和薄弱环节，寻得突破资本主义防线、走上新式道路的契机与力量。

进一步看，随着世界历史进程不断地向其广度和深度进军，由此带来的后果或影响效应往往具有正面与负面、积极与消极的双面意义。然而，无论在哪一种意义上，马克思和恩格斯的世界历史思想、民族视野与世界视野"视界融合"思想，愈来愈显示出它的巨大魅力和当代价值。从正面或积极方面看，世界历史的形成及其发展，意味着世界向着一体化、整体化的方向转变。这一转变导致全球分工、全球贸易、全球通信、全球合作等发展格局的形成，使得国家与国家、民族与民族之间的整体相关性日益凸显出来。在这一时代潮流推动下，任何国家或民族只有自觉地将自己纳入全球发展的整体框架中予以考察和定位，才能找到适合自己国家和民族的发展方向和具体道路。今天人们津津乐道的"中国道路"，之所以备受世界各国关注和认可，不是因为别的，那是因为以中国现代化建设的总设计师邓小平为代表的中国共产党人，坚持以解放思想为先导，以改革开放为路径，以宽阔的世界胸怀将中国前途与世界命运

---

① 《马克思恩格斯选集》第4卷，人民出版社2012年版，第311页。
② 同上。
③ 同上。

紧密关联起来，在广泛开展与现今并存的各种经济体制、政治制度和发展模式的比较和借鉴的基础上，创造性地把西方人看似不可能的如计划与市场、一国与两制、先富与共富等两者有机"兼容"起来，从而开创了一条具有中国特色、中国风格、中国气派的社会主义建设道路。如今，这条道路在新的时代条件下又被赋予新的内涵，焕发出更加旺盛的生机与活力。从负面或消极方面看，世界历史的形成及其发展，引发出人类面临的共同的自然—社会问题。不仅传统意义上的"全球问题"诸如粮食奇缺、资源匮乏、污染严重、生态失衡等依旧存在，而且生发出一系列新的问题，如强权政治、恐怖主义、保护主义、孤立主义、难民危机、重大传染性疾病、气候异常等非传统安全威胁持续蔓延。面对人类共同的新情况新问题新挑战，没有哪个国家能够游离于世界之外而将自己封闭起来。只能依靠世界各国人民携起手来，同心协力，同舟共济，共同应对。正是在这一时代背景下，习近平总书记站在中国与世界、世界与各国相互关联的整体高度，提出了"构建人类命运共同体"的伟大构想。这一构想既为全球治理贡献了中国智慧和中国方案，也为世界发展和人类未来指明了方向和道路。那就是：为了人类生存与发展的整体利益，各个国家和民族理应承载起共同责任和使命担当，结合本国本民族的实际，建构起既可持续又可发展、既有益于自己又能惠及世界的社会发展之路。只有这样，人类才可能在一定程度上超越民族、国度之间的政治、经济和文化差异而在唯一的"诺亚方舟"上共求生存，同谋发展。

三　社会发展道路修善与"自我批判意识"

对于任何一个国家或民族来说，探索一条适合自己的发展道路绝不是一件一蹴而就、轻而易举的事情。除了必须具备民族个性特色，以便与自己的国情民情相适应；必须具备世界历史视野，以便与时代潮流相契合之外，具备自觉的自我批判意识亦应成为社会发展道路选择的题中应有之义。这里的"批判"，不是日常经验层面上的用语，而是哲学层面上，包含有"审视、反思、扬弃、超越"等多重内涵。在这个意义上，任何国家或民族选择或确立的社会发展道路，作为人类在历史进程中不断探索的结果，都不能假设为一种已经完成了的"完美东西"。恩格斯在总结他和马克思创立的新唯物主义与德国古典哲学的承继关系时，曾高度评价了"黑格尔哲学……真实意义和革命性质，正是在于它彻底否定了关于人的思维和行动的一切结果具有最终性质的看法"[1]。并进一步重申：这种辩证哲学不承认世间有什么最终的、绝对的东西，一切除了生成与灭亡、无止境地由低级上升到高级的延绵过程，什么都不存在。如果有什么绝对东西存在的话，那么，这就是我们承认的唯一"绝对的东西"。[2] 因此，在如何看待社会发展道路问题上，我们既不武断地假定有一种对任何时代任何社会具有绝对普适性的社会发展道路模式，也不想当然地把某一历史阶段或某一国家的社会发展道路模式予以绝对化、普遍化，同时也反对因社会发展道路构建中蕴含着民族特性或渗透着人文价值因素而否定其科学内涵的相对主义。

既然任何社会发展道路都不能假设是完美无缺因而是有局限或缺陷的，那么就需要在历史过程中不断地去加以修正与完善。笔者认为，这一逐渐修正与完善的过程，从社会认识论的角度来看，也就是社会自身在自我批判中不断纠错、创新和超越的过程。具体说来，主要体现在以下几个方面。

---

[1] 《马克思恩格斯选集》第 4 卷，人民出版社 2012 年版，第 222 页。
[2] 同上书，第 223 页。

首先，在反思历史中的纠错意识。一种社会发展道路一旦选择或确立，它是否科学、合理，只有将其纳入历史进程之中加以考察才能渐渐显露出来。也就是说，只有当这种"道路"融入历史进程并引领人们展开历史创造活动，从而以某种影响和效应尤其消极影响和负面效应出现时，人们才会回过头来自觉地对其进行再认知与再评价。很显然，这种"事后的"认知与评价往往带有"反思"的性质。这种反思已经不是一般意义上的"反复思考"，"三思而后行"，而是对这种"思想"得以形成的前提，也就是对构成思想的根据、评价尺度、检验标准等的反思或前提批判。通过这种反思和前提批判，以求找到原有思想的非合理性根源，从而使其转到正确的轨道上来。回顾历史，列宁在十月革命后的六年多的时间里，从采取战时共产主义政策到实施新经济政策，其间既包括成功的经验，也含有对失误、教训的反思和纠偏。在中国革命战争中，反反复复的几次"左"的或右的机会主义路线，导致中国革命在寻得正确道路之前走了不少弯路。新中国成立后，我们的建设仍然是在一个很长的时段里摸索前行，步履维艰。究其原因是多方面的，但归纳起来不外乎两个方面：一方面，盲目地照抄照搬外国的建设道路与模式，缺乏在马克思主义指导下，结合本国实情走出一条自己的路；另一方面，简单地将革命时期积累的经验用于和平时期的建设实践。问题是，革命与建设毕竟是性质不同的两回事。从革命转到建设，人们将会面临前所未有的许多新情况新问题。如果不顾变化了的实际简单地搬用旧的经验和办法，必将带来难以估量的消极后果。

其次，在吸纳借鉴中的创新意识。我们承认，每一个国家或民族的社会发展道路的形成有它自身特殊的原因、发展过程和内外部约束条件，但这绝非成为与世界上其他国家或民族社会发展道路无关的合法理由。实际上，在世界交往与世界历史形成之后，各个国家、民族以及它们内部生产力与生产关系的系统间往往存在着一种相互联系、相互作用的"互补关系"。这种互补性意味着,作为社会发展规律的实现方式,社会发展道路的选择必须超越自己狭隘的"民族性"而走向"世界性",从社会基本矛盾运动的世界性与民族性的相互制衡中去探寻某一国家或民族的发展道路。在这一意义上,没有任何一个国家或民族的发展道路能够与其他国家或民族的发展道路绝缘。相应地,注重对其他国家或民族社会发展道路优长的借鉴与吸收,就成为某一国家或民族选择自己道路不可或缺的重要一环。这里的借鉴和吸收,不是兼收并蓄,也不是照抄照搬的"拿来主义",而是既批判又继承、既克服又保留的"扬弃"过程。在这一过程中,如果这种借鉴与吸收真正体现了一个国家或民族在道路选择上的"独特个性",映现出前人没有创造出来的新的东西,并在社会发展中不断显现其正确性与合理性,那么它就具有"创新"的意味。曾几何时,鼓噪一时的"中国威胁论"消停之后,代之而起的是对中国把社会主义制度与市场经济"嫁接"起来的质疑。然而实践证明,中国道路的选择不仅是合理的,有成效的,而且愈来愈受到世界各国的关注和青睐。不仅如此,在继续推进中国特色社会主义现代化进程中,我们党围绕如何建设社会主义,在注重对世界发展经验的吸纳与借鉴的基础上概括和总结出来的"十大结合",也是中国共产党人自主创新的积极成果。它不仅具有中国特色,而且具有世界意义。

再次,在不断探索中的超越意识。无论是历史反思层面上的"纠错",还是吸纳借鉴意义上的"创新";或者说,无论是作为社会历史现象抑或社会认识现象来加以考察,都旨在说明,我们不能把当下的任何一种"社会发展道路"设定为绝对的、完美无缺的东西。在这个意义上,对任何国家和民族来说,社会发展道路的探索始终是一个过程。它会在岁月的流逝、条件的变更、人员的变换等多种因素的相互作用和相互影响进程中而不断地得以调整、纠偏和超越。拿"中国道路"来说，应当肯定，改革开放以来形成的"中国道路"从总体上看是合理的，但这种合理性是相对的、有局限的。应该说，当下"中国道路"的合理性是已走过道路的合理性，它不能替代或等同于未来道路的合理性。如果我们不能以清醒的态度洞察并试图解决已经走过或正在走的道路中存在的问题，那么，未来中国道路的合理性就是模糊、不确定的。因此，所谓"中国道路"是一个基于对其自身局限不断超越而向更合理目标的延伸过程。当然，如果依据唯物史观，从超越的"前景"来看，各个国家或民族所探寻、构建的社会发展道路之间，仍然存在着一个合理与不合理的问题。我们知道，当今世界存在着两种不同的社会制度，这就是资本主义与社会主义。资本主义在其发展中也在不断地探索着自己的道路。应该说，这种道路相对于它发生的那个时代和那些条件来说，有它存在的理由和合理性，但是相对于更高的历史阶段和它内部生长起来的新的条件而言，则逐渐丧失了存在的理由，愈来愈走向非合理性。原因在于它与人类社会发展的必然趋势相违背，因而"它的历史今后只是对抗、危机、冲突和灾难的历史。结果，资本主义生产向一切人（除了因自身利益而瞎了眼的人）表明了它的纯粹的暂时性"[1]。社会主义则与之不同。它对社会发展道路的探索与建构，从其根本性质上，既与社会发展的规律和趋势相一致，又与广大人民对美好生活的需要和愿望相契合，因而较之资本主义道路有着更高更新的合理性。它宣称，这条道路不是一条对外侵略扩张的道路，更不是一条称霸世界的道路，而是一条争取和平的国际环境来发展自己、又通过自己的发展来维护和促进世界和平、实现世界各国共享共赢的发展道路。同时，它对未来

---

[1] 《马克思恩格斯全集》第25卷，人民出版社2001年版，第471—472页。

道路的不断探寻与超越，也不是为了某种终极和完美，而是为了人的历史活动能够在新的层次上继续延续下去，从而向着更新更高、更加合情合理的社会形态迈进。

社会意志的冲突统一与国家治理现代化

张明仓[*]

摘　要：社会意志是社会认识的重要形式，社会意志调控是社会治理的必备条件。意志问题是哲学史上备受争议、备遭误解的问题，主体间意志关系常遭相关研究忽视。当今时代，利益主体和社会意志的分化、多元化更加突出，主体间意志冲突成为全球性治理难题。推进国家治理体系和治理能力现代化，有必要高度重视社会意志的差异、冲突和协调、统一，基于共同利益，以共同意志推进共同奋斗、实现共同目标，促进共建共治共享，深入探索建设社会治理共同体、铸牢中华民族共同体意识、推动构建人类命运共同体和自由人的联合体的有效途径。

关键词：社会意志　意志冲突　意志统一　治理现代化

社会意志是社会认识的重要形式，社会意志调控是社会治理的必备条件。党的十九届四中全会强调，要"使各方面制度和国家治理更好体现人民意志、保障人民权益、激发人民创造"。坚持和完

---

[*] 作者简介：张明仓，军事科学院军队政治工作研究院副院长，习近平强军思想研究中心研究员，博士生导师。

善中国特色社会主义制度，推进国家治理体系和治理能力现代化，有必要高度重视社会意志的差异、冲突和协调、统一，努力以共同意志推进共同奋斗、实现共同目标，促进共建共治共享，为铸牢中华民族共同体意识、推动构建人类命运共同体奠定坚实基础。

一 意志论的实践转向与社会意志问题研究的深化

意志问题，是一个虽很古老却又颇具当代性的哲学问题，同时也是最受争议、最遭误解的哲学问题之一。与其他分支哲学研究相比较，意志论研究由于更经常地受到社会政治因素的影响，致使人们对意志论常怀有偏见，意志论研究所获成果往往也得不到足够重视，意志论有时甚至被人为地划定成"哲学禁区"。同时，由于意志问题本身的复杂性，相关研究往往只是浅尝辄止。

1997年至2000年，我师从欧阳康先生攻读社会认识论方向博士学位，对"实践意志论"做了专题研究，对中西意志论研究状况做了较为系统的梳理。在意志论史中，实体论思维方式、知识论思维方式、人本论思维方式等影响较大，柏拉图、笛卡尔、休谟、康德、黑格尔、费尔巴哈、叔本华、尼采等曾对意志问题做了各具特色的不无意义的探讨，但是，思维方式的局限已经预先决定了他们最终只能抽象地理解人和人的意志。在马克思之前，人们一般很少关注主体间的意志及其相互关系，更很少论及意志的冲突与统一。英国哲学家霍布豪斯（Leonard T. Hobhouse, 1864—1929）就曾指出："讨论黑格尔关于意志的理论时，会注意到我们总是要谈到那个特定的意志。我们从未谈过不同的人的意志和它们的相互关系。我们从未用过这个词的复数形式。我们总是谈到那个意志，好像它是一个独立的实在；这实际上是黑格尔的观点。可是社会中有很多意志，……我们怎么能够好像只有一个意志那样地去讨论那个特定的意志呢？"①

随着全球化和中国特色社会主义的发展以及"全球性问题"和"个性问题"的愈益突出，传统意志理论越来越不适应当代实践的需要。重建意志论，既是意志论自身逻辑演化的一种必然要求，更是当代实践和人自身合理发展的一种迫切需要。由于传统意志理论的缺陷不是枝节性的或局部性的，它们在基本立场、方法和理论主题等方面都存在着严重不足，这决定了重建意志论必须以实现意志论范式的根本转换为前提和基础，而不能企求通过对某种或某些抽象意志理论进行局部的修修补补而实现。在当代重建意志论，就是要重新发现并深入发掘、发展马克思主义经典作家创立的实践意志论，由抽象意志论转向马克思主义的实践意志论，"从实践出发"去理解人的意志的发生、发展、作用、合理性及意志自由的实现，去理解人的意志与实在、主观与客观、意志自由与历史必然等关系及主体间的意志关系。

从国家治理的视角看，改革开放前，中国在较长时期内实行的是单一、僵化的计划经济体制以及与此相适应的高度集权的政治体制。传统体制具有内在相关的三大特征：经济上高度集中，政治上高度集权，精神上凝固僵化；而当时的社会运行机制则呈现出这样的景象：社会个人单位化，社会单位行政化，社会生活政治化。随着中国社会的发展，这种体制在经过其合理期之后，逐步沦为社会进步的障碍，并对人们的意志起着很大的"禁锢"作用。经过40多年改革开放，人们的意志选择自由和积极性、主动性、创造性获得历史性的提升。党的十九届四中全会强调，要"使各方面制度和

---

① ［英］L.T.霍布豪斯：《形而上学的国家论》，商务印书馆1997年版，第32页。

国家治理更好体现人民意志、保障人民权益、激发人民创造"。从意志论的角度看，所谓民意、权益，归根到底是社会成员的各种意志和利益关系在政治、法律等方面的表现；相对于过去高度集权、高度僵化的体制来说，建设中国特色社会主义，既是对个体意志与集体意志、国家意志与社会意志之间关系的一种合理重建，也是促进中国公众意志自由和全面发展的一种必然的、合理的选择。推进国家治理体系和治理能力现代化，不能不对社会意志做深入的分类分层研究，不能不对社会意志做合理的反思、协调和规范。

二 意志冲突与现代治理困境

意志冲突是人类互动的基本形式之一。由于现实的人不是单个孤立存在的感性实体，而是在复杂多样的社会关系之中从事"感性活动"的社会存在物，主体意志的多样性、异质性及其作用的差异性、多向性，众多意志之间必然会产生交互作用，并引发意志冲突。正如恩格斯指出："人们自己创造自己的历史，但是到现在为止，他们并不是按照共同的意志，根据一个共同的计划，甚至不是在一个有明确界限的既定社会内来创造自己的历史。他们的意向是相互交错的。"[①]"历史是这样创造的：最终的结果总是从许多单个的意志的相互冲突中产生出来的，而其中每一个意志，又是由于许多特殊的生活条件，才成为它所成为的那样。"[②]

意志冲突不仅发生在主体与现实世界之间，而且发生在主体的意志与其他主体的意志之间以及主体自身的内部世界。主要有四种

---

① 《马克思恩格斯选集》第4卷，人民出版社1995年版，第732—733页。
② 同上书，第696—697页。

形式：意志与客观实在的冲突；意志与意志的冲突；意志的自我冲突；意志与认知、情感的冲突。以实践的思维方式理解意志，内在地包含着要从实践的角度把握不同主体之间的意志关系，突破对于人及其意志的"个体主义"和"整体主义"的理解模式，特别是要具体分析个体意志、群体意志、集团意志、国家意志、人类意志及其互动。现代科技革命和市场经济的发展，使个人由传统的家庭人变成了真正意义上的社会人，变成了在市场甚至世界市场中与其他人发生各种关联的人，人类空前地作为一个整体在全球范围内改造自然、社会和自身，但这些有意志活动并非都能如愿以偿，而是也引发了大量的"悖愿效应"，使现代意志冲突更具经常性、普遍性、复杂性。

意志冲突是现代国家治理乃至全球治理困境的重要诱因。全球性的经济竞争，加上民族、种族、文化传统、宗教信仰、意识形态、性别等方面的差异、误解、矛盾和对立，使日益全球化的意志冲突明显尖锐化、复杂化。正如每个人都能感受得到的：现代人类的意志活动"改变世界"的能力越来越强、影响越来越大，但是这些活动的结果却常常是"非预期的"甚至是"反预期的"，各种全球性问题愈演愈烈。同时，逆全球化和保护主义抬头，民粹主义泛滥，霸权主义猖獗，许多国际组织失灵，有的国家大搞单边主义，只讲自我优先，不顾他人利益，不是毁约就是"退群"。现实警示世人，解决现代治理困境，必须对主体间意志冲突进行深入反思。

现代意志冲突最深刻的根源在于现代社会利益主体的分化及其利益、价值观念的多元化，利益冲突是意志冲突的基础和实质。不过，意志冲突并不等同于利益冲突、价值观念冲突，其内涵更为宽泛。在社会生活中，许多具体矛盾，如各主体对社会平等的要求与社会现实的不平等之间的矛盾、各主体价值目标及价值观念的多元化及其矛盾、主体间的文化隔障和理解缺乏与社会沟通不力之间的矛盾、性别的差异和误解造成的性别矛盾、社会竞争的日益剧烈与社会宏观调节机制的落后之间的矛盾等，都会引发意志冲突。在现实生活中，许多意志冲突实质上是同为合法利益之间的冲突，是各自都具有合理性的权利和要求之间的冲突。如果不能了解和正视这一事实，以为只要"解决"了价值观念的问题，通过单纯思想教育"理顺"了社会的价值观念，就可以避免和解决意志冲突，难免陷入误区。解决意志问题必须综合治理，同样，提高治理能力必须高度重视意志问题。

三 意志统一与推进治理现代化

与意志冲突一样，意志统一也是人类互动的一种重要形式。真正的意志统一，总是包含着意志的差异和变化。意志差异一般蕴含着冲突或统一两种趋向，而其最终结果究竟是演化成意志对抗还是形成统一的社会共同意志，则取决于具体的主客观条件。

共同利益和社会调控是意志统一的基础。从根本上说，主体间的意志关系状况是由其根本利益关系状况决定的。没有共同利益，或者主体的根本利益相互冲突，人们是不可能形成什么"统一意志"或"全民意志"的。马克思当年针对资产阶级报纸（如"国民报"）所宣扬的"全民意志"论指出，在资本主义社会，所谓"全民"乃是由"个别等级和阶级"组成的，而"全民意志"则"由个别的、互相矛盾的'个别等级和阶级的意志'构成，就是说，正好是由那种被'国民报'描写为'全民意志'的直接对立面的意志构成的"；"'国民报'认为，存在着一种统一的全民意志。这种意志并不是互相矛盾的各种意志的总和，而是一种统一的、一定的意志"，这种观点既不符合当时的社会实际，又在逻辑上自相矛盾。① 在实际上,"所谓全民意志就是统治阶级的意志"②。马克思强调,同样的意志必须以同样的利益作为基础,如果众多主体要形成某种统一的意志,那么,这种意志必然是从他们的"利益、生活状况和生存条件中产生的一种意志";"要有同样的意志,这些多数人就要有同样的利益、同样的生活状况、同样的生存条件,或者他们至少必须在自己的利益上、在自己的生活状况上、在自己的生存条件上,暂时互相密切地结合在一起"。③

意志统一是一个复杂的社会过程,主要包括三种形式:一是强制性意志统一;二是诱导性意志统一;三是自主性意志统一。比较而言,强制性意志统一与诱导性意志统一都表现出一定程度的外在压力,许多个体在这种统一中都是被动的。阶级社会的意志统一有着鲜明的"强制性",这种"强制性"即是阶级性的具体体现。马克思和恩格斯剖析道:"因为国家是统治阶级的各个人借以实现其共同利益的形式,是该时代的整个市民社会获得集中表现的形式,所以可以得出结论:一切共同的规章都是以国家为中介的,都获得了政治形式。由此便产生了一种错觉,好像法律是以意志为基础的,而且是以脱离其现实基础的意志即自由意志为基础的。同样,法随后也被归结为法律。"④ 统治阶级利用法律等强制手段迫使全体社会成员接受其所宣扬的"国家意志",按照国家意志一致行动,凡是违背"国家意志"、触犯"国家法律"的"越轨分子"都将被视情节而受到相应惩罚。强制性意志统一不仅广泛存在于国家内部,而且存在于不同的国家之间。这突出表现在某些推行霸权主义的国家通过武力征服弱小国家,强迫其接受自己的文化传统、价值

---

① 《马克思恩格斯全集》第6卷,人民出版社1961年版,第234—235页。
② 同上书,第235页。
③ 同上。
④ 《马克思恩格斯选集》第1卷,人民出版社1995年版,第132页。

观念及发展模式。诱导性意志统一则是通过舆论宣传、教育说服、风俗习惯、情感联结、宗教牵引、权威示范、道德劝诫等非暴力手段实现意志统一，进行所谓的"软社会控制"。自主性意志统一则是意志统一的高级形式，其最主要特征在于，以各主体在共同利益的基础上通过平等互尊的社会交往和沟通，而自觉地按照共同的价值目标一致努力。这种意志统一具有"自觉自愿性"，因而更可持续、更加长久。

意志统一已经成为时代之问、强国急需。当今世界正处于百年未有之大变局，随着人类历史向世界历史的转变及全球性问题的发展，人类解决问题的方法和行动的局部性与社会问题的全球性之间的矛盾越来越尖锐，意志统一问题已经成为具有典型意义的时代课题。从全球视野看，一个基本的逻辑是："共同家园—共同问题—共同需要—共同利益—共同意志—共同担当。"从中国国情看，我国正处于由大向强发展的关键阶段，中国特色社会主义进入新时代，全国人民正致力于实现民族复兴伟大梦想。现实中国梦蕴含着这样的时代要求："基于共同利益—形成共同意志—进行共同奋斗—实现共同目标。"

推进国家治理体系和治理能力现代化必须做好意志统一这篇大文章。《中国共产党章程》明确规定："努力造成又有集中又有民主，又有纪律又有自由，又有统一意志又有个人心情舒畅生动活泼的政治局面。"党的十九届四中全会总结的我国国家制度和国家治理体系13个方面显著优势，如"坚持党的集中统一领导，坚持党的科学理论，保持政治稳定，确保国家始终沿着社会主义方向前进的显著优势"；"坚持人民当家作主，发展人民民主，密切联系群众，紧紧依靠人民推动国家发展的显著优势"；"坚持全国一盘棋，调动各方面积极性，集中力量办大事的显著优势"；"坚持各民族一律平等，铸牢中华民族共同体意识，实现共同团结奋斗、共同繁荣发展的显著优势";"坚持共同的理想信念、价值理念、道德观念，弘扬中华优秀传统文化、革命文化、社会主义先进文化，促进全体人民在思想上精神上紧紧团结在一起的显著优势";等等，都体现了中国特色社会主义在统一意志方面的特有优势。关于坚持和完善中国特色社会主义制度、推进国家治理体系和治理能力现代化的一系列重大设计和目标要求，比如，"建设人人有责、人人尽责、人人享有的社会治理共同体"，"打牢中华民族共同体思想基础"，"推动构建人类命运共同体"，又体现了推进全国乃至全球意志统一的迫切需要。几年来，从把"推动构建人类命运共同体"写入我国宪法和推动纳入国际法规，到以"一带一路"倡议为牵引推进全球治理；从"更加紧密的中非命运共同体"，到"携手共进的中拉命运共同体"和"开放包容、创新增长、互联互通、合作共赢的亚太命运共同体"，我国在推动全球意志统一、推进世界之治方面提出了宝贵的中国方案，贡献了中国智慧。

当然，实现国家治理现代化、推进中国之治和世界之治任重而道远，许多重大理论问题包括意志问题需要从哲学层面深入解答。"中国辩证唯物主义研究会社会认识论专业委员会"的成立，可谓应运而生。期待社会认识论研究同人，在欧阳康先生领军下，推更多治理鸿论，出更好济世力作。

附：社会认识论赋

社会认识论赋

——贺社会认识论专业委员会成立

巍巍华夏，历五千载波飞云涌；熠熠神州，经十万阵文采飞扬。堂堂盛世，孕育社会认识鸿论；皇皇巨制，书写崭新时代精神。

嗟乎！人猿揖别，改天换地，社会变迁，有进有退。有发展之代价，有人性之畸变，有文明之悖论，有全球问题之危机。辨理性极限，释人类困境，应实践呼唤，答时代之问。此社会认识论兴起之根源也。

真理屹，新论立。山水荟，才俊萃。出巴蜀，入西安，进北京，居江城。紫气东来兮，挈珞喻之灵秀，将东湖之涵虚；纵横江汉兮，耸黄鹤之名楼，映龟蛇之巍峨。九省通衢，地灵人杰。政通人和，海阔天高。此社会认识论勃兴之环境也。

头雁领飞，群雁展翅。师者风范兮，勤耕深耘，继往开来，欣慰文采昭曜，盛极一时。薪火相传兮，芳林新叶，流水后波，喜看俊采星驰，各领风骚。畅游学海，满腹经纶，大儒大雅，亦破亦立。夜以继日，苦心孤诣，协作攻关，创新超越。厚积薄发，十年一剑，追求真善美，贯通马中西。此社会认识论之团队也。

乘改革之东风，携开放之时势。放眼寰球，上下求索，视通万里，思接千载。虚壹而静，凝神致远，深思熟虑，精雕细刻。曰怀疑，曰观测，曰理解，曰解释，曰定性，曰定量，曰过程，曰系统，曰评价，曰预测。此社会认识论之方法也。

透视社会问题，探析社会谜团，思至社会深处，感悟治理真谛。有社会本体论，有社会理解论，有社会真理论，有社会理想论，有社会幸福论，不一而足。根植实践沃土，反思实践理性，遵循实践思维，尽显人文关怀。有实践生存论，有实践意志论，有实践理性论，有实践反思论，有实践规范论，新论迭出。集诸子之智，通古今之变，成一家之言。此社会认识论之创新也。

硕果凝心血，精品铸学魂。以学为鹄，修我矰弧，莺飞草长，目不旁骛。孜孜不倦，勤研苦修，日月不淹，继晷焚膏。等身著作学品出，天道酬勤硕果丰。唯有大境界，能做大文章。此社会认识论之精神也。

　　瞻彼前路，任重道远。愤发踔厉，吾人勉旃！

　　不负使命，无愧时代。幸甚至哉，赋以咏怀。

重审人工智能与人类解放的辩证法[*]

潘 斌[**]

摘 要：人工智能是解决人类面临的知识难题与实践困境的工具与方法，与人类智能有着本质性差异。人工智能的兴起重新界定了人类解放的内涵与旨趣，重构了劳动者与劳动工具、自由时间与劳动时间、具体劳动与抽象劳动的辩证关系。数字红利与数字鸿沟是人工智能二重性的显著特性，基于算法垄断、数字特权与代码霸权可能导致人工智能面临着严重的平等困境，建立起新的数字殖民地与数字帝国，制造了更为严重的全球不正义。在"各美其美、美美与共"的理念指导下构建人类命运共同体，以此应对人工智能时代所造成的世界危机是亟待解决的时代课题。

关键词：人工智能 人类解放 波兰尼悖论 数字正义 人类命运共同体

---

[*] 基金项目：本文系上海市哲社规划项目"本源与超越：黑格尔与马克思思想传承关系再研究"（项目编号：2017BZX010）、华东师范大学三大系列研究项目"人类命运共同体思想的哲学阐释"、华东师范大学人文社会科学青年跨学科创新团队（项目编号：2018ECNU-QKT011）的阶段性成果。

[**] 作者简介：潘斌，华东师范大学哲学系教授、博士生导师，华中科技大学国家治理研究院研究员。

人类解放是马克思毕生事业的永恒主题与终极目标，是马克思主义的根本宗旨与价值追求，也是社会发展与历史进步的根本标志。一部人类社会的发展史实际上是人类不断追求个体自由、社会平等与世界进步的历史，本质上是关于人类解放的实现历程的生成史。为了实现这一自我解放的终极目标，人类先后发明了各种生产工具、技术手段与知识方法，目的是最大限度地实现人的个性自由与社会的全面解放。但任何工具与手段都是人的智能所创造的产物，都内蕴着作为主体的自我的自反性悖论，即它以双刃剑的形式既给人类带来意义与成就，但也制造了风险与危机。正在兴起的人工智能就是这样一把双刃剑，它在给现代社会提供了超越想象的技术创新之际却颠覆了技术依附于人的传统认知，人类利用与驱使人工智能的结果很可能翻转为人类沦为人工智能所支配与奴役的对象，人类可能不过只是人工智能所豢养的宠物而已。人工智能将超越甚或替代人类可能是一定程度的危言耸听，但绝非杞人忧天，重新理解人工智能及其对人类解放的二重意义对于清醒定位人在世界中的位置、慎思使用科技创新的变革效能、合理安顿技术文明的时代价值和科学建构现代秩序都具有重要意义。

一 "波兰尼悖论"：人工智能的知识基础

曾几何时人类对新生事物都心存莫名的恐惧，宁愿千年生活在寒冷的黑夜，而害怕温暖光明的火；宁愿延续使用陈旧落后的手工工具，也要打碎现代化的机器；宁愿继续生产高污染低效能的石化能源，也不愿冒风险去使用低污染高效能的核电。同样，对人工智能这一现代社会的双刃剑，在开怀拥抱之际而又心存警惕，这一极其矛盾而复杂的心态与人类对人工智能认识的历史和人工智能的自身属性息息相关。

人工智能（Artificial Intelligence）简称 AI，是研究、开发用于模拟、延展与应用人的智能的理论，它既是对以人的智能为对象的理论考察与方法研究，也是指将这一理论认知转变为实际应用的实践活动。关于何谓人工智能目前的定义非常之多，维基百科曾做过一个相对普适性的定义，"人工智能（AI）是展示智能的机器。在计算机科学领域，一台理想的'智能'机器应该是一个随机应变的且以最大限度实现其目标为目的的理性中介"。人工智能本质上是解决人类面临的知识难题与实践困境的工具与方法，因此理解人工智能首要的是回溯到其知识论基础，而这与"波兰尼悖论"密不可分。

哲学家波兰尼于 1958 年在其名著《个体知识》（*Personal Knowledge*）中曾经提出了一个著名的"波兰尼悖论"（Polanyi's Paradox）："我们可以知道的比我们所知的更多，即我们执行的许多任务都依赖于难以编码化和自动化的默会知识、直观性知识。"[①]这一悖论说的是，我们在实践中所能完成的超越了我们在语言中所能表达的内容，实践性知识突破了命题性知识的极限，比如说，一个制鞋匠可能不能清晰连贯地讲授出关于制鞋的工艺流程理论，但成功地制作出一双令顾客满意的鞋子，这离不开他的直觉、经验、体察与个人创造力。事实上主体除了学习命题性知识之外，还有很多是习得的能力性知识，"钢琴演奏者获得了技术也获得了艺术才能，棋手既获得了关于走棋的知识也获得了下国际象棋的洞见和风格，科学家获得了某种判断力，它会告诉他什么时候技术在将他引向歧途，还获得了一种鉴别力，它使他能区分值得探索的方向和不

[①] 转引自 Moshe Y. Vardi, "The Moral Imperative of Artificial Intelligence", *Communication of the ACM*, 2016, May, p.5。

值得探索的方向"①。

人工智能首要的是关于知识的学科,是关于知识表达形式、知识获取方式以及知识运用方法的学科,默会知识(Tacit Knowledge)是对人工智能作为知识新形式的有力确证。默会知识是相对于命题性知识的内隐性知识,直接挑战了知识必须是明确清晰的、可命题表达的传统认识论成见,比如苏格拉底就曾说过:"知道的东西一定能够说出来",伽利略也曾有个类似的著名论断:"自然之书是用数学的语言书写成的。"逻辑实证主义甚至提出了知识必须被语言化的教条:"知识和语言不可分离地交织在一起。知识应当用一种语言来表达已经变成了一种无条件的要求。在这样的背景下,拥有不能用语言来充分表达的知识的可能性,完全是不可理喻的。"② 默会知识论直接质疑与挑战了这一认识论教条,认为在命题性知识之外还存在着诸多不能用言语陈述与命题表达但却非常重要甚至是能影响或决定我们个体自由与解放的知识形式。它通常以直观力、想象力、判断力、理解力或领悟力等形式体现出来,虽然难以获得普遍性形式但却在实践活动行之有效,这一类型的知识通常被称为默会知识或缄默性知识。显然这一区分是受到维特根斯坦学派的影响,即以知识表达的强弱程度作为划分知识类型的标准。维氏曾言:"凡是能够言说的,都能说得清楚;对于不可言说之物,必须保持沉默。"③ "不可言说之物"如何被知识所表达正是默会知识论所关注的重点,它是对知识范畴的视域扩张与层次深化。默会知识论的关注对象并非可以表达的东西和绝对不可表达的东西之间的界限,"强的意义上的默会知识,是指原则上不能充分地用语言加以

---

① Michael Oakeshott, *Rationalism in Politics and Other Essays*, Indianapolis: Liberty Fund, 1991, p. 15.
② 转引自郁振华《人类知识的默会维度》,北京大学出版社2012年版,第17页。
③ [奥]维特根斯坦:《逻辑哲学论》,贺绍甲译,商务印书馆2005年版,第23页。

表达的知识；弱的意义上的默会知识，是指事实上未用语言表达，但并非原则上不能语言表达的知识"[1]。

　　默会知识的充分发展是对"波兰尼悖论"的双重确证，一方面，知识概念被重塑，知识的范围不断扩展，诸如默会知识、实践智慧等非形式化认知被赋予合法化地位。另一方面，"可以表达的知识"与"不可表达的知识"的界限日渐消融，"不可言说之物"获得多元化的表达形式，其中逻辑普遍化思想对于重构知识形式与重建认识方式意义重大。早在1703年哲学家莱布尼茨就提出了影响后世计算机科学与人工智能的二进制思想，即以0和1的逻辑进路来作为语言表达的基本单元，并在此基础上进一步提出了逻辑符号化的思想。控制论创始人维纳高度评价莱布尼茨的贡献："假如我必须为控制论丛科学史上挑选一位守护神，那就挑选莱布尼茨。莱布尼茨的哲学集中表现在两个密切联系的概念上——普遍符号（语言）论的概念和理性演算的概念。"[2]可以说正是莱布尼茨奠定了作为人工智能核心的算法基础，而真正提出现代人工智能构想的是英国数学家、逻辑学家，被称为"人工智能之父"的艾伦·麦席森·图灵，他针对机器是否具备人类一样的思维这一问题设计了著名的"图灵测试"。图灵测试要求测试者与被测试者（一个人与一台计算机）分别隔开，通过相关设备（如键盘）向被测试者随意提问，在经过多次提问之后如果有超过30%的测试者不能确定出被测试者是人还是机器，那么这台机器就通过了测试，并被认为具有人类智能。在图灵测试之后不久的1956年8月，由约翰·麦卡锡（John McCarthy）、马文·明斯基（Marvin Minsky）、克劳德·香农（Claude Shannon）、艾伦·纽厄尔（Allen Newell）、赫伯特·西蒙（Herbert Simon）等科学家在美国达特茅斯学院召开了一个关于机器如

---

[1] 郁振华：《人类知识的默会维度》，北京大学出版社2012年版，第18页。
[2] 徐宗本、柳重堪主编：《信息工程概论》，科学出版社2002年版，第6页。

何模仿人类学习及其相关问题的学术讨论会并称为人工智能（Artificial Intelligence），因此1956年的达特茅斯会议被称为"人工智能元年"。

人工智能的兴起虽早在20世纪50年代，但其成长为学术热点、社会焦点与现实重点问题却经历了一个曲折起伏的过程。在20世纪60年代，人工智能由于过度强调与依赖符号语言与逻辑运算，片面追求算法的通用性求解，结果导致人工智能发展陷入运算困境之中。所谓运算困境，是指人工智能由于过度追求算法通用性与形式普遍化而导致算力低下，即针对复杂问题所涉及的海量数据供应匮乏，运用无限穷举法导致计算机自身算力相当有限，只能应付诸如九宫格、纸牌扫雷、积木游戏等低级运算问题。一旦置于复杂化情境个案则应对乏力，这一阶段的人工智能本质上还是机器思维而非人类思维，符号学派这一指望机器仅依靠对人心智的模拟而实现高效的知识表达已不可行。真正助推人工智能实现理论突破与技术革命的关键在于有两大人工智能新思潮诞生，其一是联结学派，他们受脑科学研究的启发认为人的智能本质上可归结为人脑的高层活动，通过对人脑神经网络研究可以探究智能所存在的联结网络，因此智能的产生其实是由大量简单单元通过复杂的相互联结和并行活动的结果。另一学派是行为主义，他们认为人工智能根源于控制论，智能行动都是基于"感知—行动"模型的智能模拟方法。例如，训练猎狗捕猎的方法是每次捕猎成功都会有食物奖励，通过奖惩这一因果关系而促使猎狗养成捕猎习惯，这即是强化学习、自主学习而实现智能活动。

人工智能的关键突破是建立在符号学派、联结主义与行动主义三大理论合流的基础之上，而大数据的崛起则是实质性地助推了人工智能革命，有的科学家甚至直接称为"智数时代"。进入21世纪以来特别是自2012年舍恩伯格发表《大数据时代：生活、工作与思维的变革》一书以来，人工智能在大数据的技术奠基之下获得迅猛发展，已然超越了传统的机器思维而开始走向"准人类思维""拟人类思维"甚或"超人类思维"。"波兰尼悖论"所标示的知识的表达困境被数字化、代码化解决，无论是"可言说之物"还是"不可言说之物"都被进行数字化编码，以代码为基本单位的运算系统与人工智能相结合的结果是运行程序智能化甚至思维机制智能化，在"代码即法律"的理念支配下从物理世界到人类社会甚至心灵自我都不同程度地智能化。

二 具体劳动还是抽象劳动：个体自由的双重面向

人工智能通常分为"弱人工智能""强人工智能"与"超人工智能"三种类型。(1)弱人工智能是指机器能像人一样思考与行动，然而机器受限于特定的场域与规则，也没有自我意识，只能依据人类的指令行动。(2)强人工智能则不受场域与规则的限制，具备知觉与自我意识，具有与人类同样的创造力与想象力，也能和人一样去理性地思考与行动。(3)超人工智能目前只是科学家的想象与预测，认为AI几乎在所有的方面都比人类要强大很多，不仅能在短时间之内学习复杂的技术知识并完美地应用于实践之中，而且具有超过人类多元思维的认知能力，能习得与培育出人类的心理特征、情感气质、意志品质与个性思维。[①] 上述三种类型的人工智能

[①] 冯象先生曾预言："机器可以通过自主学习以后建立自己的文明发展路径，成长为一个新物种。就像狗有狗的智能，人类有人类的智能，因而将来机器产生自主意识以后，会走出一条人类无法控制的独特之路。人类或称为马斯克所说的'作为被它（机器人）豢养的宠物'陪在身边，这是一种选择。"参见冯象《谁害怕人工智能》，2019年4月20日第132期文汇讲堂暨第五届思勉人文思想节之名家演讲。

之中，弱人工智能已经被广泛应用，诸如自动化生产线、机器人与无人驾驶等领域，强人工智能是目前技术竞赛的热区并衍生出诸如政治对抗、军事冲突、道德失范与伦理越界等复杂性问题。从强人工智能向超人工智能的转型是技术革命的"奇点时刻"。"奇点"这一概念起源于数学中由于诸多异常聚合而无法被定义的点，随后在物理学中被引用来标示宇宙大爆炸的起点而被称为引力奇点。引力奇点是一个密度无限大、时空曲率无限高、热量无限高、体积无限小的"点"，一切已知物理定律均在奇点失效。从强人工智能向超人工智能的裂变是奇点时刻的来临，所谓 AI 不过是被人类发明并能控制与利用的工具这一传统认知必须被反思与重审，试图通过断网断电等方式来规训 AI 更是无稽之谈。AI 将脱离人类控制甚至翻转过来控制与支配人类绝非危言耸听的末日学说，而是人类对于未来世界的风险预测与危机警示。

但正如风险社会是人类存在无法逃避的历史际遇，它不会因为主体的主观喜恶而在场或缺席，人工智能的来临已然是现时代的基本特征并在为其命名，也即是说，我们已经不得不进入了弱人工智能或强人工智能的时代之中，如何尽早地在奇点时刻来临之前理性审视人工智能的本质并合理重建人类与人工智能的辩证关系才是人类可持续发展的生存之道。自启蒙以降人类对"知识推动人类文明进步"的信念愈加坚定，确信知识越多越安全，理性越发达社会越进步，因此究其目的人类发明人工智能是为了解放人类自身，人工智能在现代社会所构造的意义与成就也不断确证其正当性与合理性。但人工智能作为一把双刃剑既是人类实现个体自由与劳动解放的利器，也使人类面临着数字崇拜与技术异化的风险，如何在普遍智能的时代实现个体自由免受资本逻辑支配与抽象一般的统治，这要求重审与再造个体自由与人工智能的三重辩证关系。

第一，人工智能重新界划了劳动者与劳动工具的相互关联。劳动价值论的理论前提是劳动者作为劳动主体占有与掌握了劳动工具，劳动工具本质上是归属与依附于特定劳动主体的生产资料，两者间的原初统一造就了自给自足的小农经济与依附性自由。随着劳动者与劳动工具的日益分离、彼此分化与激进对抗，劳动工具从"劳动者延长的手臂"演变为支配与奴役劳动者的对立之物、异在他者，机器大生产在资本主义条件下的普遍应用将劳动工具与劳动者的对抗关系激化为不可和解的矛盾。随着劳动工具不断地机器化、自动化与智能化，机器广泛应用并成为普遍的生产媒介之后它就不再仅仅满足于充当中介，而是成长为劳动的实体与主体。"机器体系的这种道路是分解——通过分工来实现，这种分工把工人的操作逐渐变成机械的操作，而达到一定地步，机器就会代替工人。"[①] 人工智能作为机器逻辑的必然产物与典型形态担负着劳动生产的关键要素与角色，既将劳动者从单调繁重的体力劳动中解放出来，同时劳动者的主体性地位不断被瓦解与降格。强人工智能时代劳动者面临着主体性危机，"机器换人"就正是这一危机的序幕。倘若超人工智能时代真实来临，作为劳动主体的人可能不得不沦为人工智能的辅助工具，成为生产资料的一个部分而已，因此重建劳动者的主体地位正是人工智能时代的重要课题。

第二，人工智能重新勘定了个体自由时间与劳动时间的辩证关系。在劳动还成为获取生活资料根本方式的前提下，劳动时间与自由时间的区分就成为衡量个体自由程度的核心指标。马克思深刻批判了劳动时间对个体自由的限制，认为"以劳动时间作为财富的尺度，这表明财富本身是建立在贫困的基础上的，而可以自由支配的时间只是在同剩余劳动时间的对立中并且是由于这种对立而存在的，或者说，个人的全部时间都成为劳动时间，从而使个人降到仅

[①]《马克思恩格斯全集》第31卷，人民出版社1998年版，第99页。

仅是工人的地位,使他从属于劳动。因此,最发达的机器体现在迫使工人比野蛮人劳动的时间还要长,或者比他自己过去用最简单、最粗笨的工具时劳动的时间还要长"①。机器逻辑实质上增加了工人的劳动时间而减少了自由时间,而利润的增长与财富的积累就在于盗窃工人的劳动时间,未来社会的财富度量尺度决不再是劳动时间,而是可以自由支配的时间。同样,"社会发展、社会享用和社会活动的全面性,都取决于时间的节省"②。在扬弃私有制而建设发达公有制社会过程之中,正是借助于人工智能的普遍而深度地应用,传统的以利润增殖为导向的劳动分工让位于自由选择与自我实现的劳动分工,以满足物质生活基本需要为目标的劳动生产转向实现个体在物质满足、精神享受与文化陶冶等方面的多维需求,个人也正因为拥有更多的自由时间而才可能避免单向度的异化状态,正因为多重面向的生存实践与多维能力的塑造而成长为具有全面人格与整体发展的人。

第三,人工智能重新构建了具体劳动与抽象劳动的二重关系。具体劳动生产使用价值,抽象劳动生产价值,二者是同一劳动过程的两种不同属性。"生产的抽象化使劳动越来越机械化,到了最后人就可以走开,而让机器来代替他。"③ 作为"自由的有意识生命活动"的本真劳动应该凝结着劳动者的专业性、创造性、忠诚性与责任感等技艺能力与道德品质并在其中发挥着主导性作用,但是机器应用愈是发达,抽象劳动愈加普遍。"随着劳动越来越丧失一切技艺的性质,也就发展得越来越纯粹,越来越符合概念;劳动的特殊技巧越来越成为某种抽象的、无差别的东西,而劳动越来越成为

---

① 《马克思恩格斯全集》第31卷,人民出版社1998年版,第104页。
② 《马克思恩格斯全集》第46卷,人民出版社1980年版,第120页。
③ [德]黑格尔:《法哲学原理》,范扬、张企泰译,商务印书馆1961年版,第210页。

纯粹抽象的活动……纯粹形式的活动。"① 抽象劳动的普遍化与具体劳动的消解使得劳动价值论遭遇到由人工智能普遍化应用所带来的挑战，即劳动价值不再是由劳动产品的使用价值决定，而是由投入到劳动过程之中的机器设备、技术创新与固定资本所决定，它们日益被数字化、代码化与自动化。自动化的人工智能重构了体力劳动与脑力劳动的社会分工，用抽象的数字信息替代了感性的劳动活动，以符号化的软件代码取代了具体的物质交换，抽象一般的结果就是劳动活动的具体性丧失与差异性瓦解，原本丰富而真实的人类活动变成高度均质性、形式化与单一化的自动活动。然而，由强人工智能所赋能的自动化劳动并非个体自由的真正实现，从劳动工具、劳动对象到劳动过程都无法被人所独立自主地掌控与运作，即便是作为劳动主体的人自身也面临着主体性危机，劳动解放面临着技术异化与智能统治的风险后果。

三　数字红利抑或信息鸿沟：智能社会的平等困境

人工智能快速生成并"点燃"为学术热点、社会焦点、时代难点或者说人类历史的转折点，甚至说它在不断刻画着当代社会的典型特征并给现时代命名，"智能社会"已然成为我们正在经历或即将到来的时代际遇。人工智能在人类社会发展史上具有里程碑式的意义，如果说以蒸汽机的发明为代表开创了第一次工业革命时代，以电力大规模应用为代表开创了第二次工业革命时代，那么以计算机技术为代表则开创了第三次工业革命即信息时代，而到了 21 世

---

① 《马克思恩格斯全集》第 30 卷，人民出版社 1997 年版，第 254—255 页。

纪以人工智能为代表的第四次工业革命已然来临。每一次工业革命的发生起初都通过劳动分工的革命而最大限度地实现社会分配的公平正义，但随之而来的资本有机构成提高与利润率下降的趋势导致资源分配的不均衡与财富积累的鸿沟，也即是说，科技革命与社会公平并不是同向同行，它既以技术创新的方式助推了社会平等，但也以技术鸿沟的方式阻碍了公平正义的实现。《人类简史》的作者尤瓦尔·赫拉利曾经非常精彩地刻画了技术创新将导致社会贫富分化与两极冲突，认为"生物技术和人工智能的兴起可能会把人类分成两部分——只占一小部分的是精英阶层，而占据了大部分的是处于社会底层的'毫无用处'之人。一旦民众失去了经济和政治权利，社会不平等的程度可能会急剧上升"[1]。马克思也曾描述过在机器大生产应用之初导致了工人就业机会丧失与收入降低，为此工人组织了砸毁机器的抗争运动，但这并不能阻止机器的普遍应用，是否采用机器化大生产的决定要素取决于资本增值方式。利润最大化是科技革命的催化剂，驱动着各种资源都纷至沓来并聚集其上，人工智能的兴起本质上是资本逻辑召唤的必然结果。

从机器大生产的普遍应用到人工智能来临甚至是强人工智能的风险来袭，这一社会样态的时代转型体现了人类自我与外在世界交往方式的深度变革，它是人类进化的认知突破与路径创新，表征着人类解放达到了一个全新的存在样式与时代形态。如果说财产的私有化、生产的社会化与劳动工具的创新化是推动从人的依赖关系转向物的依赖关系，那么要真正实现"自由人的联合体"这一理想图景就不得不通过对社会关系的全面变革，尤其是劳动工具与生产方式的革命，而人工智能的来临正强烈地激活这一社会转型的到来。马克思将社会平等定义为人类解放的本质属性，在对未来社会的构

---

[1] 陈轶翔编译：《我们将见证：有史以来最不平等的社会》，《世界科学》2017年第8期。

想中刻画了理想的平等图景,其中"每个人的发展是所有人发展条件的总和"是人类解放的至高原则与绝对规范,"自由人的联合体"是社会平等的理想境界与追求目标,也正是在共产主义的共同体之中社会平等与人类解放才得以彼此相关与相生共进。

人工智能本质上是人类自我诊断与疗救的重要方式,目的是在诊断当下的时代困境与社会症结基础之上进行知识化分析、技术化治疗与数字化重建。作为一把现代性的双刃剑,人工智能既非令人谈之色变的魔鬼,亦非包治百病的神医。一方面,人工智能是对人类思维与行动进行理性化模拟,是人类思维在面对现代社会危机时所进行的积极调适与主动变革,目的是将人类从繁重的体力劳动、严重的资源匮乏与深刻的社会不平等中解放出来,其所主张的智能制造、数据共享、智慧管理、绿色清洁、生态治理的理念正是未来社会的理想图景。人工智能时代的社会生产,应该是克服了商品拜物教的公共性劳动,是摆脱了资本逻辑的普遍性交往,也是超越工具论的生产活动本身。2017年联合国召开首次"人工智能造福人类峰会",提出了人工智能作为工具有潜力帮助人类解决诸多难题,将对包括消除贫困、零饥饿、质量教育、性别平等、清洁用水和公共卫生、可承担的清洁能源、体面的工作与经济增长、产业创新与基础设施、减少不平等现象、可持续的城市与社区及气候正义等总共17个关乎人类可持续发展的目标提供积极指导与有益影响。

另一方面,人工智能的兴起不是解决人类现代性困境的终极方案,技术发明的深度应用必然产生极端复杂的意外性后果与负面性效应。大数据与人工智能的密切相关使得科学家将当前社会称为"智数时代",数字技术的发展促进了经济增长方式的信息化、扩大了就业渠道、提升了服务质量,经济社会的全面数字化转型升级意味着我们将可能进入一个开放、协同、共享、集约的智慧社会。后发地区与群体可以凭借数字技术克服与逾越一些发展瓶颈与技术障碍,通过信息高速公路与数字经济驶入发展的快车道,共享人工智能所带来的数字红利以尽可能地缩小不同主体之间基于收入分配、财富积累与社会资源等方面的差别。然而数字红利与数字鸿沟是人工智能二重性的显著特性,人工智能的深度运用面临着深刻的平等困境。

第一,人工智能面临着算法黑箱的数据正义难题。大数据与人工智能的强力结合导致我们陷入一种认知幻觉,似乎数据驱动的智能化可以使得我们忽略烦琐冗长的过程管理而只需向结果负责,人类只要在输入端提供海量数据就可在输出端实现目标。但具有自我学习能力的人工智能颠覆了这一认知路线,"与传统机器学习不同,深度学习并不遵循数据输入、特征提取、特征选择、逻辑推理、预测的过程,而是由计算机直接从事物原始特征出发,自动学习和生成高级的认知结果。在人工智能输入的数据和其输出的答案之间,存在着我们无法洞悉的'隐层',它被称为'黑箱'(black box)。这里的'黑箱'并不只意味着不能观察,还意味着即使计算机试图向我们解释,我们也无法理解"[1]。对此,人工智能研究专家霍德·李普森(Hod Lipson)把这一困境形象地描述为"这就像向一条狗解释莎士比亚是谁"一样荒谬,但如果人类自身都无法就智能过程进行科学解释与深刻理解,那么人工智能能否真正为人类服务就大有疑问。

第二,"代码即法律"造就了数字垄断的困境。人工智能的发展呈现为信息数字化、规则符号化,其最为抽象的一般表达即是代码,代码是数字世界的通用语言与基本单元。著名网络法律专家劳伦斯·莱斯格在其名著《代码》中大胆指出,网络并非不受规制的任意空间,它是由代码所创造的自由世界,但代码也可以将其塑造成一个充满压迫、控制与剥削的世界,在未来数字世界中"代码即法律"。虽然人类为了优化算法与提升算力而积极发明与不断更新

---

[1] 许可:《人工智能的算法黑箱与数据正义》,《社会科学报》2018 年 3 月 29 日第 6 版。

代码，但人类并不能平等地占有与公平地使用代码资源。"未来，代码既是实现自由和自由主义理想的最大希望，也是最大威胁。我们既可以设计、编程、建造出一个网络空间，用以保护我们坚信的核心价值；也可以在这个网络空间中任由这些价值消失殆尽。我们既没有中间道路，也没有万全之策。代码不是被发现的，而是由人类发明创造出来的。"[1]当拥有代码资源意味着数字垄断的特权时，可以把以代码为核心所拥有的各种资源称为"智能财产"，它可能就是未来世界财富的新形式。代码资源的所有权决定了在数字世界中所具有的身份、地位与角色，基于代码资源的差异造成了不同主体之间在认识与应对数字风险或数字危机时的能力差异，由此导致了不同主体之间在数字资源占有与分配中的不平等与不正义。数字垄断的必然后果是数字红利被翻转为数字鸿沟，人工智能将制造出一个新的贫困现象即"数字贫困"，并在此基础上产生一个新的贫困阶层即"数字穷人"。"数字穷人"因为其缺乏必要的"智能财产"，未能掌握应有的数字技能，因而在数字分工中处于低端地位或弱势阶层，其与"数字精英""数字贵族"的冲突将成为未来世界社会矛盾的主要形式。

四 各美其美与美美与共：
人工智能下的世界共生

费孝通先生在其八十寿辰（1990年）做了一个名为《人的研究在中国——一个人的经历》的主题演讲，讨论如何处理不同文化

---

[1] 赵蕾、曹剑峰编译：《从"代码即法律"到"法律即代码"——以区块链作为一种互联网监管技术为切入点》，《科技与法律》2018年第5期。

之间的关系时提出了一个著名箴言"各美其美,美人之美,美美与共,天下大同"[①]。这一提法不仅是协调不同文化传统之间相互关系的伦理规范,也是应对技术创新背景下世界各文明体之间相互冲突的重要准则。"各美其美"强调尊重各民族文化的多样性,主张优先培育与着力发展具有地方特色、民族特点与家国情怀的文化传统;"美美与共"倡导多元文化之间的求同存异、文明互鉴,主张以共享共在的方式实现共生共赢。在人工智能兴起之初各文明体尚能各安边界、相邻共生,一旦转向强人工智能或超人工智能时代,基于算法垄断、数字特权与代码霸权的优势国家可能会罔顾求同存异、和睦共生的原则,转而以人工智能为工具寻求支配地位与霸权统治,建立一个新的数字殖民地与数字帝国,这将是人工智能所造就的新帝国主义,或者说人工智能制造了更为严重的全球不正义。因此如何以"各美其美、美美与共"的理念为指导尝试构建人类命运共同体,以此应对人工智能时代所造成的世界危机是亟待解决的时代课题。

人工智能的离心化效应强化了全球性正义危机,也意味着人类社会发展既遭遇到严重的风险挑战,同时也面临着重大的历史机遇。人工智能的理论勃兴与普遍应用是民族历史向世界历史转向的必要环节与内在要素,没有任何单一的国家主体能独自实现人工智能的崛起与创新,更不可能独自应对人工智能所造成的系统性风险与复杂性危机,全球合作下的共同治理应是人工智能发展之路的本来之义。但作为一种超级技术的人工智能内蕴着难以想象的创新力量、翻天覆地的变革效应与瞬息万变的风险境遇,它不断地在瓦解着现代社会的固有秩序与治理结构,超级智能化并不能自动导向一

---

① 费孝通:《人文价值再思考》,载费孝通《从实求知录》,北京大学出版社1998年版,第435—436页。

个自我调节的稳定系统,相反,正由于其超越人类智性理解与实践控制而变得难以驾驭与把控。人工智能不仅没有担负起社会整合的总体性力量,反而蜕变为社会分裂的解构性因素,其离心化效应表现为:一是由于人工智能的领先地位而滋生技术霸权主义,在国际事务中民族主义兴起、单边主义抬头,国际霸凌现象与逆全球化的兴起与这一轮人工智能的迅猛变革不无关联。二是数字鸿沟进一步强化了全球地理发展不平衡,后发工业化国家可能面临着继续承受数字剥削、数字殖民与数字贫困的风险,全球发展不平等的现象不仅没有得到有效治理,反而面临着进一步深化的困境,全球正义尚付阙如。三是人工智能正瓦解着我们孜孜以求所追崇与捍卫的人类精神,尊严、自由与平等这些崇高价值在人工智能、超级技术面前面临着被曲解、异化与抛弃的可能,人之存在的价值与意义本身被超级智能彻底虚无化的风险。

超级智能的兴起是对人类这一物种的未来命运重新定向,人工智能究竟是像人类一样,还是超越人类,或者取代人类,三种不同的进路实际上决定了人工智能与人类智能之间是零和博弈还是彼此相长。当前世界性危机景象丛生,既有军事冲突、核武战争、全球贫困、宗教冲突等世界性久治不愈的顽疾,也有恐怖主义、生态危机、气候变暖、精神虚无等全球性亟待解决的病症,更有网络犯罪、数字垄断、信息霸权、智能异化甚至异种入侵的风险新形态。面对这一层出不穷而错综复杂的风险景象,贝克满怀忧虑地预言道:"生活在现代社会就是生活在现代文明的火山口,现代技术文明宛如达摩克利斯之剑高悬于人们头顶而面临着随时坠落的风险。"[①] 人类命运共同体为解决当前世界性危机贡献了中国方案,人工智能的风险治理离不开中国智慧。

[①] [德] 乌尔里希·贝克:《风险社会》,何博闻译,译林出版社2004年版,第5页。

人工智能加速了世界风险社会的来临，它用超级智能的力量进行时空抽离，风险被数字化蔓延与全球性扩散，传统风险形态不断被解构而新的风险形态日益凸显，没有任何一个民族国家能置身事外而独善其身。不少学者对此末日警示，认为人工智能不仅将超越人类，未来更将作为一个新物种取代人类，因此如何应对与疗救包括人工智能风险在内的诸多世界性危机已成为刻不容缓的时代课题。然而，持续至今的风险困境已确证了西方中心主义的方案难以为继，而中国为世界所贡献的人类命运共同体思想则提供了坚实的理论资源与方法出路。人类命运共同体思想主张面对当前全世界共同面临的风险与危机，"各国人民同心协力，构建人类命运共同体，建设持久和平、普遍安全、共同繁荣、开放包容、清洁美丽的世界。主张以平等协商的方式在对话中解决争端、化解分歧；统筹应对传统和非传统安全威胁，反对一切形式的恐怖主义；主张同舟共济，促进经济全球化朝着更加开放、包容、普惠、平衡、共赢的方向发展；倡导尊重世界文明多样性，以文明交流超越文明隔阂、文明互鉴超越文明冲突、文明共存超越文明优越"[1]。建设人类命运共同体既不是彻底否定人工智能，也不是完全依赖人工智能，而是审慎理性地使用人工智能为实现共享共生的人类社会服务。立足于中国传统文化并吸收了世界先进文明的人类命运共同体思想，彰显了"各美其美、美人之美、美美与共、天下大同"的中国智慧，是对世界性危机尤其是技术革命所导致的复杂性变革提供的中国方案。

---

[1] 习近平：《构建人类命运共同体》，2018年11月15日，人民网（http://theory.people.com.cn/n1/2018/0823/c413700-30246383.html）。

习近平谈育人的"三个维度"及当代价值

谢 俊 晏 惠[*]

摘 要：作为重塑和建构主体的一种创造性活动，育人始终是围绕着"自由而全面发展"的"人"这个最高目标而做出的实践性探索，是马克思主义最高理想及中国共产党"初心和使命"在新时代的绵亘和赓续。习近平新时代中国特色社会主义思想正是将育人和强国联系起来思考的当代中国马克思主义。鉴于育人实践与政治、文化及教育等问题相互纠缠的复杂性，习近平从政治维度、文化维度和教育维度三重视角全面论述了育人的原则、过程、要求和价值。习近平通过"三个维度"谈育人所建构起来的育人逻辑，皆是为了能够培育出既适合时代又能服务于中国特色社会主义建设及"中国梦"理想的接班人和劳动者，以最终达至实现人类命运共同体休戚与共这个整体目标。

关键词：习近平 育人 维度 价值

育人，是历代马克思主义经典作家们为了达至成人之目的不懈

---

[*] 作者简介：谢俊，西南政法大学马克思主义学院副教授，硕士生导师，哲学博士后，研究方向：马克思主义基础理论。晏惠，西南政法大学马克思主义学院副教授，硕士生导师，法学硕士，研究方向：思想政治教育。

奋斗的伟大实践，也是塑造现实社会所需要的合格劳动主体的重要途径。作为马克思主义理想的最终旨归及理论表征，习近平有关育人的重要理念是习近平新时代中国特色社会主义思想的重要内容之一，是马克思主义人学理论在新时代的阐发和新解。作为一种最艰难的社会实践活动，习近平将育人与强国结合在一起加以思考，从政治、文化及教育三个层次集中表达了育人的原则、目标、途径等问题，充分体现了育人工作的极端重要性和习近平对马克思主义理论教育的深切关怀，同时也给教育者按照自己的话语逻辑去理直气壮地育人，提供了有效的思想指导和明确的前进方向。

随着习近平新时代中国特色社会主义思想在当代认知度的不断提高，育人问题旋即跃升为与强国问题并列的重大战略问题。育人的根本在于立德，这是习近平在2018年5月2日考察北京大学并出席即将到来的"五四"青年节座谈会上的讲话中所提出的著名金句，表达了他的育人与育才相统一的人才培养辩证思维。作为新时代中国的领路人和掌舵者，习近平有关育人的重要理念，多散见于他在各种场合的讲话、指示、报告、文章及著作之中，清晰地表现为政治、文化、教育三个维度。

一　育人的政治维度

所谓政治维度，就是要从讲政治的高度谈"育人"，将育人行为提升到维护国家政治意识形态安全的高度来对待，最终达至政治素质过硬之目的。在新时代，中国既要能培育出有道德、有文化、有使命、有担当的新时代建功立业者，又要能培育出具有鲜明政治意识的社会主义国家政治制度安全保卫者。习近平的"育新人"，说到底就是要"培育能够担当民族复兴大任的时代新人"。① 为此目的，宣传思想工作者必须从提高人民的思想觉悟、道德水准、文明素养着手，坚持以中国特色社会主义思想武装人民、教育人民，以使马克思主义这杆思想大纛永远在人民心中飘扬。为了做好对新时代青年人的政治安全教育工作，就要构筑以中国共产党领导的各级各类宣传教育机构为主体，以榜样和舆论引导为辅助，以理论铸魂为目的构建全方位、立体式育人格局，真正使政治安全意识深深熔铸于人心之中。

第一，做实针对百姓的宣传思想机构的正面培育。针对普通百姓，宣传思想部门则是要向其正面展示中国形象，讲好中国故事，传达中央指示。2018年8月21—22日，习近平在北京召开的全国宣传思想工作会议上强调，新时代宣传思想工作部门的工作重点就是：既要主动阐释好中国道路和中国特色，又要有效维护好我国的政治安全，增强社会主义意识形态引领力；既要科学认识网络传媒规律，又要使互联网这个最大变量变成社会主义事业发展的最大增量；既要在坚持立德树人前提下育出新人，又要用马克思主义这杆旗帜武装全党和教育人民。宣传思想工作说到底是做人的工作，就是要以理想信念筑牢精神之基，坚持对马克思主义和社会主义的信仰，坚持对共产主义信念，强化教育引导和制度保障，及时引导青少年扣好人生第一粒扣子。

在网络意识形态安全培育方面，习近平强调"要提高网络综合治理能力，形成党委领导、政府管理、企业履责、社会监督、网民自律等多主体参与"② 格局，加强网上正面宣传，坚持正确的政治

---

① 《习近平总书记出席全国宣传思想工作会议并发表重要讲话》，《人民日报》2018年8月23日第1版。

② 《习近平出席全国网络安全和信息化工作会议并发表重要讲话》，2018年4月21日，新华网（http://www.xinhuanet.com/politics/leaders/2018-04/21/c_1122720038.htm）。

方向、舆论导向、价值取向，共同构建起虚拟和现实网络同心圆，以打牢全党全军全国各族人民为美好中国梦而奋斗的思想基础。早在2016年，习近平就强调，对待普通的网民，要多一些包容心和耐心，要加大网上宣传力度，及时澄清模糊认识并化解怨言怨气；对错误看法要及时引导纠正，让互联网成为官、民互动的新平台，成为发扬网络民主接受网民监督的新渠道。

第二，做深针对党员的各级各类党校的主动培育。党校对领导干部的主动培育也是政治育人的主要渠道。中国共产党的各级领导干部是带领全国各族人民建设小康社会的中坚力量，他们的政治意识直接影响到中国特色社会主义事业及中国梦建设大局，因此，对各级党员干部进行政治意识培育意义重大。中国共产党最高领导机构历来重视对各级党员干部的政治培育，各级各类党校就是培育合格的领导干部的大熔炉。习近平认为，为将"四个全面"战略布局落到实处及实现中华民族伟大复兴，"关键在于培养造就一支具有铁一般信仰、铁一般信念、铁一般纪律、铁一般担当的干部队伍"。[①]

从根本上说，党校对党员干部进行信仰、信念、纪律、担当意识培育，就是政治培育。为加强培养领导干部的政治意识，必须强化"党校姓党"的政治育人思维，高举党的理想信念旗帜，自觉同党中央保持高度一致；必须强化党的理论教育和党性教育，以使党的领导干部能够坚守住马克思主义理论教育阵地；必须引导各级领导干部学习、研读马克思主义经典著作，将马克思主义立场、观点、方法化为管理国家的看家本领；必须强化对各级领导干部的马克思主义学风教育，坚持以问题为导向回答社会存在的问题；必须强化党员干部学习党章的政治意识，以规范领导干部的行政作风和

---

① 习近平：《在全国党校工作会议上的讲话》，《求是》2015年第9期。

行为意识。

第三，做好针对媒体的新闻管理部门的侧面培育。舆论监督属于一种被动型政治育人模式，它是靠舆论影响力反面教育从而达到政治育人的目的。2016年2月19日，习近平出席党的新闻舆论工作座谈会时强调，做好新闻舆论工作，事关旗帜和道路，事关党和国家前途命运。对于新闻工作者来说，必须牢固树立马克思主义新闻观，以正面宣传为主；党的新闻媒体，必须维护党中央权威及党的团结；新闻媒体都要有在思想政治上同党中央保持看齐的意识，做到爱党与爱国的统一；对新闻工作者来说，要做党的政策的传播者、时代的记录者、社会进步的推动者以及公平正义的守护者。

二 育人的文化维度

所谓文化维度，就是要站在文化的高度谈"育人"，以中华民族传统文化浇筑国人的民族自信心和民族自豪感，最终达至文化认同之理想。这是因为，文化作为滋养中华文明绵亘延续的血脉和因子，是支撑新时代中国特色社会主义事业蓬勃发展及推动新时代中华民族融入世界的源泉和动力。在谈到文化对于国家、民族、中国特色社会主义事业及社会主义建设者的重要性的时候，习近平曾这样讲过："一个国家、一个民族的强盛，总是以文化兴盛为支撑的，中华民族伟大复兴需要以中华文化发展繁荣为条件"[1]，"一项没有文化支撑的事业难以持续长久"[2]；对于中国特色社会主义建设者来说，用文化浇筑他们的理想信念尤其重要，因此，必须"努力用中

---

[1]《在山东考察时的讲话》，《人民日报》2013年11月29日。
[2]《在同各界优秀青年代表座谈时的讲话》(2013年5月4日)，载《十八大以来重要文献选编》上，中央文献出版社2014年版，第280页。

华民族创造的一切精神财富来以文化人、以文育人"①。

中央马克思主义理论研究和建设工程咨询委员会主任徐光春高度概括了习近平总书记关于中国特色社会主义文化的培育问题，那就是建立在高度文化自信基础上的以坚持中国特色社会主义文化道路，激发中华民族文化创新活力，建设社会主义文化强国为目的的总设想，以真正培育出既适应新时代又能传承中华古老优秀文化的新时代中国特色社会主义事业的建设者和接班人。

第一，文化育人原则。用中国特色社会主义文化培育新时代中国社会之新风。中国特色社会主义文化，作为中华传统优秀文化在新时代的延续和发展，始终是滋养和孕育新时代现实中国社会的血液和土壤，是新时代中国特色社会主义建设的文化源泉。因此，为保证中国特色社会主义文化育人的正确方向，就必须在坚持马克思主义为指导思想的前提下，立足新时代现实，结合当前中国现实实践"发展面向现代化、面向世界、面向未来的，民族的科学的大众的社会主义文化，推动社会主义精神文明和物质文明协调发展"②。为了推进对新时代中国社会的物质文明和精神文明的培育和发展，就必须坚持文化培育的为人民服务和为社会主义服务的"两为"方向，百花齐放、百家争鸣的"双百"方针以及创造转化和创新发展的"双创"方法，以实现新时代社会建设的文化目标。

第二，文化育人重点。文化育人重在价值观培育。价值观培育就是培育社会主义核心价值观，因为社会主义核心价值观凝结了新时代全体国人的共同的价值理想和价值追求，积淀了中华民族最深

---

① 《在十八届中央政治局第十三次集体学习时的讲话》（2014年2月24日），载《习近平关于社会主义文化建设论述摘编》，中央文献出版社2017年版，第140页。
② 《决胜全面建成小康社会 夺取新时代中国特色社会主义伟大胜利——在中国共产党第十九次全国代表大会上的报告》，人民出版社2017年版，第41页。

层次的精神追求，标识了中华民族精神的独特魅力，体现了新时代中国特色社会主义的精神创造，是新时代中国实现中华民族伟大复兴的精神动力，是习近平文化育人观念的实践指向。培育社会主义核心价值观，就是要建设以核心价值观为支撑的能够更好地构建当代中国价值的话语体系。在当前中国社会所处的大变革年代，鉴于国际、国内多元文化的相互激荡，不同文明的交流、互鉴与冲突交锋，作为思想文化核心的价值观的重要性日益凸显出来，在此条件下，培育和践行社会主义核心价值观就成了新时代文化强国的题中应有之义。

第三，文化育人实践。文化育人实践，即以革命文化、先进文化及传统文化育人。所谓革命文化，指中国共产党成立后，中国共产党领导全国人民在反对帝国主义、官僚资本主义、封建主义所进行的革命斗争中形成的文化，已成为新时代国人建设中国特色社会主义的精神食粮；所谓先进文化，指新中国成立后及社会主义制度在中国确立开始，中国共产党人领导全国人民在社会主义建设和改革开放伟大实践中形成的文化；所谓传统文化，即由中华民族及其祖先所创造并继承发展的具有鲜明民族特色的优秀文化，是民族历史上各种思想文化和观念形态的总体表征。鉴于以上社会诸阶段所凝练的各种文化对中国特色社会主义事业的巨大贡献，现在已经成为培育新时代国人强大的精神食粮和精神动力。习近平曾强调，新时代中国必须能够更多地创造出反映新时代精神生活的更多的文化成果，以无愧于伟大的民族和伟大的时代。

第四，文化育人艺术。文化育人艺术，即通过艺术形象育人，就是借助文学、影视、文化遗存及美术作品育人。针对当前文学创作乱象，习近平指出，文学创作是作者的中心任务，作品是作者的立身之本，作家们应把最好的精神食粮奉献给人民，决不能在市场经济大潮中迷失方向，更不能在为什么人的问题上发生偏差；文艺不能为艺术而艺术，经济效益要服从于社会效益，市场价值要服从于社会价值；面对历史虚无主义和文化虚无主义思潮，必须坚决抵制"去思想化""去历史化""去主流化"等思想沉渣的泛滥。① 针对当前影视作品难以出新的困状，习近平强调，必须创新影视作品推进机制，创造更多反映新时代的影视精品。针对基层美术作品育人不到位的情况，习近平认为，艺术院校与基层文化部门的共同开发，是实现美术作品育人的新途径。针对当前忽略文化遗存的现象，习近平强调，对于物质和精神文化遗存，一定要合理保护，加强管理；中国特色社会主义政治制度是中国特色社会主义制度与中华优秀制度文化结合之典范，一定要保护好。

三 育人的教育维度

所谓教育维度，就是要站在教育的高度谈"育人"，重点就是从提高全国各级各类学校思想政治理论课的效度"立德"，并最终达至"树人"之目标。通过分析习近平关于教育的重要论述，基本勾勒出了习近平关于教育的系统、科学、完整的新时代中国特色社会主义教育理论体系，这正是我们探索其教育理念的原初动因。我们知道，百年树人，教育优先。根据教育任务、教育目的、教育主体及教育途径的不同，习近平从学校、教师及思想政治教育课等视角对教育育人做出分析。

第一，育人的任务。任务是教育教学目的的明确化。党的十八大以后，习近平在走进大中小学与师生座谈时多次阐述了"立德树

---

① 仲呈祥：《习近平文艺思想的实践品格》，《人民日报》2018年1月16日第24版。

人是教育的根本任务"① 及"国无德不兴，人无德不立"② 的育人观点。在全国教育大会上的讲话中，习近平强调，既要坚持把立德树人作为根本任务，又要深化教育体制改革，健全立德树人落实机制。③ 就中华民族优秀文化传承与发展历程来看，立德树人已经浸润成为潜移默化的道德价值体系。随着社会"二重化"及市场经济的负面影响，针对学生的道德教育已逐渐被提上议事日程。社会物质财富的丰盈与腐朽享乐思想同步增长，在校学生面临着严峻的人生观、价值观、世界观等的考量与抉择。

针对影响中华民族发展与未来之障碍，习近平多次强调必须以中华优秀传统文化涵养社会主义核心价值观，必须将国史和国情教育摆在青少年教育核心位置，以引导青少年形成正向的爱国热情，以激发起青少年的民族自信心和民族自豪感。2016年，习近平在对北京市八一学校考察时告诫学生们：中小学生要立志成才，就必须修身立德，志存高远，强健体魄，砥砺意志。④ 在对青年的寄语中，习近平告诫青年，做人要努力奋斗，"只有为人民作出了奉献的青春，才会留下充实、温暖、持久、无悔的青春回忆"⑤，也只有这样才能在为人民利益的不懈奋斗中绘就人生壮丽华章。

第二，育人的目的。教育育人，首先面临的是教育培育什么人的问题。针对这个问题，习近平在2014年9月9日同北京师范大学师生代表座谈时强调，教育的目的就是要把今天的学生打造成实现中华民族伟大复兴的主力军和梦之队，用社会主义核心价值观为

---

① 教育部课题组：《深入学习习近平关于教育的重要论述》，人民出版社2019年版，第20页。
② 同上。
③ 《习近平在全国教育大会上强调 坚持中国特色社会主义教育发展道路 培育德智体美劳全面发展的社会主义建设者和接班人》，《人民日报》2018年9月10日。
④ 《习近平在北京市八一学校考察时强调 全面贯彻落实党的教育方针 努力把我国基础教育越办越好》，《人民日报》2016年9月10日。
⑤ 习近平：《在同各界优秀青年代表座谈时的讲话》，《人民日报》2013年5月5日。

青少年哺育出高洁的道德情操和价值取向。为此，各级各类学校党委必须肩负使命，引导广大教师认清肩负的使命和责任，始终做先进思想文化的传播者，党执政的坚定支持者，始终忠诚于党和人民的教育事业，坚持把党的教育理念贯穿到整个思想政治教育全过程之中。①

2018年10月，习近平在全国教育大会上的讲话中指出，教育育人是民族振兴和社会进步的基础，是提高人民综合素质，促进人全面发展以及实现中华民族伟大复兴的重要途径，是一项利国利民的德政工程。中国特色社会主义建设实践证明，党和政府必须把优先发展教育事业放到其他工作前面，以为其他事业的顺利发展提供足够的人才支撑；中国教育育人的目的就是要培育适应新时代社会主义实践的社会主义建设者和接班人，也是中国特色社会主义教育育人的根本目标。

第三，育人的主体。教师是教育育人的主体，是承载着立德树人之关键一环。习近平非常重视教师的作用，强调教师不仅是学生心灵及人生的塑造者，也是社会正面形象的雕刻者。② 为此，还提出了好老师"四个标准"，即有理想信念、有道德情操、有扎实学识、有仁爱之心，还鼓励老师要做学生品格引路人、知识引路人、思维引路人和精神引路人四个"引路人"，以彰显教师对学生的重要性。

从历史及现实来看，教师的身份和地位无人能替代，教师应该享有社会应有的尊重和相应的待遇。在落实教育主体立德树人教育全过程之中，要彻底扭转不能体现教师真正业绩的评价机制，深化办学体制和教育改革，让激发教育活力的新时代因素彻底释放，为

---

① 习近平：《向全国广大教师致慰问信》，《人民日报》2013年9月10日。
② 习近平：《做党和人民满意的好老师——同北京师范大学师生代表座谈时的讲话》，《人民日报》2014年9月10日。

教师专心育人搭建一个宽松的教育平台。2015年9月9日，习近平强调，人才培育关键在教师。教育大计，教师为本；教育创新，重在教师；教师是立教之本和兴教之源，承担着办好教育之重任。没有一流的教师，就无法办好人民满意的教育。

第四，育人的途径。针对各级各类在校学生，思想政治理论课承担着教育育人的直接重任。2016年12月7—8日，习近平在出席全国高校思想政治工作会议时指出，高校思想政治教育工作必须把立德树人作为中心工作来抓；高校思想政治教育必须观照学生，提高学生思想政治水平和思想道德素养；做好高校思想政治工作，必须用好课堂教学主渠道，满足学生成长发展需求和期待；加快构建高校思想政治课教材体系建设，不断创新学术话语体系，建立公开、权威、适度、透明的思想政治课评价体系。2019年3月18日，习近平就如何上好思想政治教育课在北京专门召开一次思想政治理论课教师座谈会。在这次座谈会上，习近平延续了2016年的讲话精神，强调落实立德树人的根本任务，将思想政治教育课与为人民服务、治国理政、改革开放与现代化建设及中国特色社会主义制度结合起来，以使思想政治育人教育扎根中国土地，着力培育能够担当民族复兴大任的时代新人。

针对党员、干部群体，中国共产党有着自己丰富的育人经验和教育策略。目前，为了彻底贯彻党的十九大精神及落实好"两个一百年"奋斗目标，2019年5月13日，习近平主持中共中央政治局会议，并号召从2019年6月起全国分两批开展"不忘初心、牢记使命"主题教育，很明显，这样做的目的正在于进一步保持党的先进性、纯洁性、战斗性，以切实提高党的执政能力，强化党的政治纪律并净化党内政治环境，在决胜全面建成小康社会的征途中取得决定性胜利。正是我党这种正面培育干部的优良传统，间接回答了中国共产党为什么能这个历史命题。

四　育人的当代价值

在育人方面，习近平的论述理念是连贯的、一致的。从2017年党的十九大所做的主题报告"不忘初心，牢记使命"以来，对全体国人的教育从未停止过。更重要的是，习近平关于育人的三个维度的阐释，充分体现了育人工作的极端重要性和党对全体国人思想现实的深切关怀和重视，这既为新时代如何开展"不忘初心、牢记使命"主题教育指明了清晰的前进方向，也为新时代如何培育锻造出合格的社会主义建设者和接班人指明了具体的道路方法。在育人、成人及对全体党员干部进行理论教育的逻辑上，习近平关于育人理念的价值体现在如下几点。

第一，习近平有关育人方面的论述，奠定了"不忘初心、牢记使命"主题教育的基调和主题，推动了当前中国共产党人更加自觉地学习马克思主义经典理论的激情，形成了用党的创新理论武装自己头脑的良好学风，构筑起从政治高度去理解这场自上而下的主动育人的牢固堤坝，强化了为实现党的历史使命而从内心深处慢慢涌起的精神信仰和精神支柱，最终使广大党员干部能够坚定地保持理论上的清醒和政治上的坚定，以尖锐的政治敏锐性去克服腐朽思想文化的侵扰和影响。

第二，习近平有关育人方面的论述，破除了传统的单纯依靠学校思想政治理论课育人的狭隘模式，拆掉了传统育人的思维隔障和育人藩篱，扫除了新时代中国特色社会主义育人道路上的各种障碍物，将育人思维拓宽至政治和文化领域，为新时代中国特色社会主义全方位全时段全阶层育人提供一个全新的思维逻辑和大育人格局，有效扩宽了育人的通道和育人的策略；展现了习近平深厚的育人哲学素养，为习近平新时代中国特色社会主义思想增添了一项可资借鉴和研究的理论领域。

第三，政治育人维度，弥补了传统的意识形态安全教育缺失这一重大育人不足之现实，明确了当前中、西方意识形态严重对立之窘境和残酷现状，将育人实践从单纯的教育领域拓宽至政治领域，为新时代中国全阶层育人提供了一个全新的政治维度，有效破解了当今时代的"西方中心主义""各种保护主义""冷战思维模式""狭隘民族主义"和"逆全球化潮流"等各种逆时代而行的"逆流"，以弘扬社会主义之大道——即以构建人类命运共同体为终极理想的宏图大业。

第四，文化育人维度，弥补了传统的文化安全教育缺失这一重大育人不足之憾事，明确指出了当前中国传统文化教育内化不严之缺陷，将育人从单纯的教育育人拓宽至文化领域，为新时代中国全阶层育人提供了一个全新的文化维度，有效破解了当今时代的各种"崇洋心态""媚外心理""奴性意识"和各种自贬丑行等心理卑怯及不健康文化"病症"，以新时代的中国特色社会主义革命文化和先进文化建构起以激昂中国传统文化为核心的中国特色社会主义新时代文化。

第五，教育育人维度，弥补了传统的对思想政治理论课育人重视不够这一事实和缺陷，将思想政治理论课育人贯穿至全国各级各类学校教育始终，让思想政治理论课成为育人与强国并重之战略抉择，让思想政治理论课成为"扣好人生第一粒扣子"的启蒙第一课，有效化解了思想政治理论课在各级各类学校所处的尴尬境况，提升了思想政治理论课的地位和重要性，以巩固和安定各级各类学校思想政治理论课教师的显性地位，为构建中国特色的思想政治理论课打下坚实的理论基础。

总之，习近平通过对育人的政治、文化和教育三个维度的阐释以及"不忘初心、牢记使命"主题教育的顺利开展，成功地楔下了新时代中国育人实践的第一根理论桩基，并可能成为今后我国改革、创新教育现实并建构起新时代中国特色社会主义育人格局的新模式，为新时代培育出具有担当精神及中国特色社会主义核心价值理念的建设者和接班人作出其应有的贡献。

中国社会阶层结构变迁与财富观嬗变的经济哲学分析[*]

卜祥记 李 娜[**]

摘 要：社会阶层结构变迁与财富观嬗变之间存在着内在性的关联。唯物史观的基本理论立场乃是呈现这一内在性关联机制的根本性路径。破除利益关系和利益格局的冲突和扭曲，解构利益集团的垄断性格局，构建流动性的利益关系格局，实现社会利益公平公正的分割，是构建合理的社会阶层结构体系和运行机制，破除国人财富观的扭曲，重建健康和谐的社会主义财富观的根本出路。

关键词：阶层结构 财富观 唯物史观 利益关系

立足于经济哲学的理论视域，去探讨中国社会阶层结构变迁与财富观嬗变的内在关联，就是以马克思的唯物史观为指导，从经济哲学的理论视角出发，借助于社会阶层结构变迁理论，紧紧围绕中国社会阶层结构变迁与财富观嬗变的内在互动机制，呈现改革开放

---

[*] 基金项目：本文系国家哲学社会科学基金一般项目"中国社会阶层结构变迁与财富观的嬗变"（项目编号：13BZX009）的结项报告。

[**] 作者简介：卜祥记，上海财经大学人文学院经济哲学系教授；李娜，上海财经大学人文学院。

前后财富观嬗变的社会动力机制、历史进步寓意及其所承载的社会责任、公平意识、人格品质、道德秉性、价值目标、体制约束以及发生现实扭曲的深层根源，以期为面向未来的财富观的形塑与重构提供具有可操作性的基本路径。这一现实性的任务与目的本质性地规定了它赖以展开的理论前提、由这一理论前提所决定了的基本思路以及作为这一基本思路之展开的基本观点。

一 社会阶层结构变迁与财富观嬗变之关联性分析的理论前提与基本思路

社会阶层结构从本质上说就是特定的利益关系与利益格局，财富观则是基于特定利益关系和利益格局而形成的对财富的创造、财富的分配、财富占有的均衡度、财富的本质与财富的象征和意义等问题的基本看法。因此，对中国社会阶层结构变迁与财富观嬗变之内在关联的分析，就必须紧紧把握住利益关系和利益格局这一核心要素。同时，我们还必须看到，在全部利益关系和利益格局中，发挥主导性作用的则是物质利益关系和物质利益格局；正是物质利益关系与物质利益格局决定了政治、文化等一系列利益关系和利益格局；但是，我们又绝不可以因为物质利益和物质利益格局的主导性作用，而忽视政治与文化等利益关系和利益格局在社会阶层结构变迁和财富观嬗变中的重要地位。这就意味着当我们去探讨中国社会阶层结构变迁与财富观嬗变的内在关联时，既要坚持马克思主义唯物史观的基本理论立场，并把这一基本立场凝练为马克思主义经济哲学的理论分析范式，又要合理吸收现代社会阶层结构变迁理论的研究成果。据此，对中国社会阶层结构变迁与财富观嬗变之内在关联的研究，必须遵循如下基本理论前提。

(一) 社会阶层结构变迁与财富观嬗变之关联性分析的理论前提

（1）唯物史观是分析社会阶层结构变迁与财富观嬗变的根本理论基石。社会阶层结构变迁从根本上说是生产方式变革的结果，财富观的秘密存在于生产方式之中。唯物史观是开启社会阶层结构变迁和财富观嬗变之锁的钥匙。（2）经济哲学是揭示社会阶层结构变迁与中国人财富观嬗变内在机制的直接理论前提。社会阶层结构变迁根源于经济利益关系的变动，财富观的嬗变根源于经济利益格局的调整。经济哲学从作为直接驱动力的经济利益关系出发，对经济结构、社会结构、政治结构、观念结构等社会整体运行机制的分析模式，是呈现社会阶层结构变迁与财富观嬗变内在机制的直接理论前提。换言之，经济哲学的理论视域是贯通唯物史观与财富观嬗变的根本理论中介。财富观的嬗变与重塑有着经济学、文化学、社会学、政治学、哲学、伦理学等多重分析路径，但经济哲学具有独特的理论优势，它从唯物史观的生产方式与社会形态理论出发，经由物质利益原则、利益主体多元化、社会结构演进机制等理论中介向社会阶层结构变迁理论过渡，并最终通达本质上由利益关系和利益格局所决定并反制特定社会阶层结构变迁的财富观问题。（3）现代社会阶层结构变迁理论是把握财富观嬗变的直观理论坐标。现代阶层结构变迁理论既看到了物质利益关系和格局的变动在社会阶层结构变迁中的重要地位，但又同时关注到非物质利益因素在阶层结构形成、划分和测量中的意义；甚至有些现代社会分层理论直接地把与物质利益关系存在直接或间接关系的政治、文化、社会声望等因素作为阶层划分与测量的主导性标准。当我们面对当代中国特色社会主义社会的阶层结构变迁这一特殊研究对象，并以社会阶层结构的改良而非革命作为中国社会阶层结构分析的根本宗旨时，现代社会分层理论的现实合理性立刻呈现出来。因此，我们看到国内社会阶层结构的当代划分与测量大多以与物质利益直接相关或间接相关的职业、文化等因素作为主要依据。据此，我们把现代社会阶层结构变迁理论视作把握财富观嬗变的直观理论坐标。这就意味着，马克思主义唯物史观的理论立场和分析方法是我们的根本理论前提，作为唯物史观与当代社会阶层结构变迁与财富观嬗变分析之理论中介的经济哲学是揭示社会阶层结构变迁与中国人财富观嬗变内在机制的直接理论前提，而现代社会阶层结构变迁理论则是把握财富观嬗变的直观理论坐标。在这一直观性的理论坐标中，我们也可以看到：完整意义上的利益格局——不只是物质利益格局表现为社会阶层结构的变迁，而财富观的嬗变不仅直接的是在一定时期的社会阶层结构变迁中生成，而且直接的就是一定社会阶层结构变迁的反映。

（二）社会阶层结构变迁与财富观嬗变之关联性分析的切入点

当我们在一般意义上追问国人财富观念的变化与社会阶层结构变迁之间有何内在关联时，它们之间的关联并不是显而易见的；同时，即使我们把利益驱动机制化、利益主体多元化、利益观念世俗化等利益分析机制引进来，财富观念的变化与社会阶层结构之间的内在关联也无法直接呈现出来。但是，如果我们换一个讨论问题的切入点，即从国人财富观的冲突和扭曲现象入手，并对国人财富观发生冲突和扭曲的根源展开分析，那就很容易地看到它与财富总量的增长与财富差距的不断扩大、利益格局的调整与利益群体的分化、利益集团的形成与利益格局的固化以及阶层结构流动性的缺失和阶层结构的固化等，有着直接性的关联。就此而言，我们不仅抓住了一个突出的社会现象和社会问题，而且把对财富观嬗变之根源的分析，以利益关系结构变动为中介，决定性地引向对社会阶层结构变迁的分析，从而在社会阶层结构变迁与财富观嬗变之间建构起一种内在关联机制。换言之，如果说当代国人财富观念的冲突和扭曲之发生的现实性根源不仅在于经济体制的变动，更在于由于这一变动而生成的利益格局的调整以及由此而引发的阶层结构的变迁；如果说当代国人财富观念的冲突和扭曲之发生的思想性根源不仅在于欲望支配世界与消费主义、经济个人主义与利己主义和价值通约主义与财富拜物教，而且这些思想性的根源本身就植根于经济体制改革以及随之而来的利益格局变化和阶层结构的固化，那么它就必然会启发和引导我们把对国人财富观念之嬗变根源的分析，从直观性的经济体制改革和一般性思想根源的分析深入对阶层结构变迁的分析，深入对作为阶层结构变迁之本质关系，即对利益格局变迁的分析。就此而言，对当下国民财富观冲突和扭曲现象之根源的分析，就成为一个重要的切入点；对作为国民财富观念嬗变之极端形式的财富观冲突与扭曲之根源的分析，引导着我们在国人财富观的嬗变与社会阶层结构变迁之间建立起某种必然性关联。换言之，如果说当下国人财富观的冲突与扭曲现象根源于由利益关系变化所导致的社会阶层结构变化，根源于在这一过程中所发生的利益关系和阶层结构的固化，那么在一般意义上对国人财富观念之嬗变的分析，也必然要追溯到对社会利益关系变动和由此而形成的社会阶层结构变迁上。

二 社会阶层变迁与财富观嬗变的内在关联机制

（一）划分社会阶层和分析社会阶层变迁的基本标准

对社会阶层变迁的分析必须以社会分层为前提，而不同的社会分层理论在社会阶层的划分标准和理论逻辑等方面均存在着一定的差异性。一般而言，对社会阶层的划分所依据的标准无外乎经济、政治、文化、社会等因素。

第一，就经济因素而言，马克思依据经济因素对社会阶级结构的分析是最具开创性和代表性的。韦伯最早提出了多元社会分层理论，把法律秩序、经济秩序和社会秩序作为社会阶层结构的多元标准，对后来的社会学理论影响甚大。但必须注意的是，韦伯对经济因素同样给予了高度关注，并对吉登斯和戈德索普具有直接影响。第二，韦伯的多元社会分层理论最早关注到权力分层问题；达伦多夫甚至把政治因素作为社会阶层结构分析的主要因素，而把经济地位的不平等作为政治权力不平等的特殊表现形式；普兰查斯认为，社会阶层结构并非经济因素单一作用的结构，而是经济与政治和意识形态多种因素共同作用的结果，并赋予政治因素以首要地位。第三，在1899年的《有闲阶级论》一书中，凡勃伦最早以文化因素为切入点分析了阶级阶层的差异性以及这种差异性在日常生活、服装、宗教信仰、礼仪规范、生活品位和教养等方面的具体表现。布迪厄依据经济资本、文化资本和社会资本的划分，把由文化资本熏陶而成的"惯习"作为社会阶层划分的重要依据。第四，以社会资本划分社会阶层的分析路向当首推《美国社会阶级》的著者沃纳，布迪厄和科尔曼等人也从社会资本的视角系统分析了社会资本对社会阶层结构的影响。在他们看来，所谓社会资本实际上就是特定的社会结构关系，而这种关系实际上意味着一定的社会资源，是"实际的或潜在的资源的集合体"[①]，"社会资本是生产性的……社会资本存在于人际关系的结构之中"[②]。第五，社会声望也被作为社会分层分析的因素之一。社会声望既是一个人在一定社会分层中的社会地位，更是其他社会成员对其社会地位的主观认可和价值评价。马克斯·韦伯最早分析了社会声望对社会阶层地位的影响，沃纳与伦特运用这一主观分层理念，借助于社区居民的主观评价，分析了美国社区居民的社会阶层结构。帕森斯认为，人的主观评价标准与社会认可标准共同决定了特定社会群体在社会阶层结构中所处的位置，而经济地位的不平等只不过是主观因素导致的社会不平等在经济领域的具体反映。在通过数学统计发现社会声望与经济地位存在着不一致性的基础上，特雷曼也主张依据社会引入社会声望分析维度，全面把握社会阶层结构分析。第六，基于对人力资源与社会资本的细致区分，科尔曼、舒尔茨、贝尔等着重分析了人力资源——包括个人综合素质、专业性机能和服务社会的能力等后致性（非先赋性因素）因素，对个人社会阶层地位的影响。

（二）物质利益关系依然是划分中国社会阶层结构的根本标准

不论是经济、政治与文化因素，还是社会资本、社会声望和人力资本等，它们实际上都是一定的利益关系。不同学者会赋予这种利益关系以不同的内涵，从而表现为不同的社会分层标准和不同的社会阶层划分。但是，其中最核心的并发挥决定性作用的仍然是物

[①] 包亚明：《文化资本与社会炼金术》，上海人民出版社1997年版，第202页。

[②] ［美］科尔曼：《社会理论的基础》，邓方译，社会科学文献出版社1999年版，第254页。

质利益关系。当韦伯提出多元社会分层标准时，他敏锐地关注到政治、文化和身份声望等因素对于社会阶层形成与划分的影响，但他不仅没有排除经济因素，而且还非常重视经济因素的重要性，把财产、收入和市场机会作为社会分层的主要依据。达伦多夫、普兰查斯把政治权力结构作为分析社会阶层结构形成与划分的依据，但当我们进一步追问政治权力结构不平等的根源时，它依然要被引向对作为基础性和决定性因素的经济因素分析。因此，达伦多夫、普兰查斯的社会阶层分析理论绝不可以理解为对马克思阶级阶层分析理论的颠覆，它们的理论意义只在于对后者的推进和补充。由凡勃伦开启并由布迪厄推进了文化分析路向为我们提供了社会阶层分析的另一种理论范式，它以个人品位和惯习划分社会阶层。然而，在一定的个人品位和惯习究竟是如何形成的这个至关重要的问题上，除了家族渊源等先赋性因素外，根本性的决定因素依然是一定的最低程度的经济地位和经济能力；而且，作为家族渊源之类的先赋性因素等，它本身就是在历史上曾经拥有的经济地位和经济能力基础上形成的；同时，这样一种文化性维度的社会阶层分析，更多地仅仅适用于某些独特的社会群体和个人，因而并不具有普遍性的意义。即使这种分析方法具有某种程度上的普遍性，它也大多只适用于发达社会。就社会资本而言，一定社会结构中的社会关系之所以被称为资本，它本身就意味着经济性的内涵；正是由于这一点，他们才可以把社会资本看作获取其他经济利益的手段。但是，当我们进而追问作为社会资本的一定社会关系的形成根源时，其中最具决定性的因素依然是经济地位和经济权力。同样，对于社会声望和身份地位而言，作为一定的价值评价和主观认可，其中的影响因素虽然是多样化的，因而并不完全是由现有的经济因素决定的，但制约价值评价和主观认可的所有非经济因素，也必须追溯到既往的经济性因素中。

把物质利益关系作为划分中国社会阶层结构的根本标准，这也是我们分析当下中国社会阶层结构及其变动以及它与财富观嬗变之内在关系的基本原则。只有奠基于这一基本原则之上，我们才能正确对待政治资源、文化资源在当下中国社会阶层结构划分中的恰当地位及其对国人财富观的内在影响。因此，当我们看到陆学艺先生采取涂尔干的职业分层标准对中国社会结构的十大阶层进行分析时，这样的分析不仅不是违背唯物史观原则的，而且恰恰是对唯物史观原则在当下中国社会阶层结构分析中的灵活应用。这样的分析同样也有助于我们探讨阶层结构与财富观之间的内在关联机制，即对这一内在关联机制的分析既要坚持马克思主义的物质利益原则，同时也要考虑到物质利益因素之外的其他政治、文化因素。同时，还应当看到，作为人力资源的影响因子也是一个既与物质财富的占有直接相关，同时也对当下中国社会阶层结构划分有重要参照意义的因素，并且它与一定社会阶层的财富观念的形成有直接关系。这就意味着，我们据以划分社会阶层结构的众多因素实际上不过是不同形式的利益因素，而所有这些利益因素都以物质利益为基础，不过是物质利益因素的直接或间接的存在形式；而就作为其根本基础的物质利益因素而言，又从根本上表现为对一定生产资料的占有以及由此所决定的财富分配状况。这是我们把握社会阶层结构变迁及其与相应财富观嬗变之内在关联机制的根本点。就此而言，马克思据以划分社会阶级与基层的唯物史观标准，依然具有重要的宏观性指导意义。

（三）以物质利益关系为基础的社会阶层变迁与财富观嬗变之关联的不同类型

在一般的意义上，对社会阶层变迁与财富观嬗变之内在关联的分析，主要包含两个层面或两个角度，即社会阶层结构的整体性变迁与社会整体性财富观之间的内在关联以及一定社会阶层的流动是如何影响到阶层财富观的嬗变。当然，这里可能还包含着就社会个体而言的另外一种情况，即个体归属于其中的社会阶层并没有发生明显变化，但他的财富观念却可能发生某种变化。问题层次的如此细化，与我们对财富观类型的分类有关。在我们看来，依据不同的标准，我们大致可以把财富观划分为物质财富观与精神财富观、主流财富观与非主流财富观、整合性财富观与冲突性财富观、整体性财富观与阶层性财富观等。

首先，就社会阶层结构的整体性变迁与社会性财富观的嬗变而言，它所表达的乃是随着主导性或整体性的社会阶层结构的变化，与原有主导性或整体性社会阶层结构相适应的整体性或主流性财富观也会发生相应的变化。比如，随着中国社会阶层结构由"差序格局"的农业社会结构向"士农工商"的"四民"社会结构的历史性变迁，中国社会的整体性或主流性财富观也相应地体现为由安贫乐道的财富观向安贫乐道的传统财富观与近代工业化社会的资本化财富观二元并存格局的历史性变化。这一分析角度的优点在于它可以直接凸显出社会阶层结构的历时性变迁与财富观嬗变之间的宏观性内在关联，并且其内在关联机制与唯物史观的基本理论立场具有高度一致性。

正是在这种高度一致性中，我们就可以很清楚地呈现出社会阶层结构变迁与财富观嬗变之间的内在关联机制，而构成这一内在机制的主要因素就是利益关系——其中主要是物质利益关系。换言之，当我们在宏观意义上去呈现社会阶层结构的整体性变迁与整体性财富观嬗变之间的内在关系时，我们只能从生产方式变革的角度去分析社会阶层结构的变化，并把这一变化本质性地归之于利益关系变化的结果，并据此描述作为这一利益关系之观念表达的财富观的整体性嬗变。因此，把社会阶层结构的整体性变迁与整体性财富观嬗变内在关联起来的因素，乃是利益关系的变动和利益格局的调整。这就意味着，一方面，社会阶层结构本质上不过是某种形式上的利益格局，而财富观则是对一定利益格局的基本看法；另一方面，社会阶层结构的变迁本质上不过是利益格局的变迁，而财富观的嬗变则是对利益格局之变迁的观念表达，是一定利益格局变迁的必然结果。

其次，就社会阶层结构变迁与阶层财富观嬗变的内在关联机制而言，它所表达的则是当某一社会成员在相邻社会阶层之间发生阶层流动时，他所拥有的与原有社会阶层位置相适应的财富观是否会发生相应的流动；如果存在着相应的流动性，其内在机制何在？如果说前一种分析方式是总体性的，这一分析就是具体性的。这种分析维度的优点不仅在于它的微观性与精确性，而且在于它能够更为直接地在社会阶层流动性的缺失与财富观的扭曲之间建立起内在关联性的分析机制。但是，问题在于：在相邻社会阶层发生流动的情况下，其财富观是否会、是否立即会或者在多大程度上会发生相应的变化，其内在关联机制何在？按照目前对社会资源的划分状况，大致说来，它主要表现为经济资源、政治资源、文化资源、人力资源等。就经济资源而言，它又涵盖了生产资料的占有、财产收入、市场机会等一系列因素。不论我们按照任何一种或几种因素来划分社会阶层，任何一种社会阶层及其相邻社会阶层的流动都是由社会资源的占有以及与之相适应的获利性所决定的。就此而言，随着社会成员在相邻社会阶层之间流动性的发生，其相应的经济、政治或文化地位必然会发生变化；当这样的变化发生后，他对待财富创造、财富分配、财富占有均衡度和财富本质，尤其是对待财富的象征与意义的认知，必然会程度不同地发生相应的变化。在这里出现的乃是一个定性判断；基于这一定性分析与判断，对社会阶层流动与财富观相应变化的定量分析将成为一个艰巨的课题。

再次，当我们面对另一种情况，即个体归属于其中的社会阶层并没有发生明显变化，但他的财富观念却也可以发生某种变化时，这种变化的内在机制何在？实际上，这种情况不过是我们前面所分析的阶层结构变迁与财富观嬗变之内在关联的一种特殊表现。在按照一定标准（如收入标准或职业标准）所设定的阶层结构中，对于处于同一社会阶层的社会成员，如果我们按照另一个子标准对他们进行再分层，比如按照年龄结构或素质教育结构等进行再分层，我们将会看到：同一社会阶层中的不同年龄阶段或不同文化程度的成员，他们对待财富的看法也会有所不同。比如，归属于同一职业阶层的不同年龄段的不同社会成员，在看待财富的象征与意义时，在对待消费和信贷的态度上，就会有不同的看法。然而，这种情况的存在并不与社会阶层的流动与财富观的相应变化相冲突，它只不过是这种对应性变化的另一种表达形式。虽然他所归属于其中的大的社会阶层（比如，职业阶层）并没有发生变化，但随着他的年龄层次或受教育程度的变化，他的财富观念也会发生相应的变化；而造成变化的根源同样也可以追溯到经济性因素或非经济因素的变动。但是，就经济因素与非经济因素之间的关系而言，经济因素依然是发挥决定性作用的制约性因素；毕竟，一定的年龄段或一定的受教育程度，总是与一定的经济收入水平直接相关的。因此，看起来年龄段或受教育程度的变化似乎是一个与经济收入水平无关的独立变量，但实际上它们不仅意味着，而且总是受制于经济收入水平的变化。尤其是，当我们把比如年龄段的变化与财富观的变化关联起来时，不同年龄段的社会成员的财富观的变化，已经不再是单纯年龄段的变化，而是隐藏在年龄段的变化背后的经济收入水平的变化；正是后者真正影响着他的财富观念的变化。

最后，社会阶层流动性与阶层财富观嬗变之间的内在关联，不仅直接体现在社会阶层流动性与相应财富观嬗变之间的正相关关系，也不仅体现在阶层结构的差异性与阶层财富观相应差异性的关联性，而且更突出地表现为社会阶层流动性的缺失与财富观扭曲之间的正相关关系。虽然后者表现为一种极端性状态，但恰恰是这种极端性状态非常鲜明地反映出阶层结构变化与财富观之间的内在性关联，同时也非常鲜明地反映出这种内在性关联的机制性因素——利益关系，而且主要是物质利益关系的固化。如果说对社会阶层流动性与阶层财富观之关联性的分析是一个需要给予细致论证的问题，那么对社会阶层流动性的缺失必然导致财富观扭曲的认定，则几乎是一个可以直观确认的事实。它以截然不同的另一种形式反过来确认了社会阶层流动性与阶层财富观嬗变之间的关联性，而这种关联性当然也集中体现在利益关系中，即社会阶层流动性的缺失本质地表现为利益关系和利益格局的固化，并因此而导致财富观念的扭曲。

三 新中国社会阶层结构变迁与国人财富观的嬗变、扭曲及其矫正路径

基于对社会阶层结构变迁与财富观嬗变之内在关联机制的建构，我们对新中国成立以后社会阶层结构的变迁与财富观嬗变之间的关联性变化，进行阶段性的分析。在阶段性的划分方面，我们采用了学术界具有一定代表性的分段方法，即首先以改革开放为界把新中国成立后的70年划分为改革开放前后两个大的阶段，并以20世纪90年代中期为界，把改革开放后的40年发展历程划分为前、后两个阶段。依据阶层结构本质上不过是一定的利益关系——其中主要是物质利益关系——结构，而财富观正就是一定利益关系和利

益格局的观念表达的基本原则，具体分析了中国社会阶层结构变迁与财富观嬗变之间的内在关联，并依据20世纪90年代中期后所出现的一定程度上的阶层流动性缺失和利益格局的固化，展示了国人财富观冲突和扭曲现象的发生，从而得出构建面向未来的财富观必须从优化利益格局着手，进而优化社会阶层结构。只有从根本上解构利益集团，实现利益格局流动化，才能建构起充满流动性的社会阶层结构和阶层准入机制，并最终推进、矫正、重塑面向未来的健康财富观。

（一）新中国社会阶层结构变迁与国人财富观的嬗变

历史唯物主义是解码社会分层结构变迁与财富观嬗变的重要原则和方法。作为人类社会存在与发展的基础，财富始终是人类社会发展的主线。什么是财富？人们对于财富有什么样的态度？财富是如何被生产与分配的？财富以何种形式表现出来？财富的真正目的是什么？这些问题构成了财富观的主要内容。从本质上看，财富观具有历史流变性，人类社会发展的不同时期，对于财富的目的、生产、分配、消费等问题的认识呈现出整体性。但从财富观的存在状态看，财富观属于社会意识范畴，其主体具有多样性，不同的个体、群体、组织、阶层的利益需求和满足能力具有明显的差异性。所以，不同群体的财富观也客观地存在着矛盾与冲突，而一定社会发展时期的社会阶层结构——这种结构总是一种差异性结构，并且在一定时期表现为阶级结构——总是生成一定时期阶层财富观差异、冲突甚至扭曲的直接现实性根源。正如马克思指出的那样："因此，毫不奇怪，各个世纪的社会意识，尽管形形色色、千差万别，总是在某些共同的形式中运动的，这些形式，这些意识形式，只有当阶级对立完全消失的时候才会完全消失。"① 就此而言，在一个漫长的历史时期，财富观的嬗变、差异和冲突，甚至扭曲现象将长期存在下去。这是一个不争的事实。

大致说来，与自给自足、地域性的小农经济生产方式相适应的，是以宗法群体为本位、以亲属关系为主轴、依据血缘伦理关系来维系的、长期处于封闭均衡状态的"差序格局"的社会结构，由此而形成的乃是以安贫乐道的利益取向、以义取利的价值标准、为富不仁的道德评价、平均主义的理想诉求为基本内涵的中国传统农业社会的财富观；19—20 世纪前半期，随着民族工业的诞生和近代工业的起步，中国传统社会阶层结构开始发生错动、变迁与转型，突出表现于物质利益原则的区域性凸显以及由此导致都市化进程提速与"士农工商"的"四民"社会结构更趋分化和复杂化，从而出现了安贫乐道的传统财富观与近代工业化社会的资本化财富观二元并存的格局；20 世纪后半期至改革开放初期，由于极度扩张的国家行政权力下沉、计划经济体制的强制性制度安排和生产生活资料的行政分配机制等从根本上取消了物质利益原则，从物质利益关系格局变动到社会阶层结构变迁，再到财富观嬗变的分析逻辑不再存在，取而代之的是作为阶级阶层结构固化的特定社会结构。在此基础上，国人的财富观以虚无主义和平均主义为突出特征，从而表现为财富就是罪恶、穷与富的差距等同于社会主义与资本主义的对立等政治化扭曲与幻化的财富观；自改革开放以来，随着资本逻辑的彰显和社会阶层结构的急遽变迁，现代财富观进入孕育阶段。中国社会阶层结构变迁进入利益驱动机制化、利益主体多元化、利益观念世俗化的博弈时代，传统的"2+1"阶级阶层结构已经瓦解，城乡二元结构面临巨大挑战，由此导致：一方面，以致富光荣、勤

---

① 《马克思恩格斯文集》第 2 卷，人民出版社 2009 年版，第 51 页。

劳致富、以富为荣、诚信谋财、合法致富、绿色财富、合理理财、适度消费、反哺社会、共同富裕等为基本内涵的现代财富观应运而生；另一方面，尤其是20世纪90年代中期以后，随着利益结构的固化和由之而来的阶层流动性缺失，也出现了极端个人主义、拜金主义、消费主义和享乐主义的财富观扭曲以及"炫富""仇富"等社会乱象。

（二）改革开放后期的财富观扭曲现象及其内在根源

财富观的差异、冲突和扭曲现象只是一种社会表象，它只不过是一定社会历史时期社会阶层结构的差异、冲突和扭曲的直接表达。只要一个社会存在着阶层差异和冲突，就一定会存在着与之相适应的财富观差异和冲突。财富观的差异和冲突只不过是阶层差异和冲突在财富观念层面的直接反映。当然，就社会的阶层差异而言，它几乎是一个普遍存在的社会事实；在任何历史时期，都不存在同一性的社会阶层结构；即使在社会历史发展的某个时期，人们对财富的支配和占有采取平均主义的分配方式和分配格局，也必然会存在着依据政治地位、社会声望、劳动分工或职业分工等非经济性因素而来的差异性，并因此表现为不同群体之间的阶层差异。只有当这些不同社会阶层之间的差异性进而表现为分割社会资源的权力，并进而表现为自己对社会资源的占有同时就意味着他人对社会资源的损失时，阶层之间的差异才表现为阶层之间的对立。在这种情况下，不同阶层的财富观也自然而然地表现出相冲突的特征。如果由阶层差异而来的阶层冲突不仅表现为分割社会资源的不公正的权力，而且这种阶层之间的差异还是无法改观的，那就意味着阶层结构固化格局的形成。在这样的情况下，一个社会个体的存在无论怎么勤奋工作都无法改变他自身在社会阶层中的归属地位，即无法实现在相邻社会阶层之间的流动,以至于阶层身份的地位更多地源自于天赋性的承袭因素,那么财富观扭曲现象的发生也就成为一个必然的社会事实。

当然,就中国当下国人财富观的扭曲而言,它还只是局部的偶发性现象。但是,就这一现象已经发生并且在 21 世纪初期不断再现而言,则意味着一个不可否认的事实,即自 20 世纪 90 年代中期以来的社会阶层流动性缺失和社会阶层在一定范围一定程度上的固化现象已经出现。对于这种由于基于一定范围和一定程度的阶层流动性缺失和社会阶层固化而形成的当下社会阶层结构,不同的学者有不同的表述,比如金字塔形或倒丁字形的社会阶层结构等。不论我们采纳何种表述方式,至少它目前总还不是一种诸如学术界称之为纺锤形的合理性社会阶层结构。因此,面对当下国人财富观在一定范围内和一定程度上所存在的扭曲现象,优化社会阶层结构乃是矫正国人财富观扭曲现象的直接突破口。换言之,只有我们能够建构起一个合理流动的社会阶层结构运行机制,以至于每一个社会个体都可以通过自身的努力和奋斗而改变自身的阶层身份和社会地位,那么这个社会就是一个充满活力的社会,以炫富、妒富、媚富或仇富等形式而存在的财富观扭曲现象就会自然而然地得到纾解。

(三) 经济哲学视域中的健康财富观的重建

社会阶层结构的差异、冲突和扭曲根源于社会利益关系的差异性、冲突性和扭曲性格局,因此健康财富观的重建本质性地有赖于利益关系和利益结构——其中主要是物质利益关系和物质利益格局的合理化。社会阶层结构的差异本质性地根源于利益关系——其中主要是物质利益关系的差异;同样地,社会阶层结构的冲突和扭曲,也本质地根源于利益关系和物质利益关系的冲突和扭曲;相应地，财富观的差异、冲突和扭曲，本质上也是对利益关系、物质利益关系的差异、冲突和扭曲的观念表达。如果我们仔细甄别财富观的扭曲现象——比如仇富现象，那么我们就会看到：在仇富现象中所表达的仇富心理所指向的绝不是富人的生活品位，而是他的生活品位赖以存在的物质基础，是富人对巨额物质财富的占有。因此，尽管在当下国内外社会学界和哲学界存在着划分社会阶层结构的多样性标准，但作为唯物史观基本原则的物质利益原则依然是不可撼动的。尤其是对于当下中国社会而言，在一个金字塔形或倒丁字形的社会阶层结构中，物质生活水平的提高和经济收入水平的提高依然是一个最为艰巨和最具现实性的任务。在这样的现实国情中，过分强调精神财富的意义与价值、生活品位的提升、生活闲暇和闲暇消费等，都毋庸置疑地具有超现实主义的浪漫主义病症；它是对社会现实的逃避，是既得利益者的无病呻吟，是无视社会责任的利己主义者的呓语。利益共享和利益均衡——当然是有差异性的利益共享和相对性的利益均衡——依然是我们这个时代最具紧迫性的课题。为此，破除利益关系和利益格局的冲突和扭曲，解构利益集团的垄断性格局，构建流动性的利益关系格局，实现社会利益公平公正的分割，乃是构建合理的社会阶层结构体系和运行机制，破除国人财富观的扭曲，重建健康和谐的社会主义财富观的根本出路。与此根本性路径相比，任何其他思想引导、观念更新、精神升华等诸如此类的倡导与建议，都毋庸置疑地只具有从属性的意义。

当我们遵循马克思主义唯物史观的基本理论立场和分析方法，把优化社会阶层结构、增强社会阶层的流动作为构建和谐财富观的突破口，并依据对阶层结构之利益格局之本质的唯物史观性质的基本判断，进而把和谐财富观的构建本质性地归结为优化利益格局，尤其是优化物质利益格局的根本点时，如何优化利益格局就成为一个核心性的课题。同时，这个课题也是一个艰巨的课题。多年来中国经济体制改革的深度推进的一个重要任务，就是在进一步释放改革活力，创造巨大社会财富的同时，实现社会财富分配的公平公正，努力缩小贫富差距，构建基于合理差距基础上的财富创造和财富分配机制。从当下的实效性来看，这依然是一个处于探索中的课题。我们的研究与其说是提供了一个解决问题的方案，还不如说是指出了这个问题的尖锐性和紧迫性。此外，在对社会阶层结构与财富观嬗变之内在关联的分析中，我们的分析更多的还是宏观性的定性分析，对于不同阶层财富观的差异及其与阶层结构变化之间的关联性分析，仍然有待于在定量分析和微观分析方面继续推进。

基于对新中国成立后社会阶层结构变迁与国人财富观的嬗变的宏观性分析，我们不仅确证了社会阶层结构变迁与国人财富观的嬗变之间存在着内在性的关联，而且确证了构成这一内在关联的根本性机制乃是利益关系和利益格局——其中主要是物质利益关系和物质利益格局——的变迁；并且，在当下国人财富观中所存在的不同财富观念之间的冲突，尤其是财富观念的扭曲等现象，直接地根源于社会阶层流动性的缺失和社会阶层结构在某种程度上或一定阶层中的固化，但本质地源于利益关系和利益格局，尤其是物质利益关系和物质利益格局的固化，源于不同利益集团在一定程度上或一定范围内的形成及其社会准入机制的排他性。据此，矫正当下国人在一定范围内或一定程度上所存在的财富观扭曲现象，构建新时期和谐财富观或健康财富观的现实性路径，就只能表现为以增强社会阶层流动性、优化社会结构为突破口，以利益共享、利益均衡、调整利益格局为根本点，从而规范财富创造机制，改革财富分配模式，完善社会保障制度，缩小贫富差距，增强财富获得感。

四 近年来国人财富观扭曲的隐性化及其社会风险

近年来，国人财富观的扭曲现象已经度过了它的凸显期，似乎已经成为一个过时了的或者已经被解决了的问题。但是，实际上它不过是进入了一个隐性的或内在化的沉寂阶段。这一阶段，正是我们通过调整利益关系、优化社会阶层结构，从根本上破解财富观扭曲、重建健康财富观的良机；反言之，如果不能抓住有利时机，它则可能孕育着更大的社会风险。

（一）当下国人财富观的扭曲是一个不容忽视的重大社会现象

如果仅就财富观的差异而言，这是一个无可厚非的社会事实。毕竟，在迄今为止的人类社会发展的历史中，总是存在着差异性的利益格局和社会阶层的差异性格局，因此对于不同的社会阶层而言，他们拥有不同的财富观，这是一个当然的社会事实。当我们把财富观划分为主流性财富观和非主流性财富观、整体性财富观和阶层性财富观时，也是旨在说明财富观在一定社会时期的现实差异性。但是，当一定社会历史时期的财富观差异走向对立和对抗，并以扭曲的形式表达出来时，它则已经以极端性的形式给整个社会发出了一个明确的信号，意味着在这样的一个历史时期，社会财富的分配出现了引人注目的不公正、贫富差距达到了一个值得高度关注的警戒点。在此，我们可以借用马克思分析人们对财产的占有从差异演变为矛盾状态的分析来呈现财富观扭曲这一问题的严重性。马克思指出："但是，无产和有产的对立，只要还没有把它理解为劳动和资本的对立，它还是一种无关紧要的对立，一种没有从它的能动关系上、它的内在关系上来理解的对立，还没有作为矛盾来理解的对立。这种对立即使没有私有财产的前进运动也能以最初的形式表现出来，如在古罗马、土耳其等。因此，它还不表现为由私有财产本身设定的对立。但是，作为对财产的排除的劳动，即私有财产的主体本质，和作为对劳动的排除的资本，即客体化的劳动——这就是作为发展了的矛盾关系，因而也就是作为促使矛盾得到解决的能动关系的私有财产。"①

当一个社会对财富的占有不仅存在差异，而且差异扩大为对立关系，并因之而表现为贫富两极分化，而且这种两极分化还呈现为一种不断强化的利益关系格局时，那就意味着与之相适应的阶层结构即将演变为阶级结构。大概也正是依据这一点，国内一些社会学家认为中国当下的社会阶层关系有演变为阶级结构的趋势，并再度提倡社会学研究要回归马克思的阶级分析方法。从中国历史上来看，每当社会财富占有出现两极分化，社会阶层对抗走向矛盾状态，从而表现为阶级对抗时，它最初的直接表达也是财富观的扭曲——一方面是富有者阶层的炫富或藏富，另一方面是贫困者阶层的媚富、妒富或仇富。在这样的矛盾状态中，任何一场不期而至的天灾人祸都可能随时引发整个社会的动荡。当然，依据国际公认的基尼系数，就当下中国社会的贫富差距而言并没有达到很敏感而危险的警戒线。近年来，中国政府已经采取了一系列相关措施，完善社会保障制度，增加居民的财产性收入，致力于贫困人口的脱贫致富，努力缩小贫富差距，缓解社会阶层的对抗情绪，并且在某种程度上已经取得可见的成效——比如，近年来，财富观的扭曲现象已经有了较大改观。但是，这绝不是我们可以轻视贫富差距的理由；

---

① 《马克思恩格斯文集》第2卷，人民出版社2009年版，第51页。

相反，我们还只是走在实现共同富裕的漫长路途中。

（二）必须审慎地看待国人财富观扭曲现象的缓解

历史地看来，国人财富观扭曲现象的缓解也是一个不争的事实。如果我们从炫富事件的发生频率及其社会反响来看，最近几年来，它的确呈现出明显的缓解趋势。与21世纪初期在国内发生的几起炫富事件——2008年的"兰董姐事件"、2010年的富二代"英子事件"、2011年的"郭美美事件"、2013年的"深圳顶级富二代事件"相比，近年来类似事件不仅呈明显下降趋势，而且其社会反响也明显收缩。比如，当"范冰冰事件"爆发后，虽然在网络上也一度出现许多评论性言论，表达出一定程度上的妒富和仇富情绪，但这一事件的影响很快就烟消云散了。虽然这种情况的出现与政府有关部门的及时应对有关，但如果考虑到相关应对措施本身也曾引起社会的质疑与不满，那么这一事件的影响之所以并没有像21世纪初期的几起炫富事件那样引起持久而广泛的仇富情绪，可能就另有原因了。这个原因是由于贫富差距在缩小吗？也许，在某种意义上我们可以把近年来贫富差距的缩小作为一个重要原因。但是，这种贫富差距的缩小究竟达到了何种有效性的程度，以至于面对范冰冰的天价收入和庞大的偷漏税额，人们可以很快平衡自己的妒富和仇富心理？这是一个值得讨论的问题。此外，我们可以设想的另一个原因也许是此类事件的屡次发生，尤其是在一个又一个贪腐事件中不断暴露出的巨贪数额已经达到了匪夷所思的地步，因而已经逐渐使得人们面对这样的事件而波澜不惊了。

但必须看到的是：与面对炫富事件时人们所表达出来的激烈仇富情绪相比，如此淡然处之的情绪表达却是更为可怕的。因为，它可能意味着人们对于这些事件中所暴露出的巨大财富以及由此而推想出的财富差距的巨大鸿沟已经不以为然了,他们已经接受了这一冰冷的客观事实——虽然这一事实在很大程度上是他推想出的事实,并且尽管现实上的社会贫富差距远远没有达到他所推想的程度,但当他已经开始接受这一贫富差距的事实时,那也就意味着他已经把自己的身份地位自觉或不自觉地归属于某种处于低收入阶层的社会群体中。虽然他可能并不清楚他究竟属于哪一个社会阶层,但他凭借经验直观已经意识到阶层之间在财富占有中的巨大差异,并倾向于把自己归属于较低收入阶层。这是阶层心理的形成过程,是阶层心理形成的最初阶段。尽管一个社会总是存在着不同的社会阶层,因而也一定存在着不同的阶层心理,但只要这种阶层心理不断得到强化,当阶层结构失去流动性而呈现为阶层固化格局时,它总有一天会演变为阶级心理。这将是令人非常不安的一个过程,也是必然会产生严重社会后果的一个过程。据此,我们认为,对于当下国人财富观扭曲现象的缓解,绝不可以抱有盲目乐观的心态,也许这一缓解现象内部正在孕育着一个严重的后果。

马克思早期生活中的宗教信仰观及其局限*

谷生然**

摘　要：国内外学界较少关注马克思早期生活中的宗教信仰观。马克思早期生活中的宗教信仰观相信上帝存在，既尊崇造物主上帝，又热爱耶稣基督，体现了犹太教信仰与基督教信仰相结合。通过人与基督、上帝的结合，这种信仰使人追求真理、崇高的德行和人的完美，在此基础上，形成多种具体的具有浓郁理想主义性质的生活伦理观念。马克思早期生活中的宗教信仰观，使马克思将人生目标置于对真理、德行、个人完美的积极追求上。但是，这种信仰观的主要局限是：信仰过度理想主义化，使理想与现实之间发生严重分离。

关键词：马克思　宗教信仰　伦理观念　理想主义

国内外学界关于马克思的宗教理论，多集中在青年时期的宗教

---

* 基金项目：本文系四川省哲学社会科学规划项目"马克思主义经典作家信仰理论研究"的阶段性成果。

** 作者简介：谷生然，西华师范大学教授、硕士生导师，研究方向：哲学史、信仰理论、社会认识论等。

批判理论，而对于马克思早期生活中的宗教信仰观则几乎没有人关注。① 主要原因在于马克思早期生活中的宗教信仰并不是完全属于马克思自己的创造，这些观念首先来自他的父亲亨利希·马克思的宗教信仰观念，并受到后来的岳父、当时的邻居、朋友路德维希·威斯特华伦男爵以及特里尔中学一批崇尚民主自由精神的教师的思想影响。

尽管如此，研究马克思早期生活中的宗教信仰观具有重要意义。一方面，它深受早期生活中马克思的珍视。正是在这种信仰观的引导下，马克思的人生目标、生活伦理观得以形成。离开了这些信仰观，我们不能全面地理解马克思的信仰发展历程。另一方面，这种信仰观具有严重局限，如理想与现实的严重分离，这些局限促使马克思转向宗教信仰批判。理解马克思早期生活的宗教信仰，有助于我们清晰地认识马克思信仰转变的主要原因。

一 马克思早期生活中宗教信仰观的形成

马克思早期生活中的宗教信仰主要是在父母和周围环境的引导下形成的，这种信仰观把上帝、基督视为最完美的存在，而人的价值和意义在于人与上帝、基督的融合，使自己和上帝、基督一起实现人的崇高。马克思早期生活中的理想主义宗教信仰对马克思的道德观形成具有重要影响。在经过一系列与青年黑格尔学派的思想交流和争论、自己内心的思想挣扎之后，1837年11月，马克思开始接受黑格尔哲学，特别是青年黑格尔学派的哲学，宗教信仰逐渐向

---

① 本文中马克思的"早期生活"，特指1837年11月马克思宗教信仰发生根本转变以前的生活时期，包括他的青年早期及其以前的生活。

非宗教信仰过渡。1837年11月10日马克思写给父亲的家信是他的信仰发生转变的主要标志。

卡尔·马克思1818年5月5日出生于德国莱茵地区特里尔城的一个中产阶级家庭。莱茵地区深受法国大革命中民主自由精神的影响，在拿破仑战争时期曾经属于法国，1814年后并入普鲁士。卡尔·马克思的父母是犹太人，父亲亨利希·马克思是特里尔市律师、高级诉讼法庭法律顾问，宗教信仰方面因普鲁士限制非基督教徒担任国家机构职务，1817年改信新教。母亲辛勤照料着家庭，是一位颇为虔诚的犹太教徒，因孩子们皈依新教，1825年也皈依新教。卡尔·马克思的父亲深受伏尔泰、卢梭等法国自由主义思想的影响，虽然信仰上帝，但不狂热，正如他在家书中所说，"对上帝的虔诚信仰是道德的巨大动力。你知道，我远非狂热的宗教信徒"①。

马克思的早期生活（包括他的宗教信仰）具有鲜明的自由主义色彩。除了他父亲外，另一位对马克思影响最大的人是他后来的岳父、邻居路德维希·威斯特华伦男爵。男爵极有修养，精通英语、德语，熟悉拉丁语、希腊语，不但喜欢浪漫派文学，而且热心于进步的政治思想。男爵很欣赏马克思，经常交流政治思想，激发了马克思对自由主义、浪漫主义、空想社会主义思想的兴趣。② 马克思在博士论文献词（1841年）中称赞男爵"我敬爱的慈父般的朋友"，"这位老人用真理所固有的热情和严肃性来欢迎时代的每一进步"，"他始终以神一般的精力和刚毅坚定的目光，透过一切风云变幻，看到那在世人心中燃烧着的九重天"。③

1830—1835年，马克思就读于特里尔中学，民主自由氛围浓

---

① 《马克思恩格斯全集》第47卷，人民出版社2004年版，第518页。
② ［英］戴维·麦克莱伦：《马克思传》，中国人民大学出版社2016年版，第13页。
③ 《马克思恩格斯全集》第1卷，人民出版社1995年版，第9页。

郁。马克思喜爱和敬重历史老师、特里尔中学校长胡果·维滕巴赫，后者参加了旨在争取新闻自由的1832年汉巴赫大游行，1834年被免职。对于维滕巴赫的遭遇，马克思一家表达了深切同情，亨利希·马克思在1835年给卡尔·马克思的信中说，"我真想为此人受的屈辱放声一哭"，"我已尽了最大努力来表示我对他的深切敬意，同时也顺便告诉他，你也如何忠实于他"。①

马克思早期生活中的宗教信仰观主要体现在他参加中学考试的多篇论文中。马克思的著作保存下来最早的是他参加中学考试（1835年8月）的三篇文章，其中有两篇论文——宗教论文《根据约翰福音第15章第1至14节论信徒和基督结合为一体，这种结合的原因和实质，它的绝对必要性和作用》，德语作文《青年在选择职业时的考虑》，集中体现了他早期生活中的宗教信仰观。此外，还包括马克思父亲致马克思的信件，马克思致燕妮的诗歌，马克思的家信（特别是1837年11月10日致父亲的信）等资料。

二 马克思早期生活中宗教信仰观的基本内容

由于受制于历史局限，马克思早期生活中的宗教信仰观相信上帝的存在，既尊崇造物主上帝，又热爱耶稣基督，体现了犹太教信仰与基督教信仰相结合的特征。通过人与基督、上帝的结合，这种信仰使人追求真理、崇高的德行和人的完美，在此基础上，形成多种具体的具有浓郁理想主义性质的日常生活伦理观念。

---

① 《马克思恩格斯全集》第1卷，人民出版社1995年版，第9页。

（一）上帝—基督—人的关系，人依赖于基督，并最终取决于上帝。这种信仰观体现了犹太教信仰与基督教信仰的结合

马克思分别以园丁比喻上帝，以葡萄藤比喻基督——上帝的儿子，以枝蔓比喻人。首先，在基督与人的关系上，人应当与基督结合。人依赖于基督，正如枝蔓依赖于葡萄藤。枝蔓与葡萄藤密切相连，离开了葡萄藤，孤立的枝蔓失去了生命的基础，也不能产生任何果实。这象征着：人离开了作为生命根基的基督，不但实现不了自己的目的，也不能从尘世的苦难中得到拯救。只有基督才能够拯救世俗中的人。其次，人首先感激上帝、爱上帝。上帝就是"园丁"，他照料着"枝蔓"，"仔细地给它除草、把它牢牢绕在藤上、使它从中吸取养料和液汁"。马克思说："在同基督结合中，我们首先用爱的眼神注视上帝，感到对他有一种最热忱的感激之情，心悦诚服地拜倒在他的面前。"①

在马克思的语义中，"上帝"是一种超越于人、"基督"的全能的人格力量；而"基督"，既有一种超越于人的全能的人格力量——基督是神，更主要地体现为一种基督之"道"，即真理、善、完美。

马克思关于上帝—基督—人的理解，体现了犹太教信仰与基督教信仰的结合。在犹太教信仰中，人信仰唯一的上帝，而耶稣基督在信仰中没有地位。而在基督教中，耶稣基督被置于信仰的最高位置：人首先信仰耶稣基督，耶稣基督就是上帝在人世的化身，本身就是上帝。正如霍克海默所说，基督教的上帝是耶稣，"绝对存在总是一步步靠近有限存在，而有限存在也总是被绝对化"②，马克思

---

① 《马克思恩格斯全集》第1卷，人民出版社1995年版，第452页。
② ［德］霍克海默：《文明批判》，上海远东出版社2004年版，第128页。

的宗教信仰，把上帝与耶稣基督明显区分，并崇敬上帝，体现了犹太教信仰的原则；同时，马克思高度推崇耶稣基督的高尚德行，体现了基督教信仰的原则。

（二）关于上帝存在的观念：马克思相信上帝的存在，上帝是战胜邪恶魔鬼的根本保障

卡尔·马克思的父亲的宗教信仰对卡尔·马克思早期生活中的宗教信仰具有深刻影响，可以说卡尔·马克思幼年的宗教信仰在很大程度上复制了父亲亨利希·马克思的宗教信仰。正如父亲一样，幼年的马克思相信上帝的存在，这是一切善的根源，是战胜一切魔鬼的保障。魔鬼是与上帝相对立的存在，把人引向邪恶。

亨利希·马克思是一位具有自由主义思想的虔诚地信仰上帝的新教徒，将犹太教的上帝信仰、基督教的基督信仰和18世纪启蒙思想所宣扬的自由主义精神，有机地结合在一起。亨利希·马克思不是狂热的宗教信徒，但是，相信上帝的存在，并相信对上帝的虔诚信仰是道德的巨大动力。他在给卡尔·马克思的信中谈到：对上帝的信仰，"迟早都会成为一个人的真正需要，生活中往往有这种时候，甚至一个无神论者也会不知不觉地拜倒在至高无上的神面前"。因为每一个人"都有可能崇拜牛顿、洛克和莱布尼茨所信仰过的东西"。[①]

"魔鬼"一词是在犹太教和基督教中都受到高度重视的观念，亨利希·马克思也用"魔鬼"的观念来理解现实生活。1837年亨利希·马克思谈到了他的"魔鬼"观。他很欣慰儿子能够机智、谨慎地顶住社会中的"一切恶魔"的压力，但最担心儿子心中的

[①] 《马克思恩格斯全集》第47卷，人民出版社2004年版，第518页。

"那个魔鬼"。前面的"一切恶魔"是指不利于个人成长、个人幸福的各种外在因素。后一个"魔鬼"是指错误想法。他怀疑并感到害怕：他不知道卡尔·马克思是否能够真正给燕妮带来世俗的温柔的爱情。也不知道他能否使亲人们感到幸福。亨利希认为，他儿子的心里"活着并受其主宰的那个魔鬼"，这种魔鬼"并不是附着在一切人身上的魔鬼"，这种魔鬼有可能使他的心并不一定和他的智慧、天赋相称。这种魔鬼就是忽视世俗幸福并使人走向歧途的人生追求。亨利希既要求儿子内心纯洁，又要求儿子要实际，要扎根于大地，甚至建议他写诗歌赞颂普鲁士。亨利希告诫儿子："只有当你的心始终是纯洁的，它的每一次跳动都是真正人道的，任何一个恶魔都不能使你的心疏远那些比较美好的情操，——只有那时候，我才会得到我从你那里梦寐以求的幸福；否则，我会眼看着我一生最美好的追求化为泡影。"①

马克思在中学考试论文中相信上帝的存在。不管是最卑贱的野蛮人，还是最伟大的哲学家，他们都相信上帝的存在。卑贱的野蛮人知道向诸神贡献祭品，妄想以此赎罪，害怕自己的神发怒。柏拉图对更高的存在物的渴望，以实现人对真理的追求。

马克思认为：日常生活中，上帝总是在每一个人的内心深处启示着人过一种更加高尚的生活。人与其他存在物的差别在于一种自由意志，在于他自己选择具体的路径实现人的高尚。这也是人的高贵之处。人的这些种种选择，都受到上帝对人内心深处的启示。"每个人眼前都有一个目标，这个目标至少在他本人看来是伟大的。"如果内心深处的声音——最深刻的信念，认为这个目标是伟大的，那他实际上也是伟大的，"因为神决不会让人完全没有引导

---

① 《马克思恩格斯全集》第47卷，人民出版社2004年版，第541—543页。

者；神轻声地但坚定地作启示"。①

马克思早期生活中的宗教信仰中也有"魔鬼"观念。这种魔鬼，是一切阻碍正义和幸福得以实现的力量，也是让人挫折，甚至死亡的邪恶力量。在诗歌《人的自豪》中，马克思渴望"像神一样漫步徜徉""像造物主那样襟怀坦荡"；而把那些"青云直上的无耻之辈"斥为"妖魔"，"你们这些外表魁伟的可怜侏儒，不过是冰冷、僵硬的魔妖"。② 在《歌手的爱情》中，"一个恶魔鞭打他走过人生旅程，……因为渴望始终充满他的心灵"，这种渴望是神的启示，"是神明让他作出大胆的决断：他放弃人生的一切享受，换来这悲欢交集的审美境界"。③ 在这一首诗歌中，马克思表达了自己的愿望：愿意放弃一切人生享受，同恶魔抗争，实现悲欢交集的最高审美境界。在诗歌《母亲》中，描述了恶魔从母亲手中夺取了孩子的生命，"犹如陷入死神的魔爪""恶魔终于获得胜利"。④ 在诗歌《不道德的和神秘的文学》中，马克思认为不道德文学和神秘文学永远都是浑浊的，不断趋向毁灭，"一个同魔鬼逗笑打趣，另一个则戏弄——上帝"⑤。

（三）马克思早期生活中的宗教信仰，主要目标在于追求真理、高尚的善行、人的完美

依托于上帝存在的信仰，积极地追求和实践自己德行上的修养、对真理的追求、人格的完善。在早期的马克思看来，人性中有

---

① 《马克思恩格斯全集》第 1 卷，人民出版社 1995 年版，第 455 页。
② 《马克思恩格斯全集》第 47 卷，人民出版社 2004 年版，第 482 页。
③ 同上书，第 510 页。
④ 同上书，第 587 页。
⑤ 同上书，第 910 页。

善的方面，但是恶的方面也处处制约着人。只有信仰上帝、基督，才能使人变得同上帝、基督一样高尚。人心中有神性的火花、追求真理、知识和善行，但是恶的方面处处威胁着人，使人达不到自己的目的——人的欲望吞没心中的神性、罪恶的诱惑淹没了心中崇尚德行的热情，而富贵功名、虚伪的话语也使人放弃对知识、真理的追求。①

信仰基督，首先是做一个德行高尚、德行完美的人。在早期的马克思看来，基督教的德行不同于世俗德行。人类历史中的德行都是不完美的，离不开世俗因素的补充，即使理性的德行也是有局限的，本质上是世俗的德行。而基督教的德行是基于人对基督的爱、人与上帝的爱所形成的纯洁德行，摆脱了世俗德行的成分，是完美的德行。马克思认为，人类历史的发展不能摆脱迷信的枷锁；伦理道德脱离不了外来的补充，不是对真正完美的追求，而不过是源于粗野的力量、无约束的利己主义、对荣誉的渴求。② 而基督引导的德行，基于人们对基督、对上帝的最纯洁的爱，使人们彼此为对方做出牺牲，做一个有德行的人。这种德行，摆脱了一切世俗的东西而成为真正神性的东西，这种德行中不再有世俗的东西、粗野的东西、讨厌的东西，德行超凡脱俗，更加温和、更近人情。这种德行也超越于理性的德行，理性的德行总是有局限的，总是世俗的德行。③

基督教的德行，还使人勇敢地面对各种苦难，任何人都不能征服他，而且这种德行也使人快乐，保持一颗童心。基督教的德行，使人与基督的"道"融为一体，表现了人对上帝的崇敬，使人平静而沉着地迎接命运的打击，勇敢地抗御各种激情的风暴，无畏地忍

---

① 《马克思恩格斯全集》第1卷，人民出版社1995年版，第450页。
② 同上书，第449页。
③ 同上书，第453页。

受恶的盛怒。任何人都不能征服他，因为基督与他同在。而他祈求的东西将会得到，因为他所祈求的也只是神性的东西。他的行为表现了对上帝的崇敬，他的完美使上帝崇高，他能忍受各种苦难。人同基督的"道"融为一体，可以使人内心高尚，在苦难中得到安慰，有镇定的信心和一颗只是为了基督而向博爱和一切高尚而伟大的事物敞开的心。它使人快乐，一颗天真无邪的童心，这种快乐使人的生活变得更加美好和崇高。①

基督教的德行引导着早期生活中的马克思除了追求高尚的德行，还坚定地追求真理，实现与"上帝"融为一体。在《青年在选择职业时的考虑》中，马克思尽管谈到从事抽象真理研究的职业是最危险的职业，但是他迎难而上，把自己的职业确立在这一职业上，并力求将这一探索真理的事业与人类大多数人的利益相结合。马克思在诗歌《人的自豪》中，谈到他的抱负——探寻真理，他不愿做"青云直上的无耻之辈"，也不愿过浑浑噩噩的"浮华生活"。他渴望"拥抱万物"，"寻找深沉的神圣思想"，"向世界提出挑战"，"像造物主那样襟怀坦荡"。②

（四）马克思早期生活中的日常生活伦理观

伦理是马克思主义理论的重要方面，马克思成年时期的伦理观侧重于政治伦理，而他早期生活中的伦理观则侧重于日常生活伦理。尽管这种早期生活中的伦理观深刻地受到社会环境特别是马克思的父亲的宗教观、伦理观的影响，但是其中的合理成分已经融入马克思的生活习惯中，对于马克思形成人与人之间良性的伦理关系

---

① 《马克思恩格斯全集》第1卷，人民出版社1995年版，第453—454页。
② 同上书，第482—486页。

具有积极意义。

马克思早期生活中的日常生活伦理观是在宗教信仰指导下关于人与人之间实现和谐关系的基本观念。除了马克思早期生活中的宗教信仰规范着伦理观的主要原则外，马克思关于职业选择的理解也讨论了日常生活伦理的基本原则。马克思中学毕业论文《青年在选择职业时的考虑》讨论职业选择的原则，这种职业选择也是一种伦理选择，是在伦理原则、伦理观念指导下进行的选择，集中体现了马克思早期生活中的伦理观。

第一，在爱基督、上帝的基础上，爱一切人。基于对基督的爱，我们爱他人。"由于我们对基督满怀最崇高的爱，我们同时也就把自己的心向着我们的弟兄们，因为基督将他们和我们紧密联结在一起，并且他也为他们牺牲自己。"[1] 我们爱他人，他人也爱我们，都是基于对基督的爱，并遵从基督的命令。

个人与基督、上帝融为一体，对某种非世俗的、高尚的德行的追求，对真理的追求。由于理性的德行具有局限性，理性的动摇性，宗教信仰在引导人的德行发展中具有积极意义。

第二，遵从内心深处的上帝的"启示"。这种上帝的启示类似于苏格拉底神秘的"灵机"。苏格拉底做出重大决策时，他觉得自己会通过梦境、心情等途径得到神的暗示，对决策表示支持或反对。

这种上帝的启示，根据幼年马克思的描述，也是具有主观性和神秘性。这种启示是一个人坚信正确的善行、真理必定会得到上帝的支持、必定成为现实的，不仅因为人内心深处的神性与上帝是相通的，而且因为上帝的万能。每个人都有一个自认为伟大的目标，如果内心深处的声音——最深刻的信念，"认为这个目标是伟大的，

---

[1] 《马克思恩格斯全集》第1卷，人民出版社1995年版，第452页。

那他实际上也是伟大的,因为神决不会让人完全没有引导者;神轻声地但坚定地作启示"①。

但是,马克思也看到这种上帝的启示并不十分可靠。人的热情、幻想、激情可能会淹没神的启示之声,或者把我们热情、幻想、激情的对象误以为是神给我们指出的目标,结果会导致"我们梦寐以求的东西很快使我们厌恶,于是,我们便感到自己的整个存在遭到了毁灭"②。

第三,真诚地尊敬父母、尊重父母的建议。当个人的理性不足以做出价值选择时,或者我们被热情、幻想蒙蔽时,当我们丧失理性时,我们应当依靠父母的支持,尊重父母的建议。马克思颇有感触地说,"是我们的父母,他们走过了漫长的生活道路,饱尝了人世辛酸"③。

马克思1837年11月在给父亲的家信中,表达了对父母深切而真诚的感激、尊敬和无限的爱,"对于我们经历过的东西来说,哪里有比父母的心怀更为神圣的珍藏之所呢!父母是最仁慈的法官、最亲密的朋友,是以自己的火焰温暖我们的进取心的爱的太阳"④。

第四,要有尊严地生活,将个人价值与人类利益结合在一起。尊严使人更加高尚,使人的活动更加崇高,也体现了人本身的优秀品质获得众人的承认和肯定。最大的尊严是为人类的解放奉献自己的全部努力。

最高尊严就是为人类服务,使自己的创造性得到充分发挥,使自己臻于完美。这种"最高尊严"的活动,例如"最高尊严"的职业,其基本条件是:我们在思想上深信它正确;它能够提供最广

---

① 《马克思恩格斯全集》第1卷,人民出版社1995年版,第455页。
② 同上书,第456页。
③ 同上书,第457页。
④ 《马克思恩格斯全集》第47卷,人民出版社2004年版,第5—6页。

阔的场所为人类服务；不断使自己臻于完美境界；有助于自己独立地进行创造。①

有尊严的生活，是自身完美与人类幸福的统一。马克思认为，人类幸福和自身完美是一致的：人只有为同时代人的完美、为他们的幸福而工作，自己才能达到完美。只为自己劳动的人，即使成就卓越，永远不能成为完美的、真正伟大的人物。②只有将自身完美与人类幸福相统一，才能不畏艰辛，成为最幸福的人。为人类而工作，"重担就不能把我们压倒"，"我们所享受的就不是可怜的、有限的、自私的乐趣，我们的幸福将属于千百万人"，我们的事业将悄无声息地存在下去并永远发挥作用，而且，"面对我们的骨灰，高尚的人们将洒下热泪"。③

第五，选择的价值目标要和自身条件相适合，既要充分考虑自己的思想素质，也要充分考虑自己的体质条件和个人能力。

在进行价值选择时，行动对象上所体现的思想原则与自己的思想信念一致。每一种重大活动都体现了一种主导的思想，个人应当具有坚定的思想信念，如果两者之间达成一致，我们坚信这种主导思想正确，并愿意为这种主导思想牺牲生命、竭尽全力。这样，我们才不会贸然行动而失败。例如，尽管那些从事抽象真理研究的职业是最高尚的职业，但是这些职业的主导思想各不相同，只有那些有坚定思想信念的人，才能够在这些职业选择中做出正确的决定。

价值选择不能超越自己的体质限制，也不能过高估计自己的能力，不能做出力不胜任的选择。超越了体质限制的选择，使人不能抵御生活的猛烈冲击，不能专心地从事追求的活动，使人不能持久地工作，很少能够愉快地工作，我们失败得更快。超越了体质限制

---

① 《马克思恩格斯全集》第1卷，人民出版社1995年版，第458页。
② 同上书，第459页。
③ 同上书，第459—460页。

的选择，人生也就"变成一场精神原则与肉体原则之间的不幸的斗争"。过高地估计自己的能力，也会因陷入失败而受到痛苦的惩罚。①

三 马克思早期生活中宗教信仰观的主要局限

马克思早期生活中的宗教信仰观对马克思的健康成长具有积极意义。这种宗教信仰观念促使马克思将人生目标置于对真理、德行、个人完美的积极追求上。而且，马克思的人生目标选择从事抽象真理的研究，力求将个人的完善与人类利益结合起来，也是在这一宗教信仰基础上确立的。在一定意义上，马克思早期生活中的宗教信仰与马克思早期生活中的精神发展水平、社会文化环境高度适应，在整体上体现了马克思对纯洁的精神生活的追求。

马克思早期生活中宗教信仰观具有严重局限。主要表现在过度理想主义，使理想与现实之间发生严重分离，理想不能有效地指导现实。这种局限性在马克思柏林大学生活中最感兴趣的两个研究领域——文学艺术领域和法哲学领域——中暴露出来。

如果离开了现存之物，纯粹理想主义的完美观念无法在文学艺术中得到实现。柏林大学，马克思的业余爱好首先是文学，主题是他和燕妮的爱情。随着他对艺术的深入研究，他发现纯粹理想化的艺术缺乏内容，那种纯粹沉迷于"天国"的艺术是一种空虚、单调，艺术的内容离不开世俗生活，离不开现存之物。那种不受世俗

---

① 《马克思恩格斯全集》第1卷，人民出版社1995年版，第457—458页。

之物"玷污"的纯粹完美的"纯理想主义的"观念——这是马克思早期生活中宗教信仰观中的基本观念——无法在艺术中实现。马克思认识到：他的"纯理想主义的"观念，导致"我的天国、我的艺术如同我的爱情一样都变成了非常遥远的彼岸。一切现实的东西都模糊了，而一切模糊的东西都失去了轮廓"。这样，他创作并赠给燕妮的诗集体现为形式冗长、"无边无际的、广泛的渴求"，"毫无自然的东西，纯粹的凭空想象，现有之物与应有之物的截然对立"。①

马克思在法哲学研究中也发生了现有之物与应有之物之间的对立。法学是马克思在大学期间的主攻专业，为了揭示法学的形而上学结构，马克思首先研究法哲学。在法哲学研究中，马克思按照费希特的方法试图从抽象原则中建构法学的基础，结果并不能形成"一种多方面展开的生动的东西"。马克思认识到：在生动的思想领域如法、国家、自然、哲学等，"必须从对象的发展上细心研究对象本身，而决不允许任意划分；事物本身的理性在这里应当作为一种自身矛盾的东西展开，并且在自身中求得自己的统一"。②

1837年8—11月，马克思宗教信仰领域经历了复杂的思想冲突，最终黑格尔哲学特别是青年黑格尔学派的哲学观念取代了过去的宗教信仰。1837年8月，即第二学期期末，因为自己不得不面对将过去一直不喜欢的黑格尔哲学变成自己的新偶像，过去一年全身心投入的脑力劳动徒劳无获，也因为燕妮的身体长期不适，马克思内心十分苦恼，并生了一场大病。为了休养身体，他住在柏林城外的斯特拉劳。生病期间，马克思阅读了大量黑格尔及其大部分弟子的著作，并在斯特拉老常与布鲁诺·鲍威尔等青年黑格尔派主要成

---

① 《马克思恩格斯全集》第47卷，人民出版社2004年版，第6—7页。
② 同上书，第8页。

员聚会、争论。在1837年11月10日的家信中,马克思说"病愈后,我便把所有的诗和小说草稿等都烧了,我以为我能把它们丢得一干二净;不过直到现在,我还没有提出任何反证"[①]。马克思在信仰上试图否定黑格尔哲学,继续坚持从父亲等人那里吸收的基督教新教信仰,但找不到任何恰当理由。这说明了经过一系列与青年黑格尔派的思想交流和争论、自己内心的思想挣扎,马克思开始接受黑格尔哲学。

1837年11月10日的家信,是马克思在信仰领域向青年黑格尔学派转变的主要标志。马克思曾经对这种信仰转变进行了描述,"帷幕降下来了,我最神圣的东西已经毁了,必须把新的神安置进去。我从理想主义——顺便提一提,我曾拿它同康德和费希特的理想主义比较,并从中吸取营养,——转而向现实本身去寻求思想。如果说神先前是超脱尘世的,那么现在它们已经成为尘世的中心"[②]。

结　语

在马克思早期生活所处的历史时代,整个西方文化领域几乎一致肯定上帝存在的信念,而且在马克思的周围世界中,不少优秀的人们(如马克思的父亲、威斯特华伦男爵等)虔诚地信仰犹太教或基督教信仰,正是这种虔诚的信仰激励和引导着人们追求真理。马克思早年生活中的基本生活伦理原则就是在犹太教—基督教文化背景中形成,这些生活伦理原则的许多方面如爱人类、孝敬父母、有

[①] 《马克思恩格斯全集》第47卷,人民出版社2004年版,第14—15页。
[②] 同上书,第12—13页。

尊严地生活、将个人价值与人类利益相结合等，一直伴随着马克思的全部生活过程。

随着19世纪30年代中期以来，大卫·斯特劳斯、布鲁诺·鲍威尔、费尔巴哈等人对基督教宗教本质的不断深入研究，宗教的本质和秘密得到深刻揭示，上帝存在的信念在科学、真理意义上逐渐消失。在这一人类文化转型的重要阶段，马克思积极投入变革犹太教—基督教信仰的斗争中，成为青年黑格尔学派的重要代表。他吸收伊壁鸠鲁、黑格尔以及其他青年黑格尔学派的合理思想，积极追求真理，把宗教批判转向无神论信仰，最终确立了科学共产主义信仰。因此，犹太教—基督教文化并不是科学共产主义信仰的内在组成部分，但是，它们构成了马克思信仰发展的重要阶段。作为一种形象化的、蕴含着深刻的伦理思想的童话或神话，它们在真理发展过程中（特别是伦理思想）具有一定的积极意义。

中国道路的中华优秀传统文化底蕴

田勤耘*

摘　要：一个国家选择什么样的发展道路，受各种因素影响，但历史文化的影响最为深厚。中国特色社会主义道路始终坚持马克思主义的指导地位，而中华优秀传统文化为马克思主义在中国的传播及中国化奠定了坚实的文化基础，同时，中华优秀传统文化也为中国特色社会主义道路提供强大的精神支撑和价值引领。因此，我们必须通过继承和发展中华优秀传统文化，弘扬中国精神、凝聚中国力量，为实现中华民族伟大复兴的中国梦注入磅礴之力，从而更加自信、更加坚定地走好中国道路。

关键词：中国道路　文化底蕴　文化土壤　文化自信

一个国家选择什么样的发展道路，受各种因素影响，但历史文化的影响最为深厚。习近平总书记指出："每个国家和民族的历史传统、文化积淀、基本国情不同，其发展道路必然有着自己的特色。"[①] 人类文化多样性，决定着各民族发展道路的多样性；多样性

---

* 作者简介：田勤耘，中南财经政法大学马克思主义学院副教授，研究方向：中国文化史。
① 《习近平谈治国理政》，外文出版社2018年版，第155页。

的发展道路，也映衬着多样性的文化基因。中国道路的选择，是马克思主义指导的结果，是借鉴世界文明成果的结果，也是传承中国传统文化的结果。今天，从传统文化的角度审视中国道路，不仅可以深化对中国道路的认识和认同，也有助于对中国道路的进一步探索和拓展。

一 中华优秀传统文化是马克思主义中国化的文化土壤

中国道路的显著特点就是坚持马克思主义的指导地位，而马克思主义之所以能够传入中国并生根发芽，最终和中国自身国情相结合形成中国化马克思主义，除了马克思主义作为科学理论本身所具有的科学理论特质外，一个很重要的原因就在于中华优秀传统文化为马克思主义在中国的落地生根并与中国的具体国情相结合发展为中国化的马克思主义提供了适合的文化土壤。

在20世纪初中国现代化价值重构过程中，各种西方思潮在中国被介绍、流传，有的甚至一度颇具声势，如以黄凌霜、区声白为代表的无政府主义思潮以及其他形形色色打着马克思主义旗号反马克思主义的所谓社会主义思潮，但为什么只有真正的马克思主义最终走向历史前台，被当时处在水深火热中的中国人民，尤其是一部分先进的中国人所接受，并被用来作为改造中国的思想武器？显然，这不仅因为马克思主义本身所具有的科学理论品质，也因为中华优秀传统文化为马克思主义在中国的传播提供了文化基础。

首先，中华优秀传统文化所具有的实用理性。实用理性最典型的特征是"经世致用"，强调以"现实的需要"理性判定、衡量、选择事物。经世致用思想的历史至少可以追溯到先秦思想家孔子。

孔子所创立的儒家思想，是中华文明的精髓，仔细分析儒家思想，可以看到，传统儒学本身就是一种"入世哲学"，孔子不遗余力地宣传他的思想，目的就是要改变春秋末年社会动乱、礼崩乐坏的局面，恢复他理想中的社会秩序。以后历经演变，到明清之际兴起的实学思潮实为这一"经世致用"思潮的继承和发展。鸦片战争前后，经世致用思潮达到顶峰。面对封建末世深刻的社会危机，一批政治家、思想家和进步学者一再提倡经世致用，主张实行改革。较著名的有陶澍、林则徐、龚自珍、魏源等，他们中有"卓著官声政声的督抚大吏"，也有"切于时务的下层官僚与文人学者"，他们作为知识分子的代表关注世事，以极大的社会责任感揭露矛盾，抨击时政，指责清王朝统治的腐败以及官僚队伍的无能、迂腐。在揭露问题的同时，他们要求"更法"，呼吁"改革"，提出了一系列改革措施。而且，以林则徐为代表的一些较有远见的知识分子，已经开始把目光投向了世界，出现了"开眼看世界"的新趋势。林则徐出于反侵略斗争的需要，翻译西书，成为近代中国"开眼看世界的第一人"。随后，魏源在林则徐编译的《四洲志》基础上编撰了《海国图志》。在《海国图志》中，魏源提出"师夷长技以制夷"的思想。可以说，经世致用这一思想一直贯穿于整个中国近代社会。

而马克思主义所具有的面对现实、变革现实的实践性格正是对实用理性的一种呼应。马克思主义在中国，首先和最重要的是被看作革命和建设的指导思想，并且成为占据主导地位的意识形态，其与中华优秀传统文化的实用理性特质不无关系。在近代中国日渐严峻的国家危机下，中国人民主要从现实的斗争需要出发，相信马克思主义是救国救民的科学真理，于是选择了马克思主义。同时，最早接触马克思主义的那部分中国人起先也是用实用理性的思维方式去理解马克思主义的科学唯物史观的，即以经济和物质生产为基础来解释历史和社会发展以及上层建筑、意识形态。虽然不能说中国的实用理性具有同马克思主义一样的理论深度和科学性，但相同的思维取向至少使中国知识分子对马克思主义有了最初的认同感。

其次，中华优秀传统文化中对理想社会的渴望与追求。从古代儒家的"大同"、道家的"自然世界"、历代农民起义渴求平均的口号到洪秀全的"太平天国"理想、康有为设计的"大同世界"都体现了中华优秀传统文化一以贯之的对理想社会的追求。这种精神使得中国人民对同样具有远大理想、以解放全人类，实现共产主义远大理想为目标的马克思主义产生了心理上的共鸣，于是马克思主义在中国的广泛传播并且实现中国化也就是情理之中的事情了。

由于中华优秀传统文化在价值取向上的实用理性与社会构想上的理想主义，中国知识群体对工具理性与价值理性相统一的马克思主义产生了极大的肯定与认同，并顺理成章地选择了马克思主义，并进一步促使马克思主义与中华优秀传统文化的有机结合，使马克思主义深深扎根于中国，这种影响是任何其他在中国流传的西方思潮所不可比拟的。

马克思主义中国化实质上就是在外来文化——马克思主义与中华优秀传统文化这两种文化整合的基础上实现文化创新的过程。

二 中华优秀传统文化为中国道路提供精神支撑和价值引领

由于任何一个国家，其发展道路的选择都离不开其历史文化传统。历史文化传统不仅是构成一个国家国情的重要组成部分，而且也是一个民族选择发展道路的出发点和基点，尤其是对于中国这样一个具有独特历史文化传统的东方大国。2014年10月习近平总书记在中共中央政治局第十八次集体学习时强调:"中华优秀传统文化是我们最深厚的文化软实力,也是中国特色社会主义植根的文化沃土。每个国家和民族的历史传统、文化积淀、基本国情不同,其发展道路必然有着自己的特色。"

上下五千年的中华优秀传统文化博大精深,不仅塑造了中华民族独特的精神性格和行为方式,其中蕴含的诸多中华民族独有的精神气质,已经深深地熔铸为民族性格,默化为人们的行为方式,在中国道路的选择及实践中发挥出独特的适应力和内聚力,是选择中国道路的深厚土壤和深层内因,也是实践拓展中国道路的历史动力,对中国道路的选择和实践提供精神支撑和精神引领。这些精神气质主要包括以下方面:

首先,知行合一、实事求是与选择及实践中国道路的思想方法。中国历史文化的主要内容之一就是知行观。明代王阳明明确提出了"知行合一"论,强调主观认识与实际行动的统一。"实事求是"出自《汉书·河间献王刘德传》:"修学好古,实事求是。"毛泽东古为今用,对知行合一、实事求是进行了富有时代意义的阐释。毛泽东说:"'实事'就是客观存在着的一切事物,'是'就是客观事物的内部联系,即规律性,'求'就是我们去研究。"[1] 他认为,坚持实事求是,就是坚持理论与实际相统一的马克思主义作风。而在《实践论》中毛泽东揭示了知行之间的辩证关系,认为知与行的关系实质上就是认识与实践的统一。改革开放之初,邓小平提出要"解放思想,实事求是,团结一致向前看"[2],把知行合一、实事求是与解放思想、理论联系实际、一切从实际出发联系起来。[3] 从文化渊源上来说,知行合一、实事求是实乃党的思想路线的文化

---

[1] 《毛泽东选集》第3卷,人民出版社1991年版,第80页。
[2] 《邓小平文选》第2卷,人民出版社1994年版,第140页。
[3] 同上书,第143页。

基础。正是在这一思想路线和思想方法的指导下，我国才走上了改革开放之路，走上了一条不同于其他国家和民族的中国特色社会主义道路。

其次，以民为本、民惟邦本与选择及实践中国道路的价值取向。"以民为本""民惟邦本"是中国传统民本思想及传统政治思想的体现。孔子倡导"为政以仁""仁者爱人"，孟子认为"民为贵，社稷次之，君为轻"，贾谊主张"民者，万世之本"，朱熹提出"国以民为本，社稷亦为民立"，强调民众在国家社稷、固国安邦中的重要作用。在当代中国，传统民本思想在经过现代性转换的基础上被批判地继承。传统民本思想中的重民、惠民、利民不再是统治的手段，而是国家和社会管理的目的；人民不是被统治的对象，也并不仅仅起着"载舟覆舟"的作用，而是国家的主人和权力的主体。中国共产党是实现人民利益的工具，党的各级领导干部必须要情为民所系、利为民所谋、权为民所用。因此，中国特色社会主义道路的选择和拓展，是坚持以民为本、民惟邦本价值取向的必然选择。

再次，和而不同、天下大同与选择及实践中国道路的发展目标。孔子认为"礼之用，和为贵"（《论语·学而》）。"君子和而不同，小人同而不和。"（《论语·子路》）"和"是宇宙万物是和谐的整体，不能破坏万物存续的和谐整体。大同理想是中国儒家先贤勾画出的美好社会愿景，孔子指出："大道之行也，天下为公，选贤与能，讲信修睦。故人不独亲其亲，不独子其子。使老有所终，壮有所用，幼有所长，鳏寡孤独废疾者皆有所养，男有分，女有归，货恶其弃于地也，不必藏于己；力恶其不出于身也，不必为己。是故谋闭而不兴，盗窃乱贼而不作，故外户而不闭。是谓大同。"（《礼记·礼运》）在大同社会里，社会成员之间互帮互助，老、壮、幼、孤皆有所安。一心为公、生活安宁的美好社会是千百年来无数中国人孜孜追求的崇高社会理想。中国传统文化中"和"思想不仅是指人与人相处的和睦,也是一种治国理政的秩序观。在多元格局中各安其位,和谐共生。党的十八大以来,中国共产党以宏阔的世界眼光,将人类的发展前景置于世界历史发展的长河中,倡导构建人类命运共同体。秉持"和而不同"的理念,包容"物之不齐,物之情也"的差异,期许"天下大同"的愿景,倡导构建人类命运共同体。这既是对中国"和而不同、天下大同"思想的继承、创新,也是时代之需,为建设人类美好家园指明了方向。构建人类命运共同体是传统文化的文明意蕴和人类社会发展实践辩证统一的内在规定。

又次,自强不息、厚德载物与选择及实践中国道路的精神支柱。自强不息、厚德载物是中华民族最宝贵的文化基因,中华民族之所以屡遭挫折而不屈,历尽艰辛而无悔,创造了绵延至今长达五千多年的中华文明,其精神支柱就是自强不息的观念和厚德载物的情怀。"天行健,君子以自强不息"是中华民族百折不挠、坚忍不拔、锲而不舍、奋发图强精神的凝练表达;"地势坤,君子以厚德载物"是对中华民族涵养万物、包容四方、虚怀若谷、博采众长气度的生动写照。自强不息、厚德载物不仅揭示了大自然刚劲强健的天道运行规律与博大宽厚的大地气势特点,而且反映了中华民族生生不息的生机和活力。

最后,锐意变革、革故鼎新与选择及实践中国道路的精神动力。锐意变革、革故鼎新是中华传统文化的鲜明精神标志。"革故鼎新"出自《周易·杂卦》,"革,去故也,鼎,取新也";"锐意变革"源自汤之《盘铭》,"苟日新,日日新,又日新"。敢于扬弃、勇于革新、积极进取是中华民族精神的显著特点。中国道路的选择和实践正是对锐意变革、革故鼎新民族精神的继承和发展。中国共产党人以革旧立新的改革精神把马克思主义与中国实际相结合，与中华优秀传统文化相结合，提出了中国革命的策略和战略，取得了革命胜利。中华人民共和国的建立，使中国彻底摆脱了传统帝制的羁绊而向社会主义现代化国家迈进，也为我国走上中国特色社会主义道路奠定了基础。中国共产党人以极大的政治胆识和勇气，实行改革开放，使社会主义现代化各项建设取得了瞩目成就，使国家成功走上了中国特色社会主义道路。党的十八大以来特别是近几年，在我国经济社会发展出现新常态、经济下行压力较大的情况下，党中央、国务院坚持不懈地抓改革，强调向改革要红利、要效益，以全面深化改革的精神，以前所未有的改革力度、深度和广度推动中国道路不断拓展。中国道路事实上就是积极探索、主动创新之路，是勇于改革、除旧布新之路。锐意变革、革故鼎新是激励党和人民在中国道路上义无反顾、不畏艰险、勇往直前的强大精神动力。

三 坚定文化自信，进一步探索和拓展中国道路

习近平总书记指出："站立在960万平方公里的广袤土地上，吮吸着中华民族漫长奋斗积累的文化养分，拥有13亿中国人民聚合的磅礴之力，我们走自己的路，具有无比广阔的舞台，具有无比深厚的历史底蕴，具有无比强大的前进定力，中国人民应该有这个信心，每一个中国人都应该有这个信心。"[①] 这段话深刻揭示了走好中国道路所具有的信心。仔细阅读、深刻领会习近平总书记的讲话，不难发现这个信心的建立，很大程度上源于对中华民族漫长奋

[①] 《习近平谈治国理政》第2卷，外文出版社2017年版，第339页。

斗所积累的文化养分的吸吮。正因为如此，我们走自己的路是具有"无比深厚的历史底蕴"。当然，这个"无比深厚的历史底蕴"就蕴含着源远流长、博大精深的中华优秀传统文化。

源远流长、博大精深的中华优秀传统文化之所以能够历久弥新、薪火相传、与时俱进，就在于它在历史发展和时代结合的过程中熔铸出了中国精神。中国精神，就是以爱国主义为核心的民族精神和以改革创新为核心的时代精神。爱国主义始终是把中华民族坚强团结在一起的精神力量，改革创新始终是鞭策我们在改革开放中与时俱进的精神力量。在走好中国道路的历史进程中，我们之所以强调弘扬中国精神，是因为这种民族精神和时代精神有机统一的中国精神是凝心聚力的兴国之魂、强国之魄，是我们在新时代走好中国道路的精神支撑。

中华民族是富有爱国主义光荣传统的伟大民族。可以说，在中华民族的形成和发展过程中，始终贯穿着以爱国主义为核心的民族精神。一部中华民族的发展史，就是一部中华儿女的爱国奋斗史。习近平总书记指出："我们要高扬爱国主义主旋律，用生动的文学语言和光彩夺目的艺术形象，装点祖国的秀美河山，描绘中华民族的卓越风华，激发每一个中国人的民族自豪感和国家荣誉感。"[1] 在漫长的历史发展过程中，对爱国主义精神有着多种多样的表达方式。如范仲淹的"先天下之忧而忧，后天下之乐而乐"、林则徐的"苟利国家生死以，岂因祸福避趋之"等经典名句；也有岳飞精忠报国、花木兰替父从军等家喻户晓的美谈；还有"美不美，家乡水；亲不亲，故乡人"的朴实古语。在中华民族发展的历史进程中，中华民族形成了酷爱平等、追求正义、维护民族尊严和国家主权的光荣传统。爱国主义始终是把中华民族团结在一起的精神力

---

[1] 《习近平谈治国理政》第2卷，外文出版社2017年版，第351页。

量，而如今，这种精神力量已经内化为一种民族性格，体现出国人对爱国主义传统的高度认同。

爱国主义是作为历史范畴而存在的。也就是说，在社会发展的不同阶段和时期，爱国主义的具体内涵是不同的，这实际上也体现了爱国主义的时代特征。如果说，在旧中国，爱国主义主要表现为反抗侵略，争取独立，寻求救国之路，并为之不懈奋斗；那么，在新时代，坚定不移地走中国特色社会主义道路、实现国家富强、民族复兴，就是爱国主义所体现出的具有时代特征的新内涵。这是因为，只有坚定不移地走中国特色社会主义道路，才能实现国家富强、民族复兴。当然，我们今天强调的爱国主义精神，还应该包括香港、澳门、台湾同胞在内的国家意识和爱国精神。这是因为，实现中华民族的伟大复兴，是全体中国人的共同梦想。应该说，中华民族的伟大复兴是包括台湾同胞在内的全体中华儿女的共同愿望。实际上，只有实现祖国的完全统一，才能够真正实现中华民族的伟大复兴。

40多年改革开放历史进程与中国特色社会主义道路的伟大实践，产生和形成了以改革创新为核心的时代精神。中华文明历来注重自强不息、革故鼎新，奠定了中国文化中积极进取、奋发向上的品质，对后世影响很大。《礼记·大学》说："苟日新，日日新，又日新。"[1] 正是在富于创新进取的思想传统推动下，中华民族不仅以著名的"四大发明"、万里长城、京杭大运河等伟大创造闻名于世，以诸子百家思想丰富了人类的文化精神宝库，而且以不断变革创新的实践，彪炳人类变革自强的制度创新史。40多年来，丰富多彩、波澜壮阔的中国特色社会主义道路的建设实践为改革创新提供了不竭的动力。改革创新的时代精神继承了中华民族勇于创新、

---

[1] （西汉）戴德、戴圣：《礼记》。

不断变革的优良传统，顺应了当代中国发展进步的要求。时代是出卷人，人民是阅卷人，走中国特色社会主义道路是时代对中国共产党人提出的全新课题。这条道路任何本本都不曾有现成的答案。马克思经典作家的本本上没有，甚至毛泽东的本本上也没有。中国共产党人不拘泥本本，而是靠着一股勇于创新的闯劲，不仅杀出了一条血路，而且走上了一条实现中华民族伟大复兴的康庄大道。今天，我们比任何时期都更加接近实现中华民族伟大复兴的目标。中国特色社会主义道路之所以能够越走越宽广，离不开中国共产党人在实践中不断进行理论创新。正如，习近平总书记在2016年5月17日哲学社会科学工作座谈会上的讲话所指出的那样，"推进国家治理体系和治理能力现代化，发展社会主义市场经济，发展社会主义民主政治，发展社会主义协商民主，建设中国特色社会主义法治体系，发展社会主义先进文化，培育和践行社会主义核心价值观，建设社会主义和谐社会，建设生态文明，构建开放型经济新体制，实施总体国家安全观，建设人类命运共同体，推进'一带一路'建设，坚持正确义利观，加强党的执政能力建设，坚持走中国特色强军之路、实现党在新形势下的强军目标，等等，都是我们提出的具有原创性、时代性的概念和理论"[①]。正是因为有了这些体现时代要求的"原创性、时代性的概念和理论"，走好中国道路且用其指导中国特色社会主义道路的实践，才使中国的面貌、人民的面貌发生了历史性的巨变。

为了探索中华民族伟大复兴之路，自鸦片战争以来，无数仁人志士进行了不懈的探求，中国人民做出了巨大的牺牲，几代中国共产党人付出了巨大的努力。艰难困苦，玉汝于成。伟大的事业需要并产生伟大的精神，伟大的精神支撑并推动伟大的事业。实现伟大

---

① 《习近平谈治国理政》第2卷，外文出版社2017年版，第343页。

中国梦，必须走中国道路。同时，通过弘扬中国精神、凝聚中国力量，为实现中国梦注入磅礴之力，从而更加自信、坚定地走好中国道路。

在上下五千多年的中华文明发展史上，中华优秀传统文化犹如一块巨大的海绵，不断吸吮着异族文化和外域文化以丰富和壮大自身，其发展历程体现出来的变革精神和创新理念，是实现中华民族伟大复兴的深厚的文化底蕴，是中国道路的应有之义。正如习近平总书记所指出的那样："中华民族的先人们早就向往人们的物质生活充实无忧、道德境界充分升华的大同世界。实现中国梦，是物质文明和精神文明比翼双飞的发展过程。"

中国哲学史中的社会真理思想及其合理性和局限*
——基于"道"与"理"的真理观念的分析

王景华　韩振丽**

摘　要：社会真理作为真理及人们对于社会生活过程、本性和规律的科学认知，是真理问题研究的一个重要议题，也是人类的社会历史性存在方式。与西方哲学家以探讨"社会逻各斯"和社会规律的形式追问社会真理一样，中国哲学家也曾以探讨社会生活之"道"和"理"的形式追问社会真理。为此，以考察社会生活之"道"和"理"的观念内涵为出发点，梳理和分析中国哲学史中的社会真理思想，揭示和阐明其合理性与不足，有助于促进人们对于中国传统社会真理思想的自觉，深化人们对于社会真理问题的认识和理解。

关键词：道理　社会真理

---

* 基金项目：本文系2018年国家社会科学基金后期资助项目"社会真理论"（项目编号：18FKS010）阶段性成果。

** 作者简介：王景华，陕西省社会科学院助理研究员，哲学博士，研究方向：马克思主义哲学和社会认识研究。韩振丽，新疆社会科学院助理研究员，研究方向：马克思主义中国化研究。

与真理概念一样，社会真理思想也是大约公元前5世纪至6世纪随着人类社会由远古时代进入文明时代逐渐形成，进入人类文明的轴心时代逐步出现的。就中国哲学而言，由于孔子"最先提出一系统性自觉理论，由此对价值及文化问题，持有确定观点及主张"，则可以把孔子称为"最早的中国哲学家"，"孔子之自觉理论及系统观点之出现，方表示中国哲学正式开始"。[1] 此后，中国哲学中关于"道"和"理"的真理思想观念也由此逐步形成和发展起来了。与此同时，以"道"和"理"为基础和出发点，关于社会生活过程、本性和规律的社会真理思想也逐步形成和发展起来。

从中国传统文化的逻辑演变历程来看，在真理问题上，在先秦时期，人们大体上重视对"道"的体认和把握，重视讲"道"；自东汉以后，人们则逐渐重视对"理"的考察和认知，重视讲"理"。与此相应，中国哲学思想史中的社会真理思想，在先秦时期也主要是从诠释"道"出发，形成和建构了关于社会生活治理的真理思想，自东汉以后，人们则逐渐重视从诠释"理"出发，形成和建构关于社会生活治理的真理思想。

一 以诠释"道"为基础的先秦诸子社会真理思想

从文化起源看，中国传统文化的基本精神和主要特质与中国"巫史传统"[2] 有着千丝万缕的联系，与原始巫术活动的理性化过程内在关联。

---

[1] 劳思光：《新编中国哲学史》第1卷，广西师范大学出版社2005年版，第75页。
[2] 李泽厚：《历史本体论·己卯五说》，生活·读书·新知三联书店2006年版，第371页。

中国的巫术活动作为古代宗教的最初表现形式，其通过祭祀和占卜，推动"巫术礼仪"不断理性化，到西周初年，其已经实现了创造性转换，形成了周公的"制礼作乐"。对于此，李泽厚就指出，"周公通过'制礼作乐'，将上古祭祀祖先、沟通神明以指导人事的巫术礼仪，全面理性化和体制化，以作为社会秩序的规范准则，此即所谓'亲亲尊尊'的基本规约。……所谓'德治'也就是'礼治'"①。孔门儒家哲学在精神方向上是对这一北方之周文化"制礼作乐"传统的提升、反省及超越。由于这一文化传统在价值层面强调"人之主宰地位"和人的主动性，并在价值取向上主张"唯德是辅"和"敬德"来处理天神与人的关系和确立社会公共生活的礼仪制度规范，进而把社会权力来源的合法性和社会秩序的合理性奠基在合德性基础上，故而在这一文化传统影响下，儒家重人不重天，"重德性，重政治制度，立仁义王道之说"②，多讲人道，鲜言性与天道。

与北方周文化传统创造性地转换"巫术礼仪"中仪文和人性情感方面而形成"制礼作乐"之"理性化体制建树"，因而重视人事不同，东夷、殷商、祝融等族文化混同融合形成的"旧中原文化或南方传统之哲学"之南方文化传统则是在继承性地"改造原始宗教"基础上，保留和理性化了"巫术礼仪"中"与认知相关的智慧方面"③而形成起来的文化传统，故而它在思想倾向上更重视神权和巫权，而相对轻视人事。结果，在日常生活中，人们具有很强的神权观念，往往习惯于通过巫师占卜来处理社会生产生活中的事务。以庄子和老子为代表的道家哲学就是在反省和超越这一文化传统的基础上形成和建构起来的。在这一文化传统影响下，道家哲学

---

① 李泽厚：《历史本体论·己卯五说》，生活·读书·新知三联书店2006年版，第184页。
② 劳思光：《新编中国哲学史》第1卷，广西师范大学出版社2005年版，第54—56页。
③ 李泽厚：《历史本体论·己卯五说》，生活·读书·新知三联书店2006年版，第184页。

"重道，重自然，立逍遥之超离境界"①，故而多讲形而上学之道。

（一）以"仁道"为基础的先秦儒家社会真理思想

钱穆就指出，"孔子之学所重最在道"。所谓"道"，非性与天道，而是人道，其本在人心，在于人的情感和心理。从人道生成的角度，孔子从人的情感和心理层面，提出了基于"仁心"的处理人与人、人与社会关系之社会生活的"仁道"之形成方式。在《论学篇》中，孔子曾言，"君子务本，本立而道生。孝悌也者，其为仁之本欤？"②这即是说，"人道必本于心，如有孝悌之心，始可有孝悌之道。有仁心，始可有仁道"③。"仁"，向内修己修身为德，向外调节人与人之社会关系为道。在《雍也篇》中，孔子进一步指出，"夫仁者，己欲立而立人，己欲达而达人，能近取譬，可谓仁之方也已"④。在《为政篇》，孔子又进一步指出，"道之以政，齐之以刑，民免而无耻。道之以德，齐之以礼，有耻且格"⑤。在《颜渊篇》中，孔子则指出，"政者，正也。子帅以正，孰敢不正？"⑥由此，孔子从人道的社会效用和功能方面提出了以"仁道"为核心内容的"德化"和"礼治"的社会治理方式，以及经世治国之道对促进社会秩序合理化规范化的重要作用，"仁道""德化"和"礼治"也因此成为儒家王道政治的核心主张和主要内容，进而也成为我国古代社会生活治理思想的主要组成部分之一。

孟子基于人性之"仁"的四端说，提出了性善论，从心性论层

---

① 劳思光：《新编中国哲学史》第1卷，广西师范大学出版社2005年版，第53—56页。
② 钱穆：《论语新解》，九州出版社2011年版，第4页。
③ 同上。
④ 钱穆：《中国思想史》，九州出版社2012年版，第14页。
⑤ 钱穆：《论语新解》，九州出版社2011年版，第22页。
⑥ 同上书，第296页。

面丰富和完善了孔子的"仁道"思想。他指出,人有四端,即恻隐之心、羞恶之心、辞让之心和是非之心。"恻隐之心,仁之端也。羞恶之心,义之端也。辞让之心,礼之端也。是非之心,智之端也。人之有此四端也,犹其有四体也。……凡有四端于我者,知皆扩而充之矣,若火之始然,泉之始达,苟能充之足以保四海,苟不充之,不足以事父母。"① 这四端作为人的原始情感和无意识的心理,是人之为人先天就有的。它们皆在人们在社会生活中处理各种事情和进行各种活动中形成价值自觉(即"应不应该"之自觉)并表现出来。而这四端之价值自觉,通过各种形式表现出来,就成为人们在社会生活中通过自觉努力而逐渐形成各种德性的根源。各种道德的形成,也是在于人在这四端价值自觉的各种表现形式中,实现由对价值意识的内在之自觉,并把这四端作为出发点,进而扩充本有之价值意识以达于各种德性之完成。简言之,德性实为人们的价值意识逐步达到普遍的自觉的结果。而这一理论,也逐渐成为后世儒学中功夫思想的根据。不仅如此,他还将孔子的"仁道"的社会真理思想扩展为社会治理的基本指导理念和核心价值观念,提出了关于具体设计、安排社会生活的施政措施的"仁政"之说。孟子主张在社会生活中推行仁政,改进人民生活,同时推行教育、进行知识教化,使民安乐,从而保民,进而使民心归附,王天下。他言道,"彼陷溺其民,王往而征之,夫谁与王敌?故曰:仁者无敌。王请勿疑"。"是故明君制民之产,必使仰足以事父母,俯足以蓄妻子,乐岁终身饱,凶年免于死亡。""仁则荣,不仁则辱。今恶辱而居不仁,是犹恶湿而居下也,如恶之,莫如贵德而尊士。"② 由此,"仁道"思想就由纯道德意义上的主观观念逐渐转化为安排和组织

---

① 劳思光:《新编中国哲学史》第 1 卷,广西师范大学出版社 2005 年版,第 120 页。
② 同上书,第 134—135 页。

实际社会生活的观念。在这里，由于孟子主张"仁政得民"，故而也强调"仁"的效用。

荀子在充分吸收老子形而上的"道"思想基础上，着眼于当时中国现实社会生活，从讲"人道"的角度，对孔子纯道德意义上的"仁道"思想中"礼"思想进行了外向性发展，从制度建构角度提出了"礼仪之统"的社会治理思想。荀子认为，"万物为道一偏，一物为万物一偏，愚者为一物一偏，而自以为知道也，无知也"①。这即是说，与老子对于"道"的认识和定位相类似，荀子也从形而上学和本体论层面把"道"看作万物运动变化之共同的规律，但此"道"更侧重于人道。"道者，非天之道，非地之道，人之所以道也，君子之所道也。"② 而"人之所以道，君子之所道"，在社会生活中就表现为"价值规范"和社会制度，引导和规范人们的行为活动。"道也者，治之经理也。"③ 换句话说，"道"就是调节和规范人与人、人与社会之间的关系的制度和规则，也就是"礼"。而在荀子看来，"礼"兼指政治制度及日常仪文，虽说这大致与儒学言"礼"之通义相同，但他专论"礼"时，更侧重制度方面内涵。他认为，"礼起于何也？曰：人生而有欲，欲而不得，则不能无求；求而无度量分界，则不能不争；争则乱，乱则穷。先王恶其乱也，故制礼仪以分之，以养人之欲，给人之求；使欲必不穷乎物，物必不屈于欲，两者相持而长，是礼之所起也"④。在这里，与墨子论"兼爱"之缘由相类似，荀子主张，在社会生活中，制礼的根源在于人怀私欲，有求遂有争，故须制礼仪（立制度）以调节和规范之，使人服从一定的规范和秩序。换句话说，"礼仪"产生的根源

---

① 孙旭鹏：《荀子"群居和一"的政治哲学研究》，博士学位论文，东南大学，第24页。
② 同上。
③ 钱穆：《中国思想史》，九州出版社2012年版，第60页。
④ 同上书，第58页。

在于"平乱息争"之要求，是"应付环境需要"而产生，因此它作为价值规范，只有外在制度的意义和"工具价值"。对于此，荀子曾说，"礼者，法之大分，类之纲纪也。故学至乎礼而止矣，夫是之谓道德之极"①。这即是说，"礼"是最高级别的道德规范和价值规范，是人们学习而来。它被看作"法之大分，类之纲纪"，就有制度层面的含义。

（二）以"道"为基础的先秦道家社会真理思想

与儒学认为宇宙秩序与道德秩序同构同则，社会秩序的合理性在于合德性，因此主张通过恢复以"仁道"为核心内容的礼乐制度来推动社会的德治和礼治，从而恢复和维护社会秩序的稳定不同，庄子和老子认为，建基于人们的行为之上的社会生活的根据与人在宇宙中的最终根据是一致的，都是"道"，因此他们把社会秩序的合理性奠基在本体论层面和价值意义上的"道"的基础上。

老子认为，从本体论层面看，"道"孕育万物，其乃万物之根，"有物混成，先天地生"②，万物皆从道生成发展而来，同时道又内在于万物之中而成为其组成部分，万物只是道的具体表现形式（即"万象"）。在这里，道即万物运行的常轨，即规律，万物万象皆遵循此运行之常轨（即"规律"）。不仅如此，从价值意义角度看，"道"随事物的特殊性而有所不同，故物各归其根，乃显自性，此"自性"便是"自然"，便是"德"。因此，以心观道破执，遂驻于无为，即是驻于心灵自显之自性，亦即驻于实践理性之境，即驻于

---

① 孙旭鹏：《荀子"群居和一"的政治哲学研究》，博士学位论文，东南大学，2016年，第15页。
② 钱穆：《中国思想史》，九州出版社2012年版，第68页。

生命情意我之自觉境界。故依于道，乃成其德。① 而且，"故道大，天大，地大，人亦大。域中有四大，而人居其一焉。人法地，地法天，天法道，道法自然"②。故而，人们在处理人与人、人与社会关系，安排社会生活时，应当遵从和顺应万事万物的自然本性（自然的运行规律），顺天顺自然无为，方能达到自然境界。而且，"道常无名，朴虽小，天下莫能臣。侯王若能守之，万物将自宾"③。由此，老子就把社会生活合理性根据奠基在"道"基础上了，亦即奠基在社会生活之道的本性——"自然"的基础上了。在这种情势下，人们只有回归社会生活之"道"，"尊道贵德"，按照道的规律和德的要求安排社会生活，社会生活才是一种合理的社会生活。

当然，与老子一样，庄子虽然也从本体论层面把"道"看作天地万物的本原，天地万物是"道"生成变化的产物，但对"道"的理解与老子稍有不同。在《齐物论》中，庄子就曾言，"道行之而成，物谓之而然。恶乎然？然于然；恶乎不然？不然于不然。物固有所然，物固有所可。无物不然，无物不可。故为是举莛与楹，厉与西施，恢诡谲怪，道通为一"④。在这里，"道"即是"所行"之路，亦即因"行"的活动而有所谓"道"。而"物"亦非客观存在如此之物，而是在人认知活动中被人的心灵认知之"如此"。由此可以推断，物存在某种状态或呈现出某种存在状态，皆依一定条件而立。进而，我们也可以推知，万物存在的一切经验性质皆因人们的心灵认知活动及相应认识条件而成立，如若超越人们的心灵认知活动及相应认识条件，则可舍弃万物一切经验性质，而将不同之经验对象亦视为与之具有同等地位和价值。进而，我们又可以进一

---

① 劳思光：《新编中国哲学史》第1卷，广西师范大学出版社2005年版，第188页。
② 钱穆：《中国思想史》，九州出版社2012年版，第69页。
③ 敦鹏：《中国传统政治哲学的特质及其现代价值》，《社会科学战线》2018年第8期。
④ 钱穆：《中国思想史》，九州出版社2012年版，第41页。

步推知，万物的一切经验性质皆因人们心灵的认知活动及相应的条件不同而有差异，如若超越人们心灵的认知活动及相应的条件，舍弃因人们认知而形成的这些经验性质而观之，则可见万象通为一，皆对象而已。换句话说，从"道"这一宇宙万物生成过程看，万物不仅等齐，而且皆是相对性存在。故而，从宇宙界角度看，要达到艺术审美角度的情意自我之逍遥境界，在社会生活的组织安排形成社会秩序合理的秩序中，则须超越人生界，超越人的有限性，超越人的知识的有限性和生命的有限性，须"离形去知"，既要超越认知之我，也要超越形躯之经验自我，超越德性我，摆脱追求"功名利禄"的现实利害关系，达到——"无己、无功、无名"之"无为"的无所追求之精神境界，进而从根本上解决人生问题和社会生活问题，即所谓"至人无己，神人无功"。[①]"如游心于淡，合气于漠，顺物自然，而无容私焉，而天下治矣。"[②]

（三）其他学派的社会真理思想

与儒学基于血缘关系组织和建构家—国一体的社会生活，以纯道德意义上的"仁道"处理人与人、人与社会的关系不同，墨家超出血缘关系，跳出人生界，与道家一样，从宇宙界来讲人道，主张以"兼爱"来处理人与人、人与社会之间的关系。墨子着眼于春秋战国时期中国社会面临的治乱之现实问题，主张在社会生活中，通过推动人与人、家与家、国与国之间互爱，来化解和避免人与人、家与家、国与国之间的相互冲突和侵害，实现社会的和谐有序和社会的有效治理。他认为，"诸侯各爱其国，不爱异国，故攻异国以

---

① 钱穆：《中国思想史》，九州出版社2012年版，第41页。
② 劳思光：《新编中国哲学史》第1卷，广西师范大学出版社2005年版，第207页。

利其国。天下之乱物，具此而已矣"。"若使天下兼相爱，爱人若爱其身，……故盗贼亡有。""故天下兼相爱则治，交相恶则乱。"①而"兼相爱"之所以可以平乱实现天下治，墨子认为根本原因还在于虽然从人生界看，人与人、家与家、国与国之间存在差别与不同，但从宇宙界看，人与人、家与家、国与国之间则是平等的。而且，从价值意义上看，"天"作为形成和赋予万物价值的意志根源（即"天志"），肯定和赋予万物万象之价值。他认为，"天兼天下而爱之"。"天兼天下而食焉，我以此知其兼爱天下之人也。"② 故而，"顺天意者，兼相爱，交相利，必得赏；反天意者，别相恶，交相贼，必得罚"。而且，"天之意不欲大国之攻小国也，大家之乱小家也"。③ 故而，在社会生活中，顺天意来治乱，必以"兼相爱"来处理人与人、家与家、国与国之间的社会关系。不仅如此，"兼相爱"又具体通过从天意生出的"义"（即"合理"）作为价值规范，来调节和规范人与人、家与家、国与国之间的社会关系来组织、安排社会生活。"天下有义则治，无义则乱。"④

与荀子一样，韩非子也在充分吸收了老子的形而上学"道"思想基础上，提出了在社会实践活动层面"法治"的社会治理思想。他认为，"道者，是非之纪。是以明君守始，以万物之源，治纪以知善败之端。故虚静以待令，令名自命也。虚则知实之情，静则知动者正。有言者自为名，有事者自为形。形名参同，君乃无事焉，归之其情"⑤。在这里，与老子主张道为万物之母一样，韩非子主张道乃万物之源，但同时又是评判、调节人与人、人与社会关系之社

---

① 劳思光：《新编中国哲学史》第1卷，广西师范大学出版社2005年版，第218—219页。
② 钱穆：《中国思想史》，九州出版社2012年版，第22页。
③ 劳思光：《新编中国哲学史》第1卷，广西师范大学出版社2005年版，第220页。
④ 同上书，第221页。
⑤ 金景芳：《战国四家五子思想论略》，《吉林大学社会科学学报》1980年第1期。

会生活的"是非"价值标准和制度规范,因而也看作社会治理的法则。故而,人们按照道来推动社会治理,就是要以"虚静无为"为治理法则来设计和安排社会生活,处理人与人、人与社会的关系,进而达到无为而无不为。

二 以诠释"理"为基础的宋明理学之儒学社会真理思想

如前所述,随着秦政权的确立,先秦诸家哲学之争鸣局面结束,伴随着"怀疑主义的名学的兴起"、"狭隘的功利主义的盛行"、焚书坑儒和"方士派迷信的盛行",[①] 先秦学统被破坏。自此以后,学术思想陷入"混淆"和"伪作"之衰乱局面。[②] 至东汉时,哲学思想倒退到了"宇宙论中心之哲学"的幼稚阶段,儒学心性成德大衰,人们的精神文化生活出现了真空地带。同时,佛教逐渐传入中国,并广泛深入影响人们的日常社会思想文化生活。结果,在佛教各宗教义的影响下,人们在社会生活中逐渐重视对"理"的考察和认知,在处理人与自身、人与人之间的关系中重视讲"理"。到了宋明时期,宋明理学家为了复兴儒学,抗拒佛学心性论影响,摆脱汉儒传统之"宇宙论中心"思想纠缠,在继承和发展孔孟心性论基础上建构了以"理"为核心范畴的"性理之理"和"心即理"理论,亦即建构了"性理之学",[③] 深化了儒学在追求人们的社会行为和社会关系中实现"内圣外王"的"仁道"社会真理思想中"内圣"的一面。

[①] 胡适:《中国哲学史大纲》,民主与建设出版社2017年版,第280页。
[②] 劳思光:《新编中国哲学史》第2卷,广西师范大学出版社2005年版,第3页。
[③] 张一兵、周宪主编:《牟宗三哲学与文化论集》,南京大学出版社2010年版,第209页。

（一）程朱理学的"性理之理"和"格物穷理"社会真理思想

程朱理学着眼于儒学之价值哲学和政治哲学与佛教之价值哲学和文化哲学的对抗及复兴儒学，沿袭孔孟心性论，以理为核心，把儒学"仁道"的社会真理思想奠基在形而上学之"性即理"的学说基础上，进而从本体论角度论证儒学"仁道"社会真理思想的正确合理性。而宋代思想家最为重要的贡献，也在于他们通过对"理"的追问，通过对终极原因的追问，在本体论的层面上论证道德法则的合理性。

明道和伊川沿着孔孟心性一路，从探讨"性"的角度探讨"理"，形成了"性即理"之说，进一步深化了儒学"仁道"思想。从前文对中国传统文化中"真理"观念的探析可知，"性即理"指涉两重含义，其一是指一切存有所共同具有的一般意义的"性"，即万事万物等一切存有之共同原则。其二是指各类不同存有各自具有的"性"，即万事万物各自具有的本性。明道虽然重视共同意义之性，重视天道、天理，相应地偏重天道观；伊川虽然重视殊别意义之性，相应地偏重本性论，但他们也都同时肯定"性"具有的全部意义。明道认为，"天者，理也。神者，妙万物而为言者也"。为此，"圣人致公心，尽天地万物之理，各当其分。佛氏总为一己之私，是安得同乎？圣人循理，故平直而易行。异端造作，大小大费力，非自然也，故失之远"。[①] 这即是说，"理"是天理，是万物存在的共同法则，也是万物各自存在的根据，故而，圣人致公心，遵循天道，遵循万物之本性对待天地万物，使其各当其分，则平直而易行。基于此，他在论理与仁的关系上，进一步主张，"学者须先

---

① 劳思光：《新编中国哲学史》第3卷上，广西师范大学出版社2005年版，第156页。

识仁。仁者浑然与物同体，义、礼、智、信皆仁也。识得此理，以诚敬存之而已。不许防检，不须穷索"①。在这里，明道指出，理在人们的内心，应该向内求"理"。由于"理"恰是与物浑然同体之"仁"，故而人若形成对于"仁"的价值主体性自觉，心自然合于"理"。具体来说，"仁"乃万德义、礼、智、信等各种德目之本，义、礼、智、信等各种德目是"仁"之体的具体的和特殊的表现，是"仁"之用，而"仁"浑然与物同体，即以天地万物为一体，即是乃大公心（即"人己等视"）。而"能以与物同体立心，则此心即达成仁德，故成德功夫之大本，亦即在此。能立大公心，则自能在一切活动中各求循理，于是其他德性随之而成为可能"②。故而心合于理的关键处，在于识得此立公心之理，形成对于"仁"的价值主体性自觉。人们在此处进行成德功夫，只要识得此理，其他道德功夫都是只保有此公心，"诚敬存之"，亦即保持心无所系、虚静待之。由此，明道就把儒家关于社会治理"仁道"思想奠基在了存在论层面的"理"之上。对于此，伊川在"识得立公心之理"成德功夫方面进行了补充，在意志层面"敬"的涵养功夫之外，在认知层面提出了"致知"的德性能力发挥之功夫。

伊川直接提出"性即理"，人区别于禽兽的特殊之"性"乃是德性——善，乃是"仁义之性"。他认为，"唯仁与义，尽人之道；尽人之道，则谓之圣人"。③ "尽人之性"就是"尽人之理"，就尽人道，尽仁与义，尽仁义礼智信，尽一切德性，就是形成关于德性价值主体性自觉，关于"理"的价值主体性自觉。这也是圣人之为"圣"之缘由。而人在价值层面也有基于主体性自觉的自我主宰能力，尽心知性，"心即性也"。"在天为命，在义为理，在人为性，

---

① 钱穆：《中国思想史》，九州出版社2012年版，第185页。
② 劳思光：《新编中国哲学史》第3卷上，广西师范大学出版社2005年版，第158页。
③ 同上。

主于身为心，其实一也。心本善，发于思虑，则有善有不善。若既发则可谓之情，不可谓之心。"① 故而，关键处在于尽心知性，形成价值主体的自觉。对于此，伊川提出，"敬只是持己之道，义便知有是有非。顺理而行，是为义也。若只守一个敬，不知集义，却是都无事也。且如欲为孝。不成只守一个孝字，须是知所以为孝之道。又须是识在所行之先。譬如行路，须是光照"②。这便是在明道主张从意志上"诚敬存养"之外，提出了为学着力处之"集义"的功夫。"集义"，指"知事理之是非"，亦即"识在所行之先"。故而，成德功夫有"敬义夹持"说。"涵养须用敬，进学则在致知。""致知"就是"集义"，而"致知"则要"格物"。但"格物"不拘于穷外物之理，凡眼前之物皆有理，以至于父子间，皆是理。故而"格物之理，不若察之于身，其得尤切"③。这即是说，格物不限于外界事物，穷形上之理，格物穷理之重点落在价值维度上的人们的社会行为及社会伦理关系。相应地，"致知，但知止于至善；为人子止于孝，为人父止于慈之类。不须外面只务观物理，泛然正如游骑无所归也"④。这也即是说，"致知"主要是指"德性之知"，而不是指"闻见之知"。格物致知，也主要是探究价值维度上的人们的社会行为及社会伦理关系之理，而不是外界事物之理。正因为如此，"知"不是认识论意义上的经验知识，而是人的德性，人的德性能力，亦即是人的心灵固有之能力。即便如此，"知者，吾之所固有，然不致则不能得之。而致知必有道，故曰：致知在格物"。格物就在于发挥或磨炼人的心灵这种固有的德性能力，达到"致知"。换句话说，人的德性能力作为理，虽然为人本

---

① 劳思光：《新编中国哲学史》第3卷上，广西师范大学出版社2005年版，第175页。
② 钱穆：《中国思想史》，九州出版社2012年版，第192页。
③ 劳思光：《新编中国哲学史》第3卷上，广西师范大学出版社2005年版，第186页。
④ 同上书，第187页。

然已有者，但有时待实现者。故而，人们需要穷理格物，达到致知。

朱熹沿袭二程"性即理说"，尤其是沿袭伊川之学，从辨析理与气的关系、理与欲的关系等方面阐明了他的理学理论。在理与气的关系方面，他认为，"天地之间，有理有气。理也者，形而上之道也，生物之本也；气也者，形而下之器也，生物之具也。是以人物之生，比禀此理，然后有性；必禀此气，然后有形"①。在这里，朱熹从"道与气"关系的关系角度来辨析"理与气"的关系。他认为，"理"是超越时空超越感性的形而上之道，是一切存有的本原和根据及存在的决定形式，即一切存有的先天的本性和规律。"气"是时空中的质料，是构成万物的材质。天地万物等一切存有都在理与气之中，是理与气孕育形成天地万物等一切存有。正因为如此，就理与物的关系而言，"惟其理有许多，故物有许多"。"做出那事，便是这里有那理；凡天地生出那物，便是那里有那理。"②在这里，理是殊别意义上的"理"。一切存有和事理都为相应的理所决定。凡一存在，都依相应的理而存在，故而有此物必有此理。不仅如此，在理论逻辑次序上，理先于物存在，理存在不必一定有物。与此同时，物又由"气"生而成，因"气"而具形，故而气也是一切存有之存在决定者。当然，气作为物，也依理而存在。"有此理后，方有此气。""天下未有无理之气，亦未有无气之理。"尽管如此，但一物依相应的特殊之理而存在，此理又通过塑造和形成此物的气而显现。换句话说，理必在气中运行，并在气中得以显现。"理非别为一物，即存乎是气之中。无是气，则是理亦无挂搭处。"③ 这即是说，从物上看，理与气在运行中浑沌一体不可分离。

---

① 劳思光：《新编中国哲学史》第3卷上，广西师范大学出版社2005年版，第207页。
② 同上。
③ 钱穆：《中国思想史》，九州出版社2012年版，第204页。

不仅如此，朱熹也强调共同的、普遍的"理"。这一"公共之理"相当于太极，"性"只是殊别意义之"理""本性"，即"性即理"。太极或共同意义上的理不能称作"性"。故而，在理论逻辑次序上，"公共之理"又先于殊别意义上的"一物之理"，"气"则更是后于"一物之理"。当然，"公共之理"作为"太极"，又是"天地万物之理之总和"，蕴含于一切存在之中。"太极即天地万物之理之总和。"同时，"人人有一太极，物物有一太极"，[①]如月映万川一般，事物皆反映此太极。总之，朱熹之言"理气"，重在"理"之自存在，与理气在运行中不相分离。"理"兼有共同义与殊别义，殊别义之"理"即是性。就世界图像而言，"自太极至万物化生，只是一个道理包括，非是先有此而后有彼。但统是一个大源，由体而达用，从微而至著耳"。同时，"太极只是理，理不可以动静言；唯动而生阳，静而生阴，理寓于气，不能无动静所乘之机"。[②]"体"即"太极"或"理"而言，"用"即理在气中发用（即运行）。这即是说，由太极生阴阳、五行以至于万物的历程，是理落在气上并在气中发用，由体而达用，从微而至著，并且气依理相应地生成变化，进而万物也相应地生成变化的历程。尽管如此，"气虽是理之所生；然既生出，则理管他不得"[③]。这意味着，"气"可以违背"理"而运行。换言之，有气处不必有理实现，只是有气处必然潜存着理。对于此，朱熹认为，"论万物之一原，则理同而气异；观万物之异体，则气犹相似而理绝不同"[④]。这即是说，从天道观层面看，万物出于共同之理，万物的理同而气有不同（如清或浊）。从本性论层面看，万物都是由气依理所生。万物虽气相似，但因气有

---

① 劳思光：《新编中国哲学史》第3卷上，广西师范大学出版社2005年版，第213页。
② 同上书，第216页。
③ 同上书，第219页。
④ 同上书，第220页。

清浊之分，故理实现在气中有难易之别，继而万物亦有各异。

不仅如此，在理与欲的关系方面，也即在天理与人欲的关系方面，天理与形而上学之理相应相成，人欲则归于气质，则与形而下之气相应相成。他认为，"继之者善，是天理流行处"。"天理灭矣，方是恶。"① 故而，善就在于理在气中实现，恶在于理受到气的限制不能实现。就人与物而言，人与物皆受气而生，人得其气正且通，物得其气之偏而塞。人得其正，故具"殊别之理"与"共同之理"合一。就人与人而言，人们虽然都得气之正，有实现共同之理的能力（即实现人之性或理），此"理"乃是殊别义和共同义之合一处；但从个体存在的人看，人们虽然具有此潜藏的能力，但未必就能充分实现这种能力，其实现难易、实现充分不充分又取决于气的清浊之特性，这也就是人的"气质之性"。人有气质不同，则相应地有善恶不同。尽管如此，气质佳的人，因为自己的欲望，也可能作恶。就人欲而言，情乃是心动处，欲则是情不正，是情发而兼有私意主导。而这种私意主导的情，便是恶。"爱是范爱那物，欲则有意于必得，便要拿将来。"② 由于情遵循理，人心就能安顿的恰好，便不是"欲"；人欲是情不循理，主私意，人心无法获得安顿，恶也由此而来。换言之，人欲也是天理安顿处产生出来的。

基于以上分析，朱熹在成德功夫方面就人的价值自觉活动及其相应的能力，提出了心、性、情等观念的解释。他认为，"灵处只是心，不是性。性只是理"。"心有善，性无善。"③ 这表明，与理、性有不同，心属气，是一切存有中的灵觉能力，只具有感性经验层面的意义。故而，如果说性或理是善的观念的根源，性和理是全善的；那么就心属于气而言，心只表示进行一些具体活动的能力而

---

① 劳思光：《新编中国哲学史》第3卷上，广西师范大学出版社2005年版，第222页。
② 同上书，第225页。
③ 同上书，第227页。

言，则心与理（即作为规范或是非标准）合为善，不合与理则为恶。不仅如此，人具有觉知理的能力，故而心也成为道理的寓所，即道理存着处，"性便是心之所有之理，心便是理之所会之地"。"道理都具在心里，说一个心，便教人识得个道理存着处。"① 正因为如此，成德之学及功夫须落在心上讲，心是成德之学及功夫之大本，进而使潜存善的心在具体活动中去其恶而转变为纯善，达到"圣人之心"，亦即使心完全循理而动，亦即使人心动之情意合于理、合于性，使人心听命于道心，情循理，从而使情达到"中节而无过"，情便是性。为此，朱熹进一步提出了穷理、居敬、格物、致知等学说。他认为，"敬"通贯动静，浑然未发之时是体，发则随着事理的变化而加以省察，则敬之用行焉，便是义。"敬以直内，义以方外。"由此，"敬"便贯通内外之功夫。且它又以格物、致知等功夫为基本条件。"大抵敬字是彻上彻下之意。格物致知，乃其间节次进步处耳。"格物致知在于"欲致吾之知，在即物而穷其理也。……至于用力之久，而一旦豁然贯通焉，则众物之表里精粗无不到，而吾心之全体大用无不明矣"。② 这表明格物致知，即在格物穷理，目的在于对内达成"吾心之全体大用之明"，对外则达成对贯通之理的掌握，简言之，格物致知在于"明心"，并非探求经验科学知识。

（二）陆王心学的"心即理"社会真理思想

陆王心学直承孟子心性学一路，以"心"为核心，着眼于儒学之心性论与佛教之心性论的对抗及复兴儒学，把儒学"仁道"的社

---

① 劳思光：《新编中国哲学史》第3卷上，广西师范大学出版社2005年版，第228页。
② 钱穆：《中国思想史》，九州出版社2012年版，第199页。

会治理思想奠基在关于人的价值主体性自觉之"心即理"学说基础上，进而从人的主体性自觉角度论证儒学"仁道"社会治理思想的正确合理性。

与朱熹同时代之大儒陆九渊，直承孟子心性论提出"心即理"之说，在宋明理学中首次肯定了人的主体性能力。他认为，"孟子曰：心之官则思，思则得之，不思则不得也。……人之所以异于禽兽者几希。庶民去之，君子存之。去之者，去此心也。故曰：此之谓失其本心。存之者存此心也；故曰：大人者不失其赤子之心。四端者，即此心也。天之所以与我者，即此心也。人皆有是心，心皆具是理。心即理也"①。在这里，"此心"即"本心"，即指人的价值主体自觉而言，偶尔特指某种价值自觉，当然主要是指人的主体性价值自觉处在日常生活中的透露处，故而有"仁义之心"。就此而言，人的主体性价值自觉即为一切道德规范和价值标准的根据，故而可以说"心即理"。当然，"心当论邪正"，此就特定心意状态来说，人的主体性价值自觉或明或昧，昧时，其心意"不得其正"，故须言讲学及其功夫，以求恢复"本心"。故而可以说，"心"是人的价值主体性自觉能力，是人们确立价值标准和形成一切德性行为之价值根源，它具有普遍性和超验性，不同于朱熹强调"心"的经验性和特殊性。"今之学者，只用心于枝叶，不求实处。……心只是一个心；某之心，吾友之心，上而千百载圣贤之心，下而千百载复有一个圣贤，其心亦只如此。"② 由于"心"是超验意义上的人的主体性自觉能力，其表现于我或人们的经验心之中，本身都是相同的，不同只在于在经验层面的呈现，故而它能涵盖万物。不仅如此，人的本心常被经验之心的心理生理条件和其他相关主客观条

---

① 劳思光：《新编中国哲学史》第3卷上，广西师范大学出版社2005年版，第286页。
② 同上书，第287页。

件所制约和限制，而不能彰显和展示其主体性并达到自我认识，故而常"失其本心"或"蔽其本心"。"愚不肖者不及焉，则蔽于物欲而失其本心；贤者智者过之，则蔽于意见而失其本心。"① 这即是说，人失其本心，可以有不同之蔽，或蔽于人自身的物欲支配或蔽于个人错误思想观念和偏见而陷入经验心主事，导致自我主体性不能彰显，结果，人们的价值意识和价值判断都陷入混乱中。对于理，陆九渊有多重理解。他认为，"须是事事物物不放过，磨考其理。且天下事事物物只有一理，无有二理，须要到其至一处"。而且，"……所法者，皆此理也"。② 在这里，他既肯定殊别意义上的理，也肯定共同之理，且理都表示规律，同时理也都表示价值规范。"心即理"也是表示价值规范之理。

就成德之学而言，陆九渊主张"先立乎其大者"，并以"知本"为要。他认为，"苟学有本领，则知之所及者，及此也；仁之所守者，守此也；时习之，习此也；说者说此，乐者乐此。……乐苟知本，六经皆我注脚"③。同时，"先立乎其大者"。在这里，"知"是自觉自悟之知，不是向外探索经验世界。"大"是人对自身本有之主体性价值自觉的豁悟。人们在价值维度上对自身的主体性有通透的认识和把握而达到全面自觉，才能不为枝节所累。而且，学者须立志。而立乎其大、知本、立志，都是人的价值主体性自觉能力的显现。而这些能力是人的先天固有的能力，是人作为主体的最高自由的展现，故而无所谓能不能。就人具有价值主体性自觉能力而言，人具有最高自由，人人皆可为尧舜。尽管如此，但在日常生活中，人们大都停留于经验层面着眼于眼前事物，故而对此常常不自知。因此，人们自身知本立志就成为入德之门。而着手处

---

① 劳思光：《新编中国哲学史》第3卷上，广西师范大学出版社2005年版，第288页。
② 同上书，第288—289页。
③ 同上书，第290页。

便是"义利之辩",亦即是公私之辩,公心和私意(私利)之辩。通过义利之辩,逐渐使人们超越经验的和特殊的自我之私利和私意(包括物欲和意见),走向超功利的和普遍的公心。与二程相似,确立公心也是成德功夫是关键环节。故而,陆九渊还主张收拾精神,随时不使心外驰而为外物事理所累。"人精神在外,至死也劳攘;须收拾作主宰,收得精神在内,当恻隐即恻隐,当羞恶即羞恶,谁欺得你?谁瞒得你?见得端的后,常涵养,是甚次第?"① 而且,"既知自立,此心无事时须要涵养,不可便去理会事"②。由于人的价值主体性自觉能力之彰显不为外物所牵引,故而人们需要从关注外物回到价值主体性自觉,进而发挥主体性自觉能力创造世界,在世界的着力处实现价值。不仅如此,人们须进德和成德,促使人们从经验之心的遮蔽状态回至超验之本心的敞明状态,回复到人心之善的本有之理,达到价值主体性自觉。

王阳明沿着陆九渊"心即理"学说继续前进,提出了"致良知"学说。他紧扣德性言"理",认为心外无事,心外无理,一切德性和道德行为皆源于心,"心即理"。他指出,"此心无私欲之蔽,即是天理;不须外面添加一分;以此纯乎天理之心,发之事父便是孝,发之事君便是忠,发之交友治民,便是信与仁。只在此心去人欲、存天理上用功,便是"③。这即是说,人的本心作为一切德性之根源,其无私欲之蔽,即是人的价值主体性自觉,即是德性意义上的天理。它本身就蕴含普遍的道德规范(即价值规范)要求——即在价值层面的"应该"或"不应该的"自觉,这是"天理"所蕴含的道德意志的价值指向。故而,此本心发用,便是德性

---

① 钱穆:《中国思想史》,九州出版社2012年版,第219页。
② 劳思光:《新编中国哲学史》第3卷上,广西师范大学出版社2005年版,第293页。
③ (明)王守仁:《传习录》上,转引自《王阳明全集》上册,中央编译出版社2014年版,第2页。

和道德规范(即孝、忠、信、仁等德目)。尽管如此,但在日常生活中人们常常陷溺于经验生活,内心充满了各种欲望(诸如爱憎苦乐等),人们的价值主体性自觉能力因此受到心理条件和生理条件等各种条件的制约和影响,不能寻求普遍的价值规范,并由此获得彰显。故而,人们要在"去人欲、存天理"上用功,亦即应该在纯化道德意志上用功。在这里,天理在普遍意义上成为一切德性的根源,在具体意义上则是指天理之发用,同时受人们认知的行为对象及相关事理的客观性制约和影响,进而形成的各种价值规范和道德规范。换句话说,普遍意义上的天理作为人们在内心达到价值意识之"应然之自觉",是一切价值规范和道德规范的根源,但价值规范内容和道德规范的内容则是由人们认知的行为对象和相关事理而确定。为此,人们在价值主体性"应然之自觉"推动下,自会去寻求对道德行为对象及相关事理的认知和了解,进而落实道德意志为一系列道德行为和道德实践。当然,阳明认为,道德行为对象及相关事理认识和把握之"学问思辨",诸如温清之节和奉养之宜等相关事理,"可以一日二日讲之而尽";但关键还是在于使人们的心"纯乎天理之极",[1] 使人们的价值主体性自觉,进而使人们的道德意志纯化,进而促进人们的价值主体性能力得到发挥和道德意志得以贯彻。而且,阳明讲"知",更多的是在良知意义上谈论,并不是在道德意识之外纯粹地谈论"知","知"也不是以天下事物之理为对象,而是以道德意义上的"天理"为对象。他认为,"知善知恶是良知,为善去恶是格物"[2]。"良知者,孟子所谓是非之心,

---

[1] (明)王守仁:《传习录》上,转引自《王阳明全集》上册,中央编译出版社2014年版,第3页。
[2] (明)王守仁:《传习录》下,转引自《王阳明全集》上册,中央编译出版社2014年版,第110页。

人皆有之者也。"① "良知"是人在价值主体性自觉基础上的"是非之心",这一主体性自觉能力在价值判断和道德判断上的发用处便是"知善知恶",故而良知乃一切价值判断的根源。在此意义上,天理即是良知。在这里,良知是揭示和阐明"天理"(即价值规范)之能力,天理则是"良知"作为人的价值主体性自觉能力之发用处的价值规范。"天理在人心,亘古亘今,无有始终。天理即是良知;千思万虑,只是要致良知。"②

在成德功夫方面,阳明认为,"良知"作为人们的价值主体性自觉能力,虽然是人本有之价值意识,是人的道德判断、道德行为和道德生活的根源,但"不能不昏蔽于物欲,故须学以去其昏蔽"。而且,"虽妄念之发,而良知未尝不在,但人不知存,则有时而或放耳;虽昏塞之极,而良知未尝不明,但人不察,则有时而或蔽耳"。③ 良知虽然是人本有的人们的价值主体性自觉能力,但是人的意念和行为,并不常遵循"良知"所内蕴的价值方向和德性要求而为,相反人的"良知"时为物欲所蔽而心生妄念,故而对良知不知不察。"致良知"就是透露和彰显人的"良知"之价值主体性自觉能力并扩充或实现于日常生活行为中,即是"成德"。其着手处即致知、格物。"物者,事也。凡意之所发,必有其事。意所在之事谓之物。格者,正也;正其不正以归于正之谓也。正其不正者,去恶之谓也;归于正者,为善之谓也。夫是之谓格。"④ 这表明,格物在于正行为,使不正的恶的行为回归到良知预定的轨道,适应德性

---

① (明)王守仁:《大学问》,转引自《王阳明全集》(卷26)(续编一),中央编译出版社2014年版,第849页。
② (明)王守仁:《传习录》下,转引自《王阳明全集》上册,中央编译出版社2014年版,第103页。
③ (明)王守仁:《传习录》中,转引自《王阳明全集》上册,中央编译出版社2014年版,第58—59页。
④ (明)王守仁:《大学问》,转引自《王阳明全集》(卷26)(续编一),中央编译出版社2014年版,第850页。

要求，遵行道德规范，进而成为正的善的行为，达到知行合一。在这一过程中，修身则是人的自我价值主体性觉醒之"吾心"促使"吾身""为善去恶"的过程。当然，"吾心"若有意向于发挥价值主体性自觉能力来主宰此身，则能够为善去恶。换句话说，在具体的日常活动中，人们的价值主体性自觉之良知之本心所内蕴之价值方向和德性要求与人内心之意念欲如何之意志能力的发挥是二元的，意念之意志能力发挥活动能够可以欲此也可以不欲此。"盖心之本体本无不正，自其意念发动而后有不正；故欲正其心者，必就其意念之所发而正之。凡其发一念而善也，好之真如好好色；发一念而恶也，恶之真如恶恶臭，则意无不诚而心可正矣。"① 故而，人们须要致知、"正心"和"诚意"。"然意之所发，有善有恶，不有以明其善恶之分，亦将真妄错杂；虽欲诚之，不可得而诚矣。故欲诚其意者，必在于致知焉，……今欲别善恶以诚其意，惟在致其良知之所知焉尔。"② 这也即是说，人须运用自身良知之价值主体性自觉能力来分别价值正负和判别意念之是非善恶，并促使人的意志活动摆脱各种私欲的干扰，遵循价值意识和道德理性，沿着良知之预定的价值方向活动，从而达到诚意而纯化意念并使其循理而发，使自我之良知充分透露和彰显，进而致良知，形成知行合一，使人从当前世界走向理想世界。

以上几方面，就是中国哲学思想史上大体存在的主要社会真理思想形态。随着中国传统社会从明末开始陷入衰乱，尤其是文化制度开始衰败，整个中国哲学也逐渐走向衰落。而以宋明理学为代表的儒学至阳明发展到了高峰，其后刘蕺山也只是对阳明心学的发挥和补充而已。自此以后，随着清王朝对学术思想的碾压，哲学思想

---

① （明）王守仁：《大学问》，转引自《王阳明全集》（卷26）（续编一），中央编译出版社2014年版，第849页。

② 同上。

此后不仅毫无进展，而且江河日下，再也没出现过影响深远的大家。故而本成果对于社会真理的中国哲学思想史的考察也止于此处。

三　结论

总的来说，中国传统社会真理思想具有以下几方面性质和特点。

首先，中国传统社会真理思想主要是从人们的社会行为及社会关系层面看待社会生活过程及其现实社会矛盾和社会问题的，故而它主要着眼于人们社会行为的规范和社会关系的调整，从人与自身关系方面重德性重个体心性修养，以便用道德规范人的思想观念和社会行为，改造个体的人性和重新塑造个体的人格，并在此基础上从人与人关系方面重礼仪制度地设计和安排，进而用相应的礼仪制度调节人与人之间社会关系，实现整个社会和谐有序。从人文理性层面看，这表征着中国古人理智意识的觉醒，相比于以往重神权重巫权的社会治理观念和治理方式，无疑是中国传统社会发展的巨大进步。不仅如此，它关注个体的心性修养和个体的生命安顿，为当前从道德伦理层面满足人们的精神生活需要及关怀人们的心灵，提供了精神资源。此外，它重视用德性基础上的礼仪制度调节人与人之间社会关系，也为人们当前从伦理道德层面调节和规范人与人之间的社会关系，推进以德治国，提供了思想资源和理论基础。

其次，中国传统社会真理思想论社会问题，实际上是把社会问题主要看作了价值问题和道德问题的延长，把社会生活问题全部看成了价值问题和道德问题，而对于整个社会生活领域本身之特性及相关的事实问题和历史问题，从未注意。故而，它对于社会问题回应和解答的落脚点在于德性教育上，而不是就整个社会生活领域自身的特性和社会生活本体本身的特点提出相应的解决思路和解决方案。与此相应地，它形成和建构的解决思路和解决方案必然是片面的和抽象的，相应地，这些解决思路和解决方案的合理性和有效性必然是有一定限度的，从而纯粹以它指导社会生活，其解决社会问题的效力必然是有限的和不足的。

再次，由于中国传统社会真理思想对德性问题的过分关注，对文化制度的价值意义描述的过分关注，忽视了对社会生活领域中客观历史事件和历史现象本身的充分关注和全面认识，导致"史鉴"作为人们认识社会生活的重要方式，更多地在倾向于从价值维度和道德层面对社会事件和社会现象做出审视、描述和评判，而缺少从认识论角度对社会事件和社会现象本身做出客观性的审视、全面详尽的描述和科学合理的评判。这在一定程度上阻碍了人们历史认识的提高。

最后，儒学社会真理思想论"格物致知"，其重点主要是探究价值维度上人们的社会行为及社会伦理关系之理，以便指导人们合理地规范人们的社会行为和调节人们的社会伦理关系，而不是从知识论层面探究社会生活及外界事物及其理，以便认识和掌握整个社会生活及整个外界事物；与此相应，知也不是指认识论意义上关于周围世界和社会生活的客观经验知识，而主要是指人的心灵固有的德性能力；格物也主要在于向内发挥或磨炼人的心灵这种固有的德性能力，修正人们相应的社会行为，达到"致知"，而不是向外在人们的社会生产实践活动中寻求对于自然物理世界和社会生活世界及其理而形成和建构经验知识体系；故而，"致知"也不是指关于社会生活的"闻见之知"，而主要是指"德性之知"。由此造成的后果是，自秦汉以后随着儒学成为中国传统社会的主流思想文化，人们大多倾向于关注德性之知，而对于经验社会世界及其之理的关注逐渐被挤压，认识论意义上的闻见之知和经验科学知识逐渐也被人们冷落和忽视，进而被边缘化。这在一定程度上制约和阻碍了中国传统经验社会科学和自然科学的发展，也使得儒学"仁道"社会真理思想缺乏知识论基础。

对新时代高校"奋斗幸福观"教育的思考[*]

邓先奇[**]

摘　要：党的十八以来形成的"奋斗幸福观"是适应新时代发展要求的科学幸福观，高校应教育大学生树立劳动创造幸福的观念，以坚定的理想信念把握幸福方向，提升他们的责任担当意识，自觉将人生幸福梦融入民族复兴梦，最终引导大学生形成"奋斗幸福观"。

关键词：高校　奋斗幸福观　劳动

党的十八大以来，习近平总书记多次提及奋斗与幸福的关系，提出幸福都是奋斗出来的，在2018年新春团拜会上又指出："新时代是奋斗者的时代"，"奋斗本身就是一种幸福。只有奋斗的人生才称得上幸福的人生"。新时代的"奋斗幸福观"有着历史的深度、

---

[*] 基金项目：本文系2019年度湖北省高等学校哲学社会科学研究重大项目（省社科基金前期资助项目）"新时代建设美好生活的历史唯物主义意蕴和现实道路研究"（项目编号：19ZD038）的阶段性成果；湖北中医药大学健康湖北研究平台资助成果。

[**] 作者简介：邓先奇，湖北中医药大学马克思主义学院副教授，硕士生导师，研究方向：马克思主义基本原理、大学生思想政治教育。

时代的高度和现实的温度，它是对5000年中华民族自强不息的奋斗精神的传承，是马克思主义幸福观的新发展和新表达，是对共产党传统幸福观的革新升级，是习近平新时代中国特色社会主义思想的重要组成部分，焕发着气势磅礴的真理力量，具有强大的亲和力、凝聚力、生命力和战斗力，是激发全体中国人民乃至世界人民共同追求美好生活的精神火炬。

青年是祖国的未来，民族的希望，党和人民充分信任、寄予厚望，认为他们是可爱、可信、可为的一代，是有理想、有本领、有自信的时代新人，但他们正处于能否形成正确价值观的关键时期，"青年的价值取向决定了未来整个社会的价值取向，而青年又处在价值观形成和确立的时期，抓好这一时期的价值观养成十分重要。这就像穿衣服扣扣子一样，如果第一粒扣子扣错了，剩余的扣子都会扣错。人生的扣子从一开始就要扣好"。新时代诞生的"奋斗幸福观"是人生价值观的重要组成部分。在高校进行"奋斗幸福观"教育，让新时代的大学生明确自己肩负的历史责任，用自己的行动诠释和践行"奋斗幸福观"，不仅赋予高校马克思主义幸福观教育以新的精神旗帜，更为开辟科学生动的幸福观教育新实践范式提供了可能。什么样的人生是真正幸福的人生？为什么说奋斗是幸福的源泉？当代大学生为什么要树立"奋斗幸福观"？如何树立"奋斗幸福观"？如何以"奋斗幸福观"为指导，加强高校的立德树人工作？这都是摆在教育工作者面前的重要而又紧迫的课题。

一 "奋斗幸福观"的理论内涵和显著特点

"奋斗幸福观"阐明了幸福和奋斗之间的辩证统一关系，奋斗是幸福的源泉、坚实基础、发展动力和实现方式。幸福是奋斗出来的，它不是脱离现实的精神玄思，不是坐享其成的既定存在，它是现实劳动实践的产物，从本质上看，奋斗幸福观指明了幸福生活的真谛。社会生活在本质上是实践的，劳动实践创造了人和人类社会，奋斗的过程就是辛勤劳动的过程。劳动是主观见之于客观的活动，劳动首先实现了主体客体化，即在劳动的过程中不断挖掘自己的潜能，展现人的本质力量，创造出了社会的物质财富，满足主体的物质需要，这就是实现人生幸福的客体条件，其次劳动实现了客体主体化，即通过劳动，人们提升了改造客观世界的能力，获得了越来越多的理论、知识，丰富了自身的精神世界，并在劳动成果中凝聚着他的意志、愿望和审美情趣等，由此获得精神层面的充盈与满足，体验到个人生命价值存在的获得感，这也是实现人生幸福的主体条件。因此，奋斗是获得幸福的根本途径，如果离开了努力奋斗的劳动创造，幸福就成了无源之水、无本之木。所以，习近平总书记指出："人世间的一切成就、一切幸福都源于劳动和创造。"精神的冥思与幸运的降临也可能给人以幸福感，但这是一种静态的、不稳定的甚至是短暂的幸福，而通过劳动创造，构建了人类生活的基本框架，为幸福生活目标提供了实现的可能性和现实的抵达性。

奋斗实现幸福是一个过程，随着人类劳动能力不断提升，对劳动成果的占有和享受逐步摆脱主客体矛盾冲突给人带来的焦虑和压抑，人们也会逐步摆脱各种内外限制，不断消解自身局限，人的生存境遇会不断改善，在劳动产品的享受中体验到自身的主体性、创造性和自主性，全面占有自己的本质和展开人生存的内在丰富性，最终实现自由生存和全面发展，并由此获得人生的满足、愉悦与幸福。努力奋斗与劳动创造给予幸福以永恒的动力、不竭的源泉和现实的根基，使幸福变得稳定、持久和强烈。所以，从劳动、奋斗实践中，可以发现幸福的秘密，幸福的产生不是随心所欲、任意杜撰的产物，而是在人类历史性的实践中，人类通过劳动认识和改造世界，在创造、占有和享受劳动产品的过程中，在主客体相统一的基础上，所获得的一种愉悦的情感体验，因此，没有哪一种幸福不是通过艰辛劳动、辛勤劳动而得到的。

总之，"奋斗幸福观"意味着幸福来源于行为本身（比如劳动、奋斗、积极的向上、不断朝着真善美的方向努力），而不仅仅是行为的结果（比如金钱、地位、物质享受）。安于现状、贪图享乐、投机取巧都不是真正的幸福，幸运只会眷顾坚定者、奋进者、搏击者，而不会降临在犹豫者、懈怠者、畏难者身上，只有奋斗者的人生才是充实的人生，不会因虚度年华而悔恨，因碌碌无为而羞耻，奋斗者的幸福是经得起时间检验的稳稳的幸福。奋斗是幸福的，也是艰辛的、长期的、曲折的。人们只有在攻坚克难的不懈斗争中，在百折不挠的奋勇拼搏中，以永不懈怠的精神状态和一往无前的奋斗姿态，一步一个坚实的脚印，方能领悟幸福的真谛，领略幸福的风采。幸福正是因为在奋斗的过程中，通过自信、坚韧、热情、勤奋，做出努力和改变，在他们正在做的事情中获得价值感，通过劳动和奋斗，人们收获了幸福，也就是获得那个他们理想中的、期盼中的闪闪发光的自己。

"奋斗幸福观"有以下几个显著特点，首先，"奋斗幸福观"是人类幸福观，它的终极目标是要实现更高层次的集体的大众的幸福，是历史唯物主义群众史观的体现。这种幸福观认为幸福不是来源于个人需要的满足，实现全人类的幸福才是最大的幸福，要为千百万人的幸福而奋斗，在中国现阶段，"奋斗幸福观"的核心价值旨归是要解决人民群众最直接最现实的利益问题，实现人民的现实幸福，最终要实现的是社会全面进步和人的自由全面发展。对每一个人来说，只有永久奋斗，不断地挑战自我、战胜自我，并自觉意识到个人幸福的获得终究是要依靠社会生产力的发展和社会关系的和谐，在实现社会整体幸福的过程中实现自我幸福，将个人幸福与全人类的幸福解放联系在一起，才能真正感受奋斗的乐趣，才会有奋斗的幸福感，是一种精神境界的升华。其次，"奋斗幸福观"是属于无产阶级及其政党的幸福观。艰苦奋斗是一种作风、一种精神，是无产阶级的特殊品格，这种作风和精神只有中国共产党及其领导下的人民革命队伍才能够做到，它是我党赢得人心的来源，是我党能够战胜一切敌人的特殊本领，是我党磨炼革命意志的有效途径。再次，"奋斗幸福观"是一种德性幸福观。它倡导人生幸福和修身立德具有内在一致性，人不仅要追求物质的幸福，还要追求精神的幸福，坚决抵制将幸福等同于物质享受和感官欲望满足的享乐主义幸福观。修身立德是人生幸福的前提和基础，做人做事第一位的是崇德修身，所以道德之于个人和社会都具有基础性意义，只有真正理解人生幸福与修身立德的精密契合，才能真正把握人生幸福的金钥匙。最后，从价值观角度看，奋斗幸福观表达了对实干精神和辛勤劳动的社会价值的认同。奋斗光荣，是公认的社会美德和优秀品质，幸福是通过艰苦劳动而收获的成功和喜悦，也是奋斗过程中的充实和追求，梅花香自苦寒来，宝剑锋从磨砺出。每个人为实现美好生活奋斗的过程既是实现个人价值的过程，也是为社会和他人做出贡献从而实现社会价值的过程，在奋斗的过程中自觉地将个人利益与集体利益结合起来，个人幸福与众人乃至全人类的幸福融合在一起，这是人生价值的真正体现。

二 高校进行"奋斗幸福观"教育是新形势的必然要求

新时代需要树立"奋斗幸福观"是对中华民族自强不息精神的传承，它对如何正确看待今天中国的发展，破解社会发展中的难题，把握时代大趋势都有重大的价值和意义。中国特色社会主义是干出来的，中华民族的伟大复兴是奋斗出来的，新时代是奋斗者的时代，以"奋斗幸福观"引领奋斗者凝聚力量、攻坚克难、建功立业、成就辉煌。通过千千万万劳动者的努力奋斗，凝聚起奋进新时代的磅礴力量，从而推动中国梦的实现和人民幸福感的提升。

不管是在历史发展的长河中，还是新时代中国特色社会主义建设的过程中，都离不开对"奋斗幸福观"的传承和发扬。天行健，君子以自强不息，正是因为有这种自强不息的奋斗精神，中华民族才能称为一个伟大的民族，在几千年的历史进程中，中华儿女开发了辽阔秀丽的大好河山，开拓了波涛万顷的辽阔疆域，开垦了物产丰富的广袤粮田，治理了桀骜不驯的大江大河，战胜了数不清的自然灾害，铸造了光辉灿烂的中华文明，正如习近平总书记所说，"中国人民自古就明白，世界上没有坐享其成的好事，要幸福就要奋斗"。

实现中华民族的伟大复兴是历史的呼唤、民族的夙愿、人民的期盼，也是中国共产党从成立起就确立的历史使命，这一使命具有崇高性，是每一个中国人美好生活和幸福未来的坚实保障。中国共产党的初心和使命，就是为中国人民谋幸福，为中华民族谋复兴，习近平总书记多次指出，人民对美好生活的向往，就是我们的奋斗目标。"艰难困苦，玉汝于成。"为了人民的美好幸福生活和民族的伟大复兴，一代又一代中国共产党人进行了艰苦卓绝的斗争，在新民主主义革命时期，中国共产党人经过28年的浴血奋战，推翻了压在中国人民头顶上的三座大山，开拓了中华民族的新纪元，在中国实现了从几千年封建专制政治向人民民主政治的伟大飞跃。在社会主义建设时期，毛泽东强调指出："要使全体干部和全体人民经常想到我国是一个社会主义的大国，但又是一个经济落后的穷国，这是一个很大的矛盾。要使我国富强起来，需要几十年艰苦奋斗的时间，其中包括执行厉行节约、反对浪费这样一个勤俭建国的方针。"中国共产党带领中国人民，继续保持艰苦奋斗的精神，不但建立了人民当家做主的政治制度和经济基础，而且确立了中国在国际社会的应有地位，使中华民族不断衰落的命运得到根本扭转。

在改革开放时期，我们党继续弘扬艰苦奋斗精神，以巨大的勇气和魄力，进行了改革开放，开辟了中国特色社会主义道路，使社会生产力极大解放，社会活力极大迸发，人民生活显著改善，综合国力显著增强，国际地位极大提升，使中国实现了由站起来向富起来的巨大飞跃。随着中国特色社会主义进入新时代，领导人民实现中华民族伟大复兴中国梦的征程已处在新的历史阶段上，从供需双方矛盾来讲，中国经济正在告别落后的社会生产，人民的物质文化需要得到了有效的满足，下一步发展的目标就是通过平衡和充分的供给，满足人民日益增长的美好生活需要，按照马克思的观点，这标志着我国开启了走出以"物的依赖"为标志的人类"史前史"，走向真正的"人的历史"的发展道路，当下中国已站在当代人类文明的"新的历史起点"，正在开启社会全面进步和人的全面发展的新的历史征程。

实现中华民族的伟大复兴这一历史使命具有艰巨性。经过40多年的改革开放，我国的经济发展水平已有了质的飞跃，国内生产总值已达80万亿元，稳居世界第二大经济体地位，对世界经济增长的贡献率超过30%。工业制造业迅猛发展，中国已成为世界瞩目的"世界工厂"，农业现代化水平不断提升，粮食生产能力达到12000亿斤，现代服务业占GDP比重达52.9%，成为国民经济第一大产业。六千多万贫困人口稳定脱贫，贫困发生率下降到4%以下。这些发展中的成就表明，我们比历史上任何时期都更接近实现中华民族伟大复兴的目标，古人云，行百里者半九十，越是接近中华民族伟大复兴的目标，面临的挑战就越艰巨，风险就越繁多，形势就越复杂,我们需要有更多的信心和能力去面对。目前我国人均GDP只占到世界的70多位,依然是世界上最大的发展中国家,教育资源不均衡,贫富差距依然过大,社会治理现代化依然任重道远,生态环境的历史欠账需要还清,这些发展中的难题,绝不是轻轻松松、敲锣打鼓就能解决的。全党全国人民必须准备付出更为艰巨、更为艰苦的努力,在新时代登高望远、勇于变革、勇于创新、永不停滞、不懈奋斗、长期奋斗,才能有效应对重大挑战、克服重大阻力、解决重大矛盾、实现伟大目标。

对大学生进行奋斗幸福观教育是新时代新形势的必然要求。历史的车轮滚滚向前,青年大学生这个群体不仅开放、独立,而且务实、进取、有激情,大多数人渴望成功,渴望彰显自我个性和实现人生价值,但这个时代多元价值观并存、信息纷繁复杂,青年学生又处于特殊的人生阶段,真正确立"奋斗幸福观"将面临诸多挑战。首先他们还处在人生观、世界观、价值观尚待完善的人生阶段,人生阅历不丰富,社会经验不足,一旦遭遇挫折或者误解容易产生自我怀疑、自我否定,进而对奋斗幸福观产生疑惑。面对种种的人生困境缺乏有效的解决手段,有时对通过奋斗改变命运的前景感到渺茫,从而采取一种"佛系"和"蜗系"的生活态度,如果年轻人在最美好的青春时光,在最该奋斗的年龄,却确立一种无所事事、什么都行的人生态度,那我们的强国梦又该从何谈起呢?其次,对新时代很多大学生而言,他们不缺优越的物质生活,缺的是能吃苦的精神和能独立战胜艰苦的决心,由于一些家长包办孩子的一切,代替孩子解决成长中遇到的困难,甚至帮孩子做好未来的规划,这实际上剥夺了学生成长过程中磨砺意志、增长才干的机会,还造成一些青年学生处理问题能力不强、对他人产生依赖心理,在困难面前逃避退缩、止步不前,甚至导致他们形成养尊处优、不思进取、坐享其成的人生态度,不愿意为达到目的而艰苦奋斗。再次，大学校园受社会不良风气的影响，享乐主义、消费主义有所抬头，除正常的生活消费之外，还推崇"品牌消费""盲目消费""攀比消费"，但他们又处于求学阶段，财力有限，很容易产生崇尚"享乐"的思想状态与物质贫乏的现实矛盾，这样使他们轻则心理失衡，产生自卑心理，甚至怨恨父母无能，重则导致他们为了物质享受破罐子破摔，得过且过，甚至走向道德沦丧、违法犯罪的道路。面对这些困难和挑战，有的大学生对个人进步失去信心，有的对社会发展感到有心无力，于是产生畏难情绪，甚至自暴自弃、自我放纵，面对如此情形，从习近平总书记的"奋斗幸福观"中寻找前进方向和动力源泉当是不二法门。

三 新时代高校"奋斗幸福观"教育的内容

高校在立德树人的过程中，要针对大学生面临的人生难题和困惑，了解他们的真实想法和实际需求，帮助他们解决困难，对他们不仅要"锦上添花"，更要"雪中送炭"，并深入挖掘、发现、培养大学生身上与实现伟大目标相适应的可贵品质，大力倡导"奋斗幸福观"、奋斗价值观，培养他们勇于担当、不懈奋斗的时代精神，并能影响带动更多的青年，逐步形成崇尚奋斗、勇于奋斗的良好社会氛围。对大学生进行"奋斗幸福观"教育的过程中，要转换教育理念、教育模式和语言风格，构建青年学生喜闻乐见的新型平台，使坚定的理想信念入耳入脑入心，既志存高远又脚踏实地，既形式多样又切实有效。

"奋斗"和"幸福"是"奋斗幸福观"的两个关键词，奋斗为幸福提供动力和基础，没有奋斗，幸福就成了无源之水，幸福为奋斗提供目标，没有幸福，奋斗就会迷失方向，高等教育通过知识能力传授和思想价值引导，实现教育活动动力与目标的有机交融，最终培养奋斗与幸福协调一致、"知（幸福）、行（奋斗）"合一的能担当民族复兴大任的时代新人。高校在"奋斗幸福观"教育的过程中，要引导大学生适应新时代的新机遇和新挑战，构建以劳动精神、理想信念、责任担当意识为内容的"奋斗幸福观"教育体系，把青年学生锻造成拥有奋斗精神和幸福理念的"青春之我""奋斗之我"。

培养劳动精神，开展劳动教育，是高校"奋斗幸福观"教育的首要内容。幸福是奋斗出来的，也是劳动创造出来的，因为劳动本身就是奋斗的中国式话语表达。在社会主义条件下，能着力消除异化劳动，为实现劳动的自由自觉、使劳动获得社会认可和尊重创造了条件，而且政府在不断推动机制体制创新，保障劳动者的合法权利，努力让劳动者体面劳动、全面劳动，得劳动实惠、享劳动荣光。所以要培养大学生的劳动精神，使他们尊重劳动、崇尚劳动，懂得劳动最光荣、劳动最崇高、劳动最伟大，大学毕业以后走上工作岗位，才能够辛勤劳动、诚实劳动、创造性劳动。在大学生劳动教育的过程中，首先要培养大学生的劳动技能，提升他们的专业素养，为他们成为一个合格的劳动者打下基础。其次要培养大学生的自觉劳动意识，崇尚劳动的价值，体会劳动的意义。再次要充分调动大学生的劳动进取心和主观能动性，能在特殊或艰苦乃至任何环境下，通过劳动将理想化的幸福置入实在化的生活世界之中，坚信只有劳动才能够创造幸福，从而自觉地尊重劳动、投入劳动、享受劳动，涵养青年大学生深厚的劳动精神和百折不挠的奋斗情怀，为他们插上飞向幸福的翅膀。

坚定理想信念，把握幸福方向，是高校"幸福奋斗观"教育的精神内核。理想信念是人们对未来的追求和向往，是对理论和实践行为的科学确认，坚定的理论和信念，对一个国家来说是前进的号角和政治灵魂，对一个人来说是发展的思想基础和内在动力。青年学生更要坚定理想信念。理想指引人生方向，信念决定事业成败，青年志存高远，就能激发前进潜力，青春岁月就不会像无舵之舟那样漂泊不定，青年的理想信念则关乎国家未来，正如习近平总书记所说："历史和现实都告诉我们，青年一代有理想、有担当，国家就有前途、民族就有希望，实现我们的发展目标就有源源不断的强大力量。"实现中华民族伟大复兴，就是中华民族近代以来最伟大的梦想，也是青年一代应该牢固树立的远大理想，中国特色社会主义是实现中国梦的正确道路，也是广大青年应该牢固树立的人生信念。人如果没有理想信念，就会导致精神上"缺钙"，在践行奋斗幸福观的过程上，只有坚守理想信念这个"精神之钙"，才能耐得住寂寞，经得起诱惑，稳得住心智，辨得清方向，最终收获稳稳的幸福。在"奋斗幸福观"教育过程中，要把大学生的理想信念教育作为重中之重，通过旗帜鲜明的理想信念教育，统一青年思想，焕发青年志气，凝聚青年力量，团结青年人才，使其迸发出最持久最深厚的精神力量，让他们的青春年华在为国家、为人民的奉献中焕发出绚丽光彩，在实现中国梦的过程中实现自己的人生幸福梦。

提高责任意识，明确幸福目标，是对大学生进行"奋斗幸福观"教育的使命担当。马克思说，"历史把那些为共同目标工作因而自己变得高尚的人称为最伟大的人物；经验赞美那些为大多数人带来幸福的人是最幸福的人"。党的十九大报告指出："中国共产党人的初心和使命，就是为中国人民谋幸福，为中华民族谋复兴。"人民的幸福和民族的复兴不仅是中国共产党人的初心和使命，也应是大学生的责任和担当，青年学生要有所作为，就必须投入到人民的伟大奋斗中去，"同人民一起奋斗，青春才能亮丽；同人民一起前进，青春才能昂扬；同人民一起梦想，青春才能无悔"。对大学生开展奋斗幸福观教育，使他们牢记历史，强化责任，心怀对民族复兴的担当、人民幸福的担当、美好世界的担当，不畏风险，不懈奋斗，努力走好新时代的长征路，始终将个人幸福与人民幸福紧密地联系在一起。

四　新时代高校"奋斗幸福观"教育的重大意义

通过"奋斗幸福观"教育让大学生认识到，在人一生的过程中，尤其在青年阶段，不可能只有平坦的大道，青年大学生尤其需要在应对各种困难和考验中激发昂扬的斗志，锤炼坚毅的品格。每次为实现某个目标而奋斗，都可以提升自己的知识技能和综合能力，奋斗的过程也是磨炼意志、净化心灵、展现个人风采的过程，通过奋斗达到目标，使自己体验到精神的满足和人生价值的实现产生的幸福感，这种美好的精神体验，有利于他们确立可以从奋斗中获得幸福和快乐的"奋斗幸福观"，使他们勇于奋斗、乐于奋斗，树立乐观积极向上的人生态度。让青年大学生正确认识到奋斗和幸福的关系，既是他们人生历练的重要成果，也是他们实现理想目标的精神支撑，更是他们获得人生幸福的必备品质。

新时代的大学生认同了"奋斗幸福观"，就会将个人的幸福愿景融入国家的发展进程，马克思说："人们只有为同时代人的完美、为他们的幸福而工作，才能使自己也达到完美。"习近平总书记的"奋斗幸福观"所要实现的不仅仅是个人理想抱负，也是国家的繁荣昌盛，它将个人梦、家庭梦与民族梦、国家梦紧密相连。新时代是中华民族强起来的时代，国家和社会为所有勇于创造幸福生活的人，提供了一个实现人生梦想的大舞台，所有人都可以通过踏实的奋斗，来实现自己的幸福生活。身处这个时代的每一个人，既是美好生活的参与者、受益者，也应当是建设者、贡献者。正如习近平总书记所说的："新时代属于每一个人，所有的中国人，都是新时代的见证者、开创者、奋斗者。"而青年学生作为国家的希望和民族的未来，奋斗不仅是一种人生选择和历史使命，更是有志青年的历史使命，"奋斗幸福观"归根结底应落实在青年人那里，新时代大学生应用大写的青春诠释新时代的"奋斗幸福观"。

总之，"奋斗幸福观"意味着只有通过奋斗、劳动，才能揭示人类幸福生活的真谛，奋斗不仅是幸福生活的基础、源泉和实现手段，而且奋斗本身也是一种幸福，它是对中华民族自强不息的民族精神的传承，是马克思主义幸福观在新时代中国的发展，社会主义制度的建立是实现自由劳动创造幸福生活的制度前提。无论是中华民族伟大复兴的中国梦的实现，还是青年大学生的成长成才，都离不开奋斗幸福观的确立和弘扬。高校在进行马克思主义幸福观教育的过程中，通过培养大学生的劳动进取精神、开展理想信念教育、提升大学生的责任意识，让当代大学生最终树立"奋斗幸福观"！

论"诚信"价值观的传承发展与新时代要求

宫 丽[*]

摘 要：诚信来源于传统文化中"诚"和"信"的理念，在修身、经商、理政方面有突出的显现。经过革命文化的传承塑造以及社会主义先进文化的创新发展，已经成为社会主义核心价值观公民层面的重要内容。中国特色社会主义进入新时代，要求在历史传承与时代发展中把握社会主义诚信价值观的内在规律，在实践层面制定切实合理的对策。诚信价值观的培育和践行应以党建为思想引领，以先进榜样为精神引领，以领导干部和青少年为重要抓手，构建"学校—家庭—社会"三位一体、"教育—宣传—制度"多方发力的实践机制，渗入经济、政治、文化、社会、生态、外交等各方面建设中，体现在百姓生活日常中，努力在全社会形成崇尚、践行"诚信"的良好风尚。

关键词：诚信 传统文化 社会主义核心价值观 新时代要求

---

[*] 作者简介：宫丽，湖北省中国特色社会主义理论体系研究中心中南民族大学分中心成员，中南民族大学马克思主义学院副教授，研究方向：中国特色社会主义文化建设和文化哲学。

习近平总书记指出，"优秀传统文化可以说是中华民族永远不能离别的精神家园"。"中华民族在长期实践中培育和形成了独特的思想理念和道德规范，有崇仁爱、重民本、守诚信、讲辩证、尚和合、求大同等思想，有自强不息、敬业乐群、扶正扬善、扶贫济困、见义勇为、孝老爱亲等传统美德。中华优秀传统文化中很多思想理念和道德规范，不论过去还是现在，都有其永不褪色的价值。"[①]

文化需要传承，文化更需要创新和发展。从中华优秀传统文化到红色革命文化再到社会主义先进文化，"诚信"作为一种价值理念和理想人格始终是中国人自古以来立身做事的基本准则，在历经数千年的传承和发展后已经深入人心。诚信是一种内在的美好品质，同时也是人与人平等、和谐相处的首要前提。党的十八大以来，习近平总书记多次强调要推动中华优秀传统文化的创造性转化与创新性发展，在党的十九大报告中写入新时代中国特色社会主义思想和基本方略之中。古为今用，使传统与现实文化相融相通，承古不复古更不泥古，这才是我们对待传统的正确态度。

失信值得反思，传统的诚信理念需要创新发展，社会主义诚信价值观更需要认同基础上的践行。鉴于此，有必要从学理的角度梳理诚信价值观传承、发展、转化的历史进程，挖掘中华优秀传统诚信文化的当代价值，同时在实践层面结合新时代中国特色社会主义文化的要求探索合理的培育对策。

一 "诚信"价值观的传统文化渊源

中国传统文化中蕴含着丰富的诚信伦理道德思想。培育和践行

[①] 习近平：《在文艺工作座谈会上的讲话》，《人民日报》2015年10月15日第2版。

社会主义"诚信"价值观,首要的前提即是透过历史的视角在文化发展的过程中把握其生成的传统文化渊源,包括核心要义、基本精神、主要内容和培育特色。

(一) 传统诚信观的核心要义与基本精神

在"诚信"作为一个词语使用之前,传统文化中是分别从"诚"和"信"两个方面,从主、客观两个维度来进行阐释和表达的。一种普遍的认识是"诚"为本,主内思和本心,指事物的客观真实以及人内心的真诚修为;而"信"为用,主外行和利他,强调外在的坚守确认与表达。但古人也尤为注重这两个字之间的内在关联,认为两者互为表里,协调统一。比如东汉古文经学家许慎在《说文解字》中称:"信,诚也,从人从言,会意。"同时又指出"诚,信也,从言,从声"。因此,中国古代诚信观体现了遵循客观真实,达到内外兼修之意,内诚于心、外信于人。

从传统诚信观的基本精神来看,既体现了古人对天道的敬畏和向往,又蕴含着古人交往处事的基本准则。"社会成员对于诚信德性的追求是为了实现'天人合一'状态下的道德圆满,使'人道'能够合乎'天理'的必然性和合规律性,是社会成员内心对于诚信道德的真正服膺。"[①] 比如《孟子·离娄上》中讲道:"诚身有道,不明乎善,不诚其身矣。是故诚者,天下之道也;思诚者,人之道也。"

(二) 传统诚信观的主要内容

生发于封建经济土壤中,深受宗法制度影响的"诚信"文化主

---

① 武林杰:《传统诚信家训的历史探究及其当代教育启示》,《首都师范大学学报》(社会科学版) 2019 年第 3 期。

要侧重于个人的德性修养，这种伦理观念自然符合封建等级制度的基本要求并且为巩固封建君主统治服务。"诚信"价值观所涉及的内容也主要集中在修身、理政和从商三个方面。

首先，在个人修身方面，强调"诚信"是立身处世的根本。诚于本心，无愧于心，实际上就是忠于真实的自我，是自尊自爱的表现。对外则取信他人，信守承诺、不欺不诈、坦荡正直才是真正的君子修为。关于诚信于修身的重要性，先秦时期孔、孟、荀等儒学思想家们做了很多的阐释，通过正心诚意、幽独审己践行"内圣外王"的宗旨，实现修齐治平的目标。如孔子引用比喻讲道："人而无信，不知其可也。大车无輗，小车无軏，其何以行之哉？"荀子强调即使在最亲密的家庭关系中也要注重"诚信"的为人之道，"父子为亲矣，不诚则疏"。此外《庄子》记载的"尾生抱柱"、《韩非子》记载的"曾子杀猪"的典故无不是告诫人们要讲求诚信、从信如流。

其次，诚信观自古以来即是重要的经商之道。荀子曾言："商贾敦悫无诈，则商旅安，货财通，而国求给矣。"中国古代商人以"儒商"闻名于世，而不欺不诈，即是儒商最为首要的经商之道，形成了"以义制利，义中取利"的诚信经营模式和"市不豫贾""贾而好儒"的商德文化。春秋时期"商圣"范蠡总结了陶朱公《商训》、《陶朱公经商十八法》、陶朱公致富《十二戒》、《三谋》、《三略》等重要的诚信经商之道，如"期限要约定，切勿延迟，延迟则信用失"。在传统的家训家规中有许多关于诚信经商的训诫。如清朝赣商吴忠孚在其家规中规定"习商贾者，其仁、义、礼、智、信，皆当教之焉，则及成自然生财有道矣"。政商皆有成就的清代官员汪辉祖在其家训《双节堂庸训》中告诫后人"以勿欺为要，人能信我勿欺，庶几利有攸往"。除了家训家规，总结从商经验的书籍、法典中也蕴含着诚信经商的思想，比如《三台万用正宗》《生意世事初阶》等，北宋王安石变法时期颁布的《市易法》开启了建立在诚信契约精神基础上的赊购、抵押贷款等商业模式，商帮诚信制度更是促进了明清时期地方商会的发展壮大。

再者，诚信观也是中国传统的理政之要。取信于民、为政以信是维护统治秩序和巩固执政之基的重要文化基础，这一点早就为古代有远见的政治家、思想家们所认识到。孔子曾言："轻千乘之国，而重一言之信。"管子说："诚信者，天下之结也。"古代关于诚信的理政思想表现在三个层面上，一个层面是统治阶级对百姓的诚信，也就是诚信所呈现出来的民本精神和为官之德，以"信"诚服于天下。比如《论语》中有"上好信，民不可不用情"。《庄子》中记载："不精不诚，不能动人。"《荀子·议兵》中所指出"政令信者强，政令不信者弱"。在一些著名官员的家规家训中也不乏关于诚信为官、清廉为政的告诫，比如清代名臣纪晓岚所制定的"纪氏家训"之"四莫"中就有"贫莫断书香，贵莫贪贿赃"。第二个层面是上下级官员之间的忠信。受封建礼教的影响，君臣之间的忠信是天经地义的道理，这种诚和信是建立在因自下而上的人身依附关系而形成的"忠"的基础之上的。比如1860年张之洞写给长子的《续辈诗》中就指出："仁厚遵家法，忠良报国恩。"清代官员王安国在其《王文肃公遗文·补遗》中勉励其子王念孙"勖之以忠信，示之以勿欺"。第三个层面是用法德并施的方法实现善治。制定合理的法律并且依法办事就是对政治诚信的彰显和维护。战国时期商鞅变法用"立木为信"为新法令的颁布奠定了诚信的基础。自秦后，封建社会的律法制度也更加严明和规范。同时注重德治的治国安民作用，《论语·为政》中记载"道之以政，齐之以刑，民免而无耻；道之以德，齐之以礼，有耻且格"。

（三）传统诚信观的培育特色

首先，传统诚信观的培育和践行离不开中国古代封建社会经济、制度和文化的土壤。"中国传统社会的基本特征就是中国自有史以来从未发生过根本变化的自给自足的自然经济和血缘宗法伦理制度。"[1] 中国传统文化及其蕴含的伦理思想之所以稳固而源远流长，也正得益于重农抑商的小农经济体系以及家国同构的社会格局的维持。

其次，传统诚信观无论是从价值观的合理性还是从具体的培育策略以及拟实现的目标来看，都体现了重伦理、讲修身。在传统伦理道德的建构上，尤其重视个人人格的完善，以求达到"圣人"的理想。同时受"家国同构"宗法观念以及儒家"人道亲亲"理念的影响，群体成员之间的人伦关系以及责任和义务规定得十分明确。人们自觉地从个人修身做起，践行对家庭对社会的责任和义务，进一步实现"齐家""治国""平天下"的目标和理想。因而在培育方式上，既有儒家主流文化的引导，也有家训家规的道德教育。

最后，传统诚信观与其他伦理道德内在相关。在儒家著名的"五伦""五常"思想中蕴含着信的内容。比如孟子在处理人际关系的"五伦"准则中就有关于诚信的内容："使契为司徒，教以人伦：父子有亲，君臣有义，夫妇有别，长幼有序，朋友有信。"孔子提出"仁、义、礼"，孟子延伸为"仁、义、礼、智"，董仲舒在孔孟的基础上加上了"信"，从此构成了儒家"五常"思想，称为与天长地久的经常法则。尽管在"五伦"或"五常"中，"信"

---

[1] 金元浦主编：《中国文化概论》，中国人民大学出版社2015年第3版，第25页。

总是排在其他伦理道德之后,而实际上儒学思想家们所阐释的"信"始终又是与其他道德理念密切关联的,体现了一个从仁信到诚信的转变。比如在《论语》中就有:"唯仁者能好人,能恶人。"当子张问"仁"于孔子时,他的回答是"恭、宽、信、敏、惠",这里蕴含着仁信的思想,即仁者是真诚无欺、爱憎分明的。同样地,《论语》中也有"信近于义,言可复也""主忠信,徙义,崇德也"等观点。

二 中国共产党对传统诚信观的创造性转化与创新性发展

中国共产党始终是中华优秀传统文化的忠实继承者和弘扬者。对中国文化的发展始终坚持"不忘本来、吸收外来、走向未来"的文化发展方针,推动了中华传统价值观的创造性转化和创新性发展。"中华优秀传统文化的创造性转化,就是按照时代特点和要求,对那些至今仍有借鉴价值的内涵和陈旧的表现形式加以改造,赋予其新的时代内涵和现代表达方式,激活其生命力。创新性发展,就是按照时代的新进步新发展,对中华优秀传统文化的内涵加以补充、拓展、完善,增强其影响力和感召力。"[①] 创造性转化和创新性发展各有侧重但又是相辅相成,内在统一的。创造性转化是前提,只有与时代同步,才能实现文化的现代化,为当代中国人构筑精神的家园;同样地,创新性发展进一步增强文化的软实力,增强文化自信,确保中华文化有更强的走向未来的发展能力。

[①] 习近平:《新时代中国特色社会主义思想学习纲要》,学习出版社、人民出版社2019年版,第147页。

中国共产党诞生于水深火热的民族危难之际，党始终坚持全心全意为人民服务的宗旨，立党为公、执政为民；党始终将为人民谋幸福、为中华民族谋复兴作为不变的初心和使命。实践证明，人民立场是党的根本政治立场，人民群众是党的力量源泉，取信于民是党全部事业的制胜法宝。因此，党的宗旨、初心和使命以及近百年来党领导人民开展革命、建设和改革的伟大实践，既是对诚信观的继承和践行，又是不断推进其创造性转化和创新性发展的基础，中国共产党对诚信观的创造性转化和创新性发展是实践和理论互动生成的结果，变现为文化建设、党的建设、制度和法治建设相结合。

（一）革命文化对传统"诚信"观的继承和发展

在新民主主义革命时期，中国共产党继承和践行传统诚信观，在领导中国人民开展革命运动的过程中时刻坚守人民立场，紧紧地依靠人民、发动人民、取信于民，加强党自身的建设，无数次转危为安、化险为夷，确保了革命方向的正确和革命目标的实现。在此过程中把党锻造成坚强的领导力量，凝聚了人心鼓舞了士气，也结合中国革命具体实际创造出宝贵的革命诚信文化。

井冈山时期党创建了人民军队，但这支以农民、旧式军人为主的队伍在革命性、组织性和纪律性等方面亟待整顿和建设。1927年秋，毛泽东等人就对三湾改编的军队提出了买卖公平，不拿群众一个红薯等要求。1928年，毛泽东将秋收起义以来党陆续制定的纪律和注意事项综合补充，制定出军队建设"三条纪律六项注意"的训令，1929年后，六项注意也逐步修改补充成为八项注意。其中三条纪律中不拿工人、农民、小商人一点东西以及打土豪要归公，六项注意中保留下来的买卖公平、借东西要还以及损坏东西要赔恰恰是关乎诚信的要求。三条纪律八项注意鲜明地体现了人民军队密切联系群众和纪律严明的优良作风，是对传统诚信观的继承和根据革命实际而进行的通俗化、大众化的阐释和运用。

长征是中国革命转危为安的重要战略转移，长征也是理想信念的一次远征。毛泽东评价长征"是历史记录上的第一次，长征是宣言书，长征是宣传队，长征是播种机"①。长征取得胜利的经验有很多方面，其中忠于理想信仰、信守承诺、取信于民是必不可少的内容。长征所及之处，都是党的形象的展示，是革命火种的传播。因此，长征展现了道德人格与信仰人格的相结合、真理与价值的相结合。面对给养不足的生活困难，红军向周围村民"借"物资，无论是正式的"借据"还是写在木板上的"割麦证"，都是信用的记载。面对雪山草地的自然挑战，依然能够做到"风雨浸衣骨更硬，野菜充饥志越坚；官兵一致同甘苦，革命理想高于天"②，凭借的是对党的忠诚和对信念的坚守。

延安时期无论是在制度上还是党建层面都推进了诚信观的发展和落实。首先是政务诚信建设的推进。从1937年陕甘宁边区政府成立开始，制定并施行了《陕甘宁边区抗战时期施政纲领》《陕甘宁边区保障人权财权条例》《边区施政纲领》《关于处理地主土地问题的决定》《边区土地条例》《不准假借政府名义擅定官价强购民粮》等保障人民各项权利、权益的制度规定，充分体现了党的民主治理和科学施政。对于边区公务人员也制定了主张公正廉洁的公约，从道德和制度上确立和维护了党的诚信。其次是思想建设的深入展开。实事求是是延安作风的灵魂，也是诚信观的具体体现。1941年，毛泽东同志在延安干部会上所做的《改造我们的学习》报告中提出了"实事求是"的倡议，在随后的整风运动中，无论是

---

① 《毛泽东选集》第1卷，人民出版社1991年第2版，第149—150页。
② 萧华将军在1965年创作的《过雪山草地》一诗。

整顿学风、文风还是党风，都是从根本上改造人们的主观世界，使主观符合客观，做到实事求是、诚信待人。通过《纪念白求恩》《为人民服务》《愚公移山》等篇章加强党员干部的思想建设，其中就蕴含着对诚信待人的品格的肯定和弘扬。

（二）社会主义先进文化对传统"诚信"观的转化和发展

时代是思想之母，实践是理论之源。改革开放以来，随着现代化、市场化和信息化的快速而深入的发展，诚信价值观一方面因多元价值的冲击和挑战而成为时代所急需，见利忘义、背信弃义、出尔反尔、言行不一的现象不仅在人与人之间、企业与企业之间，甚至在大国间的交往中也时有发生。时代呼唤诚信精神。另一方面在文化现代化的进程中，传统诚信观也需要应时代发展要求而实现转型和发展。经过改革开放40多年的实践，传统诚信观融入时代精神获得了转化和发展，并成为构建社会主义"诚信"价值观的重要来源和支撑。

首先，从诚信价值观的内容来看，经历了从商业道德、职业道德向公民道德转化的过程。改革开放初，邓小平高度重视精神文明建设的作用，1979年提出社会主义"两个文明"同时建设的思想。1986年党的十二届六中全会通过了《中共中央关于社会主义精神文明建设指导方针的决议》，提倡发扬诚实守信的精神。1996年党的十四届六中全会通过《中共中央关于加强社会主义精神文明建设若干重要问题的决议》，将诚实守信确定为职业道德的重要内容。直到2001年《公民道德建设实施纲要》颁布，将明礼诚信作为公民道德建设的目标之一，从此诚信价值观所涉及的群体更加广泛，内容也更加完善。2002年党的十六大将诚实守信作为道德教育的重点，并提出了道德建设"社会公德—职业道德—家庭美德"三位一体的教育格局。2006年党的十六届六中全会通过《中共中央关于构建社会主义和谐社会若干重大问题的决定》提出通过加强政务、商务和社会三个领域的诚信建设，增强全社会诚实守信意识。

其次，从诚信价值观的系统化建设路径来看，经历了以德治为主到德法兼治的过程。2006年党的十六届六中全会通过的《决定》提出坚持依法治国和以德治国相结合，树立以"八荣八耻"为主要内容的社会主义荣辱观，其中就包含诚信的内容。2011年党的十七届六中全会通过《中共中央关于深化文化体制改革 推动社会主义文化大发展大繁荣若干重大问题的决定》，在政务、商务、社会三个领域诚信的基础上增加了司法公信建设，提出完善征信系统、严惩失信来培育正确诚信荣辱观。2013年党的十八届三中全会通过的《中共中央关于全面深化改革若干重大问题的决定》中强调健全社会征信体系，褒扬诚信、惩戒失信。此后，在2014年国务院制定的《关于建立完善守信联合激励和失信联合惩戒制度 加快推进社会诚信建设的指导意见》中更是从制度上推进了诚信制度化的进程。2016年中共中央和国务院联合印发《关于进一步把社会主义核心价值观融入法治建设的指导意见》以及2018年中共中央印发的《社会主义核心价值观融入法治建设立法修法规划》进一步推进了诚信价值观入法入规的进程。

再次，社会主义核心价值观是对传统诚信观的创造性转化和创新性发展。2006年胡锦涛提出以"八荣八耻"为主要内容的社会主义荣辱观，其中"以诚实守信为荣，以见利忘义为耻"从道德规范和社会风尚的角度弘扬和发展了传统诚信观。同年，社会主义荣辱观写入社会主义核心价值体系，上升到文化软实力的高度。2012年党的十八大提出倡导三个层面的社会主义核心价值观，其中"爱国，敬业，诚信，友善"是公民层面的基本要求。"诚信"价值观是传统诚信文化的一种符合新时代要求的传承和创新。

第一，社会主义核心价值观中的诚信价值观是中华优秀传统与马克思主义价值理论的融会贯通发展的结果。它摒弃了传统诚信观与封建自然经济和宗法制度相互捆绑的基础，保留并弘扬了传统诚信观中诚实、信义等合理成分，是立足于历史的和辩证的唯物主义立场的价值理念，强调的是集体主义视域下的个人修身与交往准则，在修身为学、民本官德、治国理政等方面都赋予其新时代的内涵。第二，社会主义诚信价值观结合中国改革发展的实际融入新时代精神之中。新时代的发展任务和历史使命要求要有新时代的精神追求和责任担当。党的十九大强调"推进诚信建设，强化社会责任意识、规则意识、奉献意识"是对新时代精神的阐释，更是对传统诚信观的丰富与拓展。第三，社会主义诚信价值观是增强文化自觉自信，建设文化强国的内在要求。随着改革发展的深入，中国日益走向世界舞台的中心，与世界的联系更加紧密和频繁，诚信已然成为对外交流的通行证以及建设文化强国的硬指标。第四，社会主义核心价值观公民层面的四个核心理念之间内在关联，诚信是一个重要的基础。爱国是建立在公民对国家的忠诚和信任基础上的诚信，在诚信的基础上爱国，在爱国时做到对自己的内心坦白、诚实，对国家讲信义、守承诺，这样的爱国才是纯粹的。"民族英雄的爱国透着赤诚之心的纯粹，是以诚信为基石的爱国的最好体现。"[1] 敬业是公民对待事业的责任心和诚于内心的进取心，真正的敬业是以诚信为基石的。与人为善、亲近和睦友善也必须建立在待人真诚、讲求信义的基础之上。因此社会主义核心价值观在公民层面的每一项要求其实都是以"诚信"为基石，又各有侧重的。

---

[1] 习近平：《在颁发"中国人民抗日战争胜利70周年"纪念章仪式上的讲话》，《人民日报》2015年9月2日。

三　培育诚信价值观的新时代要求

党的十九大报告指出，中国特色社会主义进入新时代，这是我国发展新的历史方位。新时代提供了更多的发展机遇和更大的发展信心，但主要矛盾的新变化、建设中国特色社会主义的总任务以及战略目标为当下的发展提出了更高的要求，而培育和践行诚信价值观是题中应有之义。从社会主要矛盾来看，人民对于美好生活的需要即包含着民主、法治、公平、正义的诉求，而诚信是保障社会有序运行、节约社会治理成本、营造和谐社会氛围的必要条件。从中国特色社会主义的总任务和发展战略来看，民族的复兴、国力的强大必将发挥文以载道的功能，文运和国运相牵，以国民素质和道德水平为主要内容的文化软实力是国家发展的内驱动力，因而培育有诚信素养的国民势在必行。在具体的培育路径上，应紧扣新时代的要求，制定合理有效的对策。

（一）扬正气、树新风：加强党建引领和榜样示范作用

"夫诚者，君子之所守也，而政事之本也。"诚信，关乎执政党的形象，也联结着民心。诚信社会风气的形成需要党员干部自身素质的提升、率先垂范，也需要发挥政党的红色领航作用。习近平总书记将诚信作为加强党性修养和改进党的作风的重要内容，对党员干部提出了"讲诚信、懂规矩、守纪律，襟怀坦白、言行一致，心存敬畏、手握戒尺，对党忠诚老实，对群众忠诚老实，做到台上台下一种表现，任何时候、任何情况下都不越界、越轨"的要求。党的十八大以来，无论是党的教育和学习活动还是党制定或修改的各

项法规条例，都包含着很多诚信的内容和要求。党风、政风清明，信用度高，既可以增加政党的执政资源、稳固政党的执政基础，也有利于在全社会动员、组织、引导群众加强自治自律，从善如流。对于党员干部个人来讲，诚信不仅是自我修养的底线要求，也应成为考核评优的重要条件。

发挥先进榜样的社会示范作用。心理学家班杜拉指出模仿榜样是一种强化替代行为，也就是榜样不仅能够自觉建立起心理上的认同，还会矫正人们的行为。《宋史》里曾讲道："人不率，则不从；身不先，则不信。"榜样的示范本身也是一种隐性教育，其产生的效力远比单一的说教大得多。诚信是关乎内心的修养，更是需要榜样的带动影响。从 2007 年开始每两年一届的全国道德模范评选活动至今已经开展到第七届，"诚实守信"即是五个类别之一。"良心秤""信义兄弟""诚信还粮夫妇""人就是活个诚信"等道德标识已经超越了守信者本身而在更多的人心中传播。

（二）聚焦主题、形成合力：构建"教育—宣传—制度"互动结合的机制

从道德建设的历史经验和基本规律来看，诚信价值观的内化与践行始于教育。学校教育是系统而科学，家庭教育对个体具有基源和深层性的影响，社会教育营造道德风气和氛围。家庭教育应该与学校教育以及社会主流价值观宣传教育同向同行、相互促进，但客观来说当前并未形成良性互动的格局，一些家庭教育不足甚至缺失或不当，个别家长的价值观本身是扭曲和狭隘的，言传身教与主流价值观背道而驰，再加上社会个别不良风气的影响使得歪风邪理占据了上风。因此教育一要对应时代要求，反思现状；二要采撷传统家风家教的育人智慧，去丰富和打造新时代家风；三要形成合力，

协调一致。宣传教育应该注重德育规律和形式的创新，以青少年和党员干部作为重要抓手，增加群众的参与度，努力在全社会形成对诚信理念的认同感。

除了教育宣传，价值观建设更需要制度的保障和维护。新时代国家治理尤其突出加强顶层设计的方法论，诚信价值观的建设同样需要科学的顶层设计才能够在既往的基础上真正有所突破。在制度设计上以"不敢失信—不能失信—不想失信"为目标，既突出制度让民"免而无耻"的震慑力，同时通过德法并治达到"有耻且格"的感召力。因此在制度设计上应按照奖惩分明的原则，做好褒奖守信机制的加法，也要做好惩治失信机制的减法。建立科学高效、全覆盖的征信系统，完善企业、个人信用档案数据库，与国家相关职能部门和金融机构的信息实现共享。在广泛调研、深度分析典型案例以及总结各地价值观建设规律的基础上科学立法，尤其是容易带来"法不责众"效应的失信现象更要予以关注。按照法律法规要求严格执法，加强监督，切实发挥制度的规约作用，节约治理成本。

（三）多方融入、日用不觉：诚信建设融入中国特色社会主义现代化建设以及人民生活的各个方面

狭义的诚信价值观建设是精神文化领域的内容，但实际上诚信价值观与经济、政治、文化、社会、生态文明、党的建设、外交工作密切相关，在其中还起到了至关重要的作用。"轻千乘之国，而重一言之信"，诚信建设是涉及国家信誉和文化软实力的重要内容。经济领域是以往诚信建设的重点，主要是通过制度来约束实现"诚信经营"，党的十八大以来主张精益求精、以诚待人、以质量求生存、以创新求发展的"工匠精神"和"企业家精神"的提出旨在从内到外塑造企业诚信的灵魂。在政治领域，在立法、执法、司

法、守法全方面加强法制建设，弘扬诚信理念，同时也打造诚信政府。在文化领域，党的十九大报告提出了"推进诚信建设和志愿服务制度化，强化社会责任意识、规则意识、奉献意识"的要求。在社会领域，将诚信融入民生建设之中，加强有效治理，培育自尊自信、理性平和、积极向上的社会心态。在生态文明建设中，树立尊重、顺应、保护自然的理念，处理好人与自然的关系。在外交领域中，诚信更是中国与他国友好交往、互利互惠的文化名片。我国周边外交的基本方针，就是坚持与邻为善、以邻为伴，坚持睦邻、安邻、富邻，突出体现亲、诚、惠、容的理念。

就个人来讲，传统文化中的诚信修身理念虽然丰富，但从当时的家风家训来看，大多还是以政商家族为主，显然我们当下所要建设的社会主义诚信价值观所涉及主体是全体社会成员。传统的修身是为了更好地齐家、治国、平天下，我们今天将诚信的价值观是与爱国、敬业、友善等社会主义核心价值联系在一起的，固然都有家国情怀，社会主义核心价值观更侧重集体主义的角度，明确强化个体与民族、国家的关系。诚信是做人之本，又是抵御失信现象的精神长城，诚信价值观的自我修养和践行就体现在日常点滴之中。因此，在新时代从个人修身方面加强诚信建设，一是要处理好小我与大我的关系，个体的完善与发展终会筑就一个强大的国家，个体也从国家的发展中拥有更多的机会和获得感。二是处理好偶然与长远的关系，凡是价值观，一经形成，总会具有一定的稳定性，诚信的表现不在于偶发的事件或是在特殊的条件下，而是一种长久的坚守和习惯。这便是习近平总书记强调的，要让核心价值观像空气一样无处不在无时不有，达到百姓日用而不觉的效果。

证词公正

——辩护论以外的规范问题初探

何 丹[*]

摘 要：证词是重要的知识来源，其特殊在于社会性。证词活动的规范超出了传统辩护理论的个体论和义务论框架，应该在证词关系中探寻相应规范。本文提供了几种模型，用以探寻证词活动中的社会规范；分别为："听者—说者，二元模型""听者—说者—社会权威，三元模型"以及"听者—说者/社会权威"层次模型。证词公正原则包括：均势、平权（权责相当）、效率、责任等。

关键词：证词公正 听者—说者 听者—说者/社会权威 听者—说者—社会权威

引 言

证词作为知识来源的一种，已经为近30年来的证词认识论所确认。证词理论中的规范问题一直是证词理论的核心。然而，由于

---

[*] 作者简介：何丹，中国矿业大学马克思主义学院副教授。

认识论的强大传统，证词理论中的规范问题长时间以来聚焦于推断论与反推断论的争论。然而，不论是推断论还是反推断论，都仍然囿于个体论和义务论框架，回避了证词活动中的关键：社会因素。这里有一种内容和方法的矛盾：对一个本质上具有明显社会性的研究对象，却采取个体论的研究方法，或说以个体论为立足点和归宿。

一个认知主体怎样才能合法地持有一个由证词而来的知识？这种提问方式是局限在辩护论框架下的，而且是义务论的，即，证词活动中的规范问题等同于辩护问题，进而把辩护看作产生证词信念的主体（也就是证词活动中的听者）的理智义务。推断论与反推断论争论的焦点是：一个主体可以不经推理直接地接受这项证词知识吗？或者她有无必要对这项证词的可信性做一番考察？这种提问方式并没有直面证词这种知识来源的特殊性，即社会性。证词理论中的规范不应仅仅针对产生证词信念的听者。近年来，一些研究者如理查德·莫兰（2006）、米兰达·弗里克、保罗·福克纳、伯纳德·威廉姆斯等开始注意到由证词的社会性而产生的规范，如米兰达·弗里克已经注意到证词问题中的道德规范问题（Miranda Fricker，2007）；以及证词给出者（说者）在主动做出证词时所要承担的道德后果（Moran，2006）；保罗·福克纳指出（证词活动中）信任的规范是一种社会规范，社会规范不是普遍的，而是相对的（Norms of Trust，2010）；拉凯的证词的人际理论（Interpersonal View of Testimony）。但是，他们依然没能突破上述义务论框架，理论落脚点仍然是证词信念的辩护问题。

对证词活动中由于社会性的人际关系，如依赖性、承诺、权力和义务等的长期忽视主要有两个原因。首先是学科分界。因为在经典认识论看来，对听者的规范，即对其理智义务的设定是一个认识论问题，而对说者的规范要么可以还原为辩护问题（由于辩护的链条可以回溯到说者,所以最终由说者负责其证词的辩护),要么属于实践问题或道德问题(说者除了在其能力范围内保证证词的可信性外,还有诚实等道德问题)。传递中的证词在说者默认是受到辩护的,在反推断论看来,(如果默认被打破,如我们在生活中遇到的不负责任的说者,或许他不够谨慎,甚至故意误导。故意误导是一个道德问题,不够谨慎则可还原为辩护问题,将自己的信念转化为证词的时候应该还有一个修辞问题,修辞除了语言,还有语气、态度、情境等)。这在科迪和施密特两位证词理论的奠基人那里就表现出来了:当他们考虑到听说关系的时候,把基于这种关系而产生的信任(证词信念的形成者把告知者对自己的信任的领悟作为接受证词的一个原因)仅仅当成道德理由或说非认知理由。或者说,强调理智的信任已经充分地从认知上给出了辩护,而上述道德理由是多余的。①

道德原因与认知原因的关系是什么?我觉得道德原因至少可以加强认知理由。因为可以合理地认为,当一个人正式地告知我某事的时候,他会更加谨慎,力求证词在认知上更加妥当。Jennifer Lackey 的旁听者案例的问题在于,把道德理由与认知理由截然分开。旁听者案例的要点在于:我作为一个目标听者(addressee)与一个恰好听到这项证词的旁听者在认知上并不处于更好的地位,虽然我有来自 addresser 的某种承诺(assurance)。

另外一个原因就是把证词中的说者非主体化,而将他仅仅看作一个信息源。② 这样证词接受者(听者)作为主体去接受证词或/和审查说者。但实际上听者的主动性并不总是与这种主体地位相匹

---

① Frederick Schmitt, "The Assurance View of Testimony", in A. Haddock, A. Millar, D. Pritchard eds., *Social Epistemology*, Oxford: Oxford University Press, 2010, p. 227.
② 转引自 Miranda Fricker, "Group Testimony? The Making of A Good Collective Good Informant", *Philosophy and Phenomenological Research*, No. 2, 2012, pp. 248–276。

配的。比如，当普通人面对专家，学生面对老师。这里的关键是证词活动构造了一种"你—我"的人际间关系，而不是"主体—客体"关系（Bernard Williams）。这里由于"证词"概念的宽泛性，这种立场可以得到 Jennifer Lackey 的支持。在宽泛的意义上，很多无意识的信息传达都产生证词。不管这个信息源是否是个人，或者对所传达的信息有没有信念。因此不包含告知行为的证词的普遍存在为这种立场提供了基础。

不包含告知行为的"证词"能不能算作证词不是本文考虑的范围，这里谨说明，本文是在"证词关系"中考察证词活动中的规范问题，所涉及的证词场景都是科迪式的，即包含证词行为，有一定的证词关系发生的情形，而不包括拉凯式的证词。更宽泛地说，是奥斯汀式的能够以言行事的证词。或者说只要是明确地做出的证词，都是一种以言行事。既然称得上是一种行为，那么就谈得上道德责任和道德评价、后果。科迪式的法庭证言，而不是拉凯式的无意中的信息传递。这样的例子有，莫兰（包括福克纳）的情感性信任，情感性信任包括对对方态度的信念：对方知道了我（听者）对他的期望，或者说对方对自己的态度的信念，向对方发出了请求，而且对方已经接收到了这请求，这使得听者更加依赖于对方。毕竟我认为对方的这种知道会是他做出符合期望的行为的原因。[①] 米兰达·弗里克的包含第二人称信任的证词关系，即在主动地告知行为中产生的信任关系。本文借用米兰达·弗里克的"证词公正"概念来概括这种辩护论以外的规范问题。

---

① Faulkner, Faulkner, On Telling and Trusting, p. 9.

一 "证词公正"提出的根据和意义。在具体的"听者—说者"关系中考察什么是证词公正

米兰达·弗里克通过案例表明了"证词不公"现象的存在。正如米兰达·弗里克所指出的,证词作为一种人们深为依赖的知识来源,在证词活动中遭遇不公正既有认知的恶果,又有实践的后果。而这种不公正,在弗里克的例子中,碰巧都是听者施加的。这只能说是一种偶然,因为,并非所有的证词不公正都是如此。如在说者占据优势的场合,不公正一定是说者施加的。如医生对病人。如果医生对病人没有履行应当的告知义务,我们肯定会指责医生。这里医生与弗里克案例中的检察官的类同性在于,他们都是证词关系中的强势方。他们是说者还是听者并不是其承担道德后果的关键理由。准此,证词活动中的规范不应仅仅局限在证词听辩者的理智义务层面。弗里克把"证词公正"作为一种矫正"证词不公"的理智和道德德性,这依然带有辩护论和义务论色彩。"证词公正"不应仅被看作接受证词信念的认知主体的理智和道德规范,同样也应该是说者应遵守的理智和道德规范。值得注意的是,弗里克在2012年《哲学与现象学研究》杂志发表了一篇题为《群体证词?什么是好的集体告知者》的文章,讨论什么是好的集体告知者,文中弗里克援引了威廉姆斯·伯纳德、爱德华·克维格关于信息源和告知者在道德地位上的区别。集体告知者有好坏之分,个体告知者也有好坏之分。总之,探讨"证词公正",即证词活动中的规范问题,必须突破经典认识论的个体论框架,认知关系和社会权利关系才是探寻"证词公正"的坐标。

根据经验论和先验论各自的不足。正如我国学者丛杭青指出的，推断论（经验论）与反推断论（先验论）的对峙只是在一个很小的范围内，即作为哲学认识论的一般原则的范围内，超出了这个范围，在具体的证词情境中，这个对峙就不适用了，奥迪很无奈地说，"很可能的是，在不同的情形下，每一种描述，推断的描述和非推断的描述，都适用于陈词信念的形成。心理学的可能性是无限的"①。经验中的规范，是一个必然的选择。证词知识辩护的社会维度是必要的。"证词公正"正是这样一种社会维度。证词规范更应是社会规范，而不是普遍的哲学规范。②

证词认识论的中心问题之一仍然是辩护问题，即一个主体是否正当地拥有某个证词信念。这种经典个体论及义务论框架内的研究，仅仅局限于证词关系中的听者。因为听者是认识主体，她对自己的信念负有理智义务。于是就有了先验论者"由于缺乏证据而相信"这种矛盾。这个矛盾在于，这种非推断的先验信任十分脆弱：只要有相反的证据，不管是来自听者已有的信念体系，还是听者对说者可信性的考察，这种信任立即终止；而且，说者的可信性与证词场合相关。毋宁说，这不是一个先验的原则，而是一个务实的选择。当听者缺乏相关的知识来判断证词源的可信性时，我们还在对他提出个人主义的理智义务！出于同情弱者的原则，这时候把责任转移到说者一方不是很方便，也很必要吗？

其实这种在说者和听者之间相互推导的，或说者相互设定的规范在先验论中已经包含了。先验论所谓的"我们对他人告知的相信"不正是建立在"说者负有对真理的义务（应该说真话）"的规范的设定之上的吗？弗里克对第二人称信任的强调（至少第二人称

---

① 转引自丛杭青《陈词、证据与认知》，博士学位论文，浙江大学，2005年，第57页。
② Paul Faulkner, "On Telling and Trusting", Mind 116 (464), 2007, pp. 1–28。

信任的理由更强,或说辩护力量更强),福克纳指出的"情感性信任"所具有的"自反性"(即信任是信任的理由),不是建立在告知者(说者)的"说话要负责任""诚实"等德性的基础上的吗?这是否表明信任中的两种规范,(听者的)相信和(说者的)诚实,具有一种相互推导或相互映现的关系呢?

而另一方面,推断论将考察说者可信性这样一个艰巨的任务放在听者肩上时,似乎有把后者置于一种"求知的苦役"中的尴尬。本来,人们由于一些不可抗拒的原因,不得不依赖证词而生活,而现在,推断论者又要求这种处于认识依赖性中(可能正在变得越来越严重)的人们去寻求关于证词的证词。事实上这在很多时候是令人反感的。而且也会浪费社会资源。如果我想知道我所持有的会员卡授予我的全部权益,我会希望发卡的商家全部、如实地告诉我,而不是有所保留。如果我还得去考察这个商家的信誉,去打听其管理是否有漏洞,是否容忍其工作人员侵占客户权益,那我肯定会厌烦和愤怒。这里涉及制度性信任的问题。制度性信任是现代社会的普遍现象。一个社会的诚信程度应该保持在能容忍的范围内。人们应该免予求知的苦役,这应该由一定的社会性制度来保障。

正如莫兰(Richard Moran)指出的,推断论与反推断论都是证据理论。即,要合理地持有证词信念,听者应拥有的什么样的证据。[①]

事实上我们考虑证词关系中的规范问题时,决不能仅仅考虑听者。说者也是规范的对象,而且说者的诚实、负责、谨慎、中立等规范一直以来都受到人们的认可与推崇。考虑米兰达·弗里克提出的"证词不公"。所以,我们必须在某种关系中,评估(至少)听说双方,甚至包括其他主体,或制度(如程序)的品质、义务和责

---

① 转引自 Paul Faulkner, "On Telling and Trusting", Mind 116 (464), 2007, pp. 1–28.

任。评价的标准除了认知的,如"真"(是否能产生更加真的证词信念),应该还有非认知的,如广义上的"善"。比如,司法实践反对的刑讯理由,除了刑讯之下多冤狱,还有人道的考虑。

因此,要建立"证词公正",也就是解决证词传递中的规范问题,首先必须突破个体论和义务论辩护的框架,在社会认识论的视角下来着手。我们所要寻求的规范不仅仅用来规范证词关系中的听者,即解决"一个认知主体怎样才能合法地拥有一个依证词而来的信念"的问题,还必须包括针对证词关系中的说者的规范,甚至针对相关的程序、制度和其他社会权威的规范。而且规范的目标不仅仅是指向证词信念的"真",还应包括广义上的"善"。

认知依赖性、相对易损性、承诺等,都是伴随着证词关系产生的。证词信念形成的过程中产生了特定的社会关系,或者是基于一定的社会关系的,我们跟随保罗·福克纳(On Telling and Trusting),称为"证词关系"。

二 我们首先来考虑一种两元的证词关系:"说者—听者"

根据说者和听者在证词关系中的地位,我们确立三类证词场合。听者占优,说者占优,以及听者、说者平权。在听者占优的场合中,你不信任我,我会遭受损失。比如,"证词不公"。如检察官不相信我的话,而判我有罪。在这类场合中,"证词公正"主要在于强势方的"相信"。这里的强势方是证词听辩者。

在说者占优的场合,常常是由于信息的不对等(或其他原因)一方在一个稳定的时期内必须相信另一方。如学生总是相信老师传授的知识。这里的公正在于强势方(证词给出者)的"诚实"。类似的还有专家对公众。学生对老师的相信与公众对专家的相信主观上更情愿一些。后者可能是一种有所保留的相信。这是一种"反馈式",证词听说双方中某一方的相对易损性,会赋予对方相应的道德责任和认知责任。保罗·福克纳在"On Telling and Trusting"一文中曾指出过一种因认知依赖性而来的听者权利:听者信任说者,因此他有权认为说者传递给他的证词为真,这是由这种情形中,听者和说者所构成的关系决定的。即一种信任关系(听者信任说者,而且听者知道说者领会了自己对他的信任)构成了信任的理由。①这就是莫兰的承诺理论,他认为,在有意的告知行为中,说者承诺了对证词的责任,此时证词不是真理的证据,而是真理的承诺。由于说者意识到了听者对他的信任(因为认知依赖性而来的),而且听者也知道了说者对其信任的领会。这样说者就承担了一定的道德义务,即不要辜负这种信任。

比如我们一般认为专家应该给出负责任的证词。如果有专家故意混淆视听,我们会给予他道德上的谴责。如果老师故意误导学生,我们会给予更严重的道德谴责,甚至法律制裁。作为处于优势地位的听者,比如检察官由于身份偏见而未能发现事实,也同样会被认为不称职、不理智。正如 Richard Moran(2006)指出的,证词之所以可以行使将知识从说者转移到听者的功能,是因为它将辩护的责任从听者转移到了说者。同样,证词的这种反馈功能也体现在权利和义务上。谁更有权利,则谁更应该承担义务。参考检查者视角——到探询者视角的转变,以及知识作为一种我们常常需要却又缺乏的东西。正如 J. A. Coady 和 M. Fricker 等人指出的,做出证词行为实际上是在回应某种认知需要,由于听者的需要,说者在做出证词行为时应该承担一定的认知和道德责任:确保证词的真,而且

---

① Paul Faulkner, "On Telling and Trusting", *Mind*, 116 (464), 2007, pp. 1–28.

为听者的利益考虑而做出证词，比如相关性。①

这种"反馈式"证词关系成立的条件有：

A. 两个主体，有明确的告知行为发生；

B. 相互赋予责任。

但是实际上专家发言（做证）时，如果专家对公众的信息优势太大，则公众可能没有能力辨识专家是否失德。这样这条道德规范（专家必须真诚，负责任，比如尽量全面地给出信息，不能不尽不实）就会失去效力。所以说富勒的立场是值得同情的：我们应该仅仅把专家看成兜售知识这种商品的商人，而别像以前那样赋予他们崇高的地位与声望。但是这里值得担忧的是，这种主张也许并不像表面上看起来那样对公众有利。富勒的意思应该普遍地（总是）怀疑专家有利益诉求的。但是，如果专家和公众之间成了买卖关系，那么专家的信誉便会降格为商人的信誉，后者似乎在某种程度上低于前者，这岂不是降低了对专家的要求吗？

这种做法的弊端在英美法系中专家证人制度中体现得很典型："对抗制下的专家证人制度也并非完善。其最大弊端之一乃是对抗所引发的专家证人的商业化倾向。由于英美法系并未像大陆法系一样建立统一的鉴定行业体制，来自于各行各业且没有严格任职资格条件限制的专家证人基于商业上的雇佣关系参与到诉讼当中，而当事人雇用专家的基本动机在于希望专家能提供对自己有利的证言。因此，一个专家越是中立—客观，他被聘用的可能性就越低。这种当事人与专家证人之间清晰明了的雇佣关系使得专家证人为了赢得更多的聘用机会（或者说获得更大的金钱收益）而放弃了自己作为专家应有的中立地位。大量低质量的甚至是伪科学的学证据源源不

---

① 转引自 Miranda Fricker, "Group Testimony? The Making of A Good Collective Good Informant", *Philosophy and Phenomenological Research*, No. 2, 2012, pp. 248–276。

断进入法庭。这种商业化的倾向就连美国学者也给予尖锐的讽刺：'美国的专家证人就像律师手中的萨克斯管，律师想吹出什么调就能吹出什么调'。另一方面，交叉询问制度虽然增强了当事人的参与性，在很多事实争议问题上，的确如英美学者所相信的那样是发现真相最伟大的装置，但对于科学证据，其效果并不明显，由于裁判者缺乏相关的专业知识，专家之间激烈的论辩并不一定就能使裁判者对争议问题获得清晰的认识。而辩护律师的询问技巧与策略则加剧了裁判者正确评估科学证据的难度。最有才干的科学家可能使得律师提出的棘手的问题看上去很愚蠢，而虚张声势的傻瓜和令人愉快的法庭态度在门外汉看来却是科学天才。"[1]

再者，这种做法好像把"知识"与"真理"之间的关系拉得更远了。知识毕竟不能完全等同于商品，知识必须真，而商品必须有用。如果一个社会没有了为真理说话的人（专家），而只有商人，那也不太妙。正如伯纳德·威廉姆斯指出的，任何一个社会都不可能维持一个纯粹工具性的真理概念。富勒的理由应该是知识的可错性、历史性、断裂性等。富勒的苦衷在于，既然"市场假象"不可避免，那么我们就面对之。比如说搞一个规范的市场。

说者与听者平权场合的例子有：商业广告，谈不上公正与否际间的信任。在这三类证词场合中，说者占优时适用推断论，以对说者的可信度进行评估；听者占优时则可能比较适用先验论，发挥我们天性中易信的一面，避免无端怀疑给说者带来的损失。推断论者重视怀疑，反推断论者重视信任。我们可以信任也可以怀疑，这与我们自己的处境有关。

这里体现"证词公正"的规则包括两种：对强势者的检查，以及对弱势者的保护。对应着负责任的说者和负责任的听者。如监控

---

[1] 徐静村：《通过程序弥合知识的鸿沟》，《中国司法鉴定》2009年第2期。

专家，如无罪推定，反对刑讯。后二者是我们实际上在实践中的证词规则，而前者是我们应该采取的证词规则。证词规范必须超出经典认识论的范围，这里可见端倪。比如反刑讯，除了有认识论上的依据，还有法理学依据。而专家问题主要由于涉及物质利益、程序制度而需要规范性考量。

三　三元模型

卢曼在《信任与权力》中认为信任不是心理学意义上的微观的个体信任或"私人信任"，而是一种社会关系结构意义上的宏观的"系统信任"，一种靠着超越可以得到的信息所概括出的期望。据此我们考察一种包括听者、说者和社会权威的三元模型。三元模型的典型例子是普特南在语言社会劳动分工中关于什么是金子的例子。普通人并不知道金子的科学本质是什么，以及如何鉴定自己所买的金子是不是真的。这时，他可以求助于权威的鉴定机构。在这个案例中，听说双方分别是买金子的和卖金子的，社会权威是鉴定机构。这个模型提出的依据在于，在类似的情形中，证词的可信性是由某种社会权威来保证的。比如在科学活动中，科学研究者相信前人的研究成果，或引证前人的研究成果，都不需要做特别说明。因为科学正是一种制度性的权威。而正是因为有科学制度的存在，人们才可以信赖前人的成果。类似的例子还有，在陌生城市，人们相信路牌；去民政局办手续，人们相信政府官员。

考虑一种相反的情形，即社会权威的缺失情况：我想要知道我未来的运气如何，于是去找人算命。由于没有社会权威保证算命的可靠性，所以如果别人算得不准，我也无处申诉。但是如果有人告诉我他的药方可以治愈白癜风或者是乙肝，我可以起诉他诈骗。据此，这个模型适用的范围与传递中的证词的性质有关、与证词人和听辩人的身份也有关。因此，这个模型的问题是，并非所有证词场合都有社会权威。

在有社会权威的情形中，我们得出的规范是效率、公平，以及二者的平衡。权威常常是为了有效率，但权威要保持中立和客观需要一定的制度安排。

四 层次模型

前述的两种模型各有欠缺在"听者—说者"二元模型中，其实已经出现了权威的因素。在检察官和黑人的例子中，检察官是社会权威，与个人对个人的私下交流中的听者相比，很不一样。在听者占优的场合中，听者的优势常常来源于他的社会身份，如家长、面试官、检察官。这些社会身份中有些是来源于相应的社会权威，如答辩委员会、检察官，而有些不是，如家长、面试官（私人企业的招聘面试）。而说者之所以产生"证词公正"的诉求，似乎都是由于在面对社会权威时的弱势。而在说者占优的场合中，说者的优势也一样，如专家、心理医生、医生等。听者的弱势也来自个人面对某种社会性权威的弱势。（有没有非社会权威的说者？）总之，二元模型中，优势者往往是社会权威。或者背后有某种社会权威。如福柯式的微观权力。像认知公正这样的问题常常发生在私人领域和公共领域的交接处，所以有此麻烦。

而在三元模型中，由于加入了"社会权威"，有时会使事情变得复杂，因为很多时候说者或者听者直接就是"社会权威"，并不构成独立的一元，这时，买金子找权威鉴定的例子代表性也不足。三元模型可能比较适合（或者说挽救了）二元模型中，表面上是私人对私人，实际上有某种社会权威潜在的例子，如家长和孩子，女人和不相信她的直觉的男人，求职者和面试官。但不适合算命这样社会权威缺失的例子。

因此，层次模型代表性比较强。在层次模型中，说者—听者为表面（显性）层次，社会权威为里面（潜在）层次。把检察官这样直接是社会权威的听者，把专家这样直接是社会权威的说者二重化。二重化为：个人，以及社会权威的代表。这样或许可以更好地反映证词关系中的权力动因。

层次模型比较灵活。除了"说者—听者"表面层次，社会权威这个层次可以包含多重权威，甚至在语言之外。考虑福柯的"解释不公正"（hermeneutical injustice），或者只有一个表面层次（这个还要再考虑一下，算命就只有这一个层次）。

因此，我们倾向于用层次模型取代三元模型。

中国特色社会主义文化道路的生成逻辑与建构方略[*]

刘玉军[**]

摘　要：中国特色社会主义文化道路是中国特色社会主义道路的重要构成部分，中华传统文化是它生成的母体，西方文化是它生成的重要资源选择，革命文化和社会主义先进文化是它生成的主体构成。新时期，我们要以更加有效的策略构建和完善中国特色社会主义文化道路，这需要发挥意识形态的中轴与引领作用，用社会主义核心价值观凝心聚力，发挥它自身的优越性；激发全民族文化创新创造活力，推动它生机蓬勃地发展；促进文化传播和文化交往，提升它的公信力和影响力。

关键词：中国道路　文化道路　意识形态　文化创新　文化传播

习近平在党的十九大报告中强调，建设社会主义文化强国，

---

[*] 基金项目：国家社科基金项目（编号：17BKS146）；河南省社科规划项目（编号：2017BZX014）。

[**] 作者简介：刘玉军，信阳师范学院马克思主义学院讲师，博士，研究方向：马克思主义理论、社会认识论。

"要坚持中国特色社会主义文化发展道路"①，毫无疑问，这是中国文化发展必须坚持的总原则。中国特色社会主义文化道路是中国特色社会主义道路的重要构成部分，中国特色社会主义文化道路发展得好，能够更好地推动中国特色社会主义道路行稳致远。习近平指出："文化兴国运兴，文化强民族强。"② 文化作为一种无形的精神力量、思想力量和观念力量，并非独立发展。文化作为一种置于经济基础之上的思想意识和观念形态，它的繁荣与兴盛，能更好地反作用于政治、经济和物质生产的整体发展，能更好地推动"国运兴""民族强"和中国道路的强盛。那么，何谓中国特色社会社会主义文化道路？当前我们又该如何更好地建构中国特色社会主义文化道路？这需要我们勾勒中国特色社会主义文化道路的生成逻辑，理解中国特色社会主义文化的特性，以提出中国特色社会主义道路的建构方略，推动中国特色社会主义文化道路和中国特色社会主义道路更好地发展。

一　中国特色社会主义文化道路的生成逻辑

习近平指出："中国特色社会主义文化，源自于中华民族五千多年文明历史所孕育的中华优秀传统文化，熔铸于党领导人民在革命、建设、改革中创造的革命文化和社会主义先进文化，植根于中国特色社会主义伟大实践。"③ 同时中国特色社会主义文化的生成，还脱离不了西方文化的冲击与影响。中国特色社会主义文化道路生

---

① 习近平：《决胜全面建成小康社会，夺取新时代中国特色社会主义伟大胜利——在中国共产党第十九次全国代表大会上的报告》，人民出版社2017年版，第41页。
② 同上。
③ 同上。

成主要包含以下三个方面。其一，中华优秀传统文化。这是中国特色社会主义文化道路的源头和母体。其二，西方文化。自中国国门被迫打开时起，西方文化就深刻地影响着近代中国文化的现代化发展道路，西方文化中的有益成分，为中国特色社会主义文化道路的生成与发展提供了重要的资源选择。其三，党领导人民在革命、建设、改革中创造的革命文化和社会主义先进文化。无论是革命文化还是社会主义先进文化，都是在马克思主义指导下、马克思主义中国化道路探索下或者科学社会主义道路探索下所形成的革命文化、社会主义文化和民族精神，这构成了中国特色社会主文化的主体和根本。中国特色社会主义文化道路三个方面的生成过程，从某种意义上说有着"必然"的逻辑，也蕴含着文化的特性，需要我们加以审视。

（一）中华传统文化是中国特色社会主义文化道路生成的母体

当我们说"母体"这个词的时候，就意味着"新"与"旧"的双重意蕴，传统文化是"旧"的，同时又意味着中国特色社会主义文化是"新生"的，还意味着新生的中国特色社会主义文化割断不了与中华传统文化血脉相连的关系。同时，如果加以延伸，"父"与"母"总是相伴生的，这就还意味着近代中国文化在生成的过程中，反传统、反旧文化的"弑父"过程。中国传统文化是在五千多年的中华民族历史中形成的，具有深厚的文明底蕴。但文明具有"双面性"的效应。中华传统文化本质上是在我国封建社会、私有制和小农经济下形成的意识形态，代表和维护着封建制度和封建社会统治阶级的利益，是以父系家长制为核心的宗法体系和儒学为核心的伦理型文化，本质上具有腐朽性、没落性和落后性，鲁迅曾把这种本性形容为一种"吃人"的礼教。即便是在当下，这种传统文化留下的弊端仍然在社会中广泛存在，比如当今表现出的文化守旧主义、官僚主义、山头主义、小农意识以及夜郎自大的心态等。正因为传统文化本质上是封建社会的意识形态，具有阶级属性，近代以来尤其是五四和新文化运动，把文化批判的矛头指向了传统文化，并且这种批判甚是尖锐，甚至是极端地全盘否定。实际上，关于传统文化中落后的一面，我们在近代文化发展的道路上一直在加以批判、否定和抛弃。

虽然我们很想完全甩掉"传统"的包袱，但是我们一路走来回头看，传统的"包袱"里蕴藏着我们开启近代现代化道路的钥匙，对推动近现代中国发展道路和文化发展道路具有重要的积极作用，我们在中国近现代的发展道路上又不时地回到传统文化中吸取养分。比如，在洋务运动和维新变法时期，中国传统文化中的"经世思想"为魏源的"师夷长技"主张提供了启发；传统文化中的"变易思想"为康有为的"维新变法"提供了根据。[1] 再比如，在马克思主义传播到中国的早期，传统文化中的"大同思想"为中国人多方面理解社会主义提供了可能性，促进了近代各种社会主义思潮在中国的传播。[2] 还比如，在当前，一些学者从传统文化中寻求中国特色社会主义建设的智慧，邴正认为，中国传统社会具有的多元社会结构和多元文化精神，"是我们在全球化时代推动人类命运共同体构建的社会文化基础，也是我们坚持走中国特色社会主义道路的社会文化基础"[3]。所以，每一个时期，我们都可以从传统文化中找到解决当今问题的智慧，或者发现传统文化在不同的时期里，与时代相结合而进行的新的文化生成。

---

[1] 张岱年、方克立：《中国文化概论》，北京师范大学出版社2004年版，第336—337页。
[2] 陈旭麓：《近代中国社会的新陈代谢》，上海社会科学院出版社2005年版，第415页。
[3] 邴正：《社会文化结构特点与中国道路选择》，《江海学刊》2020年第2期。

当前，传统文化在中国的改革开放中更是起到不可估量的作用，我们仍不时回到传统文化中吸取养分。我们党和国家的领导人历来也相当重视优秀传统文化的作用，习近平更是多次回到优秀传统文化中吸取他治国理政的经验，并断言中国特色社会主义文化"源自于中华民族五千多年文明历史所孕育的中华优秀传统文化"。这种"中华优秀传统文化"是"中华民族的"优秀传统文化，具有民族性，这种民族性的根我们不能丢，我们当前把中国特色社会主义文化的特性界定为"民族的、科学的和大众的"，也可见中国特色社会主义文化与中华优秀传统文化的一脉相承性。当然，"一脉相承"不是全部继承，而是批判性继承，新时代，我们要结合时代条件，推动传统文化"创造性转化、创新性发展"，把"中华优秀传统文化"要素挖掘出来，转化为中国特色社会主义文化的重要构成。

（二）西方文化构成中国特色社会主义文化道路生成的重要资源选择

我们在反观中国特色社会主义文化道路生成的时候，一定绕不开西方文化的影响。中国特色社会主义文化道路发展到今天，是从世界全球化、现代化和工业化的背景下走出来的。众所周知，西方近代文明的开启，一个是产业革命，一个是制度革命。与之相伴随的，是西方资本主义社会的文化观念的动荡与革新。这种资本主义社会的价值观念，一方面是资本家在资本规则下所推动的唯利是图的利己主义价值观念，另一方面是资本家在追逐资本利润和剩余价值的过程中提高科学技术，推动了启蒙以来张扬科学、理性的价值观念。当然，还有资本主义社会欲把民众从封建社会的等级森严的封建宗法体系中解放出来，张扬民主与自由以及人的解放的人道主义思潮,尽管这种民主、自由和人的解放是在阶级偏见下的文化观念,但在历史进程中,相对于封建社会,具有一定的历史进步意义。

在鸦片战争之后,西方列强凭借坚船利炮打开了中国的国门,从此西方的文化观念猛烈地影响着中国,中国也被迫开启社会变革和曲折的现代化道路。西方文化对中国社会的早期影响,主要集中在三个方面:一是19世纪60年代洋务运动所发起的物质方面的变革,主张"中体为用",学习西方的技术;二是19世纪70—80年代的维新运动,主张制度方面的变革,主张一种"不中不西、即中即西"的制度文化;三是五四运动和新文化运动发起的观念层面的文化变革,提出"个体主义""科学"和"民主"的口号。[①] 实际上,无论是"中体为用",还是"不中不西、即中即西",都在接受西方文化,特别是五四时期,一些学者主张极端地批判传统文化,主张全盘西化。从这个过程中,我们可以看出,无论是物质上学习西方的"西技",即科学技术;还是制度上学习西方的"西政",即一种契约精神下的理性秩序,反映在观念上,主要表现为一种"个体主义""科学"和"民主"的价值诉求中。五四时期,当时各种西方文化思潮涌入中国,比如理性主义、民主主义、自由主义、个人主义、人文主义、尼采主义、国家主义、先验主义、经验主义、实验主义,以及各种社会主义学说,等等。从这些文化思潮来看,尽管文化思潮形式各样,但主要集中体现为"民主"与"科学"。陈旭麓说:"民主和科学不仅是'五四'反传统的理论依据,而且是现代价值重建的目标,集中体现了'五四'的时代精神。"[②] 从某种意义上说,民主与科学不仅构成了五四时代的时代精

---

① 张岱年、方克立:《中国文化概论》,北京师范大学出版社2004年版,第330—335页。
② 陈旭麓:《近代中国社会的新陈代谢》,上海社会科学院出版社2005年版,第402页。

神，也重建着其后中国社会现代化的价值观念，深刻影响着中国文化道路的发展。

随着国民政府在大陆的失败，随着马克思主义在中国的传播，以及1949年中华人民共和国的成立和1956年社会主义制度的确立，中国社会对资本主义的意识形态和文化持反对和否定态度，西方资本主义的价值观念在中国受到了排斥和拒绝。随着改革开放的开启，西方文化思潮又重新涌入中国并深深地影响着中国的改革和发展道路。改革开放之后，虽然我们认识到资本主义民主、自由等虚假的本性和弊端，加以批判和否定，但是，西方的科学和理性精神一直在影响着中国。尤其是改革开放之后，中国实行市场经济，重新开启工业化和现代化道路的过程中，西方所主张的科学和理性精神对中国的文化道路影响深远。科学与理性本身构成人的一种潜能，人类本身应该张扬一种创造性的理性文化，但是，西方资本主义世界由于把资本确立为第一原则，资本家最大化地追求商品利润，不断地提高科学效率和发展科学技术，形成了一种物化的社会关系，产生了一种"唯科学"的科学主义、"唯理性"的理性主义，使西方文化褪去了鲜活的一面，变得体系化、程式化和刻板化，即便后现代主义发现了现代理性主义文化的这种弊病，欲以"去中心主义""去逻各斯主义"和"去理性主义"的方式拯救这种情况，但是后现代主义这种去掉形而上学之根的方式，本身又使自己陷入一种漂浮无根的相对主义和主观主义境地，导致一种文化上的虚无主义。中国自改革开放以来，深受西方这种虚无主义文化的影响，无论是西方的存在主义还是后现代主义文化思潮，都深深地影响着中国当代的社会，中国20世纪80年代所表现出来的萨特热，以及当前社会中所表现出来的丧文化和佛系现象，实则都受到这种西方文化的深刻影响。但不可否认的是，我们从西方文化中所学习的理性和科学精神，以及西方严格的法制体系、规范的社会管理等经验，助推着中国市场经济和现代化的发展。当前，我们把中国特色社会主义文化特性界定为"民族的、科学的、大众的"，也可窥见"科学的"文化的重要性以及西方崇尚科学精神对中国特色社会主义文化道路的影响，尽管说，我们这里"科学"内涵远远不同于西方文化中工具理性主导下的"科学"含义。

（三）革命文化和社会主义先进文化是中国特色社会主义文化道路生成的主体构成

传统文化是"既定的"文化，西方文化是"外来的"文化，二者深深地影响着中国特色社会主义文化道路的生成。但中国特色社会主义文化"熔铸于党领导人民在革命、建设、改革中创造的革命文化和社会主义先进文化，植根于中国特色社会主义伟大实践"[①]。中国人民在革命、建设和改革中的伟大实践，构成了中国特色社会主义文化道路生成的根本源泉，革命文化和社会主义先进文化是中国特色社会主义文化道路生成的主体构成。

自中国国门被迫打开时起，尤其是五四时期，各种西方思潮传入中国，我们逐渐认识到，资本主义社会一方面能创造出巨大的生产力，具有历史的进步性；但另一方面，也产生贫穷和工人的苦难，国人发现了西方制度和文化的种种弊端，加上辛亥革命的失败，一些早期的知识分子逐渐放弃资本主义文化思潮，当时一些被民主与科学所唤起的激进民主主义者一时转变成社会主义者。"五四"之后，社会主义文化思潮成为新文化运动的主流，社会主义也就成为当时忧国人士谈论的主题。但是，当时各种社会主义思潮比

[①] 习近平：《决胜全面建成小康社会，夺取新时代中国特色社会主义伟大胜利——在中国共产党第十九次全国代表大会上的报告》，人民出版社2017年版，第41页。

较复杂多样，比如马克思主义、无政府主义、工读主义、新村主义、基尔特主义、合作主义、泛劳动主义，等等。在各种社会主义思潮涌入中国之后，后来只有马克思主义扎根于中国，这里面有许多原因。陈旭麓认为，一方面，是空想社会主义实验的失败，以及失败后的反省，比如当时北京的"攻读互助团"；另一方面，是十月革命的成功证明了马克思主义的力量。毛泽东曾指出，是十月革命的"炮响"，为我们送来了马克思主义。"马克思主义"理论叠加十月革命实践，使马克思主义很快在中国扎根，陈旭麓说，"拥有事实的理论一定是能够征服人心的理论"[1]。笔者认为，虽然苏俄的十月革命为中国接纳马克思主义提供了重要的媒介，但是，中国能够接纳马克思主义还在于其理论的科学性，而其他各种社会主义思潮多具有空想性，甚至代表的是小资产阶级利益。虽然说我们在践行马克思主义理论时，党内出现了盲动主义、冒险主义和教条主义错误，但是，中国共产党人在面对理论与现实的差距时，善于与错误做斗争，在试错的过程中及时纠错，在马克思主义理论传入中国后，实事求是和与时俱进地传播和发展马克思主义。陈旭麓说："以超前的愿景规划的改造中的行动，没有一次不在中国的社会性质和国情面前撞壁。""历史选择了社会主义，历史又以客观现实限制了主观愿望。这个矛盾，要求马克思主义中国化。"[2] 中国根据自身的国情开启了"马克思主义中国化"的历史进程，一方面以马克思主义理论为指导，另一方面根据中国的社会性质和国情，尝试着新民主主义革命和社会主义革命、建设与改革的伟大实践，推动着马克思主义理论在中国不断发展。

我们党带领全国人民，在新民主主义革命斗争中，在抗日战争

---

[1] 陈旭麓：《近代中国社会的新陈代谢》，上海社会科学院出版社2005年版，第417页。
[2] 同上书，第420页。

和解放战争中，在新中国成立后的国家的建设中，在改革开放后国家的建设与改革过程中，始终坚持以马克思主义为指导，尤其是在1956年社会主义制度在中国确立之后，中国的社会性质发生了根本性的改变。马克思恩格斯在《共产党宣言》中说："共产主义革命就是同传统的所有制关系实行最彻底的决裂，毫不奇怪，它在自己的发展进程中要同传统的观念实行最彻底的决裂。"① 中国社会主义制度确立之后，从根本上不同于代表大地主利益的传统封建所有制，也从根本上不同于西方代表资产阶级利益的资本主义所有制，社会主义所有制代表和维护全体人民的根本利益，社会主义文化也从本质上与封建主义和资本主义的文化和价值观念发生了根本不同，具有社会主义性质，也具有无与伦比的优越性。改革开放后，我们继承了我们党带领全国人民在革命过程中形成的革命文化和民族精神，我们在社会主义的建设与改革实践中始终坚持社会主义道路和马克思主义的指导，不断培育和完善社会主义先进文化，中国特色社会主义文化道路的优越性充分体现出来。中国特色社会主义文化不仅是中华"民族的"，也是"科学的"，而且根本上是"大众的"，它源于全体中国人民大众的实践，代表全体中国人民的根本利益，服务于人民大众的实践，凸显了无比的优越性。

二 中国特色社会主义文化道路的建构方略

文化本质上是"人化"，是主体的客体化，尤其是中国特色社会主义文化，是党领导群众在中国特色社会主义的实践中创造的。如果说，中国近现代的文化生成具有被动性和试探性的特点，那

---

① 《马克思恩格斯选集》第1卷，人民出版社1995年版，第293页。

么，随着中国特色社会主义道路和中国特色社会主义文化道路的不断成熟，我们要根据中国特色社会主义文化道路的生成逻辑和中国特色社会主义文化的特性，变"被动"为"主动"，以更加积极的姿态和更加有效的策略构建中国特色社会主义文化道路，促进中国特色社会主义文化自信、文化自觉和文化自强。

（一）发挥意识形态的中轴与引领作用，用社会主义核心价值观凝心聚力，充分发挥中国特色社会主义文化道路的优越性

首先，发挥意识形态的中轴与引领作用。中国特色社会主义文化本质上不同于中国传统文化，也不同于西方资本主义文化，具有二者无以比拟的优越性。中国特色社会主义文化是中国特色社会主义社会的意识形态，构成中国社会的主流文化。在阶级社会，意识形态代表统治阶级的利益，在中国特色社会主义社会，意识形态代表全体人民的共同利益，从深层次看，认同于社会主义意识形态，就是认同和维护全体中国人民的共同利益。坚持中国特色社会主义道路和中国特色社会主义文化发展道路，就要坚持意识形态的中轴与引领作用。中国社会是从传统农业社会和封建社会转型到社会主义社会的，一些落后的封建文化观念也还构成中国特色社会主义现代化的重要阻力，中国社会也是在欧风美雨的文化思潮冲击中推进现代化的，各种社会文化思潮和价值观念纷纭激荡，复杂多元。习近平指出："思想舆论领域大致有红色、黑色、灰色'三个地带'。红色地带是我们的主阵地，一定要守住；黑色地带主要是负面的东西，要敢于亮剑，大大压缩其地盘；灰色地带要大张旗鼓争取，使其转化为红色地带。"[①] 因此，我们在文化建设过程中，在尊重文化

---

① 《习近平谈治国理政》第2卷，外文出版社2017年版，第328页。

多样性发展的前提下，要守住"主阵地"，保证中国特色社会主义文化的根本性质，要加强马克思主义指导，发挥意识形态的中轴引领作用，加强意识形态对其他各种亚文化、反文化的整合和引领作用，对各种越轨亚文化和消极文化进行批判和斗争，提升意识形态的凝聚力和引导力，让全体人民在理想信念、价值理念、道德观念上凝聚在一起，提升中国人民的文化自信、文化自觉和文化自强，维护好全体人民的根本利益，建设好中国特色社会主义文化道路。

其次，用社会主义核心价值观凝心聚力。建设好中国特色社会主义文化道路，发挥中国特色社会主义文化的优越性，还要用社会主义核心价值观凝心聚力。习近平指出："人类社会发展的历史表明，对一个民族、一个国家来说，最持久、最深沉的力量是全社会共同认可的核心价值观。核心价值观，承载着一个民族、一个国家的精神追求，体现着一个社会评判是非曲直的价值标准。"[①] 社会主义核心价值观是中国特色社会主义文化的精髓，是新时代中国精神的集中体现，表达着以爱国主义为核心的民族精神和以改革创新为核心的时代精神，凝结着全体中国人民对祖国的热爱和认可，也凝结着全体中国人民对时代的认知和精神追求，是凝心聚力的兴国之魂、强国之魂，具有强烈的民族凝聚力。新时期，虽然新时代中国特色社会主义制度更加成熟完善，但是传统文化和西方文化的糟粕因素仍然阻碍着中国的良性发展，中国的文化资源还不平衡，有些地区的文化还比较落后。因此，我们要培育好和践行好社会主义核心价值观，将社会主义核心价值观融入社会发展、社会改革和社会建设的各个领域，融入党的建设、精神文明建设、思想道德建设、国民素质建设、社会主义文艺建设、文化产业建设的方方面面，转

[①] 中共中央文献研究室编：《十八大以来重要文献选编》中册，中央文献出版社2016年版，第2页。

化为人民的情感认同、行为习惯和行动准则，在全党全社会形成统一的指导思想、一致的价值目标、共同的理想信念、强大的精神动力、和谐的精神家园和基本的道德规范。

（二）激发全民族文化创新创造活力，推动中国特色社会主义文化道路生机蓬勃地发展

文化是人类生命力的外化和社会化，文化的创新创造力是一个民族生命力和竞争力的重要体现。加强文化创新创造，推进文化革新，也是中国文化现代化演进过程给予我们的宝贵经验。传统文化具有保守主义的一面，西方文化的创新创造成果往往属于特权阶级和阶层，西方文化本身也陷入工具理性的"牢笼"和文化虚无主义之中。克服这种弊端，当前我们需要坚持中国特色社会主义文化道路稳定发展，同时要"稳中求变"，推动文化革新，激发全民族文化创新创造活力，推动中国特色社会主义文化道路富有活力生机勃勃地发展。

首先，激发全民族文化创新创造活力，要坚持以人民为中心的原则。中国特色社会主义文化的性质规定，中国特色社会主义文化是"大众的"。人民是历史的创造者，也是文化的创造者。人民大众的劳动实践构成文化创造的来源，人民大众在实践的基础上实现着认识的超越和价值的创造，人民大众总是在实践—认识—新实践—新认识……的不断活动中实现文化观念的更新，在主体的客体化与客体的主体化的双向运动中实现着文化的创造。因此，我们要重视人民大众的实践活动，丰富人民大众的实践形式，提升人民大众的实践能力和探索精神，在实践中激发人民大众的主观能动性和文化创新精神。同时，文化不仅是"主体客体化"，还需要"客体主体化"，我们要使社会主义文化的成果惠及全体人民，注重文化

的社会效益。与封建社会相比，文化服务于地主阶级，农民沦落为"农奴"，只具有小农意识和落后的文化观念；与资本主义社会相比，工人不享有先进的文化成果，为工具理性所役，沦落为"机器的单纯的附属品"[①]，社会中形成利己主义价值观。习近平指出："同社会效益相比，经济效益是第二位的，当两个效益、两种价值发生矛盾时，经济效益要服从社会效益，市场价值要服从社会价值。文艺不能当市场的奴隶，不要沾满了铜臭气。"[②] 与阶级社会里文化为统治阶级服务不同，社会主义文化代表着全体中国人民的共同利益，为全体人民所共有共享，为人民服务、为社会主义服务。也只有社会主义文化成果为全体人民共有共享，而不是成为某个阶级、某个集体或某个群体的特权，才能克服传统文化和西方资本主义文化的弊端，才能更广泛更深入地提升国民文化水平和国民素质，激活和推动全民族文化创新创造的积极性和活力。

其次，在既定的文化资源选择与转化中推动全民族文化创新创造。中国特色社会主义文化道路，脱胎于中国的传统文化，并在西方文化的长久冲击与影响下成长起来。文化创造总是离不开文化传统和时代条件，总是在既定的文化视野中进行文化资源的选择、转化和创造。其一，要推动中国传统文化的创造性转化、创新性发展。传统文化是传统旧社会下的产物，含有糟粕的落后的成分，对其我们应该加以摒弃；但是，传统文化内含着丰富的优质文化资源、文化元素和文化特质，是中华民族的精神之根和精神家园，蕴藏深厚的历史底蕴和精神动力。习近平指出："深入挖掘中华优秀传统文化蕴含的思想观念、人文精神、道德规范，结合时代要求继

[①] 《马克思恩格斯选集》第1卷，人民出版社1995年版，第279页。
[②] 《习近平谈治国理政》第2卷，外文出版社2017年版，第320页。

承创新,让中华文化展现出永久魅力和时代风采。"① 这要求我们在传统文化的挖掘中,以马克思主义为指导,以符合时代要求为标准,处理好继承与创新的关系,既挖掘出传统文化的"永久魅力",又让其闪耀出"时代风采"。其二,要推动外来文化的融合与创造性转化。习近平指出:"人类文明多样性赋予这个世界姹紫嫣红的色彩,多样带来交流,交流孕育融合,融合产生进步。"②"加强中外人文交流,以我为主、兼收并蓄。"③ 近代以来,外来文化尤其是西方文化对中国社会的发展产生了广泛深远的影响,有正面影响,也有负面影响,我们应该吸收和借鉴世界各民族文化的精华,坚持"以我为主"的立场,坚持民族性与世界性相统一的原则,坚持比较、对照、批判、吸收、转化、整合、升华的引进方式,实现外来文化的整合与创造性转化,推动中国特色社会主义文化的创新性发展,使中国特色社会主义文化面向现代化、面向世界、面向未来。

再次,在科技文化与人文文化的融合中推动全民族文化创新创造。当近代中国大门被西方列强打开的那一刻起,中国道路就在进行着曲折艰难的现代化道路,中国人开始接受西方的科学文化和科学精神。实际上,科学技术作为生产力的智能要素,催生着生产力、物质和现代化的快速发展,习近平多次强调要科技创新和科技强国。而且,科技文化的强盛,社会物质力的提升,也有利于文化软实力的提升,以及人文文化的创新。但是,科技创新和科技文化的发展也需要主体的灵感、想象、激情、意志等人文文化要素来提供文化浸润、人文关怀和精神动力,也需要人文文化对科技文化提

---

① 习近平:《决胜全面建成小康社会,夺取新时代中国特色社会主义伟大胜利——在中国共产党第十九次全国代表大会上的报告》,人民出版社2017年版,第42页。

② 《习近平谈治国理政》第2卷,外文出版社2017年版,第524页。

③ 习近平:《决胜全面建成小康社会,夺取新时代中国特色社会主义伟大胜利——在中国共产党第十九次全国代表大会上的报告》,人民出版社2017年版,第44页。

供价值规范和方向指引。正如欧阳康指出的："应当看到，一方面，高科技的运用及其力量发挥需要人文关怀和价值规范；另一方面，当代人文精神需要科学精神和现代工程技术作为支撑。如何缺少了科学文化，中国的现代化和现代文化就失去了最为重要的物质和生产基础，人文文化就缺少科学精神和技术支撑；而如果缺少了人文文化，则中国的现代化和现代文化就失去了核心和灵魂，也失去了发展方向和人文关怀。"[①] 但是，我们前面也论述了，西方科学文化本身导致了一种科学主义和理性主义，导致了唯科学和唯理性，导致了科学对人文的压倒性"胜利"，以及科技文化与人文文化之间的撕裂。如此一来，激发全民族文化创新创造活力，就不能唯科学、唯理性，那样只会适得其反，而是要在科技文化与人文文化的融合与全面发展中推动文化创造和文化创新。

（三）促进文化交往和文化传播，提升中国特色社会主义文化道路的公信力和影响力

当今时代，随着社会信息化和全球化的推进，随着新媒体新技术的发展和人员互动的增强，我们越来越不能故步自封，越来越需要以开放的姿态促进文化传播和文化交往，使中国特色社会主义文化"面向现代化、面向世界、面向未来"，提升中国特色社会主义文化道路的公信力和影响力。

首先，促进国内文化交往和文化传播。中国的文化发展并不平衡，落后地区、偏远地区的文化观念还比较落后，有些地区受传统文化糟粕因素影响还比较深远，这需要传播先进的文化观念和价值

[①] 欧阳康：《全球化时代的文化悖论与文化心态——21世纪中华文化的战略选择》，《学术月刊》2009年第9期。

理念，促进文化交往和文化传播，发挥文化的"启蒙""开化""教化"作用，促使落后文化的消散与褪去。先进的社会主义文化和核心价值观念来自全体中国人民的社会主义实践，也理应加以广泛传播，使其走进人民的生活，为全体人民所掌握，转化为现实的实践力量。习近平指出："高度重视传播手段建设和创新，提高新闻舆论传播力、引导力、影响力、公信力。"① 为此，需要党和政府以及各媒体单位做好文化传播和文化交往的工作。第一，媒体单位要清醒意识到自己的职责，具备良好的职业操守，坚持正确的政治立场和政治方向，这样才能让党和政府以及媒体自身具有公信力和合法性，才能更好地弘扬主旋律和正能量。第二，要创新文化传播手段。"要运用新媒体新技术使工作活起来，推动思想政治工作传统优势同信息技术高度融合，增强时代感和吸引力。"② 要善于运用好新媒体、新技术、互联网等传播途径，加强网络空间建设与治理，尤其是我国广大青年群体接受新事物快，我们在传播工作上要与时俱进，紧跟时代步伐和大众需求，着力提高文化传播的途径和效果。

其次，促进国际文化传播与文化交往。世界发展绝非一种模式，曾经得到广泛公认的"华盛顿共识"，后来遭到了"北京共识"强有力的挑战。世界文明也非一种形态，它因为多姿多彩才精彩。亨廷顿认为，当今世界的文明形态主要包括：中国文明、日本文明、印度文明、伊斯兰文明、西方文明、东正教文明、拉丁美洲文明，以及可能存在的非洲文明八大文明，③ 虽然每一种文明模式

---

① 习近平：《决胜全面建成小康社会，夺取新时代中国特色社会主义伟大胜利——在中国共产党第十九次全国代表大会上的报告》，人民出版社2017年版，第42页。
② 中共中央文献研究室编：《十八大以来重要文献选编》下册，中央文献出版社2018年版，第488页。
③ [美]亨廷顿：《文明的冲突与世界秩序的重建》，周琪等译，新华出版社2009年版，第29页。

都有一定的弊端，但也有其优长。中国近代自国门打开以来，一直在不断学习外来文化，尤其是西方文化，当前中国正在深化改革开放，倡导"一带一路"的建议，我们更需要加强文化交往，把优良的世界文化"引进来"，同时也需要让我们的文化以开放的姿态"走出去"，促进文化的国际传播。习近平指出："推进国际传播能力建设，讲好中国故事，展现真实、立体、全面的中国，提高国家文化软实力。"[①] 文化"越是民族的越是世界的"[②]。中国在"引进来"和"走出去"的文化交往历程中，既可以让世界更深入更广泛地了解中国，避免其他国家产生"中国威胁论""新冷战论"等误解，也让中国能够不卑不亢地走向世界的舞台，发挥中国大国的责任、担当和作用。因此，塑造我国负责任的大国形象，提升我国的国际话语权，讲好中国故事，宣传好中国文化品牌，传播好中国声音和价值观念，拓展对外传播平台和载体，提升国际传播能力建设，这有利于提升中国特色社会主义文化道路的公信力和影响力，有利于将中国特色社会主义文化成果与世界分享，造福于世界人民。

---

① 习近平：《决胜全面建成小康社会，夺取新时代中国特色社会主义伟大胜利——在中国共产党第十九次全国代表大会上的报告》，人民出版社2017年版，第44页。
② 《习近平谈治国理政》第2卷，外文出版社2017年版，第340页。

差异空间的政治想象

——福柯与列斐伏尔的空间观对勘

王晓磊*

摘　要：福柯与列斐伏尔引领了当代人文社科研究的"空间转向"，二人的空间观均发轫于对现代同质空间的批判上。借助于对历史同一性的重审，福柯用空间叙事打破历史叙事的连续性，列斐伏尔则用空间生产弥补历史唯物主义的空间化缺失。二人均受惠于尼采的身体观，福柯从差异的个体出发揭示了异托邦的恒常性，并通过自我技术追逐自由的最大化，以破除权力宰制的悖论；而列斐伏尔从联合的群体出发重构了乌托邦的开放性，呼吁在日常生活和空间领域进行总体性革命，以达至线性与循环、中心与边缘间的平衡。

关键词：同一性　差异空间　同质空间　异托邦　差异政治

20世纪60年代末，法国思想家福柯和列斐伏尔陆续发表了一系列涉及空间问题的论著，在哲学、社会学、政治学等学科中激起了广泛而持久的回响，从而开创了当代人文社会科学领域的一场

---

* 作者简介：王晓磊，中国地质大学（武汉）马克思主义学院讲师。

"空间转向"。虽同为20世纪空间理论的奠基者，福柯与列斐伏尔的空间观却并不相同。尽管二人先后注意到空间因素的政治意蕴，并将批判的矛头一致指向了现代社会的同质空间，然而，对空间的共同关注并不能遮蔽他们之间的理论差异。在处理空间问题时，无论是在理论的建构路径上，抑或是最终导向的目的地上，二人都相差甚远，呈现出难以调和的思想分歧。福柯与列斐伏尔一向被学界视为在空间研究中无法绕过的人物，他们对空间转向的产生有着直接的影响，只有辨明并厘清二者空间观的异同，才能领会当代西方马克思主义空间理论沿袭与发展的内在逻辑。

事实上，促使福柯与列斐伏尔展开空间思考的恰恰是现实空间本身，这一空间是身披同一性外衣的现代同质空间。对福柯与列斐伏尔来说，空间的趋同扼杀了多样的差异，要想摧毁同质空间的大厦，必然要将其背后的同一性地基作为批判的靶向。然而，同一性并非仅存于空间之内，福柯与列斐伏尔均意识到同一性在涉入空间之前早已铭刻进时间的洪流中。虽然二人都将空间的政治想象架设在差异性之上，但是，这一空间的想象力唯有安放在绵延的时间轨道中才能展翅高翔。

一　走出同一性的梦魇：
　　空间叙事与空间生产

如果深入追溯的话，作为思维方式的同一性是形而上学传统的遗产。赫拉克利特最早开启了思考同一性的先河，此后，经巴门尼德的推进，到柏拉图那里开始将同一性思维引入社会历史领域，意图在变动不居的社会现象中寻找某种不变的规律。自此，同一性思维逐步灌注于历史意识的长河中，它伴随形而上学的演进不断固化，最终凝结成西方文化颠扑不破的内在基因。

近代以来，笛卡尔开创的主体形而上学设定了"我思"相较于"我在"的优先性，在看待历史时，主体主义哲学往往不自觉地将个体的内在时间性转化为探究起源、连续性及目的性的历史意识。这种依循理性同一性的历史意识埋藏在启蒙精神的深处，它不仅透过现代性的解放筹划得以显现，还作为传统历史学方法的内核在各类历史叙事中不断流露。可以说，主体哲学与理性主义的兴起真正打开了同一性的潘多拉魔盒，在工业革命及资本主义的加速助推下，西方现代文明的乐章自此奏响了同一性的序曲。同一性逻辑如幽灵一般渗透到现代社会的各个角落，当然，空间亦不例外。基于此，福柯与列斐伏尔均看到了同一性逻辑对现代生活的宰制，他们都试图借助空间因素破解同一性的谶语。二人虽出发点一致，却因理论旨趣的不同，各自展开空间思考，形成了两种风格迥异的研究进路。福柯的空间观发轫于对传统历史学中同一性阴霾的驱离，他意图用一种新的空间叙事代替原有的历史叙事；列斐伏尔则是用空间生产的政治经济学批判来弥补历史唯物主义空间化的缺失。换言之，福柯激进地走出了历史主义，他要抽离历史主义的同一性，注入差异性；而列氏是改造历史主义，从内部补足其空间视域的短板，用差异性引导同一性。

先看福柯，其通过批判文学、历史学等领域的叙事方式展开对历史主义同一性的质疑。福柯指出，"书写，多个世纪以来，一直和时间相一致"[①]，从而铸就了以时间为法则的叙事，但这种时间叙事恰好掩盖了书写的真正深度和法则，因此，应当"把书写从叙事，从其线性的秩序，从时间一致性的巨大的句法游戏中解放出

---

① 汪民安编：《声名狼藉者的生活：福柯文选Ⅰ》，北京大学出版社2016年版，第135页。

来"①，正是空间为人们摆脱书写对时间的依赖提供了可能性。福柯明确了自己的目标，他从空间中发现了足以颠覆同一性、反抗时间性的特质，他要做的是凸显空间所具有的巨大优势，也即空间与语言的共时性同构关系。他认为，语言不仅是时间的产物，它从一开始就在空间中展开，"话语是外在性的空间，在这个空间里，展开着一个不同位置的网络"②。福柯一反秉持传统历史观的人们"溯本求源，无限追寻先源线，恢复传统，追踪发展曲线，设想各种目的论和不断借用生命的隐喻等做法"③，他强调空间的共时性功能，把关注的焦点从追逐完满的历史连续性转移到思考差异和断裂上来。在这里，福柯显然受惠于结构主义的影响，他认为，结构主义"包含了一个处理我们称之为时间及历史的特定方法"④，这种方法"作出了连接时间轴的不同元素并建立一个关系整体的努力，以使它们呈现并列、彼此对立、相互纠结"⑤。但福柯并不承认自己是结构主义者，他对结构主义的方法做了改造，创造性地提出了一种"知识的考古学"。福柯强调，"考古学不是要把那些看上去是连续的东西当做同时的东西来研究，也不试图凝固时间和用某些表现为静止形态的对应关系来替代时间事件的流动"⑥。也就是说，考古学并不反对一般意义上的时间，它的矛头指向的是"大写的历史"。不难看出，福柯的目的在于否定历史叙事中的同一性逻辑，当然，取而代之的并非单纯的共时性逻辑，而是"存在于必然性连续和不

---

① 汪民安编：《声名狼藉者的生活：福柯文选Ⅰ》，北京大学出版社2016年版，第135页。
② [法]福柯：《知识考古学》，谢强、马月译，生活·读书·新知三联书店1998年版，第69页。
③ 同上书，第14页。
④ [法]福柯：《不同空间的正文与上下文》，载包亚明主编《后现代性与地理学的政治》，上海教育出版社2001年版，第18页。
⑤ 同上。
⑥ [法]福柯：《知识考古学》，谢强、马月译，生活·读书·新知三联书店1998年版，第217页。

必然连续关系之间的交叉现象"①,是由各种有争议的对立面交织而成的复杂网络。

福柯的尝试值得肯定,他在结构主义的意义上激活了空间的价值,并试图通过以考古学为内核的空间叙事扭转长期以来强调话语、历史连续性的时间叙事,从而揭示出各类偶然的差异化事件在真实历史生成中的重要作用,但这时的福柯并未对空间与空间化做出严格区分。列斐伏尔清楚地看到了福柯早期空间观的语焉不详,因为福柯通常在空间化的层面使用"空间"一词,却"并未对其所谈论的空间是什么作出解释",② 他不指名地批评福柯:"甚至疾病和癫狂也被有些专家假设为有自己特殊的空间。"③ 事实上,列斐伏尔的这一批评恰恰表明其与福柯在空间观上的重大差异,正如列氏所述:"我所概括的理论,并不是要提出一种空间话语,而是通过将各种空间和他们的生成样式全都统一到一种理论之中,从而揭示出实际的空间生产过程。"④ 无疑,列斐伏尔意图构建一种空间统一理论,而这种空间理论建立的初衷是为了译解资本主义得以幸存的缘由,进而批判空间生产中的同一性逻辑。

与福柯一样,列氏依然从对历史主义的剖析入手,他认为,黑格尔和马克思发展和转换了笛卡尔哲学的思考方式,在黑格尔那里,民族国家空间的诞生是历史时间演绎的结果,"时间被固化在空间所固有的理性中"⑤;而马克思则断定空间中任何现实问题的出现均可以在其历史的起源中得到说明,因此,"马克思将历史时间

---

① [法]福柯:《知识考古学》,谢强、马月译,生活·读书·新知三联书店1998年版,第217页。
② Henri Lefebvre, *The Production of Space*, translated by Donald Nicholson-Smith, Oxford/Cambridge: Blackwell, 1991, p. 4.
③ Ibid., p. 8.
④ Ibid., p. 16.
⑤ Ibid., p. 21.

有力地修订为一种革命的时间"①。20世纪下半叶以来,资本主义国家的力量在全球范围内得以强化,列斐伏尔判定,马克思所预言的工人阶级通过暴力革命使国家消亡的目标短期内难以实现。同时,他还认识到,资本借助理性对社会的压制必定会激起反抗,各种力量间的斗争日趋复杂和隐蔽,这就意味着马克思主义不会也不可能消失。既然马克思未曾预见到资本主义的新变化,这就为列斐伏尔重审当代资本主义的状况提供了理论契机。他洞察到资本主义的经济增长方式已由"生产的空间"(空间中东西的生产)转变为"空间的生产","空间整体地进入了现代化的资本主义的生产方式,在那里用于剩余价值生产"。② 因而,列氏提出,有必要改变马克思建立在历史时间基础上的社会认识方法,拓展历史唯物主义和辩证唯物主义的空间向度,将马克思的政治经济学批判改造为空间的政治经济学批判。这样一来,历史的逻辑演绎因与空间的历史进程相一致而具有了真实性,源于时间的同一性因在现代空间中凸显而获得了现实性。由此,列斐伏尔看到了资本主义的空间生产对同一性逻辑的延续与巩固,他寄希望于通过日常生活领域的空间实践打破抽象空间的同一性桎梏,作为一名马克思主义者,最终他再次回返到马克思的解放叙事中,为边缘群体的斗争指明了一条总体性革命的道路。

福柯与列斐伏尔都想克服历史主义的局限,这一局限即同一性透过历史发挥作用。一方面,其作为一种现代性筹划的解放逻辑的确带来了启蒙与进步;另一方面,它的过度使用也会导致对差异性的束缚甚至抹杀。福柯选择的是反历史主义的道路,他用无主体的谱系反抗主体的历史主义。但在福柯这里,起初他并非在谈论真实

---

① Henri Lefebvre, *The Production of Space*, translated by Donald Nicholson-Smith, Oxford/Cambridge: Blackwell, 1991, p. 21.
② Ibid., p. 347.

的空间，而是在空间隐喻的意义上揭露话语中的权力关系，这也是列斐伏尔误解福柯的原因。相反，当福柯决绝地与同一性挥手告别之时，列斐伏尔却为历史主义重披新装。列氏清楚地看到历史主义不可能消灭，这是与人类生存直接相关的一种时间意识，其目的在于清除历史主义的同一性弊病，转而用差异性填充历史主义的内核，用时间和空间的辩证关系重塑历史唯物主义。

二 空间差异性的构想：异托邦与差异空间

值得庆幸的是，同一性做不到也不可能做到完全抹杀差异性，因为同一的前提原本就是差异或不同，正如海德格尔所言，"同一（das Selbe）并非相同（das Gleiche）。在相同的东西中区别消失了。而在同一的东西中区别显现出来"[①]。也可以说，同一与差异彼此相伴相杀、互为依存，但此种平衡关系因主体第一性的僭越被打破了，无论是笛卡尔的"我思"，还是康德的"先验统觉"、胡塞尔的"超验自我"，都是在用同一来统摄、包纳差异，旨在通过一种"同"的主体消融"异"的客体。实际上，差异并未从被同一的对象中消失，只不过泛滥的同一性遮蔽了差异性的显现，如不从源头上斩断主体主义的致思之根，笼罩在差异性之上的阴霾便始终无法驱散。

因此，欲使空间真正敞开其差异性的面向，首先应当彻底摆脱主体在先的思维定式，重新确立起使差异得以绽显的理论地平。巧

[①] ［德］海德格尔：《同一与差异》，孙周兴、陈小文、余明峰译，商务印书馆2014年版，第57页。

合的是，福柯与列斐伏尔不约而同地从身体出发，用尼采的"身体"取代笛卡尔的"主体"，以流变的、感性的、欲望的肉体消解恒定的、理性的、可靠的自我，借由差异化的身体去重估一切空间事实，重建异质空间的可能性来源。福柯与列氏均认为个体身体中蕴含着生命的本能差异，原本此种差异通过身体的感性对象性活动自觉生成了一个具象的、生活的、居住的差异化空间，但这种类似于海德格尔诗意栖居般的美好空间被社会实践的渗入所打碎，更深一层说，被同一性的实践所摧毁。近代以降尤甚，当架设在主体理性之上的工业资本主义展开大规模的空间实践之时，同质化更是疯狂地吞噬着生活空间的领地，居住空间的本真意义消逝在无尽的技术复制的汪洋大海中，用海德格尔的话说，就是现代人处于一种无家可归的状态。有别于海德格尔对存在的解蔽，福柯与列斐伏尔回归身体的思路无疑为重审空间问题提供了另一条航向，然而，在前行的途中，二人却因对异质空间的不同构想再度分道扬镳。

福柯极富创意地生造出一个新词"异托邦"（heterotopias）来描绘他关于异质空间的想象。从字面上看，异托邦仅是不同于虚构的"乌托邦"（utopias）的真实场所，但吊诡的是，这类真实场所又绝对地异于社会中的所有场所，它是"一种有效制定的虚构地点"[①]。在这里，福柯点出了异托邦的两个批判对象——乌托邦和所有场所。乌托邦被福柯看作同一性在历史意识中的体现，他阐明了乌托邦的虚构性与非真实性，对异托邦的非乌托邦判定延续了他一贯的反历史主义立场。反之，所有场所则是同一性在真实空间中的体现，它是在所有文化、文明中建立起来的普遍的、完全的场所，但是，在每一社会中还真实存在着不同于所有一般场所（同质空间

---

① ［法］福柯：《不同空间的正文与上下文》，载包亚明主编《后现代性与地理学的政治》，上海教育出版社2001年版，第21页。

或同托邦①）的差异场所（异托邦）。福柯正是用异托邦来颠覆空间的同质化，他认为当今的空间仍未被理性的去神圣化完全占据，因为源于身体感性活动的差异是始终无法被摧毁的。对此，福柯做了相应的说明："或许我们的生活仍被一些特定的、无法破除的对立所统治，它们仍然未被我们的制度和实践摧毁。"② 在福柯看来，表现为对立的差异性不可能被消灭，它广泛地存在于各类对立的空间中，因而，"我们所居住的空间，把我们从自身中抽出，我们生命、时代与历史的融蚀在其中发生，这个紧抓着我们的空间，本身也是异质的"③。据此，这一异质的生活空间自然会生长出非同质的异托邦。

此外，福柯不单从感性生活中看到了差异，看到了居住空间的多样，他还透过空间发现了权力。在福柯眼中，空间本身就是一个权力关系聚合的网络，"空间是任何权力运作的基础"④。"换句话说，我们并非生活在一个我们得以安置个体与事物的虚空中，我们并非生活在一个被光线变幻之阴影渲染的虚空中，而是生活在一组关系中"⑤，这些关系对福柯而言最重要的就是权力关系。如果说，在马克思那里，通过劳动的身体把社会关系看作生产关系，而在福柯这里，则是通过尼采的权力的身体将社会关系视为权力关系。甚至可以说，福柯赋予权力以社会本体的地位，他声称没有权力关系

---

① 列斐伏尔将同质空间或类似空间称为同托邦（isotopy/isotopias），详见 Henri Lefebvre, *The Urban Revolution*, translated by Robert Bononno, Minneapolis/London: University of Minnesota Press, 2003, pp. 37–38, 128–129; Henri Lefebvre, *The Production of Space*, translated by Donald Nicholson-Smith, Oxford/Cambridge: Blackwell, 1991, pp. 163, 366。笔者认为，福柯所提到的所有场所、一般场所、正常场所与列斐伏尔所说的同质空间、类似空间、同托邦的意义基本一致。
② ［法］福柯：《不同空间的正文与上下文》，载包亚明主编《后现代性与地理学的政治》，上海教育出版社2001年版，第20页。
③ 同上书，第21页。
④ ［法］福柯、［美］保罗·雷比诺：《空间、知识、权力——福柯访谈录》，载包亚明主编《后现代性与地理学的政治》，上海教育出版社2001年版，第13—14页。
⑤ 同上。

就没有社会,"权力关系深深地植根于社会关系中,它不是凌驾于社会之上的,……没有权力关系的社会只能是一种抽象"①。对福柯来说,身体及生活的差异不仅是异质空间的来源,更是权力的来源,有差异就有权力,"每一种权力关系都使差异运转,而差异,既是权力的条件又是它的结果"②。在此意义上,福柯认为空间不过是由位置间的权力关系展布形成的,所以福柯说,"……一部有关空间的历史——这也就是权力的历史——从地缘政治的大战略到住所的小策略,从教室这样制度化的建筑到医院的设计"③。概言之,空间是权力化的空间,权力是空间化的权力,这便是福柯对社会空间的揭示。

那么,既然权力与异托邦一样原本出自差异,我们不禁要问,福柯致力于批判的所有场所(同质空间)究竟为何物?这类场所是否是由权力训育的呢?就此问题看,一开始福柯所谈到的作为权力来源的差异是从个体身体中显露出的,但"权力并不完全属于某个单独可以对他人实施控制的个人"④,权力透过同一性进入共同体(社会身体)后,便会生成多种权力形式,而"权力形式一旦在日常生活中直接运作,就会对个体进行归类"⑤。也即是说,在社会层面,权力不光是个体化的,它演变为一台巨大的权力机器,反过来将个体套在里面,使个体成为主体。为了实施对社会的统治,权力机器将触角深入空间之中,尤其是自16世纪以来,随着一种新的政治权力形式——民族国家的诞生,由国家操纵的权力技术逐渐强化了对区域、城市、建筑、身体等各类空间的控制,以有序替代无

---

① 汪民安编:《自我技术:福柯文选Ⅲ》,北京大学出版社2015年版,第132页。
② 同上书,第133页。
③ [法]福柯:《权力的眼睛——福柯访谈录》,严锋译,上海人民出版社1997年版,第152页。
④ 同上书,第159页。
⑤ 汪民安编:《自我技术:福柯文选Ⅲ》,北京大学出版社2015年版,第114页。

序，以规训约束放任。由此，我们可以得出，福柯批判的所有场所显然是一种被多数主体所公认的理所当然的正常场所，所谓正常不过是对权力同一性的屈从而已。当主体不经意间遵循同一的正常时，差异的反常却在权力话语的霸权中被进一步放大。毋宁说，权力的同一性愈是施行，差异性的场所就愈加显现。于是，我们也就不难理解为何福柯会把精神病院、监狱、花园、动物园、博物馆、图书馆、妓院、殖民地等看作异托邦或异托时的形式了，因为他所列举的这些场所正是以不同的方式颠倒正常，并且这种"异"的反叛恰从"同"出，"异"用自身不屈的存在默默地嘲讽"同"的狂妄。

  福柯的异托邦表现出的是一种悲观的无声呐喊，他对主体经由反抗实现解放不抱希望，故其目的并非要构建一个异质空间的乌托邦。列斐伏尔在这点上与福柯完全不同，列氏并未放弃解放的理想，他意图用差异性重构乌托邦，就此他提出了一个游离于真实与想象中的空间样态——"差异空间"（differential space）。很明显，列斐伏尔的差异空间彰显的是差异本身，其目的就是要挣脱同一性对空间的支配。与福柯不同的是，列斐伏尔的差异空间反对的不是福柯眼中的所有一般场所，而是现代工业生产与城市生活对应的"抽象空间"（abstract space）。换句话说，福柯否弃的是人类历史上一切由权力同一性规训的同质空间，他分析的是权力与空间的共生关系；而列斐伏尔则留意到资本主义条件下经济因素与权力的结合，他着重揭示了抽象空间同质化背后的资本逻辑。在列斐伏尔看来，生产关系包含了权力关系，二者并存于空间中，"没有空间及其生产的概念，权力框架（无论是现实还是概念）根本无法获得其具体性"①。与自然的"绝对空间"（absolute space）和生活的"历史空间"（historical space）不同，以积累为目的的资本主义将经济与政治裹挟进理性的逻各斯之内，计算和交换的理性成为社会的主导性力量，"知识的时代支配着一种根据同质性的逻辑规则建构的空间秩序"②，即抽象空间。这种空间追逐同质性，它将内容的差异简化为形式的一致，它妄图吞噬其内部的一切异质性因素，从自然空间到生活空间，直至身体空间。

在此，列斐伏尔与福柯一样也从身体出发，欲借身体的本能差异抵抗主体同一性的压制。列斐伏尔把身体看作空间的起点，他说，"空间——我的空间——不是我所构成的'文本性'语境：相反，它首先是我的身体，然后是我的身体的对应物或'他者'，它的镜像或阴影"③，"每一个体在其自身的空间内定位他的身体，并且围绕着这一身体理解空间"④。在列斐伏尔看来，身体虽然彼此类似，但它们之间出自感官经验的差异却是独特的，这种差异存在于生活的领域，并透过各类词语、符号或艺术作品呈现出来，由具体的经验和抽象的符号混合成"具象的空间"（representational spaces）。列氏还指出，身体的存续是以生产活动为手段的，不同社会关系中的生产与再生产构成了一个社会的"空间实践"（spatial practice）。作为空间实践的劳动原本承载着保存社会生活的功能，空间实践与具象的空间在绝对空间阶段是统一的，资本主义的到来却打破了这种统一，将具体劳动转化为抽象劳动，用一种破坏性的空间实践敲碎了社会身体，把真实的身体空间扭曲为构想的空间身

---

① Henri Lefebvre, *The Production of Space*, translated by Donald Nicholson-Smith, Oxford/Cambridge: Blackwell, 1991, p. 281.
② Ibid., p. 284.
③ Ibid., p. 184.
④ Ibid., p. 213.

体。相应地，由生产关系强加的秩序而形成的空间，同时也是科学家的、规划者的、技术官僚的空间，被列斐伏尔概括为"空间的表征"（representations of space）。这样，列斐伏尔便从结构上将社会空间分解为生活的、感知的和构想的三部分，并在此三元辩证关系的循环互动中搭建起空间本体论的地基。

列斐伏尔还指出，在资本主义的抽象空间中，空间的表征窒息了具象的空间，空间实践被精神的空间所框定，但抽象的均质性并不能消除所有差异，因为抽象空间本身就蕴含着空间的矛盾。这种矛盾是社会矛盾在空间中的显现，它透过空间的质和量、全局和碎片、交换价值和使用价值等对立体现出来，具体表现为生产消费的空间与娱乐休闲的空间、全球化与地方化、中心和边缘、支配与占用等矛盾。列斐伏尔进一步看到，重复和差异彼此相互生成，抽象空间的生产与再生产依赖于重复性，它将差异简化到最小，用构想的取代生活的，这必然会引起身体的反抗。因为，"身体的不可思议之处……是它在重复之外，'无意识地'生产差异的能力"[1]，"社会的空间身体和需要的社会身体，正像作为生活实体的身体一样，……没有生殖，没有生产，没有创造差异，它们就无法存活下去"[2]，所以，重复一定会产生差异。列斐伏尔以资本主义生产的差异化趋势为例，他认为产品的多样化废止而非强化了均质性，"社会空间（空间实践）现在已经（潜在地）实现了一种源于量化活动的抽象空间的自由的尺度"[3]。那么，能够突破抽象空间链条的那些薄弱环节和潜在之处便渐趋明朗，日常生活、城市、身体在列斐伏尔看来应当成为斗争的前线，他呼吁在这些方面寻求一种"进入

---

[1] Henri Lefebvre, *The Production of Space*, translated by Donald Nicholson-Smith, Oxford/Cambridge: Blackwell, 1991, p. 395.
[2] Ibid., p. 396.
[3] Ibid., p. 391.

差异的权利"（right to difference），也即通过实际斗争去争取具体的差异，进而对相关领域的组织形式进行重新设计，在反计划或反规划的过程中开辟出实现差异空间的可能性。

从思想资源上看，列斐伏尔虽把差异的源头回溯到尼采的"身体"那里，但其主要思路仍是沿袭历史唯物主义的分析结构。他把尼采的"身体"与马克思的"实践"（感性活动）拼接起来，但其理论底色仍是马克思主义的，所以，在他眼中资本与权力的共谋带来了抽象空间的泛滥，最终必须依靠革命才能获得空间的解放。福柯尽管在理论上也受到马克思的影响，但其否认自己是马克思主义者，只承认自己是尼采的信徒。[①]他运用尼采的谱系学方法透视权力的空间化历程，把尼采的生命本能的、内在的强力意志改铸为社会性的、外在的权力网络，身体在权力面前是被动的、受压制的，正是这种无所不在的压抑使身体彻底丧失了获得社会化解放的能力。换句话说，列斐伏尔与福柯的分歧不过是马克思与尼采分歧的再现而已，站在通往差异性的分叉路口上，列斐伏尔借助马克思走向了希望，而福柯经由尼采陷入了绝望。

三 迈向差异政治之途：自我技术与总体性革命

颇富戏剧性的是，福柯的绝望因其晚年对主体的重新发现迎来了转机，如果说早期的福柯对作为知识和权力驯顺对象的主体失却了希望的话，1980年之后的福柯则从古希腊罗马时期的修身实践中

[①] 福柯曾多次在不同的访谈中表明在写作时经常不加引号地引用马克思的话，但他也明确表示自己并非马克思主义者，只不过是个尼采哲学的信徒。详见杜小真编选《福柯集》，上海远东出版社1998年版，第281、489、513、523页。

看到了一丝重塑主体的曙光，其欲借主体的自我技术打开通往差异政治的坦途。无独有偶，列斐伏尔亦从差异的身体出发，试图重寻能够改变资本主义抽象空间的主体力量。微妙的是，福柯和列斐伏尔所理解的主体却并不相同，在个体化的主体与普遍化的主体之间，福柯选择了前者，而列氏选择了后者，福柯重构的是自由的主体，列氏重寻的是解放的主体，最终，福柯走向了修身实践，而列斐伏尔则走向了革命实践。

福柯留意到在笛卡尔的"认识你自己"的理性主体之外，古希腊罗马时期还存在着一个"关心自己"的精神性主体。福柯回顾了苏格拉底的对话及斯多葛派和犬儒派的修行，他认为，在这一时期，"关心自己"是主体存在的主要方式，这一精神性主体是"身体的、工具的和语言的行为的主体"[①]，是容纳了身体的和精神的全部差异性的主体。显然，"关心自己"的主体不再是身体被压制的主体，不再是知识的权力的主体在前、身体在后的"主体化的身体"，不再是差异的身体服膺于同一的主体。福柯虽废除了尼采"身体"内在的强力意志，却找到了统摄身心的个体化的"灵魂"，与萨特一样，福柯从精神性主体中提炼出了作为自我基底的"自由"。在福柯看来，尽管身体无力逃脱被塑造为主体，但却可以拒斥权力宰制状态，让主体摆脱共同体（集体）的权力话语，透过个体化的自我技术，主体不再为权力的同一性所摆布，而被身体的差异性塑造为自省的主体。福柯指出，"自我技术：它使个体能够通过自己的力量，或者他人的帮助，进行一系列对他们自身的身体及灵魂、思想、行为、存在方式的操控，以此达成自我的转变，以求获得某种幸福、纯洁、智慧、完美或不朽的状态"[②]，"其结果是让

---

① ［法］福柯：《主体解释学》，佘碧平译，上海人民出版社2005年版，第59页。
② 汪民安编：《自我技术：福柯文选Ⅲ》，北京大学出版社2015年版，第54页。

关心他自己的个人成为一个不同于群众的人，一个不同于大多数的人，一个不同于被日常生活融化的人"①。因此，可以说福柯是用"身体化的主体"取代了"主体化的身体"，前一个主体是去权力化的个体主体，后一个主体是权力化了的社会主体。在此意义上，个体化的主体拒绝脸谱化、普遍化，他关注自己的生活，把自己的生活看成一件艺术品。然而，个体化生存美学并不是福柯的最终目的，其真正的用意在于，通过重构主体走出权力宰制的怪圈，因为"只有在修身关系中才有抵制政治权力的首要的和终极的支点"②，才能在权力宰制体系中争取到应有的自由空间。

福柯的做法是将真理、权力与主体三种元素统合起来寻找整体方案，在他看来，三者之间的关系是互为支撑的，任何一方都不能化约为其他两方。具体来说，福柯意在实现真理、权力与主体模式的三重理论转换，即"从获得的知识的主题转换到真言的主题，从宰制的主题转换到治理术的主题，从个体的主题转换到自我实践的主题"③，只有三者皆变，才有可能为达至自由创造条件。福柯认为，直言（真言）关注的重点并不是证明知识的"真理的分析学"，而是真理的言说方式，作为个体的言说者以其德性与信念通达真理，毫不隐瞒地说出一切，哪怕因冒犯他人或者公众而使自己的生命陷于危险之中也在所不惜，这本身就体现出一种敢说真话的勇气，是一种对抗真理权力化的不屈态度。因而，要克服牧领制度、国家理性、生命政治等各种治理术中的权力宰制性，就必须形成使"主体固有的真话向道德上可接受的行为原则"④做出永久转变的结构，也即要建立"冒险讲真话者和同意倾听真话者之间的这

---

① ［法］福柯:《主体解释学》，佘碧平译，上海人民出版社2005年版，第80页。
② 同上书，第266页。
③ 汪民安编:《自我技术：福柯文选Ⅲ》，北京大学出版社2015年版，第392页。
④ ［法］福柯:《主体解释学》，佘碧平译，上海人民出版社2005年版，第341页。

种协议"①，使自由的个体在相互交往中能将直言、书写、禁欲等修身实践活动推己及人。这时，人与人能够坦诚相待，即便是权力者亦能约束自己的行为，他"依照权力应当得到使用的方式来行使他的权力，也就是说，他同时把权力施加到自己身上"②。总体上看，"人们施加到自己身上的权力也制约着他们施加到他人身上的权力"③，这样就能在全社会形成一种"己所不欲，勿施于人"的理想氛围。无疑，福柯由此构想了一种完全不同于以往治理术的全新的"自我治理"方式，"以这种方式，人们可以从一个不同的角度着手处理治理术问题：将人们的自我管理与他人的关系联系在一起"④。福柯承认，这种具有积极的伦理含义的自我关注是对权力的一种颠覆，是限制和控制权力的一种方式，但是，至于自我关注如何落实为一种具体的政治形式，相关细节福柯并未展开论述，他只是笼统地说，"这一问题必须依据法则、合理的统治技巧和气质以及自我和自由的实践活动来加以叙述"⑤。

福柯用自我技术消解了权力同一性的悖论，出自差异的权力迈向的不再是压制差异的同一，而是差异化的个体自由。在福柯这里，主体的差异与自由既是权力关系存在的前提，也是反抗的可能性来源。但是，这种反抗通往的只能是自由，而非解放，因为"解放为新的权力关系铺平了道路，这种关系必须受到自由实践的控制"⑥。这便是福柯自称对解放概念心存疑虑的缘由，亦是其提倡人们采取"一种超乎寻常又不无悲观色彩的行动主义"⑦立场的

---

① 汪民安编：《自我技术：福柯文选Ⅲ》，北京大学出版社2015年版，第400页。
② 同上书，第260—261页。
③ 同上书，第261页。
④ 同上书，第15页。
⑤ 同上书，第280页。
⑥ 同上书，第253页。
⑦ 同上书，第146页。

本意。

与福柯不同，列斐伏尔主张从集体的主体出发寻找差异政治的解决方案，尽管早年深受尼采主义和超现实主义影响，列氏曾一度沉醉于对个体主义的迷恋与幻想中，但他很快意识到个体救赎之路难以走通，原因有二。其一，他认为对某种"精神"生活的向往实质上是古老的神秘主义在作祟，自波德莱尔以来的许多哲学家渴望一个内部的、更高级的精神世界，这是以漠视人的实际生活为代价的，仅是一种对虚假现实的批判性想象。如果真的存在一种绝对化的"精神"生活的话，"那么有了'精神'生活就是人的终结，'精神'生活是人的衰竭的证据和声明。所以，人一定是日常的人，否则，他就完全不是人"[1]。其二，列斐伏尔还指出，受技术因素影响，现代社会的公共生活已渗透到个人生活里，如今的个人生活中充斥着一般的、社会的和政治的信息，再主张"把个人生活上升到社会层次，即上升到历史层次，再上升到政治层次"[2]已不可行。基于此，列斐伏尔选择用日常生活的集体的主体替代个人的"自我价值感"的集体的主体，但这一集体的主体已不再是马克思所设定的工人阶级，其涵盖范围更广，"不仅是企业中的劳动者，城镇、区域里的居民，主体还是自主的工人阶级"[3]。无疑，列斐伏尔把排除了资产阶级的所有普通民众都纳入集体的主体之内，进而将这一集体的主体置入总体性革命的重新规划中。在列斐伏尔看来，马克思预设的总体革命之所以失败，其原因就在于现代社会的日常生活已被全面异化。因而，不改变生活，就不可能真正改变社会，他要做的是在日常生活、空间、身体领域重建总体性革命的计划，重塑

---

[1] ［法］列斐伏尔：《日常生活批判》，叶齐茂、倪晓晖译，社会科学文献出版社2018年版，第117页。
[2] 同上书，第300页。
[3] 同上书，第616页。

总体性的辩证法。

  列斐伏尔将总体性革命改造为一种微观的、超阶级的革命,他看到了日常生活的程式化与城市空间的中心化均是资本主义生产关系再生产的具体表现,因而,他从时间与空间两方面着手构想日常生活与空间的革命。一方面,列斐伏尔主张用时间的瞬间性打破时间的线性逻辑,用节庆反抗日常生活的异化,用突变的时刻拒斥日常生活。他设想的是"一种空间行动克服了冲突,至少是暂时性的克服,即使它没有解决它们,它打开了一条从日常生活到集体娱乐的道路"①。显然,这种克服并不是个体化的自省,而是集体的逃离。革命是人民的节日,只有在节日的瞬间,差异才被同一融合,同与异的交响融化了纷争,但这只能是一种暂时的而非永久的改变。另一方面,在空间领域,他用边缘群体争取城市权利的斗争抵制城市权利的丧失,用运动的中心性代替固化的中心性,用瞬间的空间化取代被视为固定的社会空间现实。他指出,"称之为'空间革命'的进程(包含城市革命)……产生一种脱落的突然的起义,一种压力的缓慢的形成,并且最终一种更高层次的意识和行为的革命的爆发"②。在列斐伏尔这里,他透过空间重新理解总体性,将总体性解释为中心性辩证法,总体性革命不再是目的性的解放,而变成了一个运动的瞬间的解放。列斐伏尔的用意显而易见,他利用时间的非连续性与瞬间性瓦解历史的定势化与空间的中心化,日常生活革命和空间革命在他眼中都是瞬间的革命,而瞬间的暂时性只有借助身体才能落地生根。因此,晚年的列斐伏尔把总体性革命加诸身体之上,主张在时间和空间中回归身体的节奏,这种对身体的回归不再是瞬间的暂时性克服,而是一种辩证的过程性克服。他提出

---

  ① Henri Lefebvre, *The Production of Space*, translated by Donald Nicholson-Smith, Oxford/Cambridge: Blackwell, 1991, p. 222.
  ② Ibid., p. 419.

用循环节奏取代线性节奏，让线性节奏不再压制身体、自然本身的循环节奏，进而在日常生活的线性与循环、空间的中心与边缘之间保持一种张力，达至一种"亚稳态"的平衡。

列斐伏尔重建的总体性革命并不是追求差异的个体化之路，他提出，"虽然我们强调差异，但是，强调差异并不是要忽略同一性、相似性，归根结底，强调差异不是要忽略转变过程，换句话说，不能忽略历史和人类的历史性"①。事实上，列斐伏尔特别指认了任何差异都通过再次同一化而走向特殊，差异并不是绝对的差异，自由亦非个体化的自由，而只能是社会化的自由。他大声疾呼，"构成自由的整个人的力量之和属于一个社会中形成团体的那些人们，而不属于那一个孤立的个人"②。他与福柯一样也看到了权力同一性的悖论，但他选择的是用乌托邦来克服这一悖论。在他看来，乌托邦是一种对人类可能性的认识，而且这种"可能性也是真实的一部分，并且赋予真实方向感"③，但列氏理解的乌托邦已不再是马克思意义上的激进革命道路，而是在激进与渐进之间寻求普遍自治的希望，以一种变动的态度重新对待生活的诗化革命。

尽管福柯与列斐伏尔均以自我管理或自治作为差异政治的目标，但因二人的立足点不同，前者从个体主义出发走向了无政府主义，后者则从群体主义出发走向了"真正"的社会主义。福柯虽然不相信解放，不相信乌托邦的虚幻，但他选择的尽可能减少权力宰制的自由之路并未超越启蒙精神，其骨子里仍是一个平等主义者，他只能用既非乌托邦亦非同托邦的异托邦寄诉衷肠。然而，他一味强调用差异去达至自由与自治的方式过于理想化，换句话说，他念

---

① ［法］列斐伏尔：《日常生活批判》，叶齐茂、倪晓晖译，社会科学文献出版社2018年版，第348页。
② 同上书，第158页。
③ 同上书，第51页。

念在兹的异托邦何尝不是一种变换了样式的乌托邦呢？相较而言，列斐伏尔明确反对无政府主义的政治立场，又对现实的社会主义无力改变日常生活的事实表示忧虑。他认识到，任何异托邦都无法真正摆脱同一性，所以，要做的只能是在同托邦与异托邦之间开辟出乌托邦的可能性，这种乌托邦已不再是目的性的归宿，而是不断在真实与可能之间游走的超越性意识，它通过无所不在又无处存在的"在场—不在场"关系统一了异托邦与同托邦的对抗，但这种开放的乌托邦构想本身潜藏着相对主义的风险，这也是列斐伏尔最终脱离马克思的无产阶级革命道路的因由。

从文明自觉论中国道路的意蕴[*]

马军海[**]

摘　要： 中国特色社会主义进入新时代，是以一种文明的方式迈向中华民族的伟大复兴。文明崛起是新时代中国特色社会主义走向"强起来"的真正内涵。这一判断具有这样两重意蕴。一方面，中国特色社会主义内在于中华文明的演进逻辑之中，体现着中华文明的连续性与主体性，有其深厚的文明底蕴和历史基础，实现了对自身存在经验的自我理解。只有立足于中华文明的变迁逻辑与中国道路的生成逻辑的内在统一，才能领会当代中国的特质与特色。另一方面，在文明形态更新的意义上审视中国道路，中国特色社会主义提出了不同于西方现代性的生存方式与价值理念。中国道路所开启的文明形态彰显了一种共同体的视角，体现着"民惟邦本""以义制利""协和万邦"的价值取向，建构了属于中华民族自己的文明话语与价值理念。中国道路的文明意蕴作为当代中国的自我理解，并不只是一种特殊性论说，还有其世界历史意义。

关键词： 中国道路　文明自觉　文明新形态

---

[*]　基金项目：本文系教育部人文社会科学研究青年基金项目"新时代中国特色社会主义的文明意蕴研究"（项目编号：18YJC710050）的阶段性成果。

[**]　作者简介：马军海，东北师范大学马克思主义学部哲学院讲师，哲学博士。

在中国共产党的领导下，经过40多年的改革开放，中国取得了堪称奇迹的经济高速增长，已成为世界上第二大经济体，拥有了可以与西方发达国家相抗衡的实力。中华民族从站起来、富起来走向了强起来。如何深入阐释中国道路的内涵与意义？除了从制度安排等层面分析中国道路，还需要不断超越既有理解方式，确立新的视野和分析单位。文明是把握当今时代特征的重要范畴，也是中国改革开放成功的一个重要因素。基于这一理解，我们从文明的思路和视野来理解走向"强起来"的中国。社会主义中国并不只是一个庞大的经济体，更不是威胁邻国或他国的"现代威权国家"。"强起来"的中国不只是经济等硬实力的崛起，而是代表着文明的崛起。文明的崛起是中华民族伟大复兴的真正内涵。那么，中国的发展道路，特别是改革开放40多年中国特色社会主义究竟呈现出一种怎样的文明内涵？如何凝练和发掘中国道路所蕴含的文明意义？

一　文明之自觉：何为文明？何种文明？

　　省思既有的文明观是理解中国道路之文明内涵的前提。"文明"是一个我们比较熟悉的语词，人们通常是在与野蛮状态相对的意义上使用它。一般来说，凡是人类活动所能达到的领域，社会生活所呈现的器物、制度等，莫不属于文明的范畴。器物、制度等固然属于文明，但这并非文明的根本性、本质性内涵。就文明的基本内涵来说，文明表现为两个层次：作为形质之文明与作为精神之文明。日本学者福泽谕吉在《文明论概略》一书中指出，"文明有两个方面，即外在的事物和内在精神"[①]。文明的外形，即"从衣服饮食

[①]　［日］福泽谕吉：《文明论概略》，北京编译社译，商务印书馆2017年版，第12页。

器械居室以至政令法律等耳所能闻目所能见的事物";文明的精神,即人民的"风气"、一国的"人情风俗"。① 受福泽谕吉的影响,梁启超也从形质与精神这两个方面理解文明。"文明者,有形质焉,有精神焉。……然则真文明者,只有精神而已。"② 略有不同的是,梁启超把文明之精神界定为国民之元气,如独立性、爱国心、公共心等,没有一味地以西方文明为文明之典范。百年来,人们基本上也是立足于文明的这两个方面——物质文明和精神文明来理解文明的内涵。尽管人们已经意识到文明的两个层面,但是在对文明的理解上依然存在着空间化、片面化、单一化等倾向。具体来说,人们主要是从文明之外形而不是文明之精神、从西洋文明而不是中国文明来理解和把握文明。

中国人在文明的理解上之所以出现如此的观念,这和晚清以来中华民族的境况和命运有着直接的关系。晚清以来,中华民族一直面临着西方的冲击,甚至还几度处于生死存亡的关口,当时国人最为关心的问题就是:如何使中国富强起来。为此,中国的知识精英不断地寻求民族复兴、国家富强的良策,并把目光聚焦于西方,主张向西方学习,以"夷"为师,"师夷长技以制夷"。当时洋务派所开展的自强运动,主要就是学习西方的坚船利炮,引进西方的工业技术,即西方的器物文明。在晚清有志之士纷纷投身实业救国的行列中去的同时,清朝却屡遭屈辱,频遇战争上的失利,如马江之败、甲午之败,特别是甲午一役,北洋水师覆没,朝野震惊,有志之士开始反思洋务运动,认为器物上的学习并不能够使中国实现真正的强大。中国的精英阶层逐渐认识到西方的器物文明优势有其政治、社会和文化的基础,而中国的政制不良,遂从器物转向制度。

---

① [日]福泽谕吉:《文明论概略》,北京编译社译,商务印书馆2017年版,第12—13页。
② 梁启超:《饮冰室合集·文集之三》,中华书局2015年版,第61页。

康有为等人发起变法维新运动，以西方为参照系改良政制，最终也夭折了。此后辛亥革命推翻清朝，建立"新制度"——民主共和政体，也没有如人们所预期的那样，迎来民主共和，而是伴随着袁世凯窃取政权，很快进入军阀的你争我夺之中。有识之士认为，民主共和政体，之所以没有得到实行，从根本上来说是因为国民的旧心理、旧伦理。新文化运动的主将陈独秀在"吾人最后之觉悟"一文中指出，"盖共和立宪制，以独立平等自由为原则，与纲常阶级制为绝不可相容之物，存其一必废其一"。[①] 他的此番觉悟——"思想革命""伦理觉悟"，在知识界具有很高的共识性。当时，中国的知识精英普遍认定旧文化、旧制度不相容于新政治、新国家，中华民族的自救之道在于开出新文化。新文化运动所极力提倡的"新文化"，其特征便是"赛先生"和"德先生"，"赛先生"和"德先生"正是西方文明的中心和特色。但人们并未深究科学、民主等价值的文化根源，以致沦为抽象的观念，因为这些外来价值并未匹配当时中国的文化环境，也未切中时代现实。中国知识精英虽然不断推进和深化对文明的理解，特别是经过新文化运动，人们开始不再仅仅局限在物质主义、强力主义上，逐渐深入文明的价值层面——自由与平等、民主与科学等，但仍是在以西方文明为标准的意义上挖掘文明深层的价值。[②] 而且，中国人在一定程度上失去了对自己文明的信心。欧洲一战后的惨状以及国内革命后的乱局，又使一些中国知识精英意识到西方文明之局限。严复说："不佞垂老，亲见脂那七年之民国与欧罗巴四年亘古未有之血战，觉彼族三百年之进化，只做到'利己杀人，寡廉鲜耻'八个字。"[③] 再加上西方国家对非西方民族、国家的侵略与殖民，严复、梁启超等人纷纷流露出

[①]《陈独秀文集》第一卷，人民出版社2013年版，第141页。
[②] 许纪霖：《从世界文明的趋势寻找中国的未来》，《史学月刊》2015年第11期。
[③]《严复集》第3册，中华书局1986年版，第692页。

对西方文明的失望，意识到西方文明并非真正的文明。此前人们关于西方文明的阐释过于美化、理想化，在一定程度上还带有西方文明中心主义、优越论的倾向，没有形成关于文明的真实而彻底的理解。

文明并非单一的、绝对的，而是多元的、包容的。人类社会是由多元文明构成的世界，不能以所谓"普世"的西方文明衡量其他文明。德国学者埃利亚斯认为，"文明"这一概念表现了西方国家、民族的自我意识。"它包括了西方社会自认为在最近两三百年内所取得的一切成就，由于这些成就，他们超越了前人或同时代尚处'原始'阶段的人们。"[1] 从埃利亚斯的表述来看，西方文明表达的是现代西方国家的自我意识。在西方文明、资本主义文明之外，文明还有其他的典范与可能性。从文明的表现形式来看，亨廷顿认为当代的主要文明有：中华文明、日本文明、印度文明、伊斯兰文明、东正教文明、西方文明、拉丁美洲文明，以及可能存在的非洲文明八大文明。[2] 文明既然不是绝对唯一的，不能唯西方文明马首是瞻，那么我们应该把目光从"西方"转向自身，从中国自身的历史和经验来定义自身，不断体会中华文明的特质与精神。

中华文明绵延流长，是当今世界唯一未曾中断、一脉相承的文明。德国学者雅斯贝尔斯提出了"轴心时代"的论断，从文明发生的意义上把人类文明区分为希腊文明、耶路撒冷文明、印度文明和中华文明。在他看来，人类一直靠轴心期所产生、思考和创造的一切而生存，对轴心期的回顾和复归是人类不断发生的事情。[3] 现代

---

[1] ［德］埃利亚斯：《文明的进程：文明的社会起源和心理起源的研究》第1卷，王佩莉译，生活·读书·新知三联书店1998年版，第61页。

[2] ［美］亨廷顿：《文明的冲突与世界秩序的重建》，周琪等译，新华出版社2009年版，第19—26页。

[3] ［德］雅斯贝斯：《历史的起源与目标》，魏楚雄、俞新天译，华夏出版社1989年版，第14页。

中国的文明进程，依然伴随着对轴心期的回望，并创造性地继承和发展轴心期文明的特质。从表现于外的特征来看，中华文明具有如下的内涵与性质。一是连续性。中华文明作为人类唯一绵延至今的文明，自秦汉以来形成了大一统的观念，强调国家的长治久安、协和万邦。中华民族之所以多元且一体，在很大程度上也是依赖于中华文明的这一属性。二是包容性。中华文明是儒、释、道三教合流的文明，中华民族在其生存、发展的过程中呈现出极强的融摄、包容和同化的能力，而且文明的发展常常伴随着向他者的学习。因此在一定意义上可以将中华文明理解为一种学习型文明，以学习自新为立身之本。① 儒家集中体现了中华文明"学习自新"的特性，《论语》首篇首章讲"学而时习之"，强调学习之为君子立身的根本。三是担当性。在中国历史上，儒家知识分子、士大夫是中华文明核心价值的承担者。孔子说："君子义以为质。"（《论语·卫灵公》）儒家知识分子以"修齐治平"为己任，追求"内圣外王"，怀有强烈的担当意识、天下意识。在社会生活中，中华文明的担当性凝聚为义务优先、责任优先、群体优先的伦理。四是人文性。儒家强调为仁由己，把人性的生成与心灵的开发看作求之于己、自作主宰的事情，并把心灵的开发、精神的修养置于人伦日用之中，主张"道不远人"。从根本上来说，中华文明乃礼乐文明，以礼乐教化为文明的逻辑。礼乐教化强调的是以德化人，注重人性的实现与心灵的开发。中华文明的这些特质一直深深影响着中国人的价值观念和行为准则，在一定程度上规范了中国道路的性格与气质。

从文明的观点理解和把握中国的发展道路、中华民族的复兴，这意味着：一方面，不能仅仅停留在物质和制度的层面，还要从价值体系的角度，在精神的层面阐发中国道路、民族复兴的内涵；另

---

① 丁耘：《中道之国》，福建教育出版社2015年版，第118页。

一方面，既然不能停留在丛林法则、适者生存的意义上理解文明，也不能视西方文明为唯一的典范，须深入中华文明的逻辑之中理解中国道路的文明内涵。需要思考和追问的问题就是：现代中国的理论和实践是否延续了中华文明的逻辑？中华文明赋予现代中国以怎样的影响与意义？现代中国如何把这一文明逻辑变成应对现代问题的活的思想体系？

二 文明之连续：中国特色社会主义与"中国"的内在关联

中国的崛起有其深厚的历史基础和文化底蕴。中国向来就是文明古国，只是近代中国的"积贫积弱"一度使人们淡忘了"中国"的文明属性。"中国"究竟表征着怎样的文明？具有怎样的文明内涵？孔子说："夷狄之有君，不如诸夏之亡也。"（《论语·八佾》）在中国文化的语境中，华夏与夷狄、中国与蛮夷的根本区别在于"文化""礼教"。"文"表现的是共同体的生活样法，以及渗透在生活样法中的价值追求与精神信念。就此而言，文明是"以文明之""以文化之"。中国人主要是从"文""教化"的层面把握"中国"。"中国"不只是一个地理空间概念，而是一个文明概念，代表着中国人的文化认同。中国自古以来是以文化、文明界定自身的，以教化为文明的根本。但在西方文明的强势影响下，许多中国人对"中国"的文明内涵却日渐隔膜、生疏，不是按照"中国"自身的文明内涵定义自我、理解自我，而是按照社会达尔文主义、西方现代性模式探寻中国现代化的道路。在中国现代化道路的理解上，应当超越中西古今之争，深入中国自身的文明特质与文明逻辑之中，表达中国道路的意蕴。

"中国"构成了中国道路的首要特征。中国道路内在于中华文明的演进逻辑之中,是沿着这一原生的轴心文明逻辑走出来的,保有了中华文明独具的特质和优势。理解和把握中国道路,要把改革开放以来这四十多年的发展模式,同五千年的文明传统看作同一个文明体。如果不做这种整体性、一贯性的把握,即便能对中国道路精细解剖,也极容易堕入细枝末节,得出非历史的结论,甚至走向历史虚无主义。从中国特色社会主义的实践领域来说,当代中国的政治建设、经济建设、文化建设、社会建设和生态文明建设没有外在于中华文明的发展逻辑,而是积极汲取文明传统的资源与智慧。具体来说,中国特色社会主义创造性地传承和发展了中华民族民为邦本、为政以德、修身观念、崇尚和合、向往大同的文化基因与精神追求。比如,中华文明的天下情怀、和合共生与教化民众的精神,以及积极政府、科考选官、教育优先、国家统一、社会稳定等特征,依然体现在新中国的政治社会秩序中。在社会理想、道义精神、实践品格以及辩证思维等诸多方面,传统文化与中国特色社会主义之间存在着相通性与契合性。总而言之,当今中国呈现出如此这般的文明图景,这与中国自身的文明特质、文明精神密切相关,并从根本上区别于西方文明。西方文明所倡导和践行的价值,建立在原子式个人的人性论假定之上。这一假定视每个人为独立的权利主体。而中国的文明秩序强调建立在人伦基础上,强调个人之于共同体的伦理责任、道义担当。新中国与古代中国之间存在着深厚的文明联系。为此,一些学者以"文明国家""文明型国家"等概念阐释中国的特质,突出中华文明的历史连续性、独特性,表明中国特色社会主义与"中国"的内在关联,认为中国的文明理念与文明模式规范了中国发展道路的独特性、中国模式的特点特征。[1] 中华

---

[1] 张维为:《文明型国家》,上海人民出版社2017年版。

文明的生命力在中国特色社会主义的实践中得以体现，"中国"的文明属性被带到中国特色社会主义的理论与实践中去。

中国特色社会主义的鲜明特色是中国共产党的领导、人民当家做主。"中国共产党的领导是中国特色社会主义最本质的特征。""人民当家作主是社会主义民主政治的本质和核心。"① 当代中国的政治制度、政治秩序是以中国共产党的领导为核心，支持和保证人民当家做主。我国选择和实行这一政治制度、治理体系，它与我们的历史传统、文化基因有关。习近平同志指出，每个国家的政治制度、治理体系都是在这个国家历史传承、文化传统、经济社会发展的基础上长期发展、渐进改进、内生性演化的结果。② 当今中国的政治结构、治理体系植根于中国的文化传统之中。传统中国的大一统格局，以及敬德保民、选贤任能等观念，赋予现代中国政治以鲜明的中国特色。在中国的政治传统中，政权合法性源于人心向背，它强调"得民心者得天下，失民心者失天下"。中国共产党的路线方针坚持以人民为中心，把民心视为最大的政治，这体现了政治传统的历史传承与逻辑发展。西方政治文化把普选制和多党制看作政权合法性的唯一标准，强调程序正义。相比于西方的治理模式、政治特点，当代中国"民心向背"的治国理念、"人民当家作主"政治制度具有一定的优越性与竞争力。

当代中国的另一个鲜明特色是社会主义市场经济。"中国共产党提出的市场经济理论是对社会主义理论的一个重大发展。"③ 中国特色社会主义将市场经济与社会主义融为一体。社会主义市场经济蕴含着怎样的意义？社会主义市场经济，从其特征、内容来看，是

---

① 习近平：《在庆祝全国人民代表大会成立60周年大会上的讲话》，《人民日报》2014年9月6日。
② 同上。
③ 寒竹：《中国道路的历史基因》，上海人民出版社2018年版，第39页。

对社会主义与市场经济的融合。中国特色社会主义，一方面，坚持了社会主义的基本原则，推崇公共利益，追求公平正义；①另一方面，又充分利用市场经济这一资源配置手段，并就市场经济的失灵与缺陷施之以"规划"，从而克服弱肉强食的丛林法则，克服社会生产的无政府状态、社会的两极化。换言之，社会主义市场经济之所以相比于传统计划经济和自由市场经济具有如此的优势，是因为将市场经济与规划两种资源配置手段有机结合起来，在资源配置机制、所有制理论、分配原则等方面，实现了"数目字管理"和"宏观整合力"的结合，②以政治力量调节和弥补市场经济的失灵、缺陷。这一经济模式呈现出"共益性"特征，不同于西方市场经济的自由主义模式，因而也就避免走向工具理性的极度扩张和个人主义的肆虐。中国的市场经济模式包含着传统以义制利的经济伦理，是以政治逻辑驾驭和规范资本逻辑。中国特色社会主义并不是出于利益、功利的考量而筹划经济，而是出于"民生""道义"。为此，有学者把中国的经济模式概括为"民生经济""道义经济"等。中国特色社会主义市场经济所实现的社会主义与市场经济的结合，不是外在的结合，而是内在结合。中国特色社会主义之所以能够实现这一融合，这固然有尝试和试探的因素存在，但也与中国的文明传统有关。中华民族的平等精神和政府调节市场以利民生的传统决定了中国能够走出这样的道路。③中国人凭借其历史传统与创造性活动，实现了社会主义与市场经济的融合，呈现为一种能驾驭资本的社会主义，即以社会逻辑吸纳资本逻辑，让资本的力量服务于社会

---

① 寒竹：《中国道路的历史基因》，上海人民出版社2018年版，第30页。
② 张维为：《中国一个文明型国家的崛起》，《光明日报》2014年3月24日。
③ 寒竹：《中国道路的历史基因》，上海人民出版社2018年版，第147页。

主义共同体的目标。① 在理解中国特色社会主义之内涵与意义的问题上，我们不能满足于现实的经济制度、政治架构，还要把它与中国的文明传统联系起来。中国特色社会主义关联着中华民族的文明传统，这一关联不是外在的相似联系，而是轴心价值的传承与认同。中国特色社会主义作为当代中国实践的理论表达，不仅体现着中华文明的连续性，而且在深层次上实现存在经验的自我理解，实现了文明的再造与新生。

中国特色社会主义，不仅体现在经济、政治等制度层面，在根本上是一种生活方式与价值秩序，体现着中国的现代性价值观念。中国的现代性价值观念有其深厚的历史渊源和文化底蕴，并且蕴含着不同于西方文明、西方价值的特质。具体来说，中国特色社会主义坚持以人民为中心的发展思想，以社会主义和市场经济的辩证统一超越西方自由主义模式，以合作共赢、亲诚惠容的交往理念超越国际秩序的"丛林法则"、强权逻辑，这都体现了不同于西方现代性个体本位的价值取向和价值观念。中国特色社会主义道路彰显的是一种共同体的视角，体现着"民惟邦本""以义制利""协和万邦"的价值取向。

三 资本文明的限度与新文明形态的开启

为什么中国特色社会主义所蕴含的价值导向与精神信念，能够具有一种文明的内涵与意义？确切地说，中国何以能够开启一种新文明形态？自人类世界进入现代社会以来，现代化的道路主要是由

---

① 鄢一龙：《中国道路辩证法：社会主义探索四个三十年》，浙江人民出版社 2017 年版，第 133—140 页。

资本主义国家引领和主导的，今天中国的和平崛起正在从根本上改变这一历史趋势和世界格局。中国作为世界上第二大的经济体，它的崛起与复兴使中国彻底从近代的积贫积弱中走了出来。这一变化预示着新的发展方向和一个新时代的开始。中国崛起的世界历史意义并不是意味着拥有对世界格局、全球秩序的主导权，而是蕴含着对一种新文明形态的探索与开启。因此，理解和把握中国特色社会主义的文明内涵，要在人类文明的历史进程、演进逻辑中加以审视，从人类社会历史发展的高度揭示中国道路的文明意义。

新文明形态的开启，意味着人类文明形态的历史性变革，具体而言，就是要实现对资本主义所塑造的文明形态的扬弃与超越。现代文明秩序的主导是西方资本主义文明，新文明形态的开启须在不绕开西方资本主义文明的前提下，超越资本主义文明。资本主义文明有其历史性贡献。马克思恩格斯在《共产党宣言》中指出，"资产阶级在它的不到一百年的阶级统治中所创造的生产力，比过去一切世代创造的全部生产力还要多，还要大"[1]。资本主义取得了不同于过去一切时代的成就，打破了"封建的、宗法的和田园诗般的关系"，重建了人与人之间的联系，而且打破了"过去那种地方的和民族的自给自足和闭关自守状态"，把一切民族都卷入文明中来，使未开化的国家从属于文明的国家。总而言之，资本主义推动历史走向世界历史，变革了人的存在形态，使人获得独立性，但这一文明也有其局限性。

资本主义文明的内在逻辑是资本逻辑，逐利、增殖是整个社会生活的唯一原则。正如马克思恩格斯所说，"它使人和人之间除了赤裸裸的利害关系，除了冷酷无情的'现金交易'，就再也没有任

---

[1] 《马克思恩格斯文集》第2卷，人民出版社2011年版，第36页。

何别的联系了"①。面对这一问题，西方文明在其自身的发展过程中也在不断调适，其中西方的基督教文化构成了对这一唯利是图的社会生活的制约和平衡。但现代社会的危机与困境并没有就此得到彻底的克服。中国走上现代化道路的过程，一开始是被抛入西方文明的。中国虽然是在对西方资本主义文明的从属关系中进入现代化的，但现在中国的迅速发展也使现代西方文明正在迅速地抵达其界限——自然的界限、社会生活的界限。② 现代性的限度不仅表现于人与自然关系的紧张，还表现于"生活世界的殖民化"。经济理性主义充斥着整个社会，民众的疏离感和无力感越发突出，其中最为显著的是，面对社会转型、社会整合，如何克服民众的疏离感和无力感，实现对民众日常生活的整体安顿。现代性的限度已经昭示着新文明形态开启的可能性。中国也没有完全外在于现代文明，现代文明给社会生活带来的利己主义、功利主义亦在侵蚀着中国人的生活世界。进入新时代的中国特色社会主义能否抵抗和消解西方现代性弊病，进而给世界带去中国的价值理念与精神信念？汤因比在20世纪五六十年代就预见中国之振兴，把中国视为"让人对将来发挥强烈想象的'未来的国家'"。这是他根据中国提出的理念与原则而做出的判断。既包括对当时中国的理念与原则的洞察，比如"全面工业化的适度自我节制"③，也包括对历史中国的领会，比如中国的大一统国家的传统，以及政治与伦理的一体性。基于这样的理解，他将中国道路把握为西方文明的进取性与中国文明的稳定性合为一体的"第三条道路"。④ 回顾新中国成立以来所走过的发展道

---

① 《马克思恩格斯文集》第2卷，人民出版社2011年版，第34页。
② 吴晓明：《论中国学术的自我主张》，复旦大学出版社2016年版，第45页。
③ ［日］山本新等：《未来属于中国：汤因比的中国观》，吴栓友译，世界知识出版社2018年版，第40页。
④ 同上书，第41页。

路,特别是改革开放以来中国的发展成就,中国人确实在理论和实践上开创了一种新发展道路,这蕴含着一种新的文明逻辑。这一新的文明逻辑,重新界定了人的生活世界、意义世界,在话语体系、价值理念上贡献了诸多具有典范性的范畴,比如小康、和谐、命运共同体等。

与西方现代文明相比,中国道路所彰显的文明逻辑具有如下的特征与内涵。第一,中国所开启的文明是以人为本的文明。现代社会的显著特征就是工具理性的扩展与肆虐,现代文明表现出对物的高度依赖性,没有达到"人的原则高度"。在全球化的时代,中国人的生活世界已经不可能避免拜物教、工具理性的侵蚀,但中国的文明底蕴、发展原则透显着对拜物教、工具理性的制衡。确切地说,中国道路所蕴含的文明形态,不是以资本增殖、工具理性为支配原则,而是以人为本。中国特色社会主义所倡导和践行的"创新、协调、绿色、开放、共享"的发展理念,体现了对以资本为原则的现代文明的超越。"人民对美好生活的向往,就是我们的奋斗目标。"[①] 中国特色社会主义坚持以人民为中心的立场,把人民视为中国道路的基础和轴心,这一立场的具体落实就是要使人民过上美好生活。美好生活不只是表现为物质生活的丰裕,而是为了人且合乎人性的生活。

第二,中国所开启的文明,非竞争性、对抗性的文明,而是"天下和合""协和万邦"的文明。按照布鲁斯·马兹利什的观点,文明这一概念是伴随着欧洲的扩张而出现的。在欧洲扩张的过程中,随着地方的文化差异以及西方文明的所谓"普世主义"、同质化,必然会产生冲突。在西方人的意识中,文明蕴含着对抗性的基因。在世界格局的理解上,西方学者以"文明的冲突"的框架、模

[①] 《习近平谈治国理政》,外文出版社2014年版,第36页。

式来理解世界政治。相比于"文明冲突论",以习近平为代表的当代中国共产党人提出"人类命运共同体"概念,主张"文明相处需要和而不同的精神",[①] 超越了西方现代文明的思维、话语。这为构建新型大国家关系、世界文明秩序提供了不同于"民族—国家观念"的另一种文化选择。西方现代性话语、价值体系主要是建立在单一民族国家概念的基础上的,强调以民族、族群的差异与归属来定义自身、建构认同。"历史上的儒家,从来不会将一族一国的兴衰当作自己最终的关怀,而是把'天下'作为终极的指向。"[②] 中国文明的"天下关怀",以及当今中国的"人类命运共同体",区别于现代文明的"民族—国家"关怀。

第三,中国所开启的文明并不只是地方性文明,而是共享性文明。"文明"虽然表现为各个民族与国家的生活方式与自我意识,但也蕴含着某种人类共同、共享的东西。文明的普遍性意味着它已经超越了某一民族、国家的特殊性论说,在价值理念上具有某种普遍性的文化认同。中国特色社会主义固然是属于当代中华民族自己的价值论述,但这一新文明类型并不只是一种特殊性论说,也有其普遍性因素和普遍性意义。"中国作为一个有世界影响的大国,在今天要实现的不仅是民族与国家的复兴梦想,而且是对人类具有普遍价值的文明。"[③] 中国在不断实现自身存在经验的自我表达的同时,也在为人类发展贡献一种新的思考和努力方向:一方面,中国人以自己的方式开拓了社会主义的方向和原则,刷新了人们对社会主义的认识与理解,彰显了社会主义的优势与魅力,也打破了人们对西方发展模式的路径依赖,对发展中国家走向现代化具有典范意

[①] 《习近平谈治国理政》第 2 卷,外文出版社 2017 年版,第 524 页。
[②] 吴飞:《中国的现代处境与古代资源》,载陈来、甘阳主编《孔子与当代中国》,生活·读书·新知三联书店 2008 年版,第 100 页。
[③] 郭盛民:《新天下主义:观念与秩序的重构》,《读书》2017 年第 6 期。

义和示范效应；另一方面，中国道路也对西方发展模式提供了某种意义上的反思。比如，中国特色社会主义对市场与国家、效率与公平、公有经济与私有经济、改革与稳定关系的整体辩证把握，促使西方反思其所信奉的市场原教旨主义和民主原教旨主义。总之，中国特色社会主义道路所呈现的社会制度、生活方式与价值体系，为分析与思考当今人类性问题贡献了中国智慧和中国方案，彰显了中国崛起的文明意义。

重访马克思的东方社会理论

张　炯[*]

摘　要：马克思的东方社会理论在新时代需要再次审视。面对当下中国社会的发展与转型，我们需要对中国社会本身进行充分且精到的解释，而这一解释的理论资源理应追溯至马克思。马克思当年真正开始有意识地、自觉地思考东方社会，实是"社会革命"的驱力使然。"东方社会"作为一个地域性概念，俄国、印度与中国都可纳入其中，且马克思都在"社会革命"的指引下分别做出不同程度的社会分析。中国社会是东方社会的典型案例，却又极具特殊性与复杂性。马克思对中国社会的思考有限，之后的马克思主义应该着重加以阐发的是中国社会的结构与动力。

关键词：东方社会　中国社会　社会革命

作为社会理论家的马克思对资本主义社会的分析固然精彩，但对于非资本主义社会、对亚细亚社会、对东方社会的分析，从现今存世的文本来看，是呈零散状态的。实际上，国内外学界对马克思

---

[*] 作者简介：张炯，华中科技大学人文学院哲学系助理研究员，哲学博士，研究方向：马克思主义哲学、经典社会理论。

东方社会理论的讨论已有很多。那么，我们何以会选择重访这一论域？首先是时代的要求。新时代中国的社会革命需要对中国社会进行充分且精到的解释，对此马克思的资源仍有其价值。其次，马克思的东方社会理论里尚有一些论题值得发掘。以往研究大多集中于卡夫丁峡谷、亚细亚生产方式、农村公社等。而马克思在19世纪50年代开始有意识地、自觉地思考东方社会时，其背后是现实的革命驱力使然，如他对俄国社会的分析就是极具代表性的案例。再次，"东方社会"作为一个地域性概念其实是暧昧的。相对于马克思所身处的西方社会而言，在他的讨论里应存在近东社会与远东社会之分，同时在远东社会中还应有中国社会与印度社会之分。最后，中国社会的结构与中国社会发展能动性的特殊性，使中国社会成为东方社会的典型。这是马克思没有过多展开的问题，也是中国的马克思主义者加以发展的问题。

如上几方面都是本文试图触及的，当然，最终结果并非一定是完善的解答，只希望能以此打开马克思的东方社会理论视域，从而更深入地思考马克思的社会理论，以及开启适合于当代中国的社会理论进路。

一 马克思的东方社会理论概观

在19世纪中叶这个社会学诞生的时代，社会分类在现代社会形态的解释中占有重要地位。在这样的背景下，分析"东方社会"实际上成为解释现代社会的一个固定部分。而对于在这一时期使用与分析"东方社会"的马克思而言，也可视为对这一传统的遵循。最具代表性的自然是他基于社会生产方式来分析社会形态，并根据人类所经历的历史进行了阶段性分析，也即是他在《政治经济学批判大纲》里以"亚细亚生产方式"来分析东方社会。

即使马克思在他的著作中没有对东方社会做过多分析,但这些分析在他的社会理论中确实占有重要地位。尽管如此,他对东方社会的解释总体上是支离破碎的,而且没有被彻底研究。造成如此景象的原因很多,诸如马克思本人的写作风格、他自身理论的断续特点、他作品的出版境况以及他所面临的社会政治环境,等等。

应当说,英语世界有两位学者对马克思东方社会理论的研究,共同建构起我们过去很长一段时间研究这一论域的基础性范式。第一位学者是英国的马克思主义史学家霍布斯鲍姆(Eric Hobsbawm),他于1965年编辑出版了马克思的《前资本主义的经济形态》的英译本,并为之撰写长篇导言。[①] 霍布斯鲍姆在这一导言中指出,马克思以进步主义的进路来研究东方社会。更具体地说,马克思的基本问题是资本主义的发展。他将亚细亚生产方式作为非西方的前资本主义生产方式,来作为一种比较的手段,但是马克思此时研究东方的资源很有限。而且,在19世纪70年代之后马克思开始转向人类学民族学研究,他从原先的单线转变成多线的历史分析。因此,即使马克思没有找到机会,抑或说没有足够自觉地修正他的东方社会理论,但他也足够改变自己分析东方社会的视角。第二位学者是劳伦斯·克拉德(Lawrence Krader),他首次为英语世界翻译编撰了马克思晚年的人类学民族学笔记,[②] 并完成了与之相关的研究性著作。[③] 克拉德强调有必要把马克思对东方社会的思考放在19世纪西方社会思想的背景中进行评价。也即是说,

---

[①] Karl Marx, Pre-Capitalist Economic Formations, Eric Hobsbawm (ed.), Jack Cohen (trans.), International Publishers, 1965, pp. 9–66.

[②] Karl Marx, The Ethnological Notebooks of Karl Marx (Studies of Morgan, Phear, Maine, Lubbock), Lawrence Krader (trans.), Van Gorcum, 1974.

[③] Lawrence Krader, The Asiatic Mode of Production: Sources, Development and Critique in the Writings of Karl Marx, Van Gorcum, 1975.

马克思与他同时代的人有许多相同的误解。为此马克思很难将他关于东方社会的观点与他的一般理论协调起来，所以，随着马克思对巴黎公社以后的欧洲社会倍感失望，他选择回到人类学民族学研究。

虽然马克思用"亚细亚"这一术语来标识"东方的"生产方式，但他也使用相同的范畴去考察几乎所有非西方的社会。实际上，"东方"和"亚细亚"在马克思那里往往是混用的。他所分析的东方社会，首先，也最常见的就是指印度和中国；之后是埃及、伊朗、土耳其、鞑靼，来自远东的爪哇和印尼，在哥伦布发现新大陆之前的阿兹特克人和印加人、凯尔特人，还有算半个亚洲国家的俄国。此外，他还用"亚细亚"指称伊特鲁里亚人和安达卢西亚人。[①]

马克思对东方社会的思考主要包括以下几方面。

第一，东方社会的劳动分工。东方社会的形式建立在自治的"村社"基础上，没有发生类似西方资本主义社会的经济转型。而且由于村社的社会生活构成了农业和工艺的统一，因此没有出现足够先进的劳动分工，从而无法形成"城市"出现的必要条件。

第二，东方社会的滞后性。马克思认为私有财产和自由的生产关系是阶级产生的前提，从这个框架中可以看到阶级只出现在西方。阶级的缺失和对社会拥有完全支配的专制国家的存在，是私有财产不出现的必然结果。既然在这样的社会形式中没有阶级，那么也就没有社会变革。正因为如此，在马克思看来，东方社会是停滞不前的，只有在政治领域才能发生变化，而不能在生产方式方面发生变化。正如他在资本论中所说："亚洲各国不断瓦解、不断重建

[①] Lutfi Sunar, Marx and Weber on oriental Societies: In the Shadow of Western Modernity, Ashgate, 2014, p.44.

和经常改朝换代,与此截然相反,亚洲的社会却没有变化。这种社会的基本经济要素的结构,不为政治领域中的风暴所触动。"① "这完全同在专制国家中一样,在那里,政府的监督劳动和全面干涉包括两方面:既包括由一切社会的性质产生的各种公共事务的执行,又包括由政府同人民大众相对立而产生的各种特有的职能。"② 在这一意义上,东方处于一般历史过程之外。在东方往往存在着一个庞大的、高度集中的官僚国家,没有私有财产,没有阶级,城乡没有区别,即没有出现所谓的城市,诸如此类都导致经济和社会的停滞,并且社会本身没有对抗国家的社会权力或政治权力,也没有意识形态的或文化意义上的独立性。整个东方社会系统进入并长期保持着一种不知何时会结束的停滞状态。

第三,东方社会的殖民状态与向资本主义过渡问题。马克思认为,技术给生产系统带来了自动化,因此生产才有长足进步,同时社会关系和劳动在生产过程中的地位也都发生了变化。马克思认为,随着帝国主义技术的转移,同样的事情也会发生在东方社会。也即当东方社会开始工业化时,这些社会就开始现代化和变革,从传统的停滞体系中挣脱出来。我们从印度铁路的重要性上可以很容易理解技术的重要性,也看到马克思对于工业资本主义将完成现代性历史使命的肯定。③

尽管马克思有着深刻的反殖民和国际主义情绪,但他对于社会发展的进步主义立场,赞同要大过反对。所以马克思(包括恩格斯)虽然看好"农村公社",但与当时的民粹派和带有浪漫主义色彩的社会主义者不同,他们从未将公社所代表的社会状况理想化。他们清楚地看到,社会主义是完全不同的东西,不能通过试图在原

---

① [德]马克思:《资本论》第1卷,人民出版社2004年版,第415页。
② [德]马克思:《资本论》第3卷,人民出版社2004年版,第431页。
③ 《马克思恩格斯选集》第1卷,人民出版社2012年版,第857—863页。

始主义的特定阶段停止历史进程来找到它,更不能通过倒退来找到它。唯一的道路是前进的。恩格斯在论俄国的社会问题中表达得很清楚:"现代社会主义力图实现的变革,简言之就是无产阶级战胜资产阶级,以及通过消灭一切阶级差别来建立新的社会组织。为此不但需要有能实现这个变革的无产阶级,而且还需要有使社会生产力发展到能够彻底消灭阶级差别的资产阶级、野蛮人和半野蛮人通常也没有任何阶级差别,每个民族都经历了这种状态。我们决不会想到要重新恢复这种状态,因为随着社会生产力的发展,从这种状态中必然要产生阶级差别。只有在社会生产力发展到一定程度,发展到甚至对我们现代条件来说也是很高的程度,才有可能把生产提高到这样的水平,以致使得阶级差别的消除成为真正的进步,使得这种消除可以持续下去,并且不致在社会的生产方式中引起停滞甚至倒退。"①

当然,这并不是说,一旦东方社会的持续性被资本主义的影响所打破之后,必然会经历相同的发展阶段。他虽然预见到被资本主义势力直接殖民的印度将被吸进历史发展的西方潮流中,但他没有把可能的后果理想化。换言之,尽管马克思始终保持对于英国征服印度之进步意义的肯定,但他反对不加批判的乐观主义、反对盲从西方社会的单线发展。

而且,中国社会与印度社会又有所不同。由于中国的地理因素、社会结构、民族与文化的同质、更有效的国家组织等,使她更能抵抗外界的侵入影响,最直接的表现就是没有被直接殖民:"正是这种农业与手工业的结合,过去长期阻挡了而且现时仍然妨碍着英国商品输往东印度。但在东印度,那种农业与手工业的结合是以一种特殊的土地所有制为基础的。而英国人凭着自己作为当地最高

---

① 《马克思恩格斯文集》第3卷,人民出版社2009年版,第389页。

地主的地位，能够破坏这种土地所有制，从而强使一部分印度自给自足的公社变成纯粹的农场，生产鸦片、棉花、靛青、大麻之类的原料来和英国货交换。在中国，英国人还没有能够行使这种权力，将来也未必能做到这一点。"①

马克思"预测"到中国因为鸦片而正在酝酿的革命："有一个事实毕竟是令人欣慰的，即世界上最古老最巩固的帝国八年来被英国资产者的印花布带到了一场必将对文明产生极其重要结果的社会变革的前夕。当我们欧洲的反动分子不久的将来在亚洲逃难，到达万里长城，到达最反动最保守的堡垒的大门的时候，他们说不定就会看见上面写着：中华共和国，自由，平等，博爱。"②

不否认中国的革命之于世界历史的重大意义，但是事实上之后的太平天国运动并不能代表马克思所谓的"中国社会主义"："实际上，在这次中国革命中奇异的只是它的体现者。除了改朝换代以外，他们没有给自己提出任何任务。他们没有任何口号。他们给予民众的惊惶比给予老统治者们的惊惶还要厉害。他们的全部使命，好像仅仅是用丑恶万状的破坏来与停滞腐朽对立，这种破坏没有一点建设工作的苗头。"③

马克思自然没有条件对太平天国运动的性质与结构做深入细致的分析，他只是在东方社会理论的框架下做出概要性的判断。这场运动与亚细亚生产方式所特有的周期性再生产或重生有更多的共同之处。如果这是让欧洲人害怕的"中国社会主义"的幽灵，那它无疑是旧式的，它有其"共产"的一面，私有财产被废除，土地使用权重新分配，建立了公共储蓄机构和公共粮仓。但它本质上是一个神权政体，其意识形态基于基督教、道教和佛教的平等主义原则，

---

① 《马克思恩格斯文集》第2卷，人民出版社2009年版，第676页。
② 《马克思恩格斯全集》第10卷，人民出版社1998年版，第277—278页。
③ 《马克思恩格斯全集》第15卷，人民出版社1963年版，第545页。

是典型的亚细亚的无偏见的经济、政治、军事和社会原则的混合体。这种奇怪混合的直接结果就是理想中的东方社会新形式迅速退化，正如那些王朝先辈们那样：税收变成了剥削，官员变成了官僚阶级，亚细亚民主变成了东方专制。

对于马克思东方社会理论的基本论点，我们可以从其片段式的表达中总结出来，但是依然很难用一条线将之串起。所以，马克思东方社会理论的总体状态是离散不成型的。当然，坊间几乎都赞同的一点是，关于灌溉和土地所有权性质的基本区别和分析的框架，是马克思研究东方社会进路的基础，也是他以东方社会区别于西方社会的基础。在这一基础之上，我们可以总结出上述关于东方社会的基本论点。但问题或许仍可再进一步：是什么促使当时的马克思关注与思考东方社会？虽然相关文本断断续续，但贯穿其中的逻辑是什么？在我们看来，这一条主线就是"社会革命"。这也是我们此次"重访"的要义所在。

二 社会革命：马克思东方社会理论的主线

马克思晚年对东方社会的思考并非无目的性。在19世纪70年代初的巴黎公社运动被残酷镇压之后，在德国的社会主义工人党经合并成立、发布《哥达纲领》之后，马克思意识到欧洲社会的革命几近不可能。此时俄国社会的复杂情势仿佛带来了革命在东方升起的曙光。马克思对俄国革命的希冀，已不仅是单纯的旨在推翻政治制度的政治革命可以概括。更确切地说，马克思借此机会把他早年所设想的"社会革命"思想进一步完善。

美国学者斯考切波（Theda Skocpol）在考察现代世界的社会革命时，结合了亨廷顿（Samuel Huntington）与列宁二人对"社会革命"的界定。① 亨廷顿在《变化社会中的政治秩序》一书中所谈的"革命"指的就是"社会革命"："革命，就是对一个社会据主导地位的价值观念和神话，及其政治制度、社会结构、领导体系、政治活动和政策，进行一场急速的、根本性的、暴烈的国内变革。因此，革命有别于叛乱、起义、造反、政变和独立战争。政变就其本身而言，只改变领导权，可能还改变政策；起义或造反可能会改变政策、领导权和政治制度，但不改变社会结构和价值观；独立战争是一个政治共同体反对外来政治共同体统治的斗争，它未必在这两个共同体的任何一方引起社会结构方面的变更。"② 而列宁在《社会民主党在民主革命中的两种策略》中，则提供了一种与之不同的但又互补的观点："革命是被压迫者和被剥削者的盛大节日。人民群众在任何时候都不能像在革命时期这样以新社会制度的积极创造者的身份出现。"③ 二人共同描绘了社会革命的特征，社会革命既是社会经济与政治体制的基本且迅速的转变，也在一定程度上是通过自下而上的剧变而实现的社会结构的彻底转型。

马克思早在1844年批判卢格，同时也是与卢格分道扬镳的代表性文本——《评一个普鲁士人的〈普鲁士国王和社会改革〉一文》里，就已经有意识地区分了"政治革命"与"社会革命"，同时给"社会革命"以一个描述性的界定："社会革命之所以采取了整体观点，是因为社会革命……是人对非人生活的抗议；是因为它从单个现实的个人的观点出发；是因为那个脱离了个人就引起个人反抗的共同体，是人的真正的共同体，是人的本质。"④

---

① Theda Skocpol, *Social Revolutions in the Modern World*, Cambridge University Press, 1994, p.133.
② 亨廷顿：《变化社会中的政治秩序》，王冠华等译，生活·读书·新知三联书店1989年版，第241页。
③ 《列宁全集》第11卷，人民出版社2017年版，第96页。
④ 《马克思恩格斯全集》第3卷，人民出版社2002年版，第394—395页。

接下来马克思讨论了"政治革命"与"社会革命"的关系。面对卢格关于"具有政治灵魂的社会革命"的观点,马克思认为这不是"废话"就是"同义语"。因为在他看来,"社会革命"天生地带有"政治灵魂",而当时的革命所真正缺失的实际是"社会灵魂"。而且从过往的革命经验来看,革命既是社会的,也是政治的:就其破坏旧社会而言,它是社会革命,而就其推翻旧政权而言,它是政治革命。所以,马克思那里的"社会革命"与"政治革命"不是对立的,而是前者囊括后者,革命的理论问题不在于赋予社会革命以政治灵魂,而在于赋予政治革命以社会灵魂。社会主义旨在后者:"一般的革命推翻现政权和废除旧关系——是政治行动。但是,社会主义不通过革命是不可能实现的。社会主义需要这种政治行动,因为它需要破坏和废除旧的东西。但是,只要它的有组织的活动在哪里开始,它的自我目的,即它的灵魂在哪里显露出来,它,社会主义,也就在哪里抛弃政治的外壳。"[1] 后来马克思在《路易·波拿巴的雾月十八日》里继续使用"社会革命"这一概念:"19世纪的社会革命不能从过去,而只能从未来汲取自己的诗情。"[2] 其中"社会革命"指的是区别于资产阶级革命的无产阶级革命。

遗憾的是,在路易·波拿巴政变之后,1848年革命实际宣告以失败结束。在很长一段时间里,辗转伦敦的马克思难以遇到再次言说"社会革命"的背景与条件。尤其在1871年巴黎公社运动失败之后,社会革命开始淡出欧洲大陆的舞台。但马克思的社会革命理想并没有被低迷的革命情势所浇灭,此时俄国在东方的革命势头开始愈演愈烈,这给了马克思继续坚持社会革命的机会。但问题是,

---

[1]《马克思恩格斯全集》第3卷,人民出版社2002年版,第395页。
[2]《马克思恩格斯文集》第2卷,人民出版社2009年版,第473页。

俄国社会的特殊性与复杂性，使得"社会革命"始终无法"道成肉身"。尽管如此，俄国社会仍然为马克思思考东方社会提供了一个典型案例。

1861年农奴制改革是俄国历史的重大转折点。在所有欧洲国家中，俄国是农民起义和变革动乱最严重的国家。而在经过农奴改革之后，一直以来的"东方专制"似乎终于要被打破了，在此之前，东方"一向是反革命安然无恙的堡垒和后备军"[①]，俄国则是"欧洲全部反动势力的最后一支庞大后备军"[②]。然而一旦找到突破口，那么在这个僵化社会里积压已久的矛盾很快就会无法遏制地爆发出来。此时第一国际还在酝酿中，而东方已露出了亚洲革命与期待已久的无产阶级革命联合起来的可能，这足以让激进革命者重燃希望。但是，俄国能从落后的前资本主义社会一跃成为社会主义国家吗？抑或说，俄国不得不遵循西方，而在资本主义发展的漫长征程中前行？这是讨论俄国革命的核心主题。俄国民粹派认为，俄国历史和社会结构的特殊性可能有助于俄国直接向社会主义过渡。但俄国的马克思主义者则在一开始就困扰于马克思对资本主义历史发展的观察，并因此倾向于对俄国革命的前景持悲观态度，尽管他们没有放弃现实的革命实践和斗争。

对此，马克思首先谴责的就是对所谓历史发展"规律"的任何笼统的、决定论式的应用，他明确指出《资本论》中的资本主义发展模式只适用于西欧的历史，而不应武断地认为这种模式是普遍的。马克思先学习俄文，而后又研究了与俄国经济发展有关的各种官方和非官方资料，为的是对俄国情势做出准确判断。马克思得出的基本结论是："如果俄国继续走它在1861年所开始走的道路，那

---

① 《马克思恩格斯全集》第34卷，人民出版社1972年版，第275页。
② 《马克思恩格斯文集》第2卷，人民出版社2009年版，第7页。

它将会失去当时历史所能提供给一个民族的最好的机会，而遭受资本主义制度所带来的一切灾难性的波折。"① 马克思此时给出了俄国不经过如西欧那样的资本主义发展而发展的可能，但他并没有在这个文本里涉及俄国民粹派所赞赏的农村公社问题。当时的俄国固然是"欧洲革命运动的先进部队"②，但它本质上仍是一个土地私有制相对较新且有限、而农民的公社财产却大量存在的国家。

面对如此情势，俄国的马克思主义者开始怀疑，农村公社是否会像俄国民粹派所坚持的那样，成为该国社会主义转型的基础？又或者说，它注定最终要屈从于私人所有制？1881年2月16日，查苏利奇致信马克思，请他谈谈对俄国历史发展前景和农村公社命运的看法。为了回应查苏利奇的问题，马克思几经易稿，最终的答复是："这种农村公社是俄国社会新生的支点；可是要使它能发挥这种作用，首先必须排除从各方面向它袭来的破坏性影响，然后保证它具备自然发展的正常条件。"③ 马克思不否认农村公社可以作为俄国社会的新生点，但这一"新生"有前提条件，即农村公社本身得到保存和自然发展。但是，事实上俄国社会直接过渡的机会不断在减少，因为俄国农村公社因为国家和资本家的双重压榨而逐渐衰弱。所以，如果要拯救俄国公社，就必须进行一场俄国革命，而且是很快就要革命。很遗憾，这场社会革命没有在俄国发生，无产阶级革命也没有在欧陆发生。马克思所判断的关键阻碍在于俄国的国家机器。马克思确定了沙皇专制的"半亚细亚"基础，确定了剥削阶级的官僚本性，确定了在专制的重压下市民社会的瘫痪。在这种情况下，唯一可能发展起来的"资本家"将贪婪地寄生于国家的庇护之下。俄国几乎所有真正的发展都被典型的亚细亚体制和国家剥

---

① 《马克思恩格斯文集》第3卷，人民出版社2009年版，第464页。
② 《马克思恩格斯文集》第2卷，人民出版社2009年版，第8页。
③ 《马克思恩格斯文集》第3卷，人民出版社2009年版，第590页。

削所阻碍，而这种剥削由于资本家这些"社会新栋梁"的贪婪而更加严重。

但是，随着俄国社会危机的加剧，对于革命即将到来的预言激增，恩格斯甚至还预言了布朗基主义在革命激进化进程中所起的决定性的推动作用："如果说布朗基主义（幻想通过一个小小的密谋团体的活动来推翻整个社会）有某种存在的理由的话，那这肯定是在彼得堡。"①

不过，如今人们在看待20世纪初俄国社会变革的时候，是否真的可以把它视为一场马克思所设想的"社会革命"？这个问题并不好回答，因为马克思（包括恩格斯）的判断其实并不稳定。比如恩格斯早在1875年就回避了对俄国可能发生的社会革命做预先定性："生产力只有在资产阶级手中才达到了这样的发展程度。可见，就是从这一方面说来，资产阶级正如无产阶级本身一样，也是社会主义革命的一个必要的先决条件。"② 这一判断非常理性。但是在十年之后，恩格斯的态度一反当年："据我看来，最重要的是：在俄国能有一种推动力，能爆发革命。至于是这一派还是那一派发出信号，是在这面旗帜下还是那面旗帜下发生，我认为是无关紧要的。"③ "无关紧要"使恩格斯的判断显得很不严谨，但考虑到他和马克思对俄国的了解的确有限，所以这或许正是一种谨慎的体现。我们从之后的历史也能看到，直到能够准确把握俄国情势的列宁出现，才把俄国社会革命的议题真正提上日程。

不难注意到，马克思并没有对俄国社会（尤其对其社会阶级）进行细致分析。这一方面受限于材料，另一方面也与他预先从东方社会中排除阶级产生的条件有很大关系。马克思在最初区分东西方

---

① 《马克思恩格斯文集》第10卷，人民出版社2009年版，第533页。
② 《马克思恩格斯文集》第3卷，人民出版社2009年版，第389—390页。
③ 《马克思恩格斯文集》第10卷，人民出版社2009年版，第534页。

生产方式与社会类型时考虑了两个标准：其一，生产资料（即土地）是不是私有财产；其二，生产关系是不是自由的。鉴于在这两个标准上的否定，阶级斗争（即马克思那里的历史驱动力）并没有在东方社会中出现。所以，我们可以从马克思晚年对俄国革命的讨论中感受到他对于俄国社会革命的暧昧态度。一方面，他肯定希望俄国能发生一次社会革命，而且是成功的社会革命。但是另一方面，对于具体的革命态势、基础、条件、力量等细节，他都没有过多分析。马克思只是在（或者说只能在）总体上做出一种革命预测，预测社会革命在俄国社会爆发的可能性以及提出俄国革命的社会革命总方向。

如果说，俄国的社会革命与欧洲的革命尚有千丝万缕的联系，那么，中国社会以及中国的社会革命，离马克思的东方社会理论却显得有些遥远了。但问题是，中国革命在马克思主义的旗帜下最终成功了。所以，中国社会对于马克思的东方社会理论而言，既是一种典型性，也是一种特殊性，更意味着一种复杂性。

三　中国社会：东方社会的复杂性典型

中国可以说是以亚细亚生产方式为基础的东方社会的典型案例，她的地理环境有利于建立一个典型的亚细亚社会，中华文明在这片广袤的疆土上发展，到处都有河流和居民，土地肥沃宜居，有伟大的水利工程。周边地区明显不同的自然环境和气候特点，实际上构成一道阻挡灌溉农业进一步发展的屏障。随着时间的推移，这种灌溉农业为中央集权王朝的扩张奠定了基础。大禹治水证明了中华文明的"亚细亚"性质。这一生产方式在商周时期得到充分发展："原始贵族制被转变为国家财政官僚制，一种功能化的意识形态在此基础上发展起来，建立在群众无条件服从基础上的社会秩序成为一种几乎和自然法则一样不容置疑的制度。"[1] 秦朝完成了中央集权的过程，但很快就被农民起义推翻了。后继者汉朝则通过国家对土地和农民的控制巩固了这一制度，并一直延续到 19 世纪。亚细亚模式在中国的早期阶段确实给人们的生活带来了巨大的进步，但在那之后，亚细亚生产方式阻碍了中国社会两千年来的发展。中国历史上总是有各种各样的变化：王朝动荡、农民起义、外族入侵、疆域的分裂和统一，等等。用马克思的术语说就是，官僚分子在权力地位、社会特权和对文化和社会意识形态的垄断控制等诸多方面被人民拉下马。然而就像亚细亚生产方式一样，从秦朝第一次统一到 19 世纪晚清的几千年里，阶级关系在很大程度上保持不变。

因此，除了一些引起王朝动荡的事件之外，该体系的基本特征几乎没有改变。总体来看，中国的历史是一段"周期性的"历史，而非"进化的"历史。直到 19 世纪，亚细亚社会的典型结构仍然或多或少地幸存下来，哪怕是在经受过一系列外来侵略战争和被迫开放之后。中国社会的底部仍然存在孤立村庄村社的自给自足生产，顶部仍然存在专制力量在行使国家职能。在专制国家里，"政府的监督劳动和全面干涉包括两方面：既包括由一切社会的性质产生的各种公共事务的执行，又包括由政府同人民大众相对立而产生的各种特有的职能"[2]。这种亚细亚社会的状态决定了中国社会不会是稳定的，但也不是完全动态的。周期性的"革命"构成了她自身动态平衡的一部分，在具体的实践中则产生了强烈的保守效应。朝代与统治集团的不断更迭，可以看作制度本身所固有的，是制度需要周期性更新的表现。统治王朝不可避免地受到起义的影响，但中

---

[1] Umberto Melotti, Marx and the Third World, Macmillan, 1977, p. 106.
[2] ［德］马克思：《资本论》第 3 卷，人民出版社 2004 年版，第 431—432 页。

国根深蒂固的亚细亚社会结构会将所谓的"革命"统统转化为朝代更迭。然后随着政令改革和制度重建，新王朝成为旧秩序复兴的新载体，继而逐渐陷入与前朝相同的命运。

亚细亚社会里所谓的"革命"主要意味着一种对过去的回归和局部的更新，基本上不存在马克思主义意义上的生产力与生产方式的冲突。[①] 要克服这种冲突，结果只能是向另一种生产方式的过渡，因而也是向另一个不同的社会阶级霸权的过渡。但是在中国，成功推翻王朝的造反者不是违背"天意"者，而是重建"秩序"者。帝制主权并不对人民负责，而只是对"秩序"负责。这里的"秩序"既是一种自然秩序，也是一种社会秩序，或者更确切地说，是为社会"制序"，从而使之与自然秩序相一致。所以，当社会危机出现时，危机往往被视为上天对人民的愤怒与惩罚，暗示了世间秩序已被破坏、帝制主权的合法性已不复存在，从而需要采取暴力的行动来修复那被破坏的秩序。因此，中国古代社会的所谓"革命"，并不能与马克思那里的"社会革命"画等号。至多只是"权限的变更"，即决不意味着转变社会制度，而只是改变政府，因为之前的政府太虚弱，以至于无法执行其功能，所以革命的目标就在于重建由于糟糕的管理而失去的王朝合法性。

必须承认，马克思对于中国的"社会基础不动而夺取到政治上层建筑的人物和种族不断更迭"[②] 的判断一语中的。但是要理解中国的社会革命何以可能与如何可能，光有这一基本原理显然不够。而要解开中国社会的社会革命之谜，就需要深入分析中国社会的结

---

① 对于中国传统社会里的"革命"内涵，可参见陈建华《"革命"的现代性：中国革命话语考论》，上海古籍出版社 2000 年版。此书应是国内学界对中国革命观念的最详细考察。对于中西方"革命"观念的理解差异，可参见金观涛、刘青峰《革命观念在中国的起源和演变》，载《观念史研究：中国现代重要政治术语的形成》，法律出版社 2010 年版，第 365—399 页。

② 《马克思恩格斯全集》第 15 卷，人民出版社 1963 年版，第 545 页。

构与动力。在这一意义上,毛泽东在中国新民主主义革命时期对中国社会的批判性分析,正是对马克思东方社会理论的重要补充与延展。

上文已谈到,在马克思的东方视野里,东方社会没有产生阶级,从而没有作为历史驱力的阶级斗争存在,那么也就没有社会变革。对此不应苛责马克思,因为他对东方社会(尤其中国社会)的有限理解很大程度上是由于当时的研究资料相当有限,他不得不选择性地使用可以获取到的贫乏资料来限制自己,并把这些资料概括到极致。在一些资源的使用里,马克思甚至会把关于一个村庄或一个地区的观察笔记转变成一种解释整个东方的理据,这种做法在他讨论西方资本主义社会的时候并不常见。马克思对东方社会的有限了解使他面对中国问题时相对保守,自然也还没有条件像分析资本主义社会那样对东方社会做相应的阶级分析。在这一方面,毛泽东做出了创造性贡献。

毛泽东对中国各阶级的分析,为中国革命清算了革命主体问题,也清算了当时中国社会的发展动力问题。1927年,他在《中国社会各阶级的分析》中分析中国各阶级的时候,正与马克思在《雾月十八日》里分析法国社会各阶级派系时,处于类似的情势。这是在国民革命时期中国共产党面临危机之际作为总结教训而进行的工作。"敌友"问题是中国革命的首要问题,而要分辨真正的敌友,就必须分析"中国社会各阶级的经济地位及其对于革命的态度"[①]。

毛泽东把中国社会的各阶级分为六部分:作为帝国主义附庸的"地主阶级和买办阶级",他们代表了中国最落后的和最反动的生产关系,阻碍中国生产力的发展。"中产阶级"(主要是民族资产阶

---

① 《毛泽东选集》第1卷,人民出版社1991年版,第3页。

级）对待中国革命的态度是矛盾的。"小资产阶级"包括自耕农（即中农）、手工业主以及学生界、中小学教员、小员司、小事务员、小律师、小商人等在内的小知识阶层，他们在革命情势高涨时都有参加革命的可能。"半无产阶级"是毛泽东在阶级分析问题上所使用的新概念，这一阶级所经营的都是更为细小的小生产经济。农民问题也包含在这个阶级范畴里。"无产阶级"指的是在当时的中国约二百万的现代工业无产阶级。毛泽东把中国的无产阶级细分为：相对集中的、经济地位低下的产业工人，都市苦力工人和农村无产阶级（主要指长工、月工、零工等雇农）。最后毛泽东还提到数量不小的"游民无产者"（也即马克思那里的"流氓无产阶级"），他们主要是"失了土地的农民和失了工作机会的手工业工人"。毛泽东对待他们的态度与马克思有所不同，他认为："这一批人很能勇敢奋斗，但有破坏性，如引导得法，可以变成一种革命力量。"① "敌友"意义上的阶级划分比马克思当年更加细化、更具经验意义，其优势在于更切实地体验到中国社会各阶级的生存状态，以及更准确地把握阶级间关系，从而为中国革命的可能及推进提供了令人信服的理据。

到了1939年12月，时值抗日战争，毛泽东为阐释中国革命的动力问题而再度分析中国社会的各阶级。此时的社会阶级结构和1925年相比基本一样，也分为六大部分：地主阶级、资产阶级、小资产阶级、农民阶级、无产阶级和游民。但在细节上有所变动。第一，不再有"买办阶级"范畴，而单独提出"地主阶级"作为革命的对象，而非革命的动力。第二，"带买办性的大资产阶级"和"民族资产阶级"（也即原先界定的"中产阶级"）同时归于"资产阶级"范畴之下，但二者有区别。前者是革命的对象，后者对待革

---

① 《毛泽东选集》第1卷，人民出版社1991年版，第9页。

命则存在积极与妥协两重性，因此民族资产阶级的左翼也可能"在一定时期中和一定程度上"成为中国共产党"较好的同盟者"。第三，"农民阶级"作为独立的革命动力，并指出农民阶级内部存在富农、中农和贫农三部分的激烈分化，而"农民"这个名称所包括的主要内容还是指"贫农"和"中农"，他们是"工人阶级的坚固的同盟军"。[①] 从这些微调里可以看到，经过十余年的亲身革命，毛泽东对中国社会的阶级结构更加了解，其分析也更加成熟，既是对之前中国革命经验的总结，同时也有利于未来革命事业的继续进行。

结　语

在毛泽东之后，中国的马克思主义者始终在中国的社会革命议题中探索与实践。"东方社会"在其诞生伊始虽然属于地域性概念，且当时的西方中心论调与东西对立论调不可谓不强烈，马克思很难说完全脱离了这一语境，所以我们无法完全否认马克思在一定程度上接纳了当时学界普遍的态度与用法；但是在学术研究的层面上，尤其在社会理论的研究域里，"东方社会"作为"社会分类"的一个子概念，未尝不可用。如今也许不会再缺少社会研究的课题，也不再缺乏可供使用的研究数据与资料，但我们确实需要一盏切近中国社会而又放眼世界的明灯。虽然我们在不断生产着理论，也在不断消费着理论，但对于经典社会理论，恐怕仍需要对之细致解读、对之进行当代转化。时至今日也已时过境迁，我们经历了新中国的成立，经历了改革开放。当中国进入新时代，当年的问题重新摆在

---

① 《毛泽东选集》第 2 卷，人民出版社 1991 年版，第 640—645 页。

我们面前：如何把马克思的"社会革命"思想从革命语境转向治理语境？如何立足新时代去解释"中国社会"？如何建构切入中国现实的社会理论？如何在中国社会开启一种不同于却又不绝对异于西方社会现代性发展路向与结构的新现代性乃至新文明类型？在诸如此类宏大且漫长的历史任务面前，马克思的东方社会理论或许也只是一个精彩的注脚。因此，我们更愿意将"重访"看作一个开始，开启了沿着马克思的东方社会道路去阐释中国社会的进程。

附　录

附录 I

中国辩证唯物主义研究会社会认识论专业委员会成立暨"社会认识与中国道路"学术研讨会综述

张 梦 杨国斌[*]

中国辩证唯物主义研究会社会认识论专业委员会成立暨"社会认识与中国道路"学术研讨会于2019年11月29日至12月1日在华中科技大学举行。会议由中国辩证唯物主义研究会社会认识论专业委员会、华中科技大学哲学系及哲学研究所主办,《华中科技大学学报》(社会科学版)和华中科技大学国家治理研究院协办。来自国内数十所高校及出版机构的专家学者百余人与会。

为了促进中国社会认识论研究的拓展与深化,中国辩证唯物主义研究会经研究并报有关方面批准,决定成立中国辩证唯物主义研究会社会认识论专业委员会,挂靠华中科技大学哲学系。社会认识论专业委员会筹备组经公开征集,产生了70名候选理事。

11月29日,在华中科技大学举行了社会认识论专业委员会首

---

[*] 作者简介:张梦,华中科技大学哲学系博士研究生;杨国斌,华北水利水电大学马克思主义学院教授。

次会员大会。中国辩证唯物主义研究会常务副会长庞元正受研究会委托出席会议,传达了成立社会认识论专业委员会的意见;之后,与会代表逐项选举产生了社会认识论专业委员会的首届理事会理事、常务理事、会长、副会长、秘书长、副秘书长等。华中科技大学国家治理研究院院长、哲学研究所所长欧阳康当选会长,中国社会科学出版社社长赵剑英、上海大学哲学系教授陈新汉、中国人民大学哲学院教授马俊峰、华中科技大学哲学系教授王晓升、复旦大学哲学学院教授邹诗鹏、华中科技大学哲学系教授吴畏当选副会长,《华中科技大学学报》(社会科学版)副主编吴兰丽任秘书长,华东师范大学哲学系教授潘斌、华北水利水电大学马克思主义学院教授杨国斌、华中科技大学哲学系副教授赵泽林任副秘书长。会议选举产生了23名常务理事、70名理事,来自全国55个单位。

与会学者从不同的角度回顾、总结了社会认识论发展脉络以及在各个阶段研究的问题。北京师范大学教授胡敏中总结了认识论发展的两次转折:第一次转折是真理标准问题讨论,恢复了马克思主义坚持真理、实事求是的思想路线,要求理论研究必须从实际出发;第二次转折是20世纪80年代中后期,这一时期为认识论研究的高峰期,聚焦了认识论的许多重大问题,构建了社会认识论这一重要的认识论分支——其中,欧阳康的《社会认识论导论》(中国社会科学出版社1990年版)以对社会的认识为主要研究对象,以对自然的认识为参照,探讨社会认识的性质、特点、复杂性和方法论,探索人类社会的自我认识之谜,开启了社会认识论的新兴分支领域。陕西师范大学教授袁祖社梳理了中国社会认识论的重要研究领域和流派,并指出近三十年学界对于社会认识论的性质和研究对象的认识经历了一个由狭义到广义、由比较表面到比较深入的发展过程。相应地,社会认识论研究形成了五个相互联系又相对独立的研究阶段:社会认识论导论、社会认识方法论、人文社会科学哲学、具体的社会认识论专题研究和国家治理专题研究。杭州师范大学教授种海峰回顾了中国社会认识论研究30年的发展历程，指出中国社会认识论的创立与当代中国社会现实以及学术界境况密不可分，社会认识论作为一门相对独立的学科，不仅具备高度、系统的学理性特征，也表现出观照和参与中国社会实践的强烈现实感与时代性。

关于社会认识论的理论创新研究，南京大学教授张亮认为要紧密结合中国本土特色和时代特色，必须坚持为人民做学问，坚持用发展的马克思主义哲学指导理论创新，坚持面向新时代、发现并解答重大理论问题和现实问题，坚持推进跨学科的协同攻关，坚持让创新成果说好"中国话"。浙江大学教授刘同舫关注理论与实践的关系问题，指出理论与实践的问题是社会认识论研究的前提性问题，两者之间应该保持一定的张力，理论工作者应具有强烈的历史使命感和深切的忧患意识、对重大问题的关切和反思精神、对人民大众强烈的人身关怀，去感悟、探讨并深化实践中的真问题。

关于社会认识与中国道路的研究，华中师范大学教授叶泽雄认为，不同民族和国家发展道路有其特殊性和差异性，而表征为民族和国家独特的个性及世界历史的复杂演进。武汉大学教授夏建国从中国特色现代文化的角度探索中国道路的未来发展问题，主张将现代化进程中资本主义逻辑和社会主义逻辑结合起来，将工业化、信息化、智能化所蕴含的基本精神结合起来，衍生出一种对社会发展价值凝聚产生重大影响功能的文化形态。

关于社会认识与国家治理现代化的研究，中国人民大学教授马俊峰指出，加强和创新社会治理，是完善和发展中国特色社会主义制度、推进国家治理体系和治理能力现代化的重要内容。社会治理研究的前提性问题是把握问题意识和忧患意识的关系，进而厘清治理与统治、管制的关系。军事科学院军队政治工作研究院副院长张明仓从社会意志的角度关注社会认识与国家治理，认为社会意志是社会认识的重要形式，社会意志调控是社会治理的必备条件。当今时代，利益主体和社会意志的分化、多元化更加突出，主体间意志冲突成为全球性治理难题。推进国家治理体系和治理能力现代化，有必要高度重视社会意志的差异、冲突和协调、统一。

关于社会认识的科学性及其实现途径，种海峰教授将社会认识论的理论旨趣与学科特质归结为"建立在社会实践基础上认识论与历史观的高度契合与统一"，并提出马克思主义中国化要取得成功，最重要的前提是理论上必须正本清源，必须科学地认识中国社会的现实，必须有科学的社会认识论。中国的社会认识论研究应当坚持实践性、合理性、科学性、创新性等基本原则，致力于当代中国社会和人类文明的和谐发展。

欧阳康教授在简要回顾社会认识论发展的基础上，指出了当代社会认识论研究所面临的诸多问题：一是人与自然的关系的划分维度问题，二是人类文明发展道路如何开拓创新的问题，三是人在社会生活中如何实现自觉性的问题，四是大数据技术带来的机遇与挑战。他还提出"新时代呼唤社会认识论的当代复兴"的重要命题，指出社会认识论研究应当从对象、视域、焦点和功能等多种角度加以拓展，需要自觉学习运用复杂性的思维和方法，充分认识极度复杂的新时代、新世界和新社会，努力探索社会认识的科学化发展道路。

附录 Ⅱ

中国辩证唯物主义研究会社会认识论专业委员会首届理事成员名单

2019年11月29日,中国辩证唯物主义研究会社会认识论专业委员会成立大会在华中科技大学召开。中国辩证唯物主义研究会常务副会长庞元正受研究会委托出席会议,来自中共中央党校、中国人民大学、复旦大学、北京大学、北京师范大学、浙江大学、南京大学、吉林大学、武汉大学、中山大学、华中科技大学等高校及中国社会科学出版社等出版机构数十家理事单位代表出席会议。会上成立了中国辩证唯物主义研究会社会认识论专业委员会,秘书处挂靠华中科技大学哲学系。会上,与会理事会单位代表结合学术影响力、地域和单位代表及专业委员会工作需要等原则,逐项选举产生中国辩证唯物主义研究会社会认识论专业委员会首届理事会的理事、常务理事、会长、副会长、秘书长、副秘书长等,并颁发证书。推选过程严格规范、符合程序。具体名单如下:

会长

欧阳康

副会长(6名,排名不分先后)

赵剑英 陈新汉 马俊峰 王晓升 邹诗鹏 吴 畏

秘书长

吴兰丽

副秘书长（3名，排名不分先后）

潘 斌　杨国斌　赵泽林

常务理事（23名，排名不分先后，按姓氏笔画排序）

卜祥记　马俊峰　王晓升　王福生　叶泽雄　刘同舫　许斗斗
吴兰丽　吴　畏　吴　静　邹诗鹏　张云筝　张　亮　陈新汉
欧阳康　郑召利　赵剑英　胡敏中　袁祖社　夏建国　徐　瑾
董　慧　魏书胜

理事（70名，排名不分先后，按姓氏笔画排序）

卜祥记　万小龙　马军海　马迎辉　马俊峰　王时中　王晓升
王景华　王福生　方环非　叶泽雄　田勤耘　刘玉军　刘同舫
刘　宇　刘启航　刘　玲　刘　琼　刘歆立　刘露晓　许斗斗
孙德忠　李白鹤　李秀敏　李明书　杨　松　杨　玲　杨国斌
杨淑静　吴兰丽　吴　畏　吴　静　何　丹　谷生然　邹诗鹏
张云筝　张宏程　张　亮　张　梧　张登巧　张　楠　陈新汉
武小西　欧阳康　罗天强　季岐卫　郑召利　定光莉　赵泽林
赵剑英　胡敏中　种海峰　秦际明　袁祖社　夏建国　徐　敏
徐　瑾　唐　瑭　盛新娣　彭金富　董　慧　韩东屏　韩金起
程新宇　谢　俊　熊治东　潘建屯　潘　斌　薛秀军　魏书胜

附录Ⅲ

中国辩证唯物主义研究会社会认识论专业委员会成立暨"社会认识与中国道路"学术研讨会媒体报道

中国辩证唯物主义研究会社会认识论专业委员会在武汉成立

2019-11-30 18:26:39/来源:中央广电总台

国际在线/编辑:苏喜茹/责编:陈梦楠

附图1　社会认识论专业委员会揭牌仪式现场(摄影:张梦)

国际在线湖北消息： 11月29日，中国辩证唯物主义研究会社会认识论专业委员会成立大会在华中科技大学召开。华中科技大学国家治理研究院院长、哲学研究所所长欧阳康教授当选会长，中国社会科学出版社社长赵剑英、上海大学哲学系教授陈新汉、中国人民大学哲学院教授马俊峰、华中科技大学哲学系教授王晓升、复旦大学哲学学院教授邹诗鹏、华中科技大学哲学系教授吴畏当选副会长，《华中科技大学学报》（社会科学版）副主编吴兰丽任秘书长，华东师范大学哲学系教授潘斌、华北水利水电大学马克思主义学院教授杨国斌、华中科技大学哲学系副教授赵泽林任副秘书长。

中国辩证唯物主义研究会常务副会长庞元正教授出席会议，他希望专业委员会在新时代拓展和深化社会认识论研究，更好发挥哲学在中华民族伟大复兴中的积极作用。首任会长欧阳康教授表示将努力运用专业委员会这个学术平台，关注当代世界和中国的重大理论与实践问题，继续拓展社会认识论乃至马克思主义哲学的研究，为人类更好地认识自我，为中华民族的伟大复兴提供思想、理论和方法论借鉴。

欧阳康教授在中国首倡社会认识论研究，出版了中国第一部社会认识论学术专著《社会认识论导论》，开创了中国的社会认识论研究领域。欧阳康教授及其团队就社会认识与社会形态变迁中的诸多重大问题持续开展深入系列研究，陆续培养了百余位博士、硕士、博士后研究人员，先后撰写了《社会本体论》《社会理解论》《社会理想论》《社会评价论》《社会认识进化论》《实践意志论》等百余篇系列学位论文。

本次会议由中国辩证唯物主义研究会社会认识论专业委员会、华中科技大学人文学院哲学系、华中科技大学哲学研究所主办，华中科技大学国家治理研究院、《华中科技大学学报》（社会科学版）编辑部协办。本次会议还举办了"社会认识与中国道路"系列学术研讨会，来自中共中央党校、中国人民大学等数十所高校科研院所110余名社会认识论领域的专家学者出席会议。（文：江发权、赵泽林、张梦；编辑：李燕）

网址链接：http：//hb.cri.cn/20191130/d669bfe0 - c245 - 4029 - e650 - 3b7e2262e0c4.html.

中国辩证唯物主义研究会社会认识论专业委员会成立暨"社会认识与中国道路"学术研讨会举行

2019年11月30日 20：36 来源：中国社会科学网 作者：明海英 等

关键词：社会认识论 中国道路 马克思主义

附图2 社会认识论专业委员会成立现场（摄影：张梦）

中国社会科学网讯（记者 明海英 通讯员 张梦 赵贝斯

特）11月30日，中国辩证唯物主义研究会社会认识论专业委员会成立暨"社会认识与中国道路"学术研讨会在华中科技大学举行。开幕式上，还举行了中国辩证唯物主义研究会社会认识论专业委员会揭牌仪式。社会认识论专业委员会秘书处挂靠华中科技大学哲学系。华中科技大学国家治理研究院院长、哲学研究所所长欧阳康教授任会长。

为探索更加美好的中国道路贡献智慧

华中科技大学党委常委、副校长许晓东，中国辩证唯物主义研究会常务副会长庞元正，中国社会科学出版社社长赵剑英，湖北省社科联党组书记、常务副主席喻立平，华中科技大学人文学院院长董尚文，华中科技大学国家治理研究院院长、哲学研究所所长欧阳康等出席开幕式并先后致辞。开幕式由华中科技大学人文社科处副处长方梅主持。

许晓东在致辞中介绍了华中科技大学由工科院校向综合性大学的战略转变，以及该校在文科建设领域的成就。他表示，中国辩证唯物主义研究会成立社会认识论专业委员会，并将秘书处设在华中科技大学，这对提升学校哲学学科的学界影响力具有重要意义。他期待来自不同领域的专家学者围绕"社会认识与中国道路"这一主题深入研讨，共同为探索更加美好的中国道路而贡献智慧。

庞元正受研究会委托出席会议，宣读决定成立中国辩证唯物主义研究会社会认识论专业委员会会议纪要，并宣读社会认识论专业委员会首届理事会的理事、常务理事、会长、副会长、秘书长、副秘书长等名单。他希望，社会专业委员会在推进社会认识论的研究、辩证唯物主义的研究、马克思主义哲学的研究方面不断取得新的成果，为我国哲学事业的发展做出新的贡献。

喻立平在致辞中指出，马克思主义的社会认识论与西方学者的社会认识论存在本质差别，马克思主义的社会认识论建立在对人的整体性认识上，建立在对人类社会发展规律的认识上，建立在对人类未来、人类解放这样的前途命运的认识上。习近平总书记致力于倡建共同体，"人与自然生命共同体""中华民族共同体""人类命运共同体"与党的十九届四中全会提出的"社会治理共同体"，包括人与自然、人与社会、人与国家等诸多关系。他期待本次学术研讨会上各位专家学者深入交流，构建中国道路的理论共识、价值共识、道路共识、文化共识，运用中国特色社会主义道路推动实现这些共同体，实现社会主义的理想和共产主义的理想。

董尚文在致辞中表示，社会认识论专业委员会的成立和"社会认识与中国道路"学术研讨会的召开，不仅对中国辩证唯物主义的研究具有重要意义，对促进华中科技大学哲学发展也具有重要意义。在欧阳康会长的带领下，社会认识论专业委员会将更加切近社会现实，反思时代问题，取得越来越多的丰硕成果，推动华中科技大学哲学繁荣发展。

新时代呼唤社会认识论的当代复兴

研讨会设有3场主旨演讲，30位专家学者，围绕社会认识论的"元"命题研究、社会认识论视域下的中国道路研究、社会认识与国家治理现代化研究、社会认识与中国道路的跨学科研究等议题发言，深刻总结新时代社会认识论与中国道路的历史经验与成就，努力推动马克思主义哲学社会认识论创新发展。

庞元正在题为《社会认识论要引入和重视对创新实践的研究》的主旨演讲中指出，要回答社会总体的自我认识是如何形成和发展这一问题，必须从社会认识与社会实践的关系谈起，有必要将创新实践和常规实践引入社会认识论，他认为这将极大深化社会认识论，一是能够体现人类实践的能动性和创造性。创新实践是实践主体在已有实践基础上开展的自觉的、能动的创新性活动，是对原有实践的破旧立新和推陈出新，实践主体必须充分发挥自身的能动性、创造性,在实践的目的、方式、手段、效果等方面要有所突破,有所创新,这样才能够实现对先前实践质的突破,取得先前实践未曾有过的效果。二是更深刻地揭示社会总体认识发展的动力和规律。创新实践开辟了人类实践的新领域,拓展了人类认识实践的深度和广度,能够不断提供人类认识客观世界的新信息、新知识,推动社会总体认识不断发展。三是体现和揭示实践改造世界、满足人类需要的功能。创新实践由于它在实践的目的、方式、手段、效果等方面实现了对先前实践的突破,使得在常规实践中不能解决的问题可以通过创新得到解决,从而能达到更为有效的改造世界的目的。

欧阳康教授做了题为《新时代社会认识、民族复兴与人类文明自觉》的主旨演讲。他首先探讨了社会认识与中国道路的历史演进及现实意义,提出"新时代呼唤社会认识论的当代复兴"的重要命题,40年前关于"实践是检验真理的唯一标准"的大讨论,恢复了一个马克思主义的基本原理和基本常识,尤其是马克思主义认识论的基本原理和基本常识,引发了中国社会的巨大思想革命,引发了党的十一届三中全会和改革开放进程,展示了马克思主义认识论所具有的特殊指导意义。中国改革开放40年来,经济政治社会文化生态建设取得了举世瞩目的成就,马克思主义认识论尤其是社会认识论为中华民族更好地认识社会、认识世界、认识自我,更好地改造世界、改造自我、发展中国,发挥了巨大的推动作用。随着全球治理变局日趋明显,人类文明发展出现了许多新现象,认识论和社会发展问题也变得越来越复杂。他认为应认真应对至少五方面的复杂情况:一是从本体论的角度,人与社会、主体与客体之间相互交织,这样一种内在交织使得容易发生角色错位和思想困惑;二是从认识论角度,认知模式的三要素主体、客体和中介在今天发生了极为深刻的变化;三是从价值论的角度,当前社会分化程度超越了我们的想象，生活方式、阶层分化、地区分化等分化带来了价值的博弈；四是从实践论的角度，随着价值的分化程度加深，智慧的博弈变得越来越突出；五是大数据时代的到来为社会发展既带来了机遇，也带来了严峻的挑战。他认为当代社会认识论研究仍面临人与自然关系、人类文明发展道路及大数据应用等诸多难题。

与会学者认为，回溯中国社会认识论发展史，经过30余年的艰辛探索取得了丰硕的成果，这归结于中国现实社会的发展尤其是改革开放伟大实践的历史机遇，中国认识论乃至整个哲学研究回归到求真启智的学术本位。时代孕育思想，思想又指引时代。作为关注现实社会发展及全球局势变化的学科，社会认识论的发展又致力于人们如何认识社会，并且越来越自觉地走向社会实践领域，在科学认识社会客体的基础上追求对当下社会实践的能动引领与建构作用。站在新时代的起点上，必须深刻领会哲学社会科学对于中国道路探索的必要性和重要性，在推动哲学社会科学繁荣发展的基础上，以跨学科的方式推进重大理论问题和现实问题的创新解决。

本次会议由中国辩证唯物主义研究会社会认识论专业委员会、华中科技大学人文学院哲学系、华中科技大学哲学研究所主办，华中科技大学国家治理研究院、《华中科技大学学报》（社会科学版）编辑部协办。来自中共中央党校、中国人民大学、复旦大学、北京大学、北京师范大学、浙江大学、南京大学、吉林大学、武汉大学、中山大学、华中科技大学、东南大学、上海大学、华东师范大学、西北大学、东北师范大学、华中师范大学、上海财经大学、中南财经政法大学、武汉理工大学、南京师范大学、陕西师范大学等数十所高校及中国社会科学出版社、华中科技大学出版社等出版机构的110余位社会认识论领域的专家学者出席会议。

网址链接：http：//www.cssn.cn/zx/bwyc/201911/t20191130_5051372.shtml？from＝groupmessage.

中国辩证唯物主义研究会社会认识论专业委员会成立暨"社会认识与中国道路"学术研讨会在华中科技大学召开

2019-12-02 16:43:57　来源：今日湖北

（通讯员：张梦　赵贝斯特）11月30日，中国辩证唯物主义研究会社会认识论专业委员会成立暨"社会认识与中国道路"学术研讨会在华中科技大学召开。开幕式由华中科技大学人文社科处副处长方梅主持，华中科技大学党委常委、副校长许晓东，中国辩证唯物主义研究会常务副会长庞元正，中国社会科学出版社社长赵剑英，湖北省社科联党组书记、常务副主席喻立平，华中科技大学人文学院院长董尚文，华中科技大学国家治理研究院院长、哲学研究所所长欧阳康先后致辞，并举行了中国辩证唯物主义研究会社会认识论专业委员会成立揭牌仪式，社会认识论专业委员会秘书处挂靠华中科技大学哲学系。该专业委员会的成立，将进一步加强社会认识论研究和学术交流，促进中国哲学社会科学的发展与繁荣。

华中科技大学党委常委、副校长许晓东在致辞中指出，华中科技大学历来重视文科建设，原华中工学院院长朱九思开拓创新，率先在理科大学创办文科，实现了由工科院校向综合性大学转变的战略。原华中理工大学校长杨叔子先生倡导理工科大学生文化素质教育，经过30年的发展，华中科技大学的文科取得了令人瞩目的成绩，综合实力居于同类高校（工科高校）的前列。现有三个学科在第四轮评估中进入A类，文科全职教师规模接近800人，现在无论是国家社科一般项目、重大项目，还是国内C刊、国外ESI的统计，排名均在10—15名，可以说文科已经初具规模。同时华中科

附图 3 "社会认识与中国道路"学术研讨会开幕式现场（摄影：张梦）

技大学率先建立了国家大学生文化素质教育基地，大学生人文素质教育成为我国高等教育的一面旗帜。欧阳康教授及其团队在社会认识论领域辛勤耕耘30余年，培养了大批从事相关工作的博士、硕士。在跨学科学术研究实践、实践对策应用、国际学术交流和高层次人才培养等方面取得了丰硕成果，形成了颇具规模、充满活力的学术创新团队。尤其是近年来直面中国社会发展，积极为国家治理的方方面面建言献策，取得了一批具有重要影响的智库成果。他强调，中国辩证唯物主义研究会成立社会认识论专业委员会，并将该专业委员会的秘书处设在华中科技大学，这对提升学校哲学学科的学界影响力具有重要意义。他期待来自不同领域的专家学者围绕"社会认识与中国道路"这一主题深入研讨，共同为探索更加美好的中国道路而贡献智慧。

附图4　华中科技大学党委常委、副校长许晓东致辞（摄影：张梦）

开幕式上，中国辩证唯物主义研究会常务副会长庞元正受研究会委托出席会议，宣读决定成立中国辩证唯物主义研究会社会认识论专业委员会的会议纪要，他指出，社会认识论专业委员会成立大会于昨日召开并推选出首届理事会，其组织机构及其人员的推选过程严格规范、符合程序，随后他宣读了社会认识论专业委员会首届理事会的理事、常务理事、会长、副会长、秘书长、副秘书长等名单。华中科技大学国家治理研究院院长、哲学研究所所长欧阳康教授任会长，中国社会科学出版社社长赵剑英、上海大学哲学系教授陈新汉、中国人民大学哲学院教授马俊峰、华中科技大学哲学系教授王晓升、复旦大学哲学学院教授邹诗鹏、华中科技大学哲学系教授吴畏任副会长，《华中科技大学学报》（社会科学版）副主编吴兰丽任秘书长，华东师范大学哲学系教授潘斌、华北水利水电大学马克思主义学院教授杨国斌、华中科技大学哲学系副教授赵泽林任副秘书长，上海财经大学人文学院经济哲学系教授卜祥记等 23 名常务理事及华中科技大学哲学系教授万小龙等 70 名理事。他对社会认识论专业委员会的成立表示祝贺，希望该委员会在推进社会认识论的研究、辩证唯物主义的研究、马克思主义哲学的研究方面不断取得新的成果，为我国哲学事业的发展做出新的贡献。

附图 5　湖北省社科联党组书记、副主席喻立平致辞（摄影：张梦）

湖北省社科联党组书记、副主席喻立平对社会认识论专业委员会的成立表示祝贺，他在致辞中指出，马克思主义的社会认识论与西方学者的社会认识论存在本质差别，马克思主义的社会认识论建立在对人的整体性认识上，建立在对人类社会发展规律的认识上，建立在对人类未来、人类解放这样的前途命运的认识上。习近平总书记致力倡建共同体，先后提出"人与自然生命共同体""中华民族共同体""人类命运共同体"与"社会治理共同体"，包括人与自然、人与社会、人与国家等诸多关系。他期待本次学术研讨会上各位专家学者深入交流，构建中国道路的理论共识、价值共识、道路共识、文化共识，运用中国特色社会主义道路推动这些共同体的构建，实现社会主义的理想和共产主义的理想。

附图6　华中科技大学人文学院院长董尚文教授致辞（摄影：张梦）

　　华中科技大学人文学院院长董尚文教授在致辞中指出，社会认识论专业委员会的成立和"社会认识与中国道路"学术研讨会的召开，不仅对中国辩证唯物主义的研究具有重要意义，对促进华中科技大学哲学发展也具有重要意义。社会认识论专业委员会挂靠华中科技大学人文学院哲学系，是对欧阳康教授三十余年研究成就的认可，也是对华中科技大学哲学系近年来学科发展的信任和认可。哲学系在上一轮学科评估中跻身B+第四位，近四年来发表教育部认可的学术论文近300篇，出版学术专著50余部，教育部、国家社科的项目经费已经达到了有史以来的最高峰，突破了千万元。欧阳康教授及其团队为哲学系取得优异成绩做出了巨大贡献。他表示，在欧阳康会长的带领下，社会认识论专业委员会将更加切进社会现实，反思时代问题，取得越来越多的丰硕成果，推动华中科技大学哲学繁荣发展。

附图 7　"社会认识与中国道路"学术研讨会会议现场（摄影：张梦）

研讨会设有 3 场主旨演讲，中共中央党校教授、中国辩证唯物主义研究会常务副会长庞元正，上海大学哲学系陈新汉教授，中国人民大学哲学院马俊峰教授，北京师范大学哲学学院胡敏中教授，华中科技大学国家治理研究院院长、哲学研究所所长欧阳康教授等 30 位专家学者，围绕社会认识论的"元"命题研究、社会认识论视域下的中国道路研究、社会认识与国家治理现代化研究、社会认识与中国道路的跨学科研究等议题发言，深刻总结新时代社会认识论与中国道路的历史经验与成就，努力推动马克思主义哲学社会认识论创新发展。

庞元正副会长在题为《社会认识论要引入和重视对创新实践的研究》的主旨演讲中指出，要回答社会总体的自我认识是如何形成和发展这一问题，必须从社会认识与社会实践的关系谈起，有必要将创新实践和常规实践引入社会认识论，他认为这将在三个方面极大深化社会认识论。一是能够体现人类实践的能动性和创造性。创新实践是实践主体在已有实践基础上开展的自觉的、能动的创新性活动，是对原有实践的破旧立新和推陈出新，实践主体必须充分发挥自身的能动性、创造性，在实践的目的、方式、手段、效果等方面要有所突破和创新，这样才能够实现对先前实践质的突破，取得先前实践中未曾有过的效果。二是更深刻地揭示社会总体认识发展的动力和规律。创新实践开辟了人类实践的新领域，拓展了人类认识实践的深度和广度，能够不断提供人类认识客观世界的新信息、新知识，推动社会总体认识不断发展。三是体现和揭示实践改造世界、满足人类需要的功能。创新实践由于它在实践的目的、方式、手段、效果等方面实现了对先前实践的突破，使得在常规实践中不能解决的问题可以通过创新得到解决，从而能达到更为有效地改造世界的目的。

附图8　华中科技大学国家治理研究院院长，哲学研究所所长
欧阳康教授做主旨演讲（摄影：张梦）

欧阳康教授做了题为《新时代社会认识、民族复兴与人类文明自觉》的主旨演讲。他首先探讨了社会认识与中国道路的历史演进及现实意义，提出"新时代呼唤社会认识论的当代复兴"的重要命题，40年前关于"实践是检验真理的唯一标准"的大讨论，恢复了一个马克思主义的基本原理和基本常识，尤其是马克思主义认识论的基本原理和基本常识，引发了中国社会的巨大思想革命，引发了党的十一届三中全会和改革开放进程，展示了马克思主义认识论所具有的特殊指导意义。中国改革开放40年来，经济政治社会文化生态建设取得了举世瞩目的成就，马克思主义认识论尤其是社会认识论为中华民族更好地认识社会、认识世界、认识自我，更好地改造世界、改造自我、发展中国，发挥了巨大的推动作用。随着全球治理变局日趋明显，人类文明发展出现了许多新现象，认识论和社会发展问题也变得越来越复杂。他认为应认真应对至少五方面的复杂情况，一是从本体论角度来看，人与社会、主体与客体之间相互交织，这样一种内在交织容易造成角色错位和思想困惑；二是从认识论角度来看，认知模式的三要素主体、客体和中介在今天发生了极为深刻的变化；三是从价值论角度来看，当前社会分化程度超越了我们的想象，生活方式、阶层分化、地区分化等带来了价值的博弈；四是从实践论的角度，随着价值的分化程度加深，智慧的博弈变得越来越突出；五是大数据时代的到来为社会发展既带来了机遇，也带来了严峻的挑战。他认为当代社会认识论研究仍面临人与自然关系、人类文明发展道路及大数据应用等诸多难题。

与会学者认为，回溯中国社会认识论发展史，经过30余年的艰辛探索，我们取得了丰硕的成果，这得益于中国现实社会的发展尤其是改革开放伟大实践的历史机遇，中国认识论乃至整个哲学研究回归到求真启智的学术本位。时代孕育思想，思想又指引时代。作为关注现实社会发展及全球局势变化的学科，社会认识论的发展又致力于人们如何认识社会，并且越来越自觉地走向社会实践领域，在科学认识社会客体的基础上追求对当下社会实践的能动引领与建构作用。站在新时代的起点上，必须深刻领会哲学社会科学对于中国道路探索的必要性和重要性，在推动哲学社会科学繁荣发展的基础上，以跨学科的方式推进重大理论问题和现实问题的创新解决。

本次会议由中国辩证唯物主义研究会社会认识论专业委员会、华中科技大学人文学院哲学系、华中科技大学哲学研究所主办，华中科技大学国家治理研究院、《华中科技大学学报》（社会科学版）编辑部协办。来自中共中央党校、中国人民大学、复旦大学、北京大学、北京师范大学、浙江大学、南京大学、吉林大学、武汉大学、中山大学、华中科技大学、东南大学、上海大学、华东师范大学、西北大学、东北师范大学、华中师范大学、上海财经大学、中南财经政法大学、武汉理工大学、南京师范大学、陕西师范大学等数十所高校及中国社会科学出版社、华中科技大学出版社等出版机构的110余位社会认识论领域的专家学者出席会议。

网址链接：http://www.hubeitoday.com.cn/post/5/111556.

欧阳康：社会认识论——站在哲学理论发展与当代人类实践的交汇点上

来源：华中科技大学新闻网/
发布时间：2019-12-09/编辑：汪泉

新闻网讯（通讯员　赵贝斯特）11月30日，中国辩证唯物主义研究会社会认识论专业委员会成立暨"社会认识与中国道路"学术研讨会召开。华中科技大学国家治理研究院院长、哲学研究所所长欧阳康教授当选为首任会长，欧阳康教授及其团队在社会认识论领域辛勤耕耘三十余年，培养了大批从事相关研究的博士、硕士，已在跨学科学术研究、实践对策应用、国际学术交流和高层次人才培养等方面取得丰硕成果，形成了颇具规模、充满活力的学术创新团队。最近几年，欧阳康教授带领其团队积极为国家治理建言献策，取得了一批具有重要影响的智库成果。本次会议期间，对欧阳康教授进行了专访。

附图10　华中科技大学国家治理研究院院长，哲学研究所所长
欧阳康教授接受采访现场（摄影：张梦）

记者：欧阳教授您好！很荣幸可以在这里对您进行专访。首先，可以请您为我们简要介绍您的社会认识论研究的缘起和历程吗？

欧阳康：我的社会认识论研究始于我在中国人民大学哲学系攻

读博士学位期间。1988年，我撰写的博士论文《社会认识论导论》通过论文答辩，并于1990年由中国社会科学出版社收入《中国社会科学博士论文文库》，也开启了中国的社会认识论研究。30多年来，随着硕士生、博士生与博士后等不断加入，我们逐步形成、壮大了社会认识论研究团队，就社会认识与社会形态变迁中的诸多重大问题持续开展系列研究，先后撰写了50余篇相关方向的博士学位论文及博士后出站报告，以及诸多相关专题系列学术论文。这期间，我们对于社会认识论的性质和研究对象的认识经历了一个由狭义到广义、由比较表象到比较深入的发展过程。相应地，社会认识论研究和教学也形成了五个相互联系又相对独立的研究阶段：社会认识论导论、社会认识方法论、人文社会科学哲学、具体的社会认识论专题研究和国家治理专题研究。

记者：您认为社会认识论研究对我们有何重大意义呢？

欧阳康：简单来说，社会认识论是关于人们如何认识社会的哲学学说，它以人们认识社会的活动为对象，力图揭示社会认识活动的特殊性质、特点和规律，探索其独特的方法论原则。是一个复杂宽广的研究领域，它既是对认识论的深化，也是对社会历史观的拓展，是将认识论研究与社会历史问题结合起来的积极尝试。社会认识论以探究人类的认识和自我认识之谜为己任，以提高人们认识的科学性和评价的合理性为直接目标，意在提高人类实践的自觉性和有效性。

我们认为，社会认识论是发展社会历史观的客观要求，可以帮助我们在"自然历史过程"、"自主创造过程"和"自我意识过程"统一中深化对于社会历史的认识。这样，我们就在社会认识论的建构与社会历史观的发展之间找到了契合点。从理论的角度看，社会认识论问题的提出是对于哲学尤其认识论发展前景的一种积极展望，也是对于过往哲学认识论研究不足之处的一种补充；从现实的角度看，开展社会认识论研究也是当代人类实践合理化发展的特别呼唤。

记者：您认为当前的社会认识论研究将会以及应该往何处发展呢？

欧阳康：当今的中国和世界正处于前所未有的复杂变化中，新时代的社会认识也面临着全新挑战。第一，社会的自然基础正在极大拓展，一个大自然与大社会深刻融汇互动的自然生态—人—社会大系统正在形成。第二，社会的空间内涵正在极大拓宽，一种既有民族特色又有国际风范的多元文化大社会正在形成。第三，社会的组织结构与运行方式正在极大改变，一种以新型信息系统为纽带的新的社会组织形式和社会运行方式正在形成。第四，社会的发展速度和运行节奏正在发生着极大变化，一个以加速度运行作为常态的新社会运动正在形成。

因此，我们需要更好地认识极度复杂的新时代、新世界和新社会。要自觉学习运用复杂性的思维和方法，充分认识新时代社会认识系统中主客体之间通过现代中介而构成的自我相关与自相缠绕，充分认识社会利益纠葛与价值取向分化对于主体认识活动的多维牵引作用，充分认识社会信息的不确定性和不均衡性与对于认知正义的可能影响，努力探索社会认识的科学化发展道路。与此同时，我们的社会认识论研究应当从对象、视域、焦点和功能等多种角度加以拓展：第一，在更加广阔和更加综合的含义上理解"社会"；第二，在更加多样和更加复合的意义上理解"社会认识"；第三，要更加自觉和有效地聚焦于"社会的复杂性"；第四，要更加着力于提高人类在生存和发展中的自觉性和有效性，促进人的自由解放和全面发展。

网址链接：http://news.hust.edu.cn/info/1007/36997.htm.

后　记

2019年11月29日至12月1日，经中国辩证唯物主义研究会批准和委托，华中科技大学国家治理研究院院长、哲学研究所所长、哲学系欧阳康教授牵头在湖北武汉华中科技大学组织成立了"中国辩证唯物主义研究会社会认识论专业委员会"，并同期举办"社会认识与中国道路"学术研讨会，来自中共中央党校、中国人民大学等数十所高校科研院所110余名社会认识论领域的专家学者出席会议，收到45篇参会论文。

本论文集依托此次学术研讨会的会议成果，主体内容是与会学者的主旨发言及与会专家提交的学术论文。在结构内容安排方面，本论文集由总序、序、领导致辞、与会学者发言、学术论文、附录和后记组成。其中主要内容包括：第一部分是6位领导的致辞；第二部分是11位与会学者的主旨发言；第三部分是与会专家学者提交的24篇学术论文。需要特别说明的是：在本次研讨会上许多专家既做了非常精彩的大会主旨发言，又提交了学术论文。为使文集内容安排更加合理化，我们以发言专家学者提交的论文为最终成果呈现给读者。第四部分为3个附录，即附录Ⅰ是本次会议综述；附录Ⅱ是中国辩证唯物主义研究会社会认识论专业委员会首届理事成员名单；附录Ⅲ是4个媒体平台就本次研讨会内容的相关报道。

本论文集的结集出版，凝聚了各方面的智慧结晶和辛苦付出。首先，各位与会专家学者会聚于本次研讨会，回溯中国社会认识论发展史，探讨了新时代拓展社会认识论研究的必要性，就社会认识论与中国道路的问题，提出了许多学术观点，对他们的智慧付出表示衷心的感谢！本论文集是在欧阳康教授的总体指导下，在吴兰丽副教授和赵泽林副教授的具体指导下，博士生曾异完成研讨会会前论文的初步收集与整理。由博士生郭永珍具体负责本文集的编排、校核与出版跟进事宜。在文集编排过程中，华中科技大学国家治理研究院杜志章教授、李芳元老师、博士生张梦给予了热心帮助。在此对他们的辛勤付出表示感谢。最后对中国社会科学出版社编辑人员为本文集的付梓出版所付出的辛劳一并表示谢忱。

　　对论文集中的疏漏之处，敬请各位专家学者批评指正！